"十四五"职业教育国家规划教材

高等职业教育铁道交通运营管理专业课程改革系列规划教材

铁路客运组织

（第四版）

雷莲桂　彭　进◎主　编

崔之川◎副主编

周长锋◎主　审

中国铁道出版社有限公司

2025年·北　京

内容简介

本书是“十四五”职业教育国家规划教材，是根据高等职业院校铁道交通运营管理专业“铁路客运组织”教学大纲，并结合新的客运规章和新技术编写的。其主要内容包括：客运运价，旅客运输，行包运输，特种运输，运输事故的处理，旅客运输计划及组织，站车工作组织等。

本书是高等职业院校铁道交通运营管理专业教材，也可作为铁路客运职工的培训用书，并可供从事铁路客运工作的干部、职工学习参考。

图书在版编目(CIP)数据

铁路客运组织/雷莲桂，彭进主编．—4 版．—北京：中国铁道出版社有限公司，2024.2(2025.6 重印)

“十四五”职业教育国家规划教材．高等职业教育铁道交通运营管理专业课程改革系列规划教材

ISBN 978-7-113-30567-3

Ⅰ.①铁… Ⅱ.①雷… ②彭… Ⅲ.①铁路运输-客运组织-高等职业教育-教材 Ⅳ.①U293.1

中国国家版本馆 CIP 数据核字(2023)第 184558 号

书　　名：铁路客运组织

作　　者：雷莲桂　彭　进

责任编辑：悦　彩　　　**编辑部电话**：(010)51873206　　　**电子邮箱**：sxyuecai@163.com

封面设计：高博越

责任校对：刘　畅

责任印制：樊启鹏

出版发行：中国铁道出版社有限公司(100054，北京市西城区右安门西街 8 号)

网　　址：https://www.tdpress.com

印　　刷：河北燕山印务有限公司

版　　次：2007 年 2 月第 1 版　2024 年 2 月第 4 版　2025 年 6 月第 3 次印刷

开　　本：787 mm×1 092 mm 1/16　**印张**：22.25　**字数**：557 千

书　　号：ISBN 978-7-113-30567-3

定　　价：69.00 元

前言（第四版）

本书是专门为高等职业教育铁道交通运营管理专业编写的系列教材之一，是“十四五”职业教育国家规划教材。

本书在深入铁路旅客运输生产一线调研的基础上，根据铁路旅客运输工作岗位群的任职要求，围绕铁路旅客运输职业岗位的资格标准、生产作业流程及作业标准来设计教学内容，更有利于针对职业岗位能力的要求分模块整合教学内容，实现课程的培养目标与岗位的职业标准融通对接；按项目、任务、实作技能、知识拓展、技能训练进行编排，同时对每个项目都进行重点描述，并提出项目的知识、能力和素质目标，充分体现高等职业教育“以专业技能训练为主线，以职业素质培养为核心”的教学理念，以及铁路旅客运输采用的新科技、新设备和现代化管理等手段。

本书在编写过程中体现了继承与创新相结合，实现了四个“坚持”：

(1)坚持教材内容与铁路发展同步，立足国内外铁路旅客运输的最新科研成果，以铁路现行客运规章、国家和铁道行业技能标准、铁路运输技术规章制度为依据，以铁路运输新技术为核心，以打造应用型高技能人才为目标，全面更新构建教材的结构，以项目和任务的形式来编排，并新增了铁路电子客票、高速铁路客运调度等内容，对行李、包裹运输相关内容进行了更新，实现了内容的及时更新，确保了教材内容与铁路发展同步。

(2)坚持教材内容与岗位要求对接，教材内容以铁路客运组织能力培养为主线，突出技术实用性与再学习能力的培养；模拟客运组织应用开发案例，注重培养学生的研究性学习能力及创新能力。从铁路运输岗位工作领域导出学习领域，以岗导学，就工作领域对应的学习领域、学习情境进行研究与开发，按岗位任职要求，确立知识、能力、素质的培养规格，使教材内容与岗位能力要求对接。

(3)坚持教材内容与职业标准对接，教材以现场岗位作业过程、职业岗位能力和标准为导向,从工作领域导出学习领域,围绕铁道交通领域职业岗位的资格标准、生产作业流程及作业标准来设计教学内容,并针对职业岗位能力的要求,将国家职业资格标准导入课程标准,分模块整合教学内容,实现课程的培养目标与岗位的职业标准融通对接,从而实现教材内容与职业标准的对接,彰显“以岗导学”的教材特色。

(4)坚持教材内容与服务行业结合,其内容与深度定位在为铁路运输生产、管理、服务一线岗位培养人才的目标,既结合专业要求又切合现场实际,做到学以致用,为专业性的应用型教材,也可作为全国铁路运输管理、技术、业务和教学工作的干部、职工学习、参考用书。

本书由柳州铁道职业技术学院雷莲桂、彭进任主编,崔之川任副主编,中国国家铁路集团有限公司周长锋任主审。编写分工如下:崔之川编写项目一,项目四之任务二和项目五之任务一、任务二、任务四;雷莲桂编写项目二,项目六之任务一、任务二、任务三、任务四和附录;柳州铁道职业技术学院尹天编写项目三;辽宁铁道职业技术学院张敬文编写项目四之任务一;辽宁轨道交通职业学院黄丽学编写项目五之任务三;中国铁路北京局集团有限公司温守强编写项目六之任务五;广州铁路职业技术学院姬秀春编写项目七。

为方便案例描述,本书案例及技能训练中涉及的车次为虚拟车次,列车经由的径路为设计径路,旨在培养学生的客运实作技能。

本书在编写过程中得到了中国国家铁路集团有限公司、中国铁路北京局集团有限公司、中国铁路南宁局集团有限公司等单位的大力支持,也得到了兄弟院校和有关站段的帮助,特此表示感谢!

编　者

2023 年 8 月

前言（第一版）

根据高等职业教育迅速发展的需要，为了落实《面向21世纪教育振兴行动计划》中提出的“职业教育课程改革和教材规划”的要求，全国铁路高职和中专教育铁道交通运营管理专业教学指导委员会，组织全路各职业教育学校有经验的专业教师，对铁道交通运输的新发展、铁道交通行业的人才需求规格进行了深入研究，制定了“高等职业教育铁道交通运营管理专业”教学指导方案和各门主要专业课程的教学指导要点。

本书是高等职业教育“十一五”国家级规划教材，是根据高等职业学院铁道交通运营管理专业教学指导方案及“铁路客运组织”教学大纲基本要求编写的。

“铁路客运组织”是铁道交通运营管理专业的一门主要专业课，在培养铁道运输应用型人才方面起着重要作用。本教材是结合铁道部颁布的《铁路旅客运输规程》、《铁路客运运价规则》及《铁路旅客运输办理细则》等有关规章制度编写的。

在编写内容和要求上，我们以站、车客运工作组织的基本原理、基本方法、基本技能为重点，以现行铁路有关规章、“国家标准”、“铁道部标准”为依据，按照少而精、理论联系实际的原则，及时将铁路运输技术的发展和现行规章制度的变化纳入教材中，并力求体现教材的科学性、系统性和先进性，使本教材更加符合铁路现代化、管理科学化和高职培养应用型人才的要求。通过本教材的课堂教学、校内演练及现场生产实习，培养学生树立“人民铁路为人民”的思想，在业务上掌握客运组织的基本知识，熟悉并运用主要规章处理旅客运输中的有关问题以及获得办理客运业务的初步技能。

本教材由柳州运输职业技术学院彭进任主编、崔之川任主审。编写分工如下：柳州运输职业技术学院彭进编写绪论、第一、二、四章；湖南铁路科技职业技术学院王慧晶编写第三章；西安铁路职业技术学院赵岚编写第五章；锦州铁路运输学校黄丽学编写第六、七章；石家庄铁路运输学校裴瑞江编写第八、九章，纪淑景编写第十章;吉林铁路经济学校谢立宏编写第十一章。

本教材在编写过程中得到了全国铁道行业职业教育教学指导委员会、铁路高职、中专铁道运输专业教学指导委员会、铁道部运输局等部门的大力支持,也得到运输专业的兄弟院校和有关站段的帮助,特此表示衷心感谢。

由于限于掌握的资料和编者的水平,书中定有不少缺点和疏漏,恳切希望广大师生和读者给予批评指正。

编　　者

2006年12月

目录

本书数字化资源汇总表

序号	数字化资源内容	数字化资源类型	数字化资源所属项目、任务	页码
1	车票误售、误购的处理	微课	项目二任务四	48
2	免费送回途中下车处理	微课	项目二任务四	48
3	违章携带物品的办理	微课	项目二任务六	57
4	车站发生小孩、行李或作业车辆坠落股道时的应急处置	微课	项目五知识拓展	218
5	车门故障的应急处置	微课	项目五知识拓展	219
6	旅客列车接车作业	微课	项目七任务四	325
7	旅客列车发车作业	微课	项目七任务四	325

项目一　客运运价

项目描述

本项目主要是研究铁路旅客运输的价格问题，它包括铁路旅客票价（含普速旅客列车、动车组列车的旅客票价，下同），行李、包裹（以下简称行包）运价，特定运价和客运杂费。

项目学习目标

1. 知识目标

熟悉《全国铁路客运运价里程接算站示意图》、《铁路客运运价规则》和各种车票票价的组成元素；能够根据公式计算《铁路旅客票价表》和《行李包裹运价表》的数值，掌握各种车票的计价方法。

2. 能力目标

能够明确铁路旅客票价，行包运价、特定运价和客运杂费定价体制及考虑的因素；能正确运用《铁路客运运价里程表》《铁路旅客票价表》《行李包裹运价表》确定旅客票价，行包运价，办理包车手续，能够根据公式计算《铁路旅客票价表》和《行李包裹运价表》。

3. 素质目标

培养学生树立“人民铁路为人民”的职业情操；具有积极向上的学习态度和良好的学习习惯；具有严谨、认真、细致的工作态度和良好的职业素质。

项目所需配备

1. 参考资料：交通运输部《铁路旅客运输规程》（以下简称交通运输部《客规》）、《中国国家铁路集团有限公司铁路旅客运输规程》（以下简称《国铁集团客规》）、《铁路旅客运输管理规则》、《铁路客运运价规则》、《铁路客运运价里程表》、《铁路旅客票价表》、《行李包裹运价表》、《全国铁路客运运价里程接算站示意图》和《客运规章汇编》。

2. 所需票据、表报：软纸票、代用票、客运运价杂费收据、退票报销凭证。

3. 所需设备：模拟计算机售票设备、计算器。

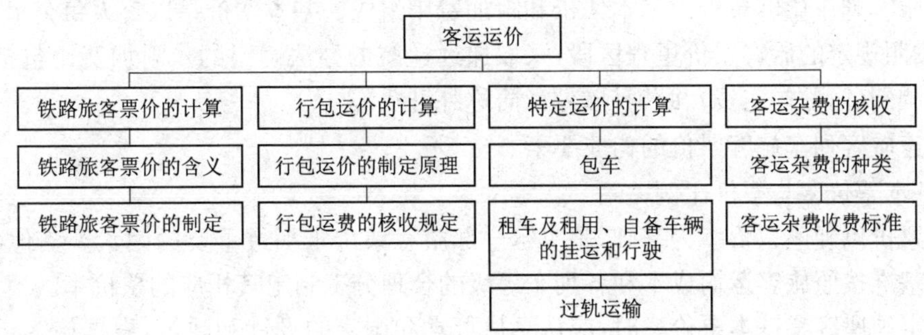

任务一　铁路旅客票价的计算

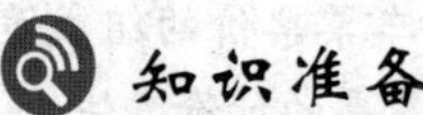

任务描述

铁路旅客票价的计算，是在理解旅客票价的相关规定和制定原理的基础上，进行旅客票价的组成分析，并进行不同种类旅客票价的计算。客运岗位工作人员应理解旅客票价的制定原理，掌握不同条件下车票票种的构成，会计算车票的票价。

任务导入

旅客 A 拟从南宁出发到北京旅游，如乘坐火车出行，可以选择普速旅客列车（如 Z6 次等），也可以选择动车组列车（如 G422 次）。查询发现，不同的列车，旅客票价不同。请思考，存在旅客票价差别的原因是什么？铁路旅客票价是如何计算的？

知识准备

一、铁路旅客票价的含义

铁路旅客票价，是铁路旅客运输产品的销售价格，是国民经济价格体系的组成部分。其基本票价率由国务院铁路主管部门拟定，报国务院批准。

铁路旅客运输是直接为城乡广大人民服务的，其中个人旅行占了相当大的比重。旅客票价在一定程度上体现了国家与个人之间的交换与分配关系，在这里，价值规律将起一定的调节作用，旅客票价的高低，对旅客流量、乘车座别以及客运量在各种运输方式之间的分配，都有一定的影响。在确定旅客票价时，必须考虑人民生活水平，妥善处理国家积累与照顾人民生活需要的关系以及各种运输工具的合理利用。

二、铁路旅客票价的制定

铁路旅客票价分为普速旅客列车旅客票价和动车组列车旅客票价，两者的制定原理不同。

（一）普速旅客列车旅客票价的制定

普速旅客列车旅客票价分为两大类：一是客票票价，包括硬座、软座客票票价；二是附加票票价，包括加快、卧铺、空调票票价。

普速旅客列车旅客票价由基本票价和附加费用组成。基本票价是以每人每公里的票价率为基础，按照规定的旅客票价里程区段，采取递远递减的办法确定的。附加费用包括软票费、候车室空调费（简称候空费）、卧铺订票费（简称卧订费）。

1. 普速旅客列车旅客票价的构成要素

（1）基本票价率与票价比例关系

旅客票价以硬座票价率为基础，是决定全部旅客票价水平最重要的因素。其他各种票价均以它为基准按照旅客运输成本和各列车等级的合理分工制定其相应的票价率。

在制定硬座客票基本票价率时，应认真执行党和国家的方针和政策，根据旅客运输成本，考虑人民生活水平和旅行需要，并参照其他运输方式的旅客票价，在调查研究的基础上通过核算加以确定。当硬座客票基本票价率确定后，其他各种票价率就按其加成或减成比例计算，现行各种旅客票价率的比例关系见表1-1。

表1-1　各种旅客票价率和比例关系

<table>
<tr><th colspan="5">票　种</th><th>票价率[元/(人·km)]</th><th>比例(%)</th></tr>
<tr><td rowspan="2">客票</td><td colspan="4">硬座</td><td>0.058 61</td><td>100</td></tr>
<tr><td colspan="4">软座</td><td>0.117 22</td><td>200</td></tr>
<tr><td rowspan="13">附加票</td><td rowspan="2">加快票</td><td colspan="3">普快</td><td>0.011 722</td><td>20</td></tr>
<tr><td colspan="3">快速</td><td colspan="2">按普快票价2倍计算</td></tr>
<tr><td colspan="4">空　调　票</td><td>0.014 65</td><td>25</td></tr>
<tr><td rowspan="10">卧铺票</td><td rowspan="5">硬卧</td><td rowspan="3">开放式</td><td>上铺</td><td>0.064 47</td><td>110</td></tr>
<tr><td>中铺</td><td>0.070 33</td><td>120</td></tr>
<tr><td>下铺</td><td>0.076 19</td><td>130</td></tr>
<tr><td rowspan="2">包房式</td><td>上铺</td><td colspan="2">按开放式硬卧中铺票价另加30%计算</td></tr>
<tr><td>下铺</td><td colspan="2">按开放式硬卧下铺票价另加30%计算</td></tr>
<tr><td rowspan="2">软卧</td><td colspan="2">上铺</td><td>0.102 57</td><td>175</td></tr>
<tr><td colspan="2">下铺</td><td>0.114 29</td><td>195</td></tr>
<tr><td rowspan="3">高级软卧</td><td rowspan="2">双人间</td><td>上铺</td><td colspan="2" rowspan="3">双人间、单人间在乙种本普通票价表的软卧(含客、快、卧、空调)票价上加180%、280%，并加相关费用计算而得</td></tr>
<tr><td>下铺</td></tr>
<tr><td colspan="2">单人间</td></tr>
</table>

(2)旅客票价里程区段

计算旅客票价时，并不是完全按运输里程一一计算的，而是考虑旅客较合理地支付票价，将运输里程分为若干区段，对同一里程区段，核收同一票价。旅客票价里程区段应适当地划分，使旅客支付票价既合理又简便。现行旅客票价里程区段的划分见表1-2。

表1-2　旅客票价里程区段

里程区段(km)	每小区段里程(km)	区段数	里程区段(km)	每小区段里程(km)	区段数
1～200	10	19	1 601～2 200	60	10
201～400	20	10	2 201～2 900	70	10
401～700	30	10	2 901～3 700	80	10
701～1 100	40	10	3 701～4 600	90	10
1 101～1 600	50	10	4 601及以上	100	

注：客票起码里程为20 km，故1～200 km里程区段的区段数为19。

旅客票价要按里程区段划分，区段间距随里程的增长而逐渐加大，区段中的票价按该区段的中间里程计算，即

计价里程＝票价里程区段中的最后一个区段的中间里程

中间里程的确定，除按区段里程推算外，也可按下列公式求算：

$$L_{中间}=L_{基}+(n\pm0.5)\times L_{段} \tag{1-1}$$

式中 $L_{中间}$——区段中间里程；

$L_{基}$——基数里程；

n——小区段数，小数点后的尾数四舍五入，舍去前式取“＋”，进入或除净前式取“－”；

$L_{段}$——小区段里程。

$$n=(L_{实}-L_{基})/L_{段} \tag{1-2}$$

式中 $L_{实}$——实际里程。

计算旅客票价，除实行票价区段外，同时考虑运输成本及分流的问题，对票价的计算规定了起码里程：客票为 20 km，空调票为 20 km，加快票为 100 km，卧铺票为 400 km（特殊区段另有规定者除外）。

(3)递远递减率

由于运输成本随运距增加而相应降低，旅客票价采取递远递减的办法计算，以减轻长途旅客的经济负担。

旅客票价从 201 km 起实行递远递减。现行各里程区段的递远递减率和递减票价率（以硬座票价为例）见表 1-3。

表 1-3 旅客票价递减率和递减票价率（以硬座票价为例）

区段(km)	递远递减率(%)	递减票价率[元/(人・km)]	各区段全程票价(元)	区段累计票价(元)
1～200	0	0.058 61	11.722	
201～500	10	0.052 749	15.824 7	27.546 7
501～1 000	20	0.046 888	23.444	50.990 7
1 001～1 500	30	0.041 027	20.513 5	71.504 2
1 501～2 500	40	0.035 166	35.166	106.670 2
2 501 以上	50	0.029 305		

2. 普速旅客列车旅客票价计算理论

作为旅客基本票价构成的三要素——基本票价率与票价比例关系、旅客票价里程区段和递远递减率都具备以后，即可计算旅客基本票价。

基本票价的计算，除初始区段不足起码里程按起码里程和最后一个区段按中间里程计算外，其余各区段均分别按其区段里程计算，根据各区段的递减票价率求出各个区段的全程票价和最后一个区段按中间里程求出的票价加总，即为基本票价。

根据票价历史演变，原客票票价含有保险费（于 2013 年 1 月 1 日取消），当时的保险费不分软、硬座客票，均按硬座客票的基本票价的 2%计算（附加票票价由基本票价单一组成，不含保险费），并以角为单位，不足 1 角进为 1 角。

然后，将基本票价和保险费相加，即得原客票票价。各种票价均以元为单位，不足 1 元的尾数，按四舍五入处理。

(1)客票票价的计算

①先计算原客票票价

$$F=E+B_1 \tag{1-3}$$

式中　F——原客票票价,以元为单位,元以下四舍五入;

E——基本票价,保留全部小数;

B_1——保险费,以角为单位,不足1角进为1角。

$$E=C_0L_0+C_1L_1+C_2L_2+\cdots+C_nL_n \tag{1-4}$$

式中　C_0——基本票价率;

L_0——不递减区段的计价里程;

$C_1,C_2,\cdots,C_n$——各区段递减票价率;

$L_1,L_2,\cdots,L_n$——递减票价率相应区段的计价里程。

$$B_1=2\%\cdot E \tag{1-5}$$

式中　2%——保险费率。

②再计算现行客票票价

$$F'=F+R+H-B_2 \tag{1-6}$$

式中　F'——现行(自2013年1月1日起施行)客票票价,以5角为单位,不足2.5角的尾数舍去,2.5角以上不足7.5角的计为5角,7.5角以上的进为1元;

R——软票费,当$F\leqslant5.00$元时,$R=0.50$元,当$F>5.00$元时,$R=1.00$元;

H——候车室空调费,当$L>200$ km时,$H=1.00$元,当$L\leqslant200$ km时,$H=0$元;

B_2——对应区段减扣的保险费(表1-4)。

表1-4　对应区段减扣的保险费

起止里程(km)	保险费(元)	起止里程(km)	保险费(元)
1～460	0.5	3 141～3 970	3.0
461～980	1.0	3 971～4 800	3.5
981～1 600	1.5	4 801～5 700	4.0
1 601～2 340	2.0	5 701～6 500	4.5
2 341～3 140	2.5		

(2)附加票票价的计算

附加票票价计算公式为

$$F_{附加}=X\%\cdot E \tag{1-7}$$

式中　$F_{附加}$——附加票(含加快票、空调票、卧铺票)票价;

$X\%$——相应票种所占硬座基本票价的百分率。

应特别指出的是:

①客票票价,内含软票费1元(票价不超过5元的,内含软票费0.5元)。

②超过200 km的硬座客票票价,内含1元的候车室空调费,但软席和市郊票无候车室空调费。

③空调列车的各票种票价,分别在原普通车客票、加快票、卧铺票、空调票的票价基础上向

上浮动 50%并加相关附加费用,然后减扣对应区段的保险费,即得现行空调列车的票价。

④加快票由低到高分为三等,即普通加快票、快速加快票和特别加快票。为了体现列车提速不提价,特别加快票票价暂按快速加快票票价核收。

快速加快票票价按普通加快票票价两倍计算。

⑤按式(1-7)计算的卧铺票价,还要另加 10 元卧订费,才是对外公布的卧铺票价。

⑥附加票票价以元为单位,不足 1 元的尾数,采取四舍五入,但半价票价的尾数保留至 5 角。

⑦棚车代用客车时,其客票票价按硬座客票半价计算,棚车加快票价按普通加快票价计算;棚车儿童客票票价按棚车客票半价计算,棚车儿童加快票票价按普通加快票半价计算。

⑧广深铁路段开行的列车,票价由企业自主制定。

3. 旅客票价表的运用

车站在发售车票时,实际不必要也不可能按上述票价制定的方法进行运算,而是根据客票系统确定的票价核收。遇特殊情况,则根据发、到站间客运运价里程(不足起码里程按起码里程计算)依据《铁路旅客票价表》进行计算。

《铁路旅客票价表》分为两部分,一是非空调列车旅客票价表,二是空调列车旅客票价表。空调列车是指空调由列车集中供电的列车,也称为新型空调列车。

硬座、硬卧统称为硬席,硬席的主票是硬座客票。

软座、软卧统称为软席,软席的主票是软座客票。

旅客票价的查找步骤如下所述:

(1)确定运价里程

计算运价所应用的里程,称为运价里程,运价里程分为客运运价里程和货运运价里程。全路的客运运价里程都列在《铁路客运运价里程表》内,它是计算旅客票价及行包运价里程的依据,并用以查找和确认车站有无营业办理限制。

为了正确确定运价里程,现将《铁路客运运价里程表》的使用方法分述如下:

①查找站名

如能确知所要查找的车站在哪条线路时,可从线名排序索引表或线名音序索引表中,查找该站所属线在里程表的页码,到里程表中查出车站。

如不能确知要查找的车站在哪条线路时,有两种方法在里程表中查出该站:

a. 从站名首字笔画索引表查出该站在站名索引表的页码,再到站名索引表查出该站在里程表的页码,最后到里程表查出该站。

b. 从站名索引表查出该站在里程表的页码,然后到里程表查出该站。

②确认有无营业办理限制

查出车站后,应首先确认该站有无营业办理限制,其限制在站名前用不同符号表示:

※旅客乘降所,只办理旅客乘降业务。

⊗不办理行李和包裹业务的车站。

◎不办理包裹业务的车站。

△不办理客运业务的线路连接点车站。

对全线的营业办理限制,是在该线的里程表用线注注明。

③计算里程

根据规定的或旅客指定的乘车径路和乘坐列车车次，从《铁路客运运价里程表》计算出运价里程。

如发、到站在同一线路上时，用两站到本线路起点或终点的里程相减，即可求出两站间的里程，如发、到站跨及两条及其以上线路时，应按规定的接算站接算。所谓规定的接算站，就是为了将发、到站间跨及两条以上不同的线路衔接起来，进行里程加总计算票价和运价所规定的接算衔接点。

接算站在《铁路客运运价里程表》中，站名用黑字体印刷，站名下部印有一条黑色横线，并在该站的接续线名栏注有"接××线"字样。

在《全国铁路客运运价里程接算站示意图》中，接算站用红色圆圈表示。

对于准轨与窄轨铁路(即昆明—昆明北)相互间计算运价里程时，不另加算里程，涉及直通运送的行包，则由窄轨发、到站另行核收换装费用。

(2)查找旅客票价

旅客票价根据发、到站间的运价里程和不同的车辆设备以及旅客所购票种，从相应的《铁路旅客票价表》有关栏内直接查得该票种应收的票价。

(二)动车组列车旅客票价的制定

动车组列车旅客票价，根据其运行速度，有两种计价方式(特殊规定者除外)：

1. 运行时速200～250 km的动车组列车旅客票价的计价

(1)基本公式

动车组列车公布票价＝基本票价率×比价倍数×(1＋10%)×运价里程

式中　比价倍数——其他座席票价以二等座为基准价的比例倍数；

10%——上浮率。

动车组列车折扣票价＝动车组列车公布票价×折扣率

式中　折扣率——企业自定，一般按时段打折，但也可不打折。

票价的尾数处理：以5角为单位，不足2.5角的尾数舍去，2.5角以上不足7.5角的计为5角，7.5角以上的进为1元。

(2)计算方法

二等座公布票价＝0.280 5×(1＋10%)×运价里程

为优化动车组列车高等级座席的票价，根据铁总电〔2018〕29号文的规定，调整部分线路动车组列车一等座与二等座比价关系，由1.2∶1改为1.6∶1。

一等座公布票价＝0.280 5×1.6×(1＋10%)×运价里程

特等座公布票价＝0.280 5×1.8×(1＋10%)×运价里程

商务座公布票价＝0.280 5×3.0×(1＋10%)×运价里程

注：一等包座、观光座按特等座公布票价执行。

软卧上铺公布票价＝0.336 6×1.6×(1＋10%)×运价里程

软卧下铺公布票价＝0.336 6×1.8×(1＋10%)×运价里程

高级软卧上铺公布票价＝0.336 6×3.2×(1＋10%)×运价里程

高级软卧下铺公布票价＝0.336 6×3.6×(1＋10%)×运价里程

注：动卧基本票价率0.336 6＝0.280 5×1.2。

减价票价：按《国铁集团客规》《铁路客运运价规则》享受减价优惠的儿童、学生、残疾军人乘坐动车组列车时，其减价票价均以公布票价为基础计算。遇票价折扣时不再享受折扣优惠。

①儿童优惠票：可享受动车组列车各种座席的减价优惠。

动车组列车儿童优惠票票价＝动车组各种座席的公布票价/2

但动车组列车软卧（高级软卧）儿童优惠票票价，应按下列公式计算：

动车组列车软卧（高级软卧）儿童优惠票票价＝动车组列车软卧（高级软卧）公布票价－动车组列车一等座公布票价/2

如运价里程不足 400 km 时，上式中扣减的动车组列车一等座公布票价均按 400 km 公布票价计算。

身高不足 1.2 m 的免费儿童单独使用动车组列车软卧（高级软卧）时，票价应为动车组列车软卧（高级软卧）公布票价减去一等座公布票价。

②学生优惠票：只享受动车组列车二等座的减价优惠。

动车组列车学生优惠票票价＝动车组列车二等座的公布票价×75%

③优待票：可享受动车组列车各种座、卧席的减价优惠。

动车组列车优待票票价＝动车组列车各种座、卧席的公布票价/2

于 2013 年之前开行的动车组列车，在原动车组列车旅客票价之外，另加收按普速旅客列车硬座基准价的 2%计算的强制保险费。但在 2013 年 1 月 1 日起取消了旅客的强制保险费，为此，应在原票价基础上扣减规定的保险费。

2. 运行时速 300～350 km 的动车组列车旅客票价的计价

（1）计算公式

$$F_{\text{动车}}^{\text{公布}}=C_0L_0+C_1L_1+C_2L_2+\cdots+C_nL_n \tag{1-8}$$

式中 $F_{\text{动车}}^{\text{公布}}$——动车组列车旅客票价（既是公布价，又是折扣价）；

C_0——基本票价率；

L_0——无折扣区段里程；

$C_1,C_2,\cdots,C_n$——各区段折扣票价率；

$L_1,L_2,\cdots,L_n$——折扣票价率相应区段里程；

C_0L_0——一、二等座票价的计算，无此步骤（即全程打折）。

（2）票价折扣率和折扣票价率——以二等座为例（表 1-5）

时速 300～350 km 动车组列车旅客票价计算的尾数处理同时速 200～250 km 的动车组列车旅客票价。

表 1-5 时速 300～350 km 动车组列车旅客票价折扣率和折扣票价率（以二等座为例）

区段(km)	折扣率	折扣票价率［元/(人·km)］	各区段里程票价(元)	区段累计票价(元)
1～500	0.95	0.459 135	229.567 5	—
501～1 000	0.855(0.95×0.9)	0.43 221 5	206.610 75	436.178 25
1 001～1 500	0.76(0.95×0.8)	0.367 308	183.654	619.832 25
1 501～2 000	0.665(0.95×0.7)	0.321 394 5	160.697 25	780.529 5
2 001～2 500	0.57(0.95×0.6)	0.275 481	137.740 5	918.27
2 501～3 000	0.475(0.95×0.5)	0.229 567 5	114.783 75	1 033.053 75

注：①基本票价率：二等座 0.483 3 元/(人·km)；一等座 0.773 3 元/(人·km)。

②一等座票价同理计算。

高速铁路票价率是由依法组建的高速铁路项目公司依据价格法的规定，综合考虑运营成本、社会承受能力和其他交通运输方式价格水平等因素制定的。

3. 跨线运行的动车组列车的计价

(1)计价原则

动车组列车跨越不同线路、不同速度、不同价率运行的，其计价时应分别按各区段的计价方式和运价里程计算票价，然后加总形成全程票价，进行核收。

(2)计算实例

现以动车组列车跨越柳南客专线、衡柳线、京广高速线运行为例，上述线路在管辖权限上，既有国家铁路路段，又有合资铁路路段，在运行速度上，既有 200～250 km/h，又有 300～350 km/h。

【案例 1-1】 试计算南宁东开往北京西 G422 次动车(2013 年底开通运行)的二等座公布票价及二等座儿童优惠票票价、学生优惠票票价。

已知：柳南客专线属柳南铁路有限责任公司。

①南宁东—柳州 212 km。

②运行时速 250 km。

③自主定价 0.370 3 元/(人·km)，票价率不上浮、不打折。

④票价以元为单位，尾数按四舍五入处理。

已知：衡柳线属国铁。

①柳州—衡阳东 498 km。

②运行时速 200～250 km。

③票价二等座以 5 角为计算单位，尾数按 2.5 角以下舍去，2.5 角及以上进为 5 角处理，一等座以元为单位，尾数按四舍五入处理。

④票价不打折。

已知：京广高速线属京广客专公司(含京石、河南、武广客运专线有限责任公司)。

①衡阳东—北京西 1 768 km。

②运行时速 300～350 km。

③自主定价，票价率见表 1-5。

④票价以 5 角为计算单位，尾数按 2.5 角以下舍去，2.5 角及以上进为 5 角处理。

【解】 ①计算南宁东—柳州二等座票价

二等座票价＝0.370 3×212＝78.503 6≈79.00(元)(票价以元为单位，既是公布价，又是折扣价)

②计算柳州—衡阳东二等座票价

二等座公布票价＝0.280 5×(1＋10%)×498＝153.657 9≈153.50(元)(票价以 5 角为单位)

③计算衡阳东—北京西二等座票价

二等座票价＝0.459 135×500＋0.413 221 5×500＋0.367 308×500＋0.321 394 5×268
＝619.832 25＋86.133 726＝705.965 976≈706.00(元)(票价以 5 角为单位，既是公布价，又是折扣价)

④计算全程二等座公布票价及二等座儿童优惠票票价、学生优惠票票价

二等座公布优惠票票价＝79.00＋153.50＋706.00＝938.50(元)

二等座儿童优惠票票价＝(79.00＋153.50＋706.00)÷2＝469.25≈469.50(元)(票价以5角为单位)

学生优惠票票价＝(79.00＋153.50＋706.00)×0.75＝938.50×0.75＝703.875≈704.00(元)(票价以5角为单位)

京广高速动车组列车开行较早，自2009年12月26日至2012年12月19日陆续分段开通运营。当时动车组列车旅客票价含有保险费，自2013年1月1日起取消了强制保险，是在原票价上扣减规定的保险费，为此，与现行计算的价位有一点误差。以衡阳东至北京西二等座票价为例，原二等座票价＝0.459 135×500＋0.413 221 5×500＋0.367 308×500＋0.321 394 5×268＋1.60(按普速旅客列车硬座计算的保险费)＝705.965 976＋1.60＝707.565 976≈707.50(元)，扣减1 768 km规定的保险费2.00元后得705.50元[707.50－2.00＝705.50(元)]，而现行计算为706.00元，误差0.50元。如从衡阳东开始乘车至北京西，按705.50元执行；如从南宁东开始乘车，确定南宁东至北京西全程票价时，则衡阳东至北京西区段的票价按706.00元计算。此举是为了保持京广高速铁路价位的一致性。

(三)动车组列车旅客票价的执行与管理

1. 票价执行

动车组列车旅客票价可按公布票价打折，但应符合下列条件：

(1)根据不同区域、不同季节、不同时段的市场需求，实行不同形式的打折票价。

(2)二等座车公布票价打折后不得低于相同运价里程的新空软座票价。在短途，公布票价低于新空软座票价时，按公布票价执行。

(3)经过相同径路、相同站间、相同时段，不同车次应执行同一票价。

(4)同一车次，各经停站的票价在里程上不能倒挂。

(5)动车组列车软卧票价可按公布票价打折，但打折后不得低于相同运价里程的新空软卧票价；高级软卧打折后可不低于相同运价里程的动车组软卧。

(6)动车组特等座、商务座、一等座、观光座票价可按公布票价打折，但特等座折后票价不应低于一等座公布票价，商务座折后票价不应低于特等座公布票价。

(7)票价的公布按列车开行日期，至少提前7 d在车站营业场所向旅客公布点到点公布票价，不公布价率。实行打折优惠时，车站除公布票价外，另要及时公布车次别点到点票价的折扣率和折后票价。

公布票价打折时，在票面上打印“折”字。

2. 管理权限

公布票价由中国国家铁路集团有限公司(简称国铁集团)决定。折扣票价由铁路运输企业决定，并在公布前3 d报国铁集团备案，但下列情况铁路运输企业要在公布前10 d报国铁集团备案：

(1)跨铁路局集团公司开行的动车组列车。

(2)折扣率需低于6折时。

(3)铁路运输企业之间意见有分歧时。

公布票价的折扣率和折扣后票价由上车站所在铁路局集团公司提出车次别、发到站别的动车组列车点到点票价，商有关担当铁路局集团公司后，按管理权限执行。

任务二　行包运价的计算

任务描述

行包运价的计算，是在理解行包运价的制定原理的基础，运用运价里程区段和递远递减算出运价率，并充分考虑行包的各项规定，最终计算出行李和包裹的运价。运价率的理论计算是基础，行包的运价率还可以通过查找行包运价率表进行确定，本任务重在对原理和各项规定的理解和运用。

任务导入

旅客购买了柳州至徐州的车票，其随行行李数量较多，随身携带存在较大困难，如果采用托运的方式，按照行李托运和按照包裹托运，其运费有什么差别？具体运费又是如何计算呢？

知识准备

一、行包运价的制定原理

铁路行包运价，是根据运输条件，并参照铁路零担货物运价和民航等其他运输工具的行包运价而制定的。行包使用行李车运送，送达速度快，并由行李员全程负责运送，运输质量高。由于行包的特点和装载方法等因素，行李车的载重利用率低，而行李车的容量有限，因此，根据行包的运输条件和与其他运输工具合理分工的原则，行包运价应高于铁路零担货物运价，但低于民航行包运价。

(一)行包运价构成要素

1. 运价率及比例关系

(1)行李运价率，根据惯例及各交通部门通用的计价方法为：每 100 kg · km 行李运价率等于 1 人 · km 的硬座基本票价率，即行李运价率为硬座票价率的 1%。

行李运价率＝硬座票价率×1%＝0.058 61×1%＝0.000 586 1[元/(kg · km)]

(2)包裹运价率，以三类包裹运价率 0.001 518 元/(kg · km)为基准，其他各类包裹运价率则按其加成或减成的比例确定。现行各类包裹运价率及比例关系见表 1-6。

表 1-6　包裹运价率及比例关系

包裹类别	一类	二类	三类	四类
运价比例(%)	20	70	100	130
运价率[元/(kg · km)]	0.000 303 6	0.001 062 6	0.001 518	0.001 973 4

2. 行包计价里程

行包运价的制定与旅客票价制定方法相同，采用运价区段和递远递减的办法，以减轻长途旅客和托运人的经济负担。

行李运输属于旅客运输部分，所以行李的运价里程区段与旅客票价区段相同，见表1-2。

包裹属于物资运输的范畴，所以包裹运价里程区段另有规定，见表1-7。

表1-7　包裹运价里程区段

里程区段(km)	每区段公里数(km)	区段数	里程区段(km)	每区段公里数(km)	区段数
1～100	100	1	601～1 000	40	10
101～300	20	10	1 001～1 500	50	10
301～600	30	10	1 501及以上	100	—

计算运价的起码里程：行李为20 km；包裹为100 km。

3.递远递减率

行包运价从201 km起实行递远递减。

行李的递远递减率与旅客票价递远递减率相同，见表1-8。

表1-8　行李递远递减率和递减运价率

区段(km)	递远递减率(%)	递减运价率[元/(kg·km)]	各区段全程运价(元)	区段累计运价(元)
1～200	0	0.000 586 1	0.117 22	—
201～500	10	0.000 527 49	0.158 247	0.275 467
501～1 000	20	0.000 468 88	0.234 44	0.509 907
1 001～1 500	30	0.000 410 27	0.205 135	0.715 042
1 501～2 500	40	0.000 351 66	0.351 66	1.066 702
2 501以上	50	0.000 293 05	—	—

包裹递远递减率的规定见表1-9。

表1-9　包裹递远减率和递减运价率(以三类包裹运价为例)

区段(km)	递减率(%)	递减运价率[元/(kg·km)]	各区段全程运价(元)	区段累计运价(元)
1～200	0	0.001 518	0.303 6	—
201～500	10	0.001 366 2	0.409 86	0.713 46
501～1 000	20	0.001 214 4	0.607 2	1.320 66
1 001～1 500	30	0.001 062 6	0.531 3	1.851 96
1 501～2 000	40	0.000 910 8	0.455 4	2.307 36
2 001及以上	30	0.001 062 6	—	—

4.计费重量

行包计费重量是以1 kg为单位，不足1 kg进为1 kg，起码重量为5 kg。

(二)行包运价的计算理论

行包运价，是以基本运价率乘以不递减的区段里程，加上递减运价率乘以相适应的区段里程(最后一个区段采用中间里程)得出基本运价，即得1 kg的行包运价基数，在运算过程中，保留三位小数，第四位采取四舍五入；其他重量的运价，则以 1 kg 的运价基数进行推算，尾数保留到角，分值四舍五入。最后汇总编制 1 kg 的行包运价表，由国铁集团公布实行。

其计算方法如下：

1. 先求出 1 kg 为单位的运价基数

$$E=C_0L_0+C_1L_1+C_2L_2+\cdots+C_nL_n \tag{1-9}$$

式中　E——以 1 kg 为单位的运价基数；

C_0——基本运价率；

L_0——不递减区段的里程数；

$C_1,C_2,\cdots,C_n$——各区段的递减运价率；

$L_1,L_2,\cdots,L_n$——递减运价率相应区段的里程数。

2. 再根据 1 kg 的运价基数求其他重量的运价

$$F=Q_{计费}\cdot E \tag{1-10}$$

式中　F——运价；

$Q_{计费}$——计费重量。

二、行包运费的核收规定

1. 运价里程

行包的运价里程，以《铁路客运运价里程表》为计算依据。

(1)行李

行李运价里程，按实际运送径路计算，即按旅客旅行的车票指定的径路运输。但旅客持远径路的车票，要求行李由近径路运送时，如近径路有直达列车，也可以按近径路计算。

(2)包裹

包裹运价里程，按最短径路计算，有指定径路时，按指定径路计算。

对包裹运价里程的规定做如下说明：

有直达列车的(指挂有行李车，下同)按直达列车径路计算，有多条直达列车径路的，按其中最短径路计算。

没有直达列车的，按中转次数最少的列车径路计算，中转次数相同的，按最短列车径路计算。

(3)押运包裹

押运包裹的运价里程按实际运送径路计算。

(4)一段行李、一段包裹

超过车票终到站以远的行李应分别按行李、包裹计费径路计算。

2. 计费重量

(1)行包均按物品重量计算运费，但有规定计价重量的物品按规定重量计价，见表 1-10。

(2)行包运价的起码计价重量为 5 kg，超过 5 kg 时，不足 1 kg 的尾数进为 1 kg。

(3)在运能不能满足运量要求的情况下，为了保证旅客必需的行李运输，对按行李托运的物品，除在品名上做了规定外，在重量上也作了一定的限制。旅客托运的行李重量在50 kg以内，按行李运价计算，超过 50 kg 时(行李中有残疾人用车时为 75 kg)，对超过部分按行李运价加倍计算。

表 1-10　规定计费重量表

物品名称	计价单位	规定计价重量(kg)	备　注
残疾人用车	每辆	25	以包裹托运时,按实际重量计算
自行车	每辆	25	
助力自行车	每辆	40	含机动自行车
两轮轻型摩托车	每辆	50	①含轻骑;②气缸容量 50 cm^3 以下时
两轮重型摩托车	每辆	按气缸容量每 1 cm^3 折合 1 kg 计算	气缸容量超过 50 cm^3 时
警犬、猎犬、小家畜	每头	20	超重时,按实际重量计算

3. 运费计算

行包的运费按《行李包裹运价表》计算。其计算公式为:运费=运价基数(元/kg)×计费重量(kg),尾数保留至角,角以下四舍五入。

(1)旅客凭一张车票只能托运一次行李(残疾人托运残疾人用车不限托运次数),第二次托运时,不论第一次重量多少,都按包裹运价计算。

(2)旅客托运行李至车票到站以远的车站时,应分别按行李和包裹运价计算,加总核收。不足起码运费时,分别按起码运费加总计算,如高于全程包裹运费时,按全程包裹运费核收。

(3)类别不同的包裹混装为一件时,按其中运价高的计算。

(4)行包运费按每张票据计算,起码运费为 1 元。

4. 保价运输

(1)声明价格。

声明价格必须与实际价格相符,可分件声明,也可声明总价格,但不能声明一批中的一部分。

(2)必要时应施封,施封所需费用由保价费支出。

任务三　特定运价的计算

任务描述

在铁路旅客运输中,当旅客集体出行且出行人数较多时,除了以散客的形式购买车票外,还有一些特殊的运输方式(如包车、租车、挂运和行驶等);另外,在地方铁路和合资铁路等特殊的运价区段,其运输费用的计算与国家铁路的存在不同。特定运价的计算,是在理解特殊运输方式和特殊运价区段的费用核收规定的基础上,进行费用的计算和核收。

任务导入

某单位组织本单位职工 66 人从衡阳到延安开展红色旅游,如包车出行,可以包用一节硬卧车厢,在办理包车时,需要办理哪些手续?包车的费用如何计算?

知识准备

特定运价是对一些特殊运输方式和特殊运价区段而特定的客运运价，包括以下两个方面：

1. 包车、租车、挂运、行驶等运价的计价规定。

2. 国家铁路、合资铁路、地方铁路及特殊运价（计算方法详见本项目“知识拓展”）区段间办理直通过轨运输的计价规定。

一、包车

凡旅客要求单独使用加挂车辆（含普通客车、公务车）或加开专用列车（含豪华列车）时，均按包车办理。包车人应与承运人签订包车合同，签订包车合同时，包车人应预付相当于运输费用20%的定金。

包车合同应载明：包车人、承运人的名称、地址、联系人姓名、电话；包用车辆的种类、数量、时间；发站和到站站名；包车运输费用；违约责任；双方商定的其他内容。

（一）包车运输费用的计算

包车或加开专用列车，应按下列标准，根据运行里程（或根据使用日数）核收票价、运费、使用费、包车停留费、空驶费及其他费用等，并且，包车或加开专用列车的运输费用，在全部运行途中，里程采取通算。

1. 票价

（1）客车和合造车的客车部分按客车种别、定员核收全价客票票价。成人与儿童（含享受减价优待的学生、伤残军人）混乘一辆车，人数不足时，按定员核收全价客票票价；实际乘车人数超过定员时，对超过人数按实际分别核收全价或半价票价。

（2）卧车按种别、定员核收客票及卧铺票的全价票价。

（3）公务车按40个定员核收软座客票及高级软卧票（上下铺各1/2）的全价票价。

（4）豪华列车每辆按32个定员核收软座客票及高级软卧票（上下铺各1/2）的全价票价。

（5）棚车代用客车，按车辆标记载重计算定员（每吨按1.5人折算）核收棚车客票票价。

（6）包用的客车、公务车加挂在普通快车、特别快车列车上或加开的专用列车、豪华列车按上述等级速度运行时，都应根据核收客票票价人数核收相应的加快票价；途中发生中转换挂（或开行）不同列车等级时，按首次挂运（或开行）的列车等级核收加快票价。

（7）包用车辆使用空调设备时，还应按核收客票票价的人数核收空调费。娱乐车、餐车的空调费按使用费的25%计算。

2. 运价

行李车和合造车的行李车部分，按车辆标记载重核收行李或包裹运费。用棚车代用行李车时，按行李或包裹的实际重量核收行李或包裹运费，起码计费重量按标记载重的1/3计算（不足1 t的尾数进整为1 t）。行包混装时，按其中运价高的核收。

3. 使用费

娱乐车、餐车使用费每日每辆5 000元，餐车合造车每日每辆2 500元（不足1 d按1 d核收）。

4. 包车停留费

包车停留费是指包车或加开的专用列车，根据包车人提出的要求，在发站、中途站、折返站停留时（因换挂接续列车除外），所应付的费用。

包车停留费按每日每辆核收，并根据产生停留的自然日计算，即自 0:00 起至 24:00 止为 1 d，停留当日不足 12 h 的减半核收。

包车停留费，根据运输成本并考虑减少计费标准、简化手续等要求，将各种不同车辆予以归类，每一个类别，规定统一的收费标准。

（1）公务车、娱乐车、餐车，每日每辆 5 000 元（餐车合造车按减半核收）。

（2）高级软卧车，每日每辆 3 300 元。

（3）软座车、软卧车、软硬卧车、硬卧车、软座硬卧合造车，每日每辆 1 800 元。

（4）硬座车、行李车、软硬座合造车、行李邮政车、软座行李合造车、硬座行李合造车，每日每辆 1 400 元。

包用娱乐车、餐车，1 d 内同时发生停留费、使用费两项费用时，只收一项整日费用。

5. 空驶费

空驶费是指包车人指定要在某日包用某种车辆，而乘车（装运）站没有所需车辆，须从外站（车辆所在站）向乘车（装运）站空送时，以及用完后送至车辆原所在站，所产生空驶应付的费用。

对车辆空驶区段（里程按最短径路并采取通算），不分车种，按每车公里核收 3.458 元空驶费，但棚车不核收空驶费。

6. 其他费用

（1）包用公务车、豪华列车的服务费，按车票票价 15%核收。

（2）包用专用列车、豪华列车，如列车编成辆数不足 12 辆时，根据实际运行日数，按每日每辆核收欠编费[850 元/（辆·日）]，当日不足 12 h 的减半核收。

（二）包车变更费用的计算

包车单位包用的车辆，由于某种原因需要变更时，可以办理包车变更。但包车单位在未交付运输费用前取消用车计划时，定金不退。如已交付运输费用时，则按下列规定办理：

（1）包车单位在始发站停止使用，除退还已收空驶费与已产生的空驶区段往返空驶费差额外，其他费用按以下方式计算核收：

①开车前 48 h 前，退还全部费用，核收票价、使用费、运费 10%的停止使用费。

②开车前 6 h 至不足 48 h 时，退还全部费用，核收票价、使用费、运费 20%的停止使用费。

③开车前不足 6 h，退还全部费用，核收票价、使用费、运费 50%的停止使用费。

④开车后要求停止使用时，只退还尚未产生的包车停留费。

（2）包车单位在始发站延期使用，在开车前 6 h 以前提出时，按规定核收包车停留费；在开车前不足 6 h 提出时，核收票价、使用费、运费 50%的延期使用费，并重新办理包车手续。

（3）包车单位在中途站延长使用时，需经中途变更站报请铁路局集团公司同意后，核收票价、运费、使用费或包车停留费；如包车单位付款有困难，可根据书面要求，由变更站电告发站或到站补收应收费用。包车单位中途缩短使用时，所收费用不退。

二、租车及租用、自备车辆的挂运和行驶

(一)租车

租用人向承运人租用客运车辆时，租用人应与承运人签订租车合同。租车合同主要载明：租用人和承运人名称、地址、联系人姓名、电话，租用车辆种类、数量；租用时间和区间，租车费用，违约责任，双方商定的其他事项等，并按包车停留费标准，按日核收使用费。单独租用发电车时，使用费每日每辆 2 100 元。

(二)挂运和行驶

企业自备机车车辆或租用车，利用承运人动力挂运或线路运行时，应向承运人提出书面要求，经协商同意并对机车车辆的技术状态检查合格后方能办理，核收挂运费或行驶费。长期挂运或行驶时，承运人应与企业或租用人签订合同。

企业自备客车或租用客车在国家铁路的旅客列车或货物列车挂运时，按下列标准核收挂运费：

1.空车

不分车种，按 0.534 元/(轴·km)核收。

2.重车

(1)客车，按标记定员票价的 80%核收。

(2)行李车，按标记载重的 80%核收。

(3)餐车、娱乐车、发电车，按使用费的 80%核收。

企业自备机车、车辆或租用车，利用国家铁路线路运行时，不论空车或重车，均按 0.468 元/(轴· km)(含机车轴数)核收行驶费。

三、过轨运输

国家铁路、合资铁路、地方铁路及特殊运价区段间相互办理直通旅客、行包运输业务为过轨运输。在办理旅客直通运输时应分别按各段里程计算客运票价，加总核收。国家铁路涉及几个地段时，里程采取通算。上述各段由于分段计算，有不足起码里程区段时，按起码里程计算，但卧铺票价按表 1-11 所列比例计算。客运杂费按实际产生的核收。

在办理行包直通过轨运输时，执行国铁行包统一运价及相关计费标准，里程通算，运费在发站一次核收。

表 1-11　400 km 卧铺票价比例计算表

里程(km)	占 400 km 卧铺票价的比例(%)
1～100	25
101～200	50
201～300	75
301～400	100

任务四　客运杂费的核收

任务描述

铁路客运杂费包括不同的类型，在进行客运杂费的计算时，首先要在理解客运杂费的分类依据的基础上，理清费用所属的类别，在根据规定的核收标准的指导下，进行不同客运杂费项的计算和核收。客运岗位工作人员应做到准确确定客运杂费所属的类别，并能够快速计算客运杂费。

任务导入

旅客A到达北京西站，准备乘坐当天晚上20:00的列车去往广州，因到站时间较早，旅客A打算到市里逛逛，但是携带的大皮箱是个不小的负担，旅客A可以选择将皮箱寄存在北京西站的行李寄存处，此时寄存的费用如何核收？

知识准备

客运杂费是指在铁路运输过程中，除去旅客车票票价、行包运价以外，铁路运输企业向旅客、托运人、收货人提供的辅助作业、劳务及物耗等所收的费用。

一、客运杂费的种类

1. 付出劳务所核收的费用

该费用包括搬运费、送票费、接取送达费、手续费、行包变更手续费、查询费、装卸费等。

核收这类费用，是因为旅客或托运人、收货人提出要求，为其特殊服务时而收取。

2. 违反运输规定所核收的费用

该费用包括各种无票乘车加收的票款及违章运输加倍补收的运费等。

为了维护站、车秩序，对无票乘车或者持失效车票乘车的人员，应根据《中华人民共和国铁路法》(以下简称《铁路法》)及客运规章有关规定加收票款。

为了贯彻国家运输政策，确保旅客运输安全，对违章携带、违章运输应采用经济制裁的办法，施行加倍补收运费。

3. 使用有关单据及其他用品所核收的物耗费用

该费用包括货签费、安全标志费、其他用品费等。对这类费用应本着为人民服务的精神，核收适当的费用。

4. 为加强资金与物资管理所核收的费用

该费用包括迟交金、保价费、保管费等。这类费用是按照有关款额的百分比或保管的日数进行计算收取的。

二、客运杂费收费标准

对于客运杂费的收费项目和收费标准，根据《铁路法》规定，由国务院铁路主管部门制定。

现行收费项目和收费标准见表 1-12。

表 1-12　客运杂费收费项目及收费标准

收费项目		计费条件	收费标准	备　注
1	站台票		1 元/张	
2	手续费	列车上补卧铺	5 元/人次	同时发生按最高标准核收一次手续费
		其他	2 元/人次	
3	退票费	按每张车票面额计算	(1)距票面乘车站开车前 8 d 以上的不收退票费;开车前 48 h 以上、不足 8 d 的,按票面价格 5%计;开车前 24 h 以上、不足 48 h 的,按票面价格 10%计;开车前不足 24 h 的,按票面价格 20%计 (2)距票面乘车站开车前 48 h 以上、不足 8 d 的车票,改签或变更到站至开车前 8 d 以上的列车,又在距开车前 8 d 以上退票的,核收 5%的退票费 (3)改签后的车票乘车日期在春运期间的,退票费按开车前不足 24 h 标准核收	(1)代用票按每张核收 (2)退票费以 5 角为单位,尾数小于 2.5 角的舍去、2.5 角以上且小于 7.5 角的计为 5 角、7.5 角以上的进为 1 元 (3)最低按 2 元计收,当车票票面价格不足 2 元时按票面价格计收
4	送票费	送到集中送票点	3 元/人次	
		送到旅客所在地	5 元/人次	
5	标签费	货签使用服务费	0.25 元/个	
		安全标志使用服务费	0.20 元/个	
6	行包变更手续费	装运前	5 元/票次	
		装运后	10 元/票次	
7	行包查询费	行包交付后,旅客或收货人还要求查询时	5 元/票次	
8	行包装卸费	从行李房收货地点至装上行李车,或从行李车卸下至交付地点,各为一次装卸作业	2 元/件次	超过每件规定重量的,按其超重倍数增收
9	行包保管费	超过免费保管期限,每日核收	3 元/件	超过每件规定重量的,按其超重倍数增收
10	行包搬运费	从车站广场停车地点搬运至行包房办理处或从行包交付处搬运至广场停车地点各为一次搬运作业;由汽车搬上、搬下时,每搬一次,另计一次搬运作业	1 元/件次	超过每件规定重量的,按其超重倍数增收

续上表

收费项目		计费条件	收费标准	备　注
11	行包接取送达费	接取、送达各为一次作业每5 km(不足5 km按5 km计算)核收	5元/件次	超过每件规定重量的，按其超重倍数增收
12	携带品暂存费	每日核收	3元/件	每件重量以20 kg为限，超重时按其超重倍数增收
13	携带品搬运费	从广场停车地点搬运至站台或从站台搬运至广场停车地点各为一次搬运作业；由火车、汽车搬上、搬下时，每搬一次，另计一次搬运作业	2元/件次	每件重量以20 kg为限，超重时按其超重倍数增收

注：退票费参阅本书项目二任务五旅客责任退票的内容。

实作技能

客运运价的计算要培养学生严谨、细心的作风，为此应做到以下几点：

1. 正确确定运价里程是计算票价、运价的前提与核心，要高度重视，并根据有关原则认真推敲、正确利用按实际径路还是按最短径路进行计算。

2. 旅客票价的制定关键因素较多，加之历史沿革的变化，使其计算更为复杂。在计算过程中要特别注意，才能得出正确的答案。

3. 特殊运价区段的计价，应遵循有关文件的规定，并认真做到深刻领会，严格执行。

实作任务一　计算旅客票价的技能

【案例 1-2】 计算北京—上海普速旅客列车硬座客票、快速加快票、硬卧中铺票及空调票的票价。

【解】 (1)确定区段中间里程

北京—上海客运运价里程为1 463 km

$$n=(1\,463-1\,100)\div 50=7.26\approx 7$$

$$L_{中间}=1\,100+(7+0.5)\times 50=1\,475(\text{km})$$

(2)计算硬座客票票价

$$E=0.058\,61\times 200+0.052\,749\times 300+0.046\,888\times 500+0.041\,027\times 475=70.478\,525(元)$$

或 $$E=0.058\,61\times[200+300\times(1-10\%)+500\times(1-20\%)+475\times(1-30\%)]=70.478\,525(元)$$

$$B=70.478\,525\times 2\%=1.409\,570\,5\approx 1.50(元)$$

$$F=70.478\,525+1.50=71.978\,525\approx 72.00(元)$$

$$F'=72.00+1.00+1.00-1.50=72.50(元)$$

(3)计算快速加快票票价

$$F_{普快}=20\%\times70.478\,525=14.095\,71\approx14.00(元)$$

$$F_{快速}=2\times14.00=28.00(元)$$

(4)计算硬卧中铺票票价

$$F_{硬卧}^{中}=120\%\times70.478\,525+10.00=94.574\,23\approx95.00(元)$$

(5)计算空调票票价

$$F_{空调}=25\%\times70.478\,525=17.619\,631\approx18.00(元)$$

实作任务二　运用里程表、票价表确定旅客票价的技能

【案例 1-3】 2023 年 3 月 1 日，一旅客购买 K7319 次(山海关—沈阳，新空列车)山海关至沈阳新空硬座快速卧(中铺)车票，请运用《铁路客运运价里程表》查找运价里程，并运用《铁路旅客票价表》找出相应票种的票价。

【解】 步骤一：从站名首字笔画索引表中，查出“山海关站名索引表”的页码为 85 页，再从“站名索引表”中查出山海关至沈阳的站名“里程表”页码为 312 页，并从站名“里程表”中确认到站有无营业办理限制。然后根据规定的或旅客指定的乘车径路和乘坐列车车次，从《铁路客运运价里程表》中查出乘车里程为 426 km。

步骤二：查找《铁路旅客票价表》。

首先从《铁路旅客票价表》的目录中查找空调列车分票种票价表所在的页码 13，然后翻到 13 页查找 426 km 所在的区段里程相对应的各种票价，核对票价是否正确。

空调列车分票种票价表：硬座票价 37.50 元

快速加快票价 16.00 元

硬卧(中铺)票价 52.00 元

空调票价 9.00 元

合　计 114.50 元

也可查空调列车硬席联合票价表 17 页，然后在 426 km 所在区段查得对应的硬座快速卧中铺票价为 114.50 元。

实作任务三　计算行包运费的技能

【案例 1-4】 计算信阳—北京 23 kg 行李及 25 kg 三类包裹运价。

【解】 1. 确定区段中间里程

信阳—北京客运运价里程为 997 km。

(1)行李区段中间里程

$$n=(997-700)/40=7.425\approx7$$

$$L_{中间}=700+(7+0.5)\times40=1\,000(km)$$

(2)包裹区段中间里程

$$n=(997-600)/40=9.925\approx10$$

$$L_{中间}=600+(10-0.5)\times40=980(km)$$

2. 计算行包运价

(1)1 kg 行李运价基数

$$E=0.000\ 586\ 1\times200+0.000\ 527\ 49\times300+0.000\ 468\ 88\times500$$
$$=0.509\ 907\approx0.510(\text{元})$$

或

$$E=0.000\ 586\ 1\times[200+300\times(1-10\%)+500\times(1-20\%)]$$
$$=0.509\ 907\approx0.510(\text{元})$$

(2)23 kg 行李运价

$$F=23\times0.510=11.73\approx11.70(\text{元})$$

(3)1 kg 三类包裹运价基数

$$E=0.001\ 518\times200+0.001\ 366\ 2\times300+0.001\ 214\ 4\times480$$
$$=1.296\ 372\approx1.296(\text{元})$$

或

$$E=0.001\ 518\times[200+300\times(1-10\%)+480\times(1-20\%)]$$
$$=1.296\ 372\approx1.296(\text{元})$$

(4)25 kg 三类包裹运价

$$F=25\times1.296=32.40(\text{元})$$

实作任务四　运用里程表、运价表确定行包运费的技能

【案例 1-5】 2023 年 3 月 1 日，一旅客持 K57 次(锦州—大连，经由沈阳)硬座客快速有效车票，要求托运行李一件(内装生活用品)重 35 kg，请运用《铁路客运运价里程表》查找运价里程，并运用《行李包裹运价表》找出相应的行李运价。

【解】 步骤一：根据旅客乘坐列车车次 K57 次，锦州至大连跨及两线，沈山线与沈大线的接算站为沈阳站，先从站名首字笔画索引表中，查出“锦州站名索引表”的页码为 49 页，再从“站名索引表”中查出锦州至沈阳的站名“里程表”页码为 312 页，然后从《铁路客运运价里程表》中查出运价里程为 242 km；再从站名首字笔画索引表中，查出“沈阳站名索引表”的页码为 88 页，再从“站名索引表”中查出沈阳至大连的站名“里程表”页码为 324 页，然后从《铁路客运运价里程表》中查出运价里程为 397 km，最后将两段里程以沈阳站为接算站加总得出最终的里程为 639 km。

步骤二：查找《行李包裹运价表》

首先从《行李包裹运价表》中查找行李运价表所在的页码 1 页，然后查找 639 km 所在的区段里程相对应的行李运价 0.334 元/kg，乘以行李的重量 35 kg 即得行李运费为 11.70 元(0.334 元/kg×35 kg=11.69 元≈11.70 元)。

【案例 1-6】 2021 年 12 月 1 日，李丽到锦州站行包房要求托运一件包裹(内装生活用品)到大连站，重 35 kg，请运用《铁路客运运价里程表》查找运价里程，并运用《行李包裹运价表》找出相应的包裹运价。

【解】 步骤一：已包裹运价里程，按最短径路计算，锦州至大连的最短径路跨及三线，沈山线、沟海线与沈大线，沈山线与沟海线的接算站为沟帮子站，沟海线与沈大线的接算站为唐王山站。先从站名首字笔画索引表中，查出“锦州站名索引表”的页码为 49 页，再从“站名索引表”中查出锦州至沟帮子的站名“里程表”页码为 311 页，然后从《铁路客运运价里程表》中查出

运价里程为 64 km；然后从站名首字笔画索引表中，查出"沟帮子站名索引表"的页码为 31 页，再从"站名索引表"中查出沟帮子至唐王山的站名"里程表"页码为 319 页，然后从《铁路客运运价里程表》中查出运价里程为 101 km；再从站名首字笔画索引表中，查出"唐王山站名索引表"的页码为 97 页，再从"站名索引表"中查出唐王山至大连的站名"里程表"页码为 323 页，然后从《铁路客运运价里程表》中查出运价里程为 265 km，最后将三段里程以接算站加总得出最终的里程为 430 km。

步骤二：查找《行李包裹运价表》

首先从《行李包裹运价表》中查找包裹运价表所在的页码 4 页，然后查找 430 km 所在的区段里程相对应的三类包裹运价 0.625 元/kg，乘以包裹的重量 35 kg 即得三类包裹运费为 21.90 元(0.625 元/kg×35 kg=21.875 元≈21.90 元)。

实作任务五　办理包车业务的技能

【案例 1-7】 2023 年 3 月 1 日，美籍华人自费旅游团 35 人，其中 6 周岁以下儿童 3 名，在南京站要求包用带空调的餐车、软卧车各一辆，路程单提出 3 月 15 日南京挂 T66 次到北京，停留后挂 3 月 19 日 T75 次到兰州，停止使用。因南京站没有所需车辆，从上海站调配 RW51333 一辆，定员 32 人，CA94622 一辆至南京站。请办理。

【解】 1. 办理方法

(1)包车人提交全程路程单。

(2)南京站与包车人签订包车合同，预收相当于运输费用 20%的定金：10 477.00 元。

(3)将全程路程单报请上海局集团公司批准。

(4)3 月 11 日上海局集团公司下达调度命令。

(5)3 月 12 日办理运费、杂费的交纳手续。

2. 查旅客列车时刻表

3 月 15 日南京站 T66 次 23:51 开；

3 月 16 日北京站 T66 次 10:27 到；

3 月 17 日停留；

3 月 18 日停留；

3 月 19 日北京西站 T75 次 18:30 开；

3 月 20 日兰州站 T75 次 14:19 到。

3. 空调列车的旅客票价计算

南京$\overline{\text{京、郑}}$兰州　3 044 km

32 人软座客票票价：367.50×32=11 760.00(元)

32 人特快票价：72.00×32=2 304.00(元)

3 人软座客票半价：184.00×3=552.00(元)

3 人特快半价：36.00×3=108.00(元)

16 人软卧上铺票价：330.00×16=5 280.00(元)

16 人软卧下铺票价：367.00×16=5 872.00(元)

32 人空调票价：45.00×32=1 440.00(元)

3 人空调半价：22.50×3＝67.50(元)

餐车使用费：按使用 4 d 计算 4×5 000.00＝20 000.00(元)

餐车空调费：20 000.00×25％＝5 000.00(元)

停留费：软卧车停留 4 d(其中 16 日、19 日停留均已超过 12 h 各按 1 d 计算)；餐车按停留 2 d 计算

软卧车停留费：4×1 800.00＝7 200.00(元)

餐车停留费：2×5 000.00＝10 000.00(元)

空驶费：上海—南京 301 km，兰州—上海 2 185 km，合计 2 486 km

3.458×2 486×2＝17 193.176≈17 193.20(元)

合计：客运运价(含票价、餐车使用费)52 383.50＋客运杂费(含停留费、空驶费)34 393.20＝86 776.70(元)

填写代用票(图 1-1)，客运杂费收据(图 1-2)。

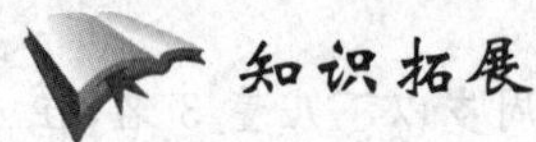

几种特殊运价区段的计价方法

一、粤海铁路客运运价

根据《关于粤海铁路客运价格的批复》(铁运电〔2004〕180 号)，粤海铁路(湛海线、海南西环线、铁路轮渡)旅客票价在商国家发改委同意前，暂比照广东省境内合资铁路和海南铁路公司票价，在国铁票价上上浮不超过 50％，与国家铁路办理直通过轨运输时，实行分段计费。行包运价暂按国铁统一运价执行，不分段计费。

【案例 1-8】 试计算桂林北—海口 K457 次(空调列车，2013 年之前开行)的新空硬座客快速票价。

【解】 因该车于 2013 年之前开行的，故先计算原始票价、2001 年票价，再计算 2013 年(现价)票价。

1. 计算原始票价

(1)先计算国铁段桂林北至塘口的票价

①确定区段中间里程

桂林北$\overline{\text{经衡柳、湘桂、黎湛线}}$塘口客运运价里程为 164＋135＋300＝599(km)

$n=(599-400)/30=6.63\approx 7$

$L_{中间}=400+(7-0.5)\times 30=595(\text{km})$

②计算原始票价

$E=0.058\,61\times[200+300\times(1-10\%)+95\times(1-20\%)]$

$\quad=0.058\,61\times 546=32.001\,06$

$B_1=32.001\,06\times 2\%=0.640\,021\,2\approx 0.70(元)$

$F=32.001\,06+0.70=32.701\,06\approx 33.00(元)$

$F_{普快}=32.001\,06\times 20\%=6.400\,212\approx 6.00(元)$

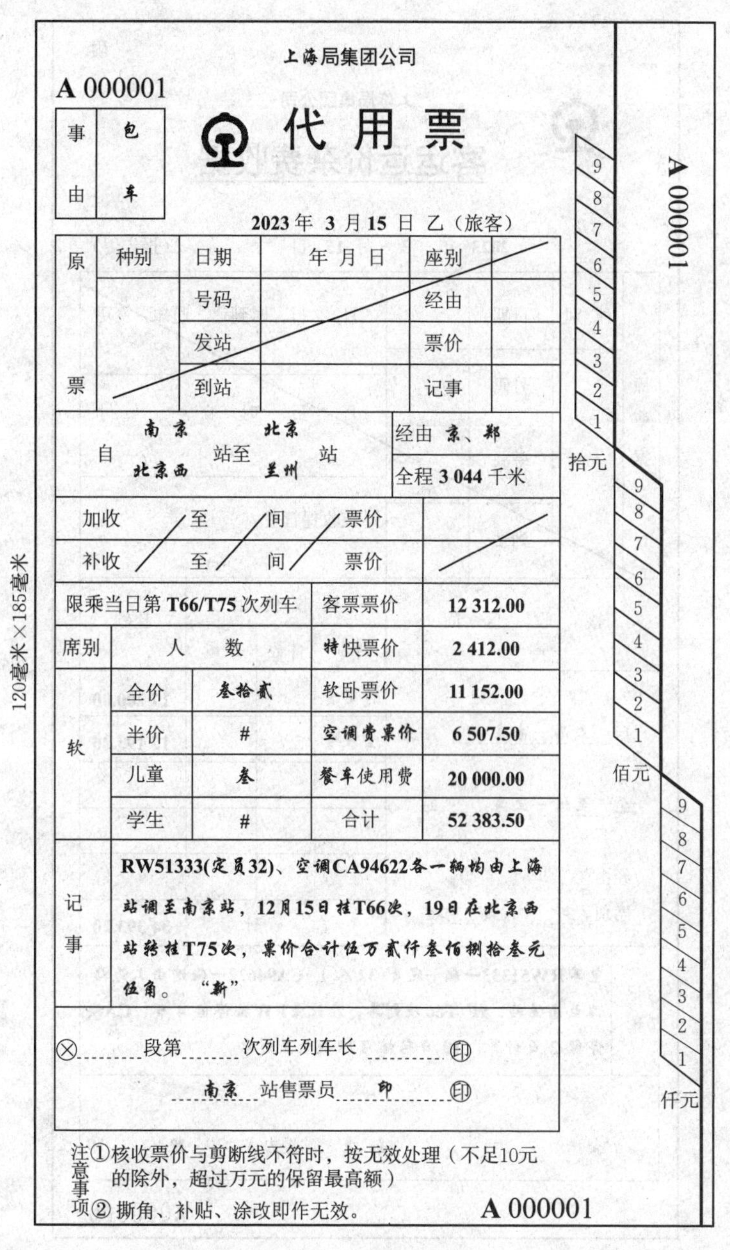
上海局集团公司

A 000001

代用票

事由	包车

2023年 3月15日 乙（旅客）

原票	种别	日期	年 月 日	座别	
		号码		经由	
		发站		票价	
		到站		记事	

自 南京 北京西 站至 北京 兰州 站	经由 京、郑
	全程 3 044 千米

加收	至	间	票价	
补收	至	间	票价	

限乘当日第 T66/T75 次列车			客票票价	12 312.00
席别	人	数	特快票价	2 412.00
软	全价	叁拾贰	软卧票价	11 152.00
	半价	#	空调费票价	6 507.50
	儿童	叁	餐车使用费	20 000.00
	学生	#	合计	52 383.50

记事：RW51333(定员32)、空调CA94622各一辆均由上海站调至南京站，12月15日挂T66次，19日在北京西站转挂T75次，票价合计伍万贰仟叁佰捌拾叁元伍角。“新”

⊗______段第______次列车列车长______㊞

南京 站售票员 印 ㊞

注意事项：①核收票价与剪断线不符时，按无效处理（不足10元的除外，超过万元的保留最高额）
②撕角、补贴、涂改即作无效。

A 000001

120毫米×185毫米

A 000001

9 8 7 6 5 4 3 2 1 拾元

9 8 7 6 5 4 3 2 1 佰元

9 8 7 6 5 4 3 2 1 仟元

图 1-1　代用票填写式样

$F_{\text{空调}}=32.001\ 06\times 25\%=8.000\ 265\approx 8.00$(元)

$F_{\text{新空硬}}=33.00\times(1+50\%)=49.50\approx 50.00$(元)(不含软票费和候空费)

注：也可直接查找2001年《旅客票价表》，减去软票费和候空费而得：$52.00-1.00-1.00=50.00$(元)

$F_{\text{新空普快}}=6.00\times(1+50\%)=9.00$(元)

$F_{\text{新空快速}}=9.00\times 2=18.00$(元)

$F_{\text{新空空调}}=8.00\times(1+50\%)=12.00$(元)

注：附加票票价也可直接从2001年《旅客票价表》中查得。

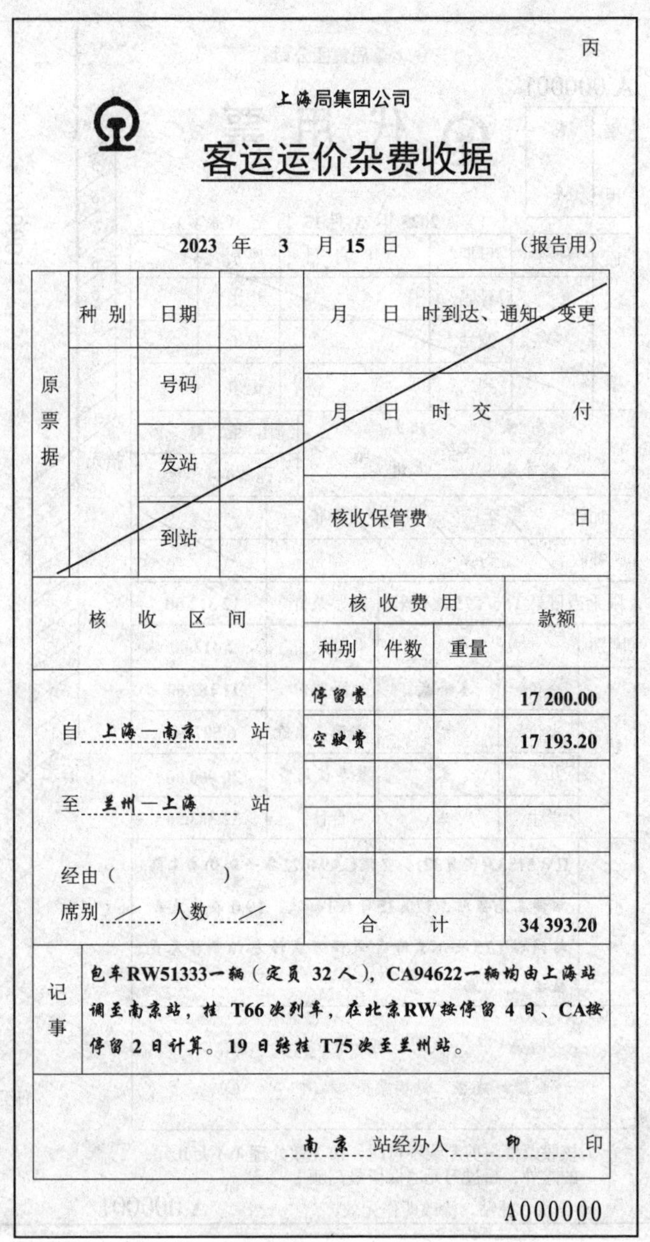

丙

上海局集团公司

客运运价杂费收据

2023 年 3 月 15 日 （报告用）

原票据	种别	日期	月 日 时到达、通知、变更
		号码	月 日 时 交 付
		发站	
		到站	核收保管费 日

核收区间	核收费用 种别	件数	重量	款额
自 上海—南京 站	停留费			17 200.00
至 兰州—上海 站	空驶费			17 193.20
经由（ ）				
席别 ／ 人数 ／	合计			34 393.20

记事：包车RW51333一辆（定员 32 人），CA94622一辆均由上海站调至南京站，挂 T66 次列车，在北京RW按停留 4 日、CA按停留 2 日计算。19 日转挂 T75 次至兰州站。

南京 站经办人 印 印

A000000

图 1-2 客运杂费收据填写式样

国铁段票价小计：50.00＋18.00＋12.00＝80.00（元）

（2）再计算特殊客运运价区段塘口至海口的票价

①确定区段中间里程

塘口 $\xrightarrow{\text{经湛海、粤海线}}$ 海口客运运价里程为 139＋180＝319（km）

$n=(319-200)/20=5.95\approx 6$

$L_{中间}=200+(6-0.5)\times 20=310(\text{km})$

②计算原始票价

$E=0.058\,61\times[200+110\times(1-10\%)]=0.058\,61\times 299=17.524\,39$（元）

$B_1 = 17.524\ 39 \times 2\% = 0.350\ 487\ 8 \approx 0.40$(元)

$F = 17.524\ 39 + 0.40 = 17.924\ 39 \approx 18.00$(元)

$F_{普快} = 17.524\ 39 \times 20\% = 3.504\ 878 \approx 4.00$(元)

$F_{空调} = 17.524\ 39 \times 25\% = 4.381\ 097\ 5 \approx 4.00$(元)

$F_{硬}^{新空} = 18.00 \times (1 + 50\%) = 27.00$(元)(不含软票费和候空费)

$F_{普快}^{新空} = 4.00 \times (1 + 50\%) = 6.00$(元)

$F_{快速}^{新空} = 6.00 \times 2 = 12.00$(元)

$F_{空调}^{新空} = 4.00 \times (1 + 50\%) = 6.00$(元)

注:有关票价也可直接从2001年《旅客票价表》中查得(但应减去附加费用)。

③计算特殊客运运价区段上浮50%的票价

$F_{硬}^{新空上浮} = 27.00 \times (1 + 50\%) = 40.50 \approx 41.00$(元)(不含软票费和候空费)

$F_{快速}^{新空上浮} = 12.00 \times (1 + 50\%) = 18.00$(元)

$F_{空调}^{新空上浮} = 6.00 \times (1 + 50\%) = 9.00$(元)

特殊运价区段票价小计:41.00+18.00+9.00=68.00(元)

2. 计算2001年的全程票价(国铁运价段票价+特殊运价段票价+软票费+候空费)

80.00+68.00+1.00+1.00=150.00(元)

3. 计算2013年(现行)的票价(扣除桂林北至海口918 km所规定的保险费)

150.00−1.00=149.00(元)

二、青藏线格拉段客运运价

根据《关于公布青藏线格拉段办理客运业务和运价的通知》(铁运〔2006〕119号),青藏线格拉段与他线里程通算,客票实行在国铁统一票价上加价,在经国务院批准前,暂按下列标准加价:凡经过格拉段的旅客,硬座不加价,软座0.09元/(人·km)、硬卧0.10元/(人·km)、软卧0.16元/(人·km),加价部分四舍五入到元。行包执行国铁统一运价。

【案例1-9】 试计算西宁开往拉萨的Z6801次(空调列车,2013年之后开行)的新空软座客快速卧(下铺)票价。

【解】 因该车于2013年之后开行的,故可按2013年1月1日起施行的《铁路旅客票价表》(铁运〔2012〕302号)直接查找计算。

西宁—拉萨1 971 km

新空软座客快速卧(下铺)票价:625.00元

格尔木—拉萨1 142 km

加价票价:0.16×1 142=182.72≈183.00(元)

合计:625.00+183.00=808.00(元)

三、京广线广州至坪石段客运运价

根据《关于京广线广坪段客货运价的通知》(铁运电〔2006〕245号),京广线广坪段(广州—坪石)段软席票价可在国铁统一运价基础上上浮50%。广坪段与其他营业线之间开行的直通旅客列车,其票价分段计算,同时涉及广坪段和广九段的旅客列车,将广坪段和广九段的里程通算，执行广坪段票价水平，广坪段票价按下列办法确定：

广坪段票价=[(900 km+广坪段里程)处的国铁票价−900 km处国铁票价]×1.5

【案例1-10】 试计算桂林北—深圳东K950/951次(空调列车，2013年之前开行)的新空软座客快速卧(下铺)票价。

【解】 因该车于2013年之前开行的，故应按老办法计算(即先计算原始票价、2001年票价，再计算现行票价)。

1. 计算未减扣保险费的国铁段票价

桂林北$\xrightarrow{\text{经衡柳、京广线}}$坪石 客运运价里程为335+213=548(km)

从2001年《旅客票价表》查得：新空软座客快速卧(下铺)票价为215.00元

2. 计算未减扣保险费的特殊运价区段的票价

坪石$\xrightarrow{\text{经京广、广九线}}$深圳东客运运价里程为308+139=447(km)

(1)先计算普通车旅客票价

软座客票票价：[(900 km+447 km)处的国铁票价−900 km处国铁票价]×1.5

=[131.00−93.00]×1.5=38.00×1.5=57.00(元)

注：以上票价从2001年《旅客票价表》查得，其他附加票票价与上述计算方法相同。

普通加快票价：(13.00−9.00)×1.5=4.00×1.5=6.00(元)

快速加快票价：6.00×2=12.00(元)

软卧(下)票价：(135.00−98.00)×1.5=37.00×1.5=55.50≈56.00(元)

空调票价：(16.00−11.00)×1.5=5.00×1.5=7.50≈8.00(元)

(2)再计算空调车旅客票价

空调车旅客票价=普通车旅客票价×1.5

新空软座客票票价：57.00×1.5=85.50≈86.00(元)

新空普通加快票价：6.00×1.5=9.00(元)

新空快速加快票价：9.00×2=18.00(元)

新空软卧(下)票价：56.00×1.5=84.00(元)

新空空调票价：8.00×1.5=12.00(元)

小计：86.00+18.00+84.00+12.00=200.00(元)

3. 计算未减扣保险费的全程票价

215.00+200.00=415.00(元)

4. 计算减扣规定保险费后的全程票价

桂林北—深圳东995 km规定的保险费为1.50元。

415.00−1.50=413.50(元)

四、广深线、广梅汕线客运运价

根据《关于对国地铁直通旅客运输分段计费办法进行试点的通知》(铁运电〔1999〕108号)：

1. 广梅汕铁路和广深铁路段票价结构与国铁一致，价率为国铁的135%。

2. 地铁段票价起算点定位900 km。

3. 计算地铁段票价的公式：[(900 km+地铁里程)处国铁票价−900 km处国铁票价]×

135%(分票种票价计算,起码为1元)。

4. 因分段带来的起码里程问题,国铁段按《价规》第31条办理,地铁段取消起码里程,按实际里程计费。

5. 一个列车径路同时涉及广梅汕铁路和广深铁路时,分段票价分别计算。

再根据《关于扩大京九南段分段计费试点的通知》(铁运电〔1999〕319号):凡经京九线进出广梅汕铁路和广深铁路的图定列车、临时客车、旅游列车均按分段计费办法确定票价。但运行里程在2 000 km以上的列车仍实行国铁价率里程通算(不分段计费)。

为计算方便,原铁道部运输局特别制定了《直通旅客列车分段计价地铁段票价表》,见表1-13。

表1-13　直通旅客列车分段计价地铁段票价表

新型空调列车旅客票价(元)										
里程(km)	硬座	软座	空调	普快	快速	硬卧			软卧	
						上	中	下	上	下
1~40	4	7	3	1	2	4	7	4	8	8
41~80	8	15	3	3	6	8	11	11	15	16
81~120	12	23	4	3	6	12	15	15	20	23
121~160	16	28	4	4	8	16	19	19	27	31
161~200	19	36	7	4	8	20	23	24	32	36
201~250	23	43	7	4	8	24	27	28	39	43
251~300	27	53	8	7	14	28	32	35	47	51
301~350	32	61	8	7	14	32	36	39	53	59
351~400	36	69	11	7	14	36	43	45	61	68
401~450	41	77	11	8	16	43	47	51	69	76
451~500	45	85	12	8	16	47	53	55	76	84
501~550	49	93	12	11	22	51	57	61	84	92
551~600	53	101	15	11	22	57	63	68	89	100
601~650	57	109	15	11	22	61	68	72	97	108
651~700	61	117	16	12	24	65	72	76	104	116
701~760	65	126	16	12	24	69	76	81	109	122
761~820	69	134	19	15	30	73	81	88	117	130

注:此票价表不含软票费、候空费、卧订费,但含有保险费。

【案例1-11】 试计算广州东—梅州T8365次空调列车的新空硬座客特快票价(特快票价按快速票价计算)。

【解】 1. 计算未减扣保险费的广深铁路段票价

广州东—常平客运运价里程为82 km

从表1-13《直通旅客列车分段计价地铁段票价表》查得:

新空硬座客特快票价为 12.00＋4.00＋6.00＝22.00(元)

2. 计算未减扣保险费的广梅汕铁路段票价

常平—梅州客运运价里程为 344 km

从表 1-13《直通旅客列车分段计价地铁段票价表》查得：

新空硬座客特快票价为 32.00＋8.00＋14.00＝54.00(元)

3. 计算未减扣保险费的全程票价

22.00＋54.00＝76.00(元)

4. 加入软票费、候空费的全程票价

76.00＋1.00＋1.00＝78.00(元)

5. 计算减扣规定保险费后的全程票价

广州东—梅州 426 km 规定的保险费为 0.50 元。

78.00－0.50＝77.50(元)

【案例 1-12】 试计算深圳东—天津 K1620 次(经由三江镇、南昌西、九江、霸州站，空调列车，2013 年之后开行)的新空硬座客快速票价。

【解】 K1620 次列车虽然跨及广深线、广梅汕线、国铁段，但其运行里程已在 2 000 km 以上，则实行国铁价率里程通算。

深圳东—天津客运运价里程为 2 366 km

从现行《铁路旅客票价表》查得：新空硬座客快速票价为 254.50 元。

复习思考题

1. 什么是接算站？
2. 普速旅客列车旅客票价的构成要素有哪些？
3. 普速旅客列车旅客票价是怎样制定的？请举例说明。
4. 动车组列车旅客票价是怎样制定的？
5. 行包运价的比例关系如何？
6. 行包运费的核收有哪些规定？
7. 什么是特定运价？
8. 包车及包车变更有关费用如何计算？
9. 何谓客运杂费？其分类情况及收费标准是怎样规定的？

技能训练

1. 一旅客从桂林至西安(经由衡阳、郑州)，试用理论计算法计算普速旅客列车的硬座客票、普通加快票及硬卧中铺票的票价。

2. 试用理论计算法计算乌鲁木齐至上海新空快速旅客列车(经由兰州、徐州)软座客票、快速加快票、软卧下铺票、空调票票价。

3. 试计算昆明南(经杭州东)至上海虹桥 G1379 次动车组列车二等座票价。

已知：(1)沪昆高速铁路动车组列车时速 300～350 km，比照京广高速铁路计价。

(2)昆明南至杭州东 2 093 km,属杭昆客专公司。

(3)杭州东至上海虹桥 159 km,属沪杭客专公司。

4. 一旅客凭哈尔滨至大连(经由沈阳)的车票在哈尔滨站托运行李 1 件重 28 kg,试用理论计算法计算运费。

5. 试用理论计算法计算包头至成都(经由兰州、宝鸡)32 kg 三类包裹运费。

6. 运用《铁路客运运价里程表》《铁路旅客票价表》查找下列运价里程和旅客票价:

(1)南京至西安(经由徐州、郑州)硬座客快卧(下铺)票价。

(2)石家庄至宝鸡(经由太原、华山)新空硬座客特快票价。

(3)锦州至大连(经由沟海线)新空软座客快速票价。

项目二 旅客运输

项目描述

本项目主要内容包括铁路旅客运输合同的含义及凭证，旅客、铁路运输企业的基本权利和义务；车票的作用、分类和车票的发售规定，代用票的填制方法；旅客乘车基本条件；误售、误购、误乘、误降和丢失乘车凭证及不符合乘车条件的处理；各种旅行变更的处理；旅客携带品的范围及旅客违章携带品的处理。

项目学习目标

1. 知识目标

能掌握车票的发售规定，旅客的乘车条件及不符合乘车条件的处理，旅行变更及代用票的填制。能通晓电子客票、实名制售票、互联网售票和电话订票的有关规定。

2. 能力目标

熟悉各旅客票种的发售规定；能熟练掌握实名制售票、互联网售票和电话订票的操作方法；能灵活运用现行的规章制度来解决旅客各种旅行变更、不符合乘车条件及旅客违章携带品的问题。

3. 素质目标

养成遵章守纪、按章作业的工作作风、严谨求实的态度；有较强的吸纳新知识、新方式方法的能力；具有良好的社会适应性和交流沟通能力。

项目所需配备

1. 参考资料：交通运输部《客规》、《国铁集团客规》、《铁路旅客运输管理规则》、《铁路客运运价规则》、《铁路客运运价里程表》、《行李包裹运价表》、客运接算站示意图、全国铁路局集团公司管辖线路示意图、《客运规章汇编》。

2. 所需票据、表报：软纸票、代用票、客运运价杂费收据、退票报销凭证、退票报告。

3. 所需设备：模拟计算机售票设备、计算器、剪刀。

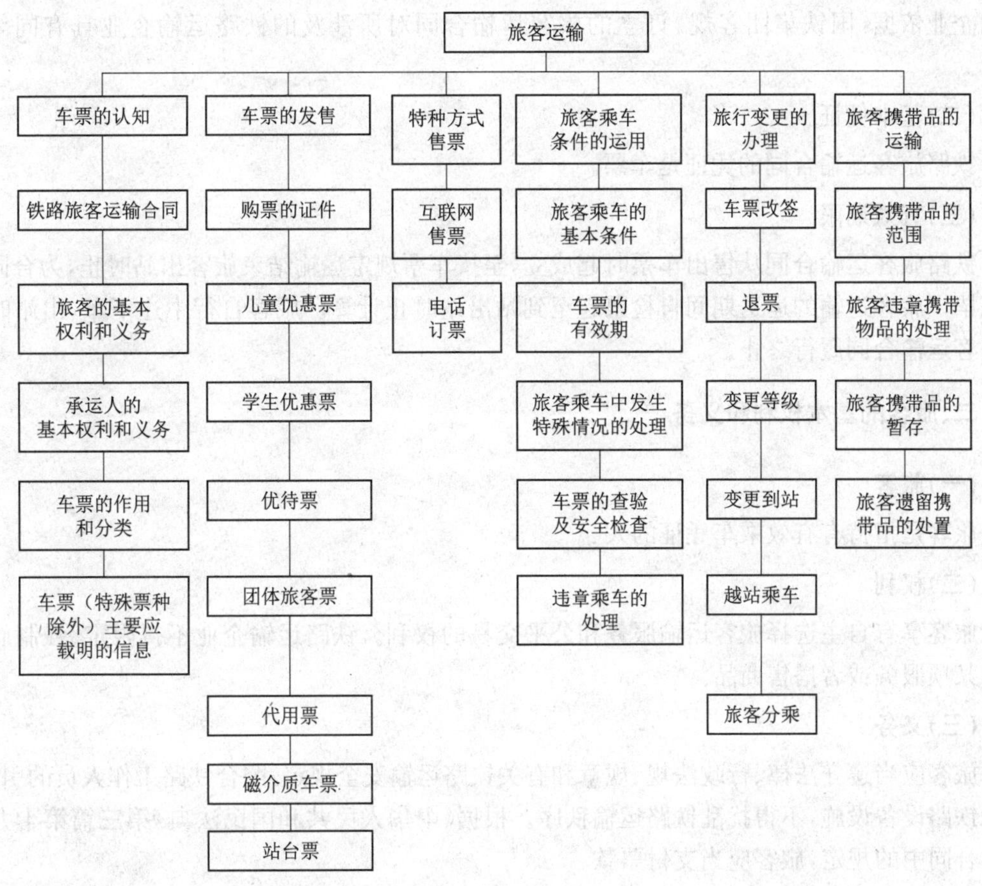

任务一　车票的认知

任务描述

车票是旅客出行的凭证，在理解铁路旅客运输合同、合同双方的权利和义务的基础上，懂得车票的分类和作用，掌握不同类型的车票在铁路旅客运输中的不同使用方法，能够准确快速地读取票面的有效信息，开展旅客运输服务。

任务导入

旅客A在铁路12306移动端买了桂林—南京南G××××次列车的车票，其车票属于什么类型的车票？票面记载有哪些信息？

知识准备

一、铁路旅客运输合同

(一)含义

铁路旅客运输合同是明确铁路运输企业与旅客之间权利及义务关系的协议。起运地铁路运输企业依据《国铁集团客规》订立的旅客运输合同对所涉及的铁路运输企业具有同等约束力。

(二)基本凭证

铁路旅客运输合同的凭证是车票。

(三)有效期限

铁路旅客运输合同从售出车票时起成立，至按车票规定运输结束旅客出站时止，为合同履行完毕。旅客运输的运送期间自检票起至到站出站时止计算。旅客自行中途下车，出站时铁路旅客运输合同履行终止。

二、旅客的基本权利和义务

(一)旅客

旅客是指持有有效乘车凭证的人。

(二)权利

旅客享有自主选择旅客运输服务和公平交易的权利。铁路运输企业不得限定、强制旅客使用某项服务或者搭售商品。

(三)义务

旅客应当遵守法律、行政法规、规章和有关铁路运输安全规定，配合铁路工作人员的引导，爱护铁路设备设施，不得扰乱铁路运输秩序。根据《中华人民共和国民法典》第三篇第十九章运输合同中的规定，旅客应当支付票款

三、铁路运输企业义务

铁路运输企业应当提供方便快捷的票务服务，为旅客提供良好的旅行环境和服务设施，文明礼貌地为旅客服务，在约定期限或者合理期限内将旅客安全运输到车票载明的到站。

铁路运输企业应当公布车站运营时间、停止检票时间、服务项目及收费标准、旅客禁止或者限制携带物品目录等信息。

四、车票的作用和分类

车票是铁路旅客运输合同的凭证，可以采用纸质形式或电子数据形式。

(一)作用

1. 旅客乘车的凭证。

2. 旅客和铁路缔结运输合同发生运输关系的依据。

3. 旅客支付票价的单据。

(二)分类

车票是旅客乘车票据的总称。其分类情况如下：

1. 按中转换乘方式分

(1)直达票。从发站至到站不需中转换乘的车票。

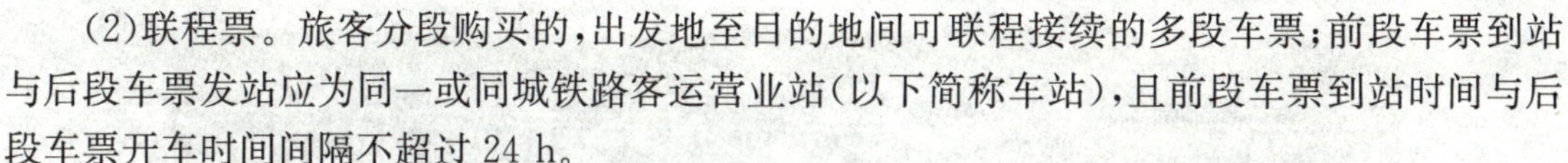

(2)联程票。旅客分段购买的,出发地至目的地间可联程接续的多段车票;前段车票到站与后段车票发站应为同一或同城铁路客运营业站(以下简称车站),且前段车票到站时间与后段车票开车时间间隔不超过 24 h。

2. 按用途分

(1)客票。包括软座、硬座客票。

(2)附加票。包括加快票、空调票、卧铺票。附加票是客票的补充部分,可以与客票合并发售,但除儿童外不能单独使用。

3. 按载体形式分

(1)纸质车票。

纸质车票是由铁路运输企业出具载明乘车日期、车次、发站和到站站名、票价等内容的纸质乘车凭证,也可作报销凭证。

图 2-1 所示为铁路发售的纸质车票。

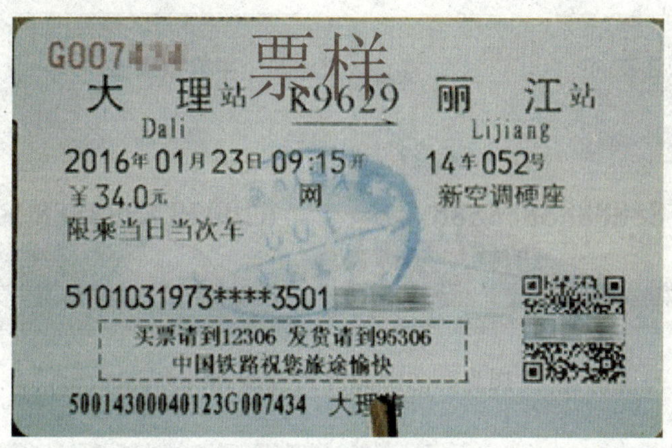

图 2-1　纸质车票

(2)铁路电子客票。

铁路电子客票是以电子数据形式载明乘车日期、车次、发站和到站站名、票价等内容,以规定的身份证件作为乘车凭证,如居民身份证等。报销凭证指铁路运输企业在提供售票、改签、退票等服务后开具的收付款凭证。报销凭证仅可开具一次,不能重复开具。铁路电子客票“行程信息提示”和报销凭证如图 2-2 所示。

(3)铁路乘车卡。

铁路乘车卡是内装磁介质或者集成电路芯片、通过自动检票机(闸机)记录旅客乘车信息的乘车凭证。如中铁银通卡(图 2-3)、广深铁路牡丹信用卡(图 2-4)等乘车卡。

(4)铁路乘车证。

铁路乘车证是铁路运输企业统一制发的乘车凭证。

(5)虚拟乘车凭证。

虚拟乘车凭证是经铁路运输企业认可的,通过电子数据形式体现的乘车凭证,如铁路 e 卡通。铁路 e 卡通是在铁路全面应用电子客票的背景下,中铁银通支付有限公司发行的新一代银通卡的实名制电子卡片产品,不配发实体卡片。旅客通过使用铁路 12306 移动端内的“铁路 e 卡通”应用,就可直接自助扫码乘车。

图 2-2　电子客票“行程信息提示”和报销凭证

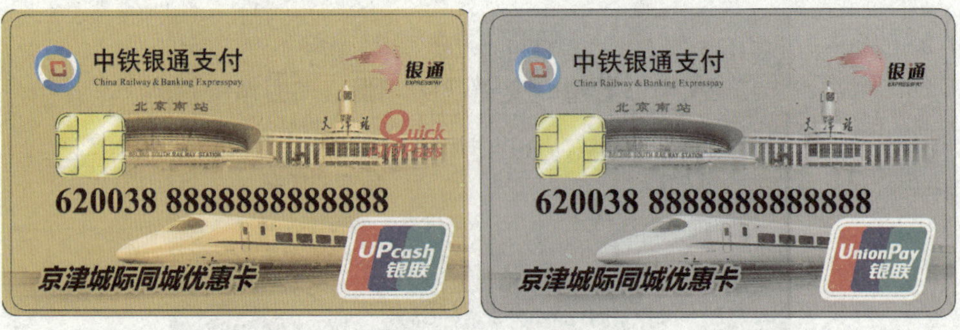

图 2-3　中铁银通卡(金卡、银卡)

图 2-4　广深铁路牡丹信用卡

五、车票(特殊票种除外)主要应载明的信息

1. 发站和到站站名。
2. 车厢号、席位号、席别。
3. 票价。
4. 车次。
5. 乘车日期和开车时间。

6. 有效期。

7. 旅客身份证件信息。

车票票价为旅客购票时的执行票价。铁路运输企业调整票价时，已售出的车票不再补收或退还票价差额。

任务二 车票的发售

任务描述

铁路旅客车票的发售，是在理解不同类型的车票发售规定的基础上，能够熟练运用规章知识准确发售普通旅客车票、儿童优惠票和学生减价票、优待票，并理解手工售票中代用票的填制规定，懂得填制指定情况的代用票。

任务导入

旅客C收到了北京某高校的录取通知书，拟购买从家(株洲)到北京的硬卧车票去学校报到，该旅客购票时需要准备什么证件？其车票票价能享受到哪些优惠？该车票票价如何核收？

知识准备

车票应通过铁路运输企业提供的车站售票窗口、自动售票机、中国铁路12306网站(含铁路12306移动端，以下简称12306网站)、订票电话或铁路车票销售代理人的售票处购买。旅客应按约定支付运输费用，购票后应核对票、款，妥善保管车票信息及购票时所使用的有效身份证件。

铁路运输企业开办定期票、计次票、乘车卡等多种业务时，具体售票、改签、退票、检票和行李托运等业务规则由开办业务的铁路运输企业另行规定。

一、购票的证件

1. 车站售票窗口、铁路车票销售代理人的售票处购票或列车上购票、补票的有效身份证件

通过车站售票窗口、铁路车票销售代理人的售票处购票或列车上购票、补票时，可以使用的有效身份证件包括：中华人民共和国居民身份证(含中华人民共和国临时居民身份证)，居民户口簿，中华人民共和国护照，中华人民共和国出入境通行证，中华人民共和国旅行证，新生儿出生医学证明，军官证、警官证、文职干部证、义务兵证、士官证、军士证、警士证、文职人员证，海员证，以及公安机关出具的临时乘车身份证明，中华人民共和国港澳居民居住证，中华人民共和国台湾居民居住证，港澳居民来往内地通行证，往来港澳通行证，大陆居民往来台湾通行证，台湾居民来往大陆通行证，外国人永久居留身份证，外国人护照，外国人出入境证，公安机关出具的外国人签证证件受理回执、护照报失证明，各国驻华使领馆签发的临时性国际旅行证件(应当附具公安机关签发的有效签证或者停留证件)。

2. 12306网站、订票电话购票的有效身份证件

通过12306网站、订票电话购票时，可以使用的有效身份证件包括：中华人民共和国居民

身份证(含中华人民共和国临时居民身份证),中华人民共和国护照,中华人民共和国港澳居民居住证,中华人民共和国台湾居民居住证,港澳居民来往内地通行证,台湾居民来往大陆通行证,外国人永久居留身份证,外国人护照。

3. 自动售票机购票的有效身份证件

通过自动售票机购票时,可以使用的有效身份证件包括:中华人民共和国居民身份证,中华人民共和国护照,中华人民共和国港澳居民居住证,中华人民共和国台湾居民居住证,港澳居民来往内地通行证,台湾居民来往大陆通行证,外国人永久居留身份证。

旅客应向铁路运输企业提供真实有效的联系方式。发售实名制车票时,铁路运输企业可以记录、保存并在铁路服务过程中使用旅客信息、联系方式,按国家规定承担相应的保密义务。

铁路运输企业发售车票时,根据旅客需要提供载有车票主要信息的“行程信息提示”。通过 12306 网站购票的,“行程信息提示”可通过网站自行打印或下载。如需报销凭证的,应在开车前或乘车日期之日起 180 d 以内,凭购票时所使用的有效身份证件到车站售票窗口、自动售票机换取。

“行程信息提示”和报销凭证不能作为乘车凭证使用。

车票最远发售至本次列车终到站。铁路运输企业另有规定的票种除外。

在无人售票的乘降所上车的人员,可在列车内购票。

二、儿童优惠票

1. 购买儿童优惠票的条件

随同成年人乘车的儿童,满足以下条件之一,应购买儿童优惠票。

(1)实行车票实名制时,年满 6 岁且未满 14 周岁的儿童。

(2)未实行车票实名制时,身高 1.2 m 且不足 1.5 m 的儿童。

(3)免费乘车的儿童单独占用席位时。

2. 减价票种

(1)普速旅客列车:半价的客票、加快票及空调票。

(2)动车组列车:半价的一等座和二等座公布票价;使用动卧时享受一等座公布票价的半价优惠。

3. 办理限制

(1)除需要乘坐旅客列车通勤上学的学生和铁路运输企业同意在旅途中监护的儿童外,实行车票实名制情况下未满 14 周岁或者未实行车票实名制情况下身高不足 1.5 m 的儿童,应当随同成年人旅客旅行。

(2)儿童优惠票的乘车日期、车次及席别应与同行成年人所持车票相同,到站不得远于成年人车票的到站。

(3)身高达到 1.5 m 的非实名乘车儿童或年满 14 周岁的实名乘车儿童应买全价车票。

4. 免费乘车的规定

(1)实行车票实名制的,每一名持票成年人旅客可免费携带一名未满 6 周岁且不单独占用席位的儿童乘车,超过一名时,超过人数应当购买儿童优惠票。儿童年龄按乘车日期计算。

(2)未实行车票实名制的,每一名持票成年人旅客可以免费携带一名身高未达到 1.2 m

且不单独占用席位的儿童乘车。

(3)旅客携带免费乘车儿童时，应当提前告知铁路运输企业，铁路运输企业应当为免费乘车儿童出具乘车凭证。

三、学生优惠票

1. 购买学生优惠票的条件

在全日制高等学校(含国务院教育行政部门、省级人民政府审批设置的实施高等学历教育的民办学校)，承担研究生教育任务的科学研究机构，军事院校，普通中、小学和中等职业学校(含有实施学历教育资格的公办及民办中等专业学校、职业高中、技工学校)，国务院或国务院宗教事务局批准的正式宗教院校就读的学生、研究生，家庭居住地和学校所在地不在同一城市时。

华侨学生和港澳台学生可购买学校所在地车站至口岸城市车站间的学生优惠票。铁路运输企业另有规定的除外。

2. 减价票种

(1)普速旅客列车：半价的硬座客票、加快票和空调票。

(2)动车组列车：二等座公布票价的75%。

3. 购票凭证及使用次数

(1)附有标注减价优惠区间和火车票学生优惠卡的学生证(中、小学生凭加盖学校公章的书面证明)，优惠区间应加盖院校公章，每学年(10月1日至次年9月30日)可购买家庭居住地至院校(实习地点)所在地之间四次单程的学生优惠票。优惠乘车次数按学年使用有效，当学年不能使用下一学年的次数，当学年未使用的不能留作下学年使用。

火车票学生优惠卡内需载明学生姓名、有效身份证件号码、优惠乘车区间、入学日期、优惠乘车次数等信息。

学生证的减价优惠区间更改时，应重新加盖院校公章，并修改火车票学生优惠卡内相关信息。

(2)学生证和证明：学生回家后，院校迁移或调整，也可凭学校证明和学生减价优待证，发售从家庭所在地到院校新所在地的学生优惠票。

(3)新生录取通知书：新生入学由接到录取通知书地点所在站使用一次。

(4)应届毕业生：凭学校书面证明当年可购买一次学生优惠票。

4. 发售学生优惠票的规定

(1)资质核验。

学生每学年乘车前应通过12306网站或到车站指定售票窗口、自动售票机办理一次学生优惠资质核验手续。通过车站指定售票窗口或自动售票机办理学生优惠资质核验手续时，应出具本人有效身份证件和学生证(附有火车票学生优惠卡)，没有火车票学生优惠卡，火车票学生优惠卡所载信息不全、不能识别或者与学生证记载不一致的，无法通过学生优惠资质核验。

(2)径路。

学生优惠票根据减价优惠区间按相对近径路或合理径路发售。在减价优惠区间内购买联程车票时，扣减一次优惠乘车次数。超过减价优惠区间的，不发售学生优惠票。

如超过减价优待证上记载的区间乘车时，对超过区间按一般旅客办理，核收全价。

(3)减价优待证记载的车站是没有快车或直通车停靠的车站时，离该站最近的大站(允许超过减价优待证规定的区间)可以发售学生优惠票，如图 2-5 所示，可以在甲站购买至丁站的学生优惠票。

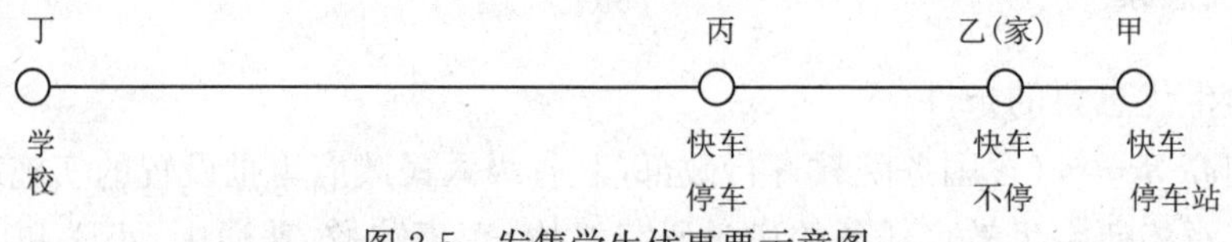

图 2-5　发售学生优惠票示意图

(4)使用优惠席位以外的席位的规定。

①普速列车软席或者软卧：持有效学生证且符合减价优惠条件的旅客要求使用普速旅客列车软席或者软卧时，应购买全价票，不再享受减价待遇。

②使用硬卧：持有效学生证且符合减价优惠条件的旅客使用硬卧时，应购买半价的客票、加快票、空调票及全价的硬卧票。

(5)符合减价优惠条件的学生无票乘车时，除补收票款(含应补收的减价票价及加收已乘区间应补票价 50%的票款)，同时应在减价优待证上登记盖章，占用登记一次乘车次数。

(6)下列情况不能发售学生优惠票：

① 超过减价优惠区间的。

② 学生往返于学校与实习地点时。

③ 学生证未按时办理学校注册的。

④ 学生证优惠乘车区间更改但未加盖学校公章的。

⑤ 应有而没有火车票学生优惠卡，火车票学生优惠卡所载信息不全、不能识别或者与学生证记载不一致的。

四、优待票

1. 凭证

持中华人民共和国残疾军人证、中华人民共和国伤残人民警察证、国家综合性消防救援队伍残疾人员证的人员凭证可以购买优待票。

2. 减价票种

(1)普速旅客列车：半价的硬座、软座客票及附加票。

(2)动车组列车：半价的座卧票公布票价。

中华人民共和国残疾军人证、中华人民共和国伤残人民警察证由国家有关部门颁发，铁路运输企业有权进行核对。

五、团体票

1. 定义

团体票是指通过铁路运输企业资质审核，乘车人数 20 人及以上且乘车日期、车次、到站、席别相同的团体车票。

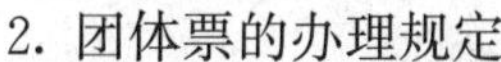

2. 团体票的办理规定

(1)办理范围:通过铁路运输企业资质审核并签有订购团体票协议的单位。春运期间零散务工团体也可办理团体票业务。

(2)车票优惠应优先安排,满 20 人时,给予免收一人优惠,20 人以上,每增加 10 人,再免收 1 人,但春运期间(起止日期以春运文件为准)不予优惠。优惠时,团体旅客中有分别乘坐座、车或成人、儿童同一团体时,按其中票价高的免收。

3. 团体票的办理流程

(1)购票资质审核。

办理团体票时,未具备购票资质的客户须向铁路运输企业申请,车务站段应通过国家企业信用信息公示等系统或渠道确认客户提交信息的真实性、无不良信用记录,以及客户和经办人的唯一性后,在受理平台录入客户相关信息。首次申请的客户须经车务站段客运业务科室初审,站段主管领导审核及履行集体决策程序,加强廉政风险的监督和卡控。车务站段审核通过后,在受理平台录入客户的企业名称、代码、简码等相关信息提交铁路局集团公司审核。车务站段将客户全套材料在本站段存档,建立客户档案,同时将全套材料扫描件上报铁路局集团公司客运部进行复核备案。

(2)签订协议。

铁路局集团公司复核通过后,通知车务站段与客户签订团体票订购协议,协议有效期自协议签订之日起至 12 月 31 日,以后每年签订 1 次,协议期限原则上为 1 个自然年度,签订前须再次审定相关资质,确认客户无不良信用记录。铁路局集团公司为客户生成授权证书,告知用户名和初始密码,客户即可通过受理平台办理团体票。车务站段应按照协议签订时间及时更新受理平台信息,严禁协议到期后继续办理团体票业务。

(3)订票配票。

获得授权的客户应在铁路运输企业规定的团体票订票计划提交时间范围内,在授权证书中公布的网站地址进行订票操作,选择车票日期、发到站、车次、席别和张数并提交订票计划,返(联)程票需求可一次性提报。

铁路运输企业对预售期外提交的订票计划,原则上于预售期前 1 天审批配票。对预售期内提交的订票计划,原则上在提交日的次日审批配票。遇周六、周日或法定节假日时,预售期内的计划将在节假日前审批配票。团体票平台按照长途优先→信用值优先→先到先得的配票规则进行配票。

(4)确认支付。

在铁路运输企业安排票额后即可通过团体票平台查询安排结果。若铁路运输企业未批准客户提交的订票计划,其订单状态为“未批准”。预售期外的订单,应在预售期前 1 天 23:00 前完成对票额安排结果的自行调整(只可减少不可增加,下同)、确认并支付票款。预售期内的订单,应在审批当日 23:00 前完成对票额安排结果的自行调整、确认并支付票款。逾时未确认并支付的订票计划将自动取消。

(5)录入信息。

对已支付的订票计划,客户应在规定时间内通过团体票平台录入真实有效的旅客身份信息(包括证件类型、证件号码、姓名),证件类型为第二代居民身份证、港澳居民来往内地通行证、台湾居民来往大陆通行证、按规定可使用的有效护照等。儿童票须录入乘车儿童本人的身份证件号码。

客户最迟须在开车前2天(含开车当天)的23:00前录入全部旅客身份信息并提报,未按要求录入旅客身份信息的客户无法取票和乘车。

团体票的办理流程如图2-6所示。

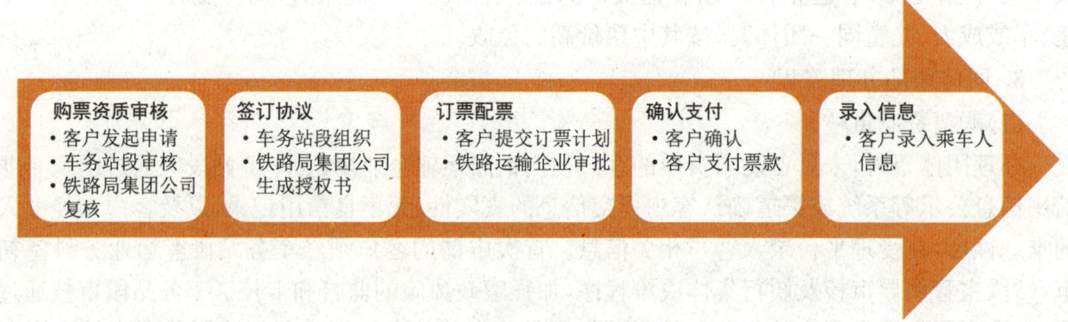

图2-6 团体票的办理流程

六、代用票

代用票是根据实际需要填发的多用途纸质票据。主要用于办理旅游列车、包车等铁路客运业务时,核收旅客票价和客运杂费,还可在车站售票设备或售票系统故障等特殊情况下使用。代用票为甲、乙、丙三页复写式,甲页存根,乙页为旅客用,加印浅褐色底纹,丙页报告。尺寸为120 mm×185 mm。甲页、丙页为薄纸,乙页为厚纸,每50组为一册,按甲、乙、丙顺序装订,顺序号由000001～100000号循环。每10万号附记字母A、B、C……符号,以黑色印刷。

代用票的具体填写规范如下。

1. 在事由栏填写相应的略语。

(1) 发售车票按车票类别和等级填写:客票为"客",加快票为"普快"或"特快",卧铺票为"卧",客快联合票为"客快"或"客特快",客快卧联合票为"客快卧"或"客特快卧","G"字开头的列车车票为"高","D"字开头的列车车票为"动","C"字开头的列车车票为"城际","S"字开头的列车车票为"市郊"。

(2)儿童超龄填"超龄"。

(3)丢失证件填"丢失"。

(4)变更席位填"变席"。

(5)无票乘车填"无票"。

(6)误乘列车补收票价差额填"误乘"。

(7)不符合减价规定填"减价不符"。

(8)退车票未乘区间或未使用部分票价填"退差"。

(9)包车、越站、团体按本项定语填写。

2. 原票栏按原票转记。

3. 乘车区间栏填写发到站站名、经由、乘车里程。

4. 人数栏分别在全价、半价、学生、儿童栏内用大写数字填写数量,不用栏用"#"划消。

5. 席别栏按照席别类别填写"软""硬""软卧""硬卧""商务""特等""一等""二等""动卧"

“一等卧”“二等卧”等。

6. 票价栏按收费种别分别填写在适当栏内。其他费用应在空白栏内注明收费种别和款额，卧铺栏前加“上、中、下”，不用栏用斜线划消，合计栏为收款总计。补收过程中有退款相冲抵时，退款金额前用减号表示。发生退款时在空白栏注明退款种别，在合计栏的金额数前用减号表示退款额。

7. 记事栏内记载下列事项：

(1)发售优待票、学生优惠票、儿童优惠票和折扣优惠票时，记载“军”“学”“孩”“惠”字。

(2)发售新型空调列车车票时，记载“新空”。

(3)办理包车业务时，注明包车的车种、车号和定员数。

(4)办理旅游列车业务时，注明旅游列车的车型、编组和定员数，停留天数。

(5)发售团体票时配发团体旅客证的，注明团体旅客证的起止号，团体票票价优惠时还应注明优惠情况。

(6)办理车票退差时，注明车票未使用部分票种或席别以及具体区间等信息。

(7)原票或报销凭证收回记载“票证收回”。

(8)其他需记载的事项。

8. 票面填写禁止涂改，乙联按合计栏款额在相应的剪断线剪断后交旅客，其余随丙联上报。

9. 车站对需补收票价差额的，发售补价票。对代用票需退还票价差额的，须收回原票，重新开具代用票，收回的原票随新开具代用票丙联上报。

七、磁介质车票

磁介质车票票面长宽尺寸为：85.6 mm×53.98 mm，四角倒圆。

票面图案及颜色：

1. 票面以细微网格为基本底纹，票面主要背景图案为一列动车组列车从右向左快速行驶的画面。

2. 票面下方有一条英文字母CR组成的微缩防伪线。

3. 票面左上角印有本张车票票号，票号为红色。

4. 票面整体颜色基调采用浅蓝色系。

5. 车票背面印有白色“铁路旅客乘车须知”。

6. 用于动车组列车时，右下角打印“和谐号”字样，用于其他列车时无此字样。

八、站台票

站台票是专为进出车站到站台接送旅客的人员发售的一种凭证，而不是车票，是客运杂费。

到站台上迎送旅客的人员应买站台票。站台票当日使用一次有效。随同成人进站身高不足1.2 m的儿童及特殊情况经车站同意进站人员可不买站台票。未经车站同意无站台票进站时，加倍补收站台票款。对经常进站接送旅客的单位，车站可根据需要发售定期站台票。定期站台票可按实际需要分为季票和月票。季度站台票的式样和价格由国务院铁路主管部门统一制定。持单位证明购买季度(三个月)站台票，自季度初日起至季度末日止使用有效，面值为100.00元。月度站台票的式样和价格由铁路局集团公司自定，价格应不少于每日一次。

遇特殊情况,站长可决定暂停发售站台票。

因执行重要任务,由政府部门组织进站迎送人员,可不买站台票。

高速铁路车站不发售站台票,既办理动车又办理普速旅客列车的车站,在办理普速旅客列车时,由站长决定是否发售站台票,但对动车组列车不发售站台票,车站应为行动不便等重点旅客提供进出站上下车便利。

任务三　特种方式售票

任务描述

除了在车站售票窗口,铁路车票还可以通过其他形式和渠道发售,其中互联网售票和电话订票是最常用的两种方式。在进行车票发售时,需要在掌握车票实名制的管理规定的基础上,熟悉不同渠道的车票发售方法,并能够准确为旅客购票提供优质、高效的售票服务。

任务导入

旅客小吕第一次在铁路12306网站上购买铁路车票,打电话给铁路客服咨询其购票过程中遇到的几个问题。

1.在互联网上购买实名制车票时,可以使用哪些证件购买?与车站售票窗口可使用的证件有什么区别?

2.在互联网上购票时,可否帮其他人一起购票?数量有没有限制?

3.旅客购票后,如果无法提供购票时使用的实名制证件,如何处理?

知识准备

一、互联网售票(含铁路12306移动端,下同)

(一)基本规定

(1)铁路互联网售票是指通过12306网站销售铁路电子客票及改签、退票等业务。

(2)铁路电子客票是以电子数据形式体现的铁路旅客运输合同,与纸质车票具有同等法律效力。

(3)旅客在12306网站购买铁路电子客票,以确认交易成功的时间作为铁路旅客运输合同生效的时间,退票以网站确认交易成功的时间作为铁路旅客运输合同终止的时间,改签按照退票、购票处理。

(4)旅客或购票人应当妥善保管铁路电子客票信息及购票时所使用的有效身份证件。

(二)售票规定

(1)在12306网站购买铁路电子客票时,应当注册并准确提供乘车人的有效身份证件信息。

(2)一张有效身份证件同一乘车日期同一车次只能购买一张车票,高速铁路动卧列车除外。

(3)在12306网站购买学生优惠票、优待票时,应符合规定的减价优惠(待)条件。学生证应附有火车票学生优惠卡。

(4)在 12306 网站购票应当在车票预售期内且不晚于相应车次的止售时间，并在规定的支付时间内完成网上支付。

(5)网上支付应使用 12306 网站支持的在线支付工具。

(6)12306 网站收到在线支付工具成功的信息后，方确认购票交易；收到在线支付工具支付失败的信息或超过规定的支付时间未收到在线支付工具支付成功信息的，取消购票交易，席位不再保留。

(7)12306 网站确认购票交易成功后，根据购票人提供的手机、电子邮箱将所购车票信息以短信、电子邮件的方式通知购票人。购票人应及时通知乘车人，并妥善保管有关信息。

(三)使用二代居民身份证进站乘车

(1)在 12306 网站使用二代居民身份证购票且乘车站和下车站都具备二代居民身份证检票条件的，可凭购票时所使用的乘车人有效二代身份证原件，直接通过车站自动检票机(闸机)办理进、出站检票手续。

自动检票机(闸机)在识读二代居民身份证时所做的进站、出站记录分别为铁路旅客运输合同运送期间的起、止证明。

(2)旅客在所购车票乘车区间中途出站的，自动检票机验证后予以放行。

(3)列车验票时，应核对旅客所持的二代居民身份证原件及车票等信息；经确认没有旅客车票信息的，应当先行补票。旅客因二代居民身份证丢失、补票后，又找到二代居民身份证的，列车确认后开具客运记录交旅客，旅客持客运记录和二代居民身份证件原件到下车站退票窗口退还后补车票，不收退票费。

客运记录应填写旅客二代居民身份证号码、姓名、席位等有关内容。

(4)到站检票时，确认旅客没有铁路电子客票信息的，应当按规定补票。

(5)旅客乘车后需换取报销凭证的，不晚于自车票所载乘车日期之日起 30 d，逾期不予办理，换取的纸质车票仅作报销凭证。

(四)改签和退票规定

(1)铁路电子客票可以在 12306 网站或车站售票窗口办理改签、退票手续。

(2)旅客在 12306 网站购票后，尚未换取纸质车票的，可以在 12306 网站办理铁路电子客票改签、退票手续。

(3)旅客在车站办理铁路电子客票改签、退票手续的，应当到安装有银行 POS 机的车站售票窗口进行办理。

以下情形，按下列规定到安装有银行 POS 机的车票售窗口并比照电子客票换取纸质车票的相关规定办理：

①已经换取纸质车票的，在换票地车站或票面发站办理。

②在具备二代身份证检票条件的乘车站，持二代居民身份证已经办理进站检票手续但未乘车的，经车站确认后按规定办理改签、退票手续。

③乘车站和下车站均具备二代居民身份证检票条件，持二代居民身份证检票乘车，因伤、病或者承运人责任中途下车的，凭列车长出具的客运记录在下车站按规定办理退票手续。

(4)改签后新票票价高于原票、需补收票价差额时，应当使用购票时所使用的银行卡或具备网上银行功能的其他银行卡支付新票全额票款,原票款按发卡银行规定退回原银行卡。

退票或改签后新票票价低于原票的,应退票款按发卡银行规定退回购票时所使用的银行卡。

(5)在车站售票窗口办理铁路电子客票改签可以采取:出具纸质车票后进行改签或不用换票直接在窗口改签程序中办理改签两种方法。

(6)在12306网站办理退票手续后、需要退票费报销凭证的,应当凭购票时所使用的有效身份证件原件在办理退票之日起180 d内(含当日)到车站售票窗口索取。

二、电话订票

电话订票是指通过铁路客户服务中心区域级语音平台自助预订车票的一种购票方式,不允许人工接听电话,办理订票业务。电话订票管理有关事项如下:

(1)原则上全路使用统一的接入号码——95105105,采用本地接入。旅客直接拨打电话订票接入号码。

(2)电话订票有效证件为:中华人民共和国居民使用中华人民共和国居民身份证,港澳居民使用港澳居民居住证或港澳居民来往内地通行证,台湾居民使用台湾居民居住证或台湾居民来往大陆通行证,外国人使用护照。

(3)电话订票系统开放时间原则上为05:00—23:30之间。

(4)春运期间电话订票预售期可比窗口优先,且不办理3 d(含当日)以内车票的电话订票业务。

(5)电话订票一次可订数量原则上与普通售票窗口保持一致,旺季由铁路局集团公司自定并对外公布。电话订票可订全价票、儿童优惠票、学生优惠票、优待票,不办理改签和退票业务。

(6)学生优惠票凭订票时所使用的有效身份证件和附有火车票学生优惠卡的学生证(均为原件)到安装有火车票学生优惠卡识别器的车站售票窗口或铁路客票代售点办理取票业务。

(7)残疾军人优待票凭订票时所使用的有效身份证件和“中华人民共和国残疾军人证”、“中华人民共和国伤残人民警察证”(均为原件)到车站售票窗口办理取票业务。

(8)订取车票时,按以下两种方式办理,由铁路局集团公司选择确定:

①订票时须输入订票人身份证件号码,取票时除订单号外还须持订票人身份证件(原件)及乘车人身份证件(原件或复印件)。

②订票时须输入乘车人身份证件号码(多人乘车时,依次输入多个乘车人证件号码),取票时除订单号外须持乘车人身份证件(原件或复印件)。

(9)取票范围。原则上铁路局集团公司管内实行通订通取,即管内所有车站和代售点均可取本局电话订票车票。

(10)电话订票订单原则上保留时间:当日12:00前预订的,订单保留至当日24:00;当日12:00后预订的,订单保留至次日12:00,未取车票将自动返库。

任务四　旅客乘车条件的运用

任务描述

铁路旅客乘车时,应按照票面规定的乘车日期、车次和座别乘车。在旅客运输过程中,经常发生旅客误售、误购、误乘、误降、丢失乘车凭证和乘车条件不符等情况，在进行旅客运输服务的过程中，应在是在理解误售、误购、误乘、误降、丢失乘车凭证和乘车条件不符等发生后的办理规定的基础上，严把检票验票和安全检查关，同时能够准确高效地为误售、误购、误乘、误降、丢失乘车凭证等旅客办理各项业务，为旅客提供迅速、快捷、高效、优质的旅行服务。

任务导入

旅客A持南京南—郑州东G××××次列车的二等座学生优惠票，但在查验车票时，该旅客无法出示有效减价凭证，应如何处理？

知识准备

一、旅客乘车的基本条件

旅客的乘车凭证是购票时使用的有效身份证件；随行免费乘车儿童的乘车凭证是其申明时所使用的儿童有效身份证件。

铁路运输企业应当按照有效车票记载的日期、时间、车次、车厢号、席别和席位号运输旅客；旅客应当按照有效车票载明的日期、时间、车次、车厢号、席位号和席别乘车。

对无票乘车而又拒绝补票的人，列车长可责令其下车并应编制客运记录交前方三等以上车站或县、市所在地车站处理(其到站近于上述车站时应交到站处理)。车站对列车移交或本站发现的上述人员应追补应收和加收的票款。

对下列旅客，站、车均可拒绝其进站、上车或责令其下车；对责令其下车的，其未使用至到站的票款不予退还，运输合同即行终止。

1. 有《国铁集团客规》第四十一条规定的情况之一，拒不支付应补票款和加收票款的。

2. 不接受安全检查的，坚持携带或者夹带禁止、限制物品的。

3. 不接受车票实名制查验的。

4. 在站、车内寻衅滋事、扰乱公共秩序，患有烈性传染病、严重精神障碍和醉酒等有可能危及列车安全或者其他旅客以及铁路站车工作人员人身安全的。

5. 告知列车无运输能力后，无票继续越站乘车的。

6. 国家规定的其他情况。

二、车票的有效期

车票是运输合同，其时效即为车票的有效期间。

(一)车票有效期的规定

1. 直达票当日当次有效，但下列情形除外：

(1)全程在铁路运输企业管内运行的动车组列车车票有效期由企业自定。

(2)有效期有不同规定的其他票种。

2. 由于误售、误购、误乘或坐过了站在原车票有效期不能到达到站时，应根据折返站至正当到站间的里程，重新计算车票有效期。

(二)不能按票面信息乘车的处理

1. 根据旅客运输合同的相关规定,旅客自行中途下车,出站时铁路旅客运输合同履行终止,即车票即行失效,未使用部分的车票票价不予退还。

2. 旅客如因伤、病不能继续旅行时,经站、车证实,凭客运记录可以办理车票的退票手续,退还已收票价与已乘区段票价的差额,核收退票费。

3. 其他因铁路或不可抗力等原因造成旅客不能按票面信息乘坐列车时,车站应积极地为旅客办理车票的改签或者退票手续。

三、旅客乘车中发生特殊情况的处理

(一)误售、误购车票的处理

车票误售、误购的处理

在车站售票窗口发生旅客车票误售、误购时,旅客当场提出的,车站换发新票,需退还票价差额时,不收退票费。

铁路运输企业责任导致的误售应为旅客免费办理退票或换发新票。

(二)误乘和误降的处理

由于旅客没有确认车次或上、下行方向坐错了车,称为误乘;旅客乘车中下错站或者坐过了站,称为误降。

发生误乘、误降时,旅客应向站车工作人员提出。列车长应编制客运记录交前方停车站;车站对本站发现或列车移交的误乘、误降旅客,应指定最近列车免费送回至车票到站或原票乘车站,对出站后提出的不予受理。如误乘旅客提出乘坐本趟列车直接去原票到站时,所乘列车票价高于原票价时,核收票价差额;所乘列车票价低于原票价时,票价差额部分不予退还。

免费送回途中下车处理

旅客拒绝铁路运输企业安排时,根据实际乘车区间补收相应票款,未使用部分票款不予退还。

在免费送回区间,旅客不得中途下车。如中途下车,对往返乘车的免费区间,按返程所乘列车等级分别核收往返区间的票款。免费送回区间时,旅客应按照铁路运输企业指定的席别乘坐,旅客如提出乘坐高票价席别时,应重新支付高票价席别票款。

(三)丢失乘车凭证的处理

旅客购买车票后,丢失购票身份证件的,按以下方式处理:

1. 乘车前的办理

旅客在乘车前丢失证件的,应到该有效身份证件的发证机构办理临时身份证明,凭临时身份证明进出站乘车。

2. 乘车后的办理

旅客在列车上、出站前丢失证件的,须先办理补票手续,凭后补车票检票出站。在列车上办理时,列车核验席位使用正常的,开具客运记录;在车站办理时,车站核验车票无出站检票记录的,开具客运记录。

旅客应在乘车日期之日起 30 d 以内,凭该有效身份证件发证机构办理的临时身份证明和后补车票(如开具纸质客运记录,还应携带纸质客运记录),到列车的经停站退票窗口办理后补

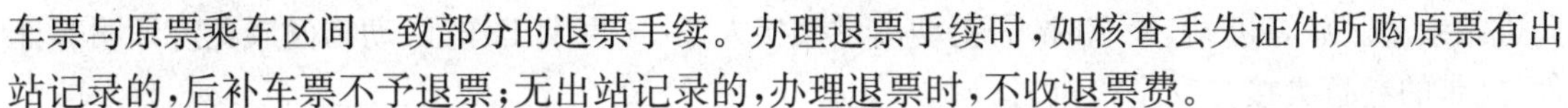

车票与原票乘车区间一致部分的退票手续。办理退票手续时，如核查丢失证件所购原票有出站记录的，后补车票不予退票；无出站记录的，办理退票时，不收退票费。

四、车票的查验及安全检查

铁路运输企业按照国家有关规定对旅客所持车票和有效身份证件进行车票实名制查验。车站对进、出站的旅客和人员应当检票，列车对乘车旅客应验票。

1. 查验的证件类型

(1)对应当持证购买的优惠票、优待票的旅客，铁路运输企业还须查验旅客相应优惠、优待证件。

(2)旅客应配合铁路运输企业实施的车票实名制查验工作，携带免费乘车儿童还应提供其购票申明时使用的儿童有效身份证件；使用优惠、优待票的应出示相应优惠、优待证件。

2. 验证检票时间要求

车站在开车前提前停止检票，并应当在本站营业场所公告提前停止检票时间。旅客可通过乘车站营业场所公告查询。

3. 验证检票方式

验证检票方式包括人工查验和自助验证两种。

(1)人工查验：通过旅客使用有效身份证件人工查验的方式对持闸机无法读取的购票证件、非实名制车票和其他有需要的旅客进行实名制查验，车站人工通道工作人员必须使用实名制核验系统、柱式检票机、移动检票设备等读取身份证件或录入身份证件号核验购票信息。

(2)自助验证：旅客使用有效身份证件，通过实名制验证核验闸机、门式检票闸机等自助设备进站，对指定车次旅客逐一进行实名制验证。

4. 进站乘车相关规定

旅客须持购票时所使用的有效身份证件进站、乘车、出站，“行程信息提示”、报销凭证、购票短信和购票截图均不能作为进出站和乘车凭证使用。经车站工作人员或闸机进行查验，并进行系统记录后，方可进站乘车。票、证、人不一致或无法出示有效身份证件原件的旅客，不得放行。

对持减价优惠(待)的车票及各种乘车证的旅客，还应核对其相应的凭证。成年人持儿童优惠票的，视为票、证、人不一致。

5. 列车验票的相关规定

列车要用好站车无线信息交互系统终端，通过席位信息查询、电子票夹等功能，规范开展普遍性查验和针对性查验工作。列车验票时，同时核对旅客、其所购买的车票及购票使用的有效身份证件原件。持低票价席别车票的旅客不能在高票价席别的车厢(区域)滞留。

票、证、人不一致的，按无票处理。

铁路稽查人员凭稽查证件、佩戴稽查标识可以在车内验票。

6. 安全检查

铁路运输企业应当依照法律、行政法规和有关规定，对旅客及其携带品进行安全检查。旅客携带品应当遵守国家禁止或者限制运输的相关规定。

视力残疾旅客可以携带取得导盲犬工作证(载有导盲犬使用者信息，盖有公安部门或残疾人联合会公章，或带有国际导盲犬联盟标识“IGDF”)，用于辅助视力残疾人工作、生活的导盲犬进站乘车。旅客进站、乘车时,需主动出示残疾人证、导盲犬工作证、动物健康免疫证明等证件,携带的导盲犬接受安全检查。

五、违章乘车的处理

违章乘车包括不符合乘车条件的乘车和未按规定办理签证、检验的乘车,现将对其处理规定分述如下:

(一)不符合乘车条件的处理

不符合乘车条件的情况是多方面的,由于具体情况不同,处理方法也不同,但归纳起来,可分为两种类型。对不符合乘车条件的旅客、人员,站车均应了解原因,区别不同情况予以处理。

1. 有下列情况时应当补收票款:

(1)应购买儿童优惠票而未买票的儿童,补收儿童优惠票票款。

(2)应购买全价票而购买儿童优惠票乘车的未成年人,应补收儿童优惠票票价与全价票价的差额。

(3)主动补票或者经站、车同意上车补票的。

2. 有下列行为时,铁路运输企业按规定补票,并加收已乘区间应补票价50%的票款:

(1)无票乘车且未主动补票时,补收自乘车站(不能判明时自始发站)起至到站止的车票票款。持失效车票乘车或在车票到站后不下车继续乘车的,按无票处理。

(2)持用变造、伪造或涂改的乘车凭证乘车时,除按无票处理外并送交公安部门处理。

(3)票、证、人不一致的,按无票处理。

(4)持用低票价席别车票乘坐高票价席别时,补收所乘区间的票价差额。

(5)旅客持优惠票、优待票,没有规定的减价凭证或不符合减价条件时,按照全价票价补收票价差额。

对无票乘车而又拒绝补票的人,列车长可责令其下车并应编制客运记录交前方三等以上车站或县、市所在地车站处理(其到站近于上述车站时应交到站处理)。车站对列车移交或本站发现的上述人员应追补应收和加收的票款。

(二)车票未签证、未进行实名制核验的处理

1. 出站口门式检票闸机对持无进站检票记录的车票出站的旅客不予放行,需为旅客办理补票手续。

2. 列车对站车无线信息交互系统中无旅客进站检票记录的,应针对性开展查验并完成列车补检,以确保检票信息完整。

任务五　旅行变更的办理

任务描述

铁路旅客运输过程中,旅行变更包括退票、改签、变更等级和越站等。在理解退票、改签、变更等级和越站等业务办理规定的基础上,掌握退票、改签、变更等级和越站的办理手续,能够正确、迅速地为旅客办理变更业务。

任务导入

旅客A购买了10月21日贵阳—北京西Z×××次列车车票，10月20日因计划变更，拟推迟至10月23日再乘车去北京。在这种情况下，旅客的车票如何处理？

知识准备

旅客在乘车途中，要求办理旅行变更的情况是经常发生的，由于变更类别很多，办理的时间又比较紧迫，站、车客运工作人员务必从方便旅客出发，积极主动地按规定予以办理。这一方面要求工作人员熟知各项变更的业务知识，同时要具备良好的沟通能力，为旅客提供优质服务。

一、车票改签

旅客变更乘车日期、车次、席(铺)位时需办理的签证手续称为改签。为便于已持有车票旅客的行程调整，在其他列车有余票时，可以改签发到城市相同的车票。

(一)改签的时间规定

旅客可办理一次改签，在铁路运输企业有运输能力的前提下，按下列规定办理：

(1)开车前48 h以上，可免费改签预售期内的列车。

(2)开车前不足48 h，可免费改签车票载明的乘车日期以前的列车。

(3)开车前不足48 h，可改签车票载明的乘车日期之后预售期内列车，核收改签费。

(4)开车后，在当日24:00之前，可免费改签当日其他列车。

(5)开车后，在当日24:00之前，可改签车票载明的乘车日期之后预售期内列车，核收改签费。

(6)办理变更到站的改签时，应在开车前48 h以上，原车票已托运行李的，还应办理行李变更或取消业务。

(二)办理改签的渠道

1. 车站售票窗口

(1)凭各种有效身份证件购买的车票均可在可车站售票窗口办理改签手续。

(2)在车站售票窗口办理改签时，乘车人须出具购票时使用有效身份证件；他人代办时应出具代办人有效身份证件及乘车人购票时使用的有效身份证件。

(3)已开具报销凭证和使用现金支付购买的车票，仅可在车站售票窗口办理改签。

2. 12306网站

可办理凭12306网站购票证件且使用电子支付方式购买的车票的改签手续。

3. 自动售票机

在具备改签功能的自动售票机上办理改签时，应按系统提示办理。

(三)改签的操作规定

(1)在铁路运输企业有运输能力的前提下，旅客可办理一次车票的改签手续。旅客办理已打印报销凭证的车票改签时，须交回报销凭证(图2-7)。报销凭证无法交回或不可识别、不完整时，铁路运输企业不予办理改签。

(2)办理改签时，对已经开具报销凭证的车票，应收回旅客原报销凭证，在原报销凭证上盖“始发改签”的印章，并在新报销凭证上重新打印“始发改签”字样，如图 2-8 所示。

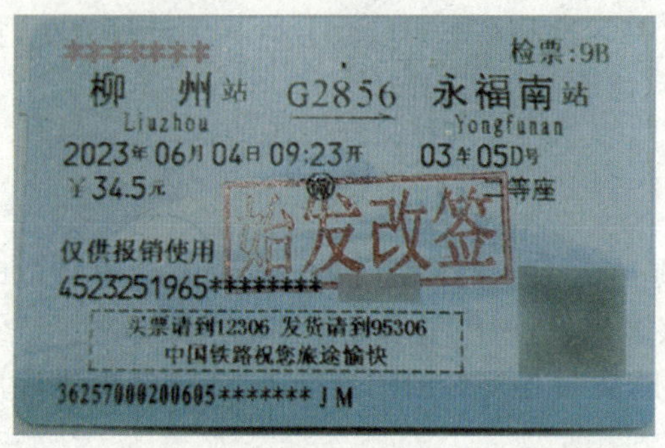

图 2-7　始发改签原报销凭证样式

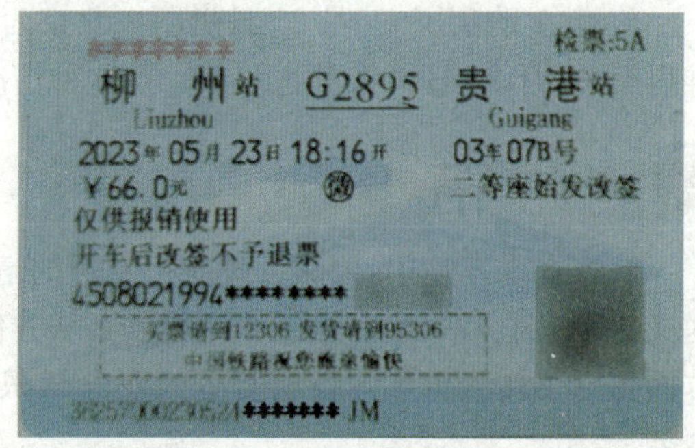

图 2-8　始发改签后新报销凭证样式

(四)改签车票的费用计算

1. 旅客自身原因改签

因旅客自身原因，办理车票改签产生票价差额需退还或补收时，票价差额按“应收－已收”原则计算，其中，“应收”指旅客改签后新车票的票面价格，“已收”指改签前原车票的票面价格。当改签后的票价高于原票价时，应补收票价差额；低于原票价时，应退还票价差额，并对票价差额部分按梯次标准核收退票费。开车后办理车票改签产生票价差额需退还时，按开车前不足 24 h 标准对票价差额部分核收退票费。

改签后的车票乘车日期在春运期间的，退票费按开车前不足 24 h 标准核收。

旅客办理车票改签时，根据原车票和改签后车票的时间和票价的实际情况，可能产生改签费，需要根据实际情况进行计算核收。改签后如需改签费报销凭证的，可在办理之日起 180 d 以内，凭改签时所使用的有效身份证件到车站售票窗口、自动售票机开具。

改签费按梯次标准核收，具体规定如下：

(1)距票面乘车站开车前 48 h 以上改签时，或开车前不足 48 h 改签票面乘车日期及以前的列车时，以及开车后在当日 24:00 之前改签当日其他列车时，均不收改签费。

(2)开车前 24 h 以上、不足 48 h，改签票面乘车日期之后的列车时，按改签前后低票价车票票面价格的 5%计。

(3)开车前不足 24 h，改签票面乘车日期之后的列车时，按改签前后低票价车票票面价格的 15%计；开车后在当日 24:00 之前，改签次日及以后列车时，按改签前后低票价车票票面价格的 40%计。

(4)距票面乘车站开车前不足 8 d 的车票，改签至开车前 8 d 以上的列车，又在距开车前 8 d以上退票的，核收 5%的退票费。

(5)退票费、改签费以 5 角为单位，尾数小于 2.5 角的舍去、2.5 角以上且小于 7.5 角的计为 5 角、7.5 角以上的进为 1 元。

2. 铁路责任或者不可抗力引起的改签

因铁路运输企业责任使旅客不能按车票载明的日期、时间、车次、车厢号、席位号、席别乘

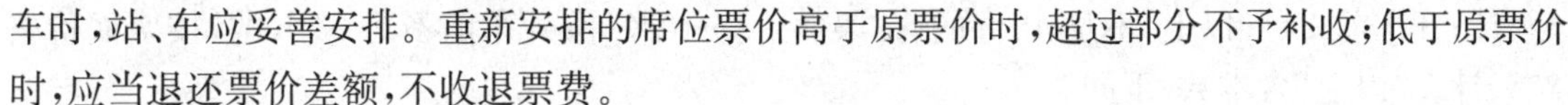

车时，站、车应妥善安排。重新安排的席位票价高于原票价时，超过部分不予补收；低于原票价时，应当退还票价差额，不收退票费。

二、退票

铁路发售车票是按照旅客运输日计划办理的，旅客购票后应按照票面记载的时间、车次、车厢号、座别和席位号乘车，不应随意退票而打乱铁路旅客运输计划。但为了照顾有特殊情况的旅客，使其在经济上不受损失，铁路运输企业在一定的条件下允许办理退票。

(一)退票的办理渠道

旅客可在车站售票窗口、12306 网站和具备退票功能的自动售票机办理退票。

1. 车站售票窗口办理退票

旅客凭各种有效身份证件购买的车票均可在车站售票窗口办理退票。

在车站售票窗口办理退票时，乘车人本人办理的，需出具购票时所使用的有效身份证件；代乘车人办理的，需出具代办人的有效身份证件和乘车人购票时所使用的有效身份证件。

2. 12306 网站办理退票

旅客凭 12306 网站购票证件购买的车票可在 12306 网站办理退票。

旅客通过现金方式购买或已打印报销凭证的车票，可通过 12306 网站先行办理退票，自网上办理退票成功之日起 180 d 以内，凭乘车人有效身份证件到车站指定窗口办理退款手续。

3. 自动售票机办理退票

旅客可以在具备退票功能的自动售票机办理退票，并应按系统提示办理。

(二)不能办理退票的情况

下列情况不办理退票：

1. 车票发站开车后。
2. 开车后改签的车票。
3. 加收的票款。
4. 车补车票(因未通过或未办理学生资质核验和丢失购票时使用的有效身份证件，而办理的补票除外)。

(三)不同类型退票的办理

根据办理退票的原因，可以将退票分为两大类，一类是旅客责任退票，另一类是铁路运输企业责任或自然灾害等其他不能正常运输情形导致的退票。

1. 旅客责任退票

旅客责任导致退票，发车前应按票面金额退还全部票价，核收退票费。

旅客开始旅行后不能退票。但如因伤、病不能继续旅行时，经站、车证实，可退还已收票价与已乘区段票价的差额，核收退票费。已乘区段不足起码里程时，按起码里程计算。同行人同样办理。

(1)退票费比率。

旅客要求退票时须在车票载明的日期、车次开车时间前办理。退票费按如下梯次标准核收：距票面乘车站开车前 8 d 以上的不收退票费；开车前 48 h 以上，不足 8 d 的，按票面价格

5%计;开车前 24 h 以上,不足 48 h 的,按票面价格 10%计;开车前不足 24 h 的,按票面价格 20%计。“以上”含本数,下同。

(2)改签车票的退票。

距票面乘车站开车前 48 h 以上、不足 8 d 的车票改签或变更到站至开车前 8 d 以上的列车,又在距开车前 8 d 以上退票的,核收 5%的退票费。

改签后的车票乘车日期在春运期间的,退票费按开车前不足 24 h 标准核收。

开车后改签的车票不退;站台票售出不退。

(3)退带有“行”字戳记的车票时,应先办理行李变更手续。

(4)对含有检票标志或者客票系统有检票记录的车票,除有客运记录证明是本站进、本站出或者中途伤病等特殊情况需退票外,其他一律不退。

(5)退票与改签的关联。

旅客变更乘车日期、车次、席位、到站等产生票价差额需退还或补收时,票价差额按“应收一已收”原则计算,其中“应收”指旅客变更后新车票的票面价格,“已收”指变更前原车票的票面价格。当变更后的票价高于原票价时,应补收票价差额;低于原票价时,应退还票价差额,并按梯次标准核收退票费。

(6)退票费尾数的处理。

退票费以 5 角为单位,尾数小于 2.5 角的舍去、2.5 角以上且小于 7.5 角的计为 5 角、7.5 角以上的进为 1 元。退票费最低按 2 元收,当车票票面价格不足 2 元时按票面价格计收。

必要时,铁路运输企业可以临时调整退票办法。

2. 铁路责任或自然灾害导致退票

(1)退票费用的计算

因铁路运输企业责任或自然灾害等其他不能正常运输情形导致旅客退票时按下列规定办理,不收退票费:

① 在车票发站,退还全部票款。

② 在中途站,退还未乘区间票款。

③ 在到站,退还车票未使用部分票款。

④ 列车因空调设备故障在运行过程中不能修复时,应退还未使用区间的空调费用。

(2)列车晚点退票的办理

因列车晚点导致未乘车旅客退票时,应在车票发站列车实际开车前办理,退还全部票款,不收退票费。晚点列车晚点信息公布前已购联程车票,可一并办理退票,不收退票费。旅客分别办理联程车票退票的,按旅客责任办理退票的相关规定执行。

(3)列车停运退票的办理

因列车停运导致旅客退票时,旅客可自列车停运信息公布时起至车票乘车日期后 30 d 以内办理退票手续,不收退票费。停运列车停运信息公布前购买的联程车票,可在联程车票开车前一并办理退票,不收退票费。旅客分别办理联程车票退票的,按旅客责任办理退票的相关规定执行。

(4)列车运行中断退票的办理

运行中断,旅客可以按照铁路运输企业的安排返回发站、中途站退票或绕道旅行。办理退票时,退还最终停止旅行站至原到站的票价。

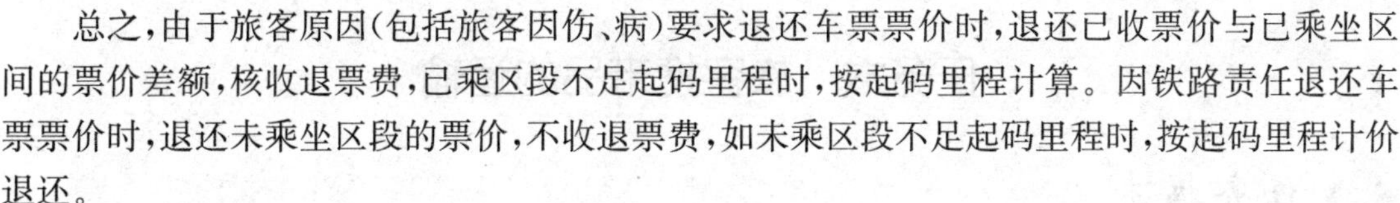

总之，由于旅客原因（包括旅客因伤、病）要求退还车票票价时，退还已收票价与已乘坐区间的票价差额，核收退票费，已乘区段不足起码里程时，按起码里程计算。因铁路责任退还车票票价时，退还未乘坐区段的票价，不收退票费，如未乘区段不足起码里程时，按起码里程计价退还。

三、变更等级

1. 旅客责任变更

旅客自身原因，要求在列车上办理席位变更时，应积极旅客办理变更手续。如变更后的票价高于原票价时，应补收变更区段（不足起码里程时，按起码里程计算）的票价差额；变更后的票价低于原票价时，票价差额部分不予退还。

2. 铁路运输企业责任变更

因铁路运输企业责任使旅客不能按车票载明的日期、时间、车次、车厢号、席位号、席别乘车时，站、车应妥善安排。重新安排的席位票价高于原票价时，超过部分不予补收；低于原票价时，应当退还票价差额，不收退票费。

四、变更到站

为了满足旅客变更行程的需求，进一步方便旅客出行，自 2015 年 6 月 10 日起，铁路部门推出变更到站服务。旅客购票后，可根据行程变化，重新选择新的目的地，在车票预售期内变更到站及乘车日期、车次、席位，但应按下列规定办理：

(1)在原车票开车前 48 h 以上，旅客可任意选择有余票的列车，已取得纸质车票的，可在车站指定售票窗口办理；未换取纸质车票的，也可在 12306 网站办理。

(2)办理变更到站不收取手续费。

(3)变更到站只办理一次。已经办理变更到站的车票，不再办理改签。对已改签车票、团体票及通票暂不提供此项服务。

(4)办理变更到站时，新车票票价高于原车票的，补收差额；新车票票价低于原车票的，退还差额，对差额部分核收退票费并执行现行退票费标准。

五、越站乘车

越站乘车是指旅客原票到站即将到达，由于旅行计划的变更，要求超越原票到站至新到站的乘车。

旅客要求越站乘车，必须在原票到站前提出，在本列车有能力的条件下，方可办理。

遇下列情况不能办理越站乘车：

(1)在列车严重超员的情况下，团体旅客越站乘车，车内会更加拥挤时。

(2)乘坐卧铺的旅客买的是给中途站预留的卧铺时。

(3)乘坐的是回转车，途中需要甩车时。

越站乘车意味着另一旅行计划的开始，所以办理手续时，应使用列车补票机另行发售越站票，补收越乘区段的票价（不足起码里程按起码里程计算），并核收手续费，但最远不能超过本次列车的终点站。

任务六　旅客携带品的运输

任务描述

旅客携带品的管理，直接关系到铁路旅客运输的安全。在理解和掌握旅客携带品在重量、体积和物品等方面具体规定的基础上，应严格按照规定开展旅客携带品的安全检查，将违禁物品拦在进站口之外，同时对运输中和出站口发现违章携带物品的情况，要懂得按章处理，确保旅客运输安全，保障旅客的财产和生命安全。

任务导入

一旅客A持昆明—上海南Z×××次列车的车票，在进站口安全检查时发现，其随身携带的物品中夹带有一瓶500 mL的压力自喷式摩丝和一只活鸡，进站口的工作人员对这种情况应如何处理？

知识准备

为了照顾旅客旅行生活的便利，旅客可以将旅行中所需要的物品如提包、背包、行李袋等带入乘坐的客车内，这些随身带入客车的零星物品，由旅客自行负责看管。但为了维护站车的良好秩序，确保运输安全，铁路运输企业应当按照《中华人民共和国反恐怖议法》《铁路安全管理条例》《铁路旅客运输安全检查管理办法》等规定，对旅客及其随身携带物品进行检查。旅客随身携带品应当遵守国家禁止或限制运输的相关规定。同时，铁路运输企业要在售票厅，候车室和列车内加强对旅客携带品的宣传，让广大旅客知道携带品的范围及超过范围的处理，以免旅客把违章物品带进站，带上车。

一、旅客携带品的范围

1. 在重量方面

旅客携带品免费重量成人20 kg，儿童（包括免费儿童）10 kg，外交人员（持有外交护照者）35 kg，每件重量不超过20 kg。其免费重量的规定，首先是经过广泛的调查，了解到我国一般旅客正常旅行时，随身携带的生活用品往往不超过20 kg，此限量是充分满足了广大旅客需要的；其次，考虑客车车厢的正常负载和旅客乘降的方便，保证旅客列车的安全正点运行；同时，还参照了国际上的有关规定等因素而制定的。

2. 在体积方面

旅客携带品的外部尺寸，每件长、宽、高之和不得超过160 cm，对杆状物品（如扁担、标杆、塔尺等）不得超过200 cm，但乘坐动车组列车不得超过130 cm。

外部尺寸所规定的数值，是根据客车摆放携带品的行李架和座位下所有空间的总容积，按照客车定员，求算出每一旅客平均占有的容积，然后分解为长、宽、高的尺寸加总而得出的。

平衡车、滑行器等轮式代步工具须使用硬质包装物妥善包装。

依靠辅助器具才能行动的老、幼、病、残、孕等特殊重点旅客旅行时代步的折叠式轮椅，以及随行婴儿使用的折叠婴儿车，可免费携带并不计入上述范围。

3. 物品方面

(1)禁止携带品物品

以下物品禁止随身携带但可以托运：

①锐器：菜刀、水果刀、剪刀、美工刀、雕刻刀、裁纸刀等日用刀具(刀刃长度超过 60 mm)；手术刀、刨刀、铣刀等专业刀具；刀、矛、戟等器械。

②钝器：棍棒、球棒、桌球杆、曲棍球杆等。

③工具农具：钻机、凿、锥、锯、斧头、焊枪、射钉枪、锤、冰镐、耙、铁锹、镢头、锄头、农用叉、镰刀、铡刀等。

④其他：反曲弓、复合弓等非机械弓箭类器材，消防灭火枪，飞镖、弹弓，不超过 50 mL 的防身喷剂等。

⑤持有检疫证明、装于专门容器内的小型活动物，铁路运输企业应当向旅客说明运输过程中通风、温度条件。但持工作证明的导盲犬和作为食品且经封闭箱体包装的鱼、虾、蟹、贝、软体类水产动物可以随身携带。

(2)限制随身携带的物品

①包装密封完好、标志清晰且酒精体积百分含量大于或者等于 24%、小于或者等于 70% 的酒类饮品累计不超过 3 000 mL。

②香水、花露水、喷雾、凝胶等含易燃成分的非自喷压力容器日用品，单体容器容积不超过 100 mL，每种限带 1 件。

③指甲油、去光剂累计不超过 50 mL。

④冷烫精、染发剂、摩丝、发胶、杀虫剂、空气清新剂等自喷压力容器，单体容器容积不超过 150 mL，每种限带 1 件，累计不超过 600 mL。

⑤安全火柴不超过 2 小盒，普通打火机不超过 2 个。

⑥标志清晰的充电宝、锂电池，单块额定能量不超过 100 W・h，含有锂电池的电动轮椅除外。

⑦法律、行政法规、规章规定的其他限制携带、运输的物品。

在具体工作中，应严格按照国家铁路局、公安部公布的《铁路旅客禁止、限制携带和托运物品目录》来执行，详细内容见附录。

二、旅客违章携带物品的处理

违章携带物品的办理

旅客携带品超过免费重量或超过规定的外部尺寸时，在乘车站禁止进站上车，旅客可按规定办理托运手续。如在列车内或下车站发现时，对超过免费重量的物品，其超重部分应自上车站至下车站补收行李运费。

旅客携带不可分拆的整件超重、超大物品以及活动物(含猫、狗、猴等宠物)都应按该件全部重量补收上车站至下车站行李运费。列车不具备补收条件时可交前方停车站处理。

对于旅客带入车内的宠物，除按上述规定补收运费外，并应放置在列车通过台处，由携带者自己照看并做好保洁工作，宠物发生意外或伤害其他旅客时，由携带者负责。

发现危险品或禁限物品，妨碍公共卫生的物品，损坏或污染车辆的物品时，列车交前方停车站处理，车站按该件全部重量加倍补收上车站至下车站行李运费；涉嫌违法犯罪的送交公安部门处理，对有必要就地销毁的危险品或禁限物品应按有关规定处理。

如旅客携带的物品价值较低，应补收运费超过其本身价值时，可按物品本身价值的50%核收运费。同时，补收运费时，最远不得超过本次列车的始发站和终点站。不能判明上车站时，自始发站起计算。

三、旅客携带品的暂存

为了方便旅客，三等以上客流量较大的车站均需设置旅客携带品暂存处，其他车站可由服务处或行包办理处兼办携带品暂存业务。

携带品存放范围，以允许旅客随身携带的物品的范围为限，暂存品必须包装良好，箱袋必须加锁，并适于保管。贵重物品、重要文件，骨灰、尖端、精密产品、易腐物品和各种动物等，不予存放。携带品的暂存范围和暂存处的工作时间、收费标准等，应在暂存处的明显处所公告。

办理暂存手续时，必须填写暂存票，注明品名、包装、日期、件数等。提取时还应注明提取日期、寄存日数和核收款额，并在暂存票乙页上加盖戳记后交给旅客。暂存票应按顺号装订，保管一年。

四、旅客遗留携带品的处置

由于旅客乘降车匆忙而遗留在站、车内的携带品(简称旅客遗失物品)，应设法归还原主。如旅客已经下车，应编制客运记录，注明品名、件数等，移交旅客下车站。不能判明时，移交当次列车的前方站或终点站。如车站或列车拾得现金时，应填写客运运价杂费收据，并在捡拾物品登记簿上注明客运运价杂费收据号码，当失主来领取时，开具车站退款证明书办理退款。

车站应设失物招领处，对本站发现或列车移交的旅客遗失物品，要及时登记、妥善保管，并在12306网站或车站进行公告。失主来领取时，应查验有效身份证件，核对时间、地点、车次、品名、件数、重量，确认无误后，由失主签收。

铁路运输企业可依据相关法律、行政法规和有关规定对保管的遗失物品核收保管费。

鲜活易腐物品和食品不负责保管。

无人认领的遗失物品按国家有关规定处理。

实作技能

铁路客运车站、旅客列车在组织旅客运输的过程中，需要按照相关的法律、法规和规章的规定，开展各项客运业务的办理。人民铁路为人民，本着旅客至上的原则，为了给旅客提供更加优质的服务，铁路客运站、车工作人员在办理客运业务中应做到：

1. 具有主动的服务意识。客运工作人员要根据客运服务工作的规律，自觉把服务工作在旅客提出要求之前，急旅客之所急，想旅客之所求，无论事情大小，均要给旅客一个圆满的结果或答复。尤其是涉及运输中各项客运业务的办理时，要主动解决旅客需求，处处主动，事事深想，给旅客感受到铁路服务的温度。

2. 具有精湛的业务水平。业务精湛，是客运工作人员做好的客运服务工作的基础。客运工作人员只有在熟知铁路旅客售票、车站客运组织、列车乘降和旅客在途服务的各项办理规定和流程，精通售票、补费、运输组织等各项业务的前提下，才能在提高运输办理的效率的同时，提高旅客服务的质量。

3. 养成遵章守纪、按章办事的工作作风。在办理客运业务过程中，客运工作要严格遵守铁路旅客运输的各项规定和操作流程，遵章守纪，按章办事，切不可图省事简化操作程序，给旅客旅行造成负面影响；更不能违反规定办理业务，造成旅客财产损失，甚至威胁旅客生命安全。

4. 具有良好的社会适应能力和沟通能力。铁路旅客运输服务工作是直接为旅客提供面对面服务的工作，较强的沟通能力是确保工作人员和旅客能够顺利进行沟通，保障服务质量的基础和前提。因此，在进行各项实操任务训练的过程中，要加强沟通能力的培养，同时提高社会适应能力。

实作任务一 发售客票(代用票)的技能

【案例 2-1】 发售代用票。

2023 年 3 月 18 日，一旅客要求乘当日 1478 次列车由泰山—天津，使用硬座，如售票系统故障，须手工售票，试填制代用票。

【解】 (1)发售硬座客票时，应按购票人的要求发售，原则上做到一票到底。

(2)确定运价里程。

泰山—天津 431 km

(3)票价计算。

硬座票价：26.50 元

普快票价：5.00 元

合　计：31.50 元

(4)填写代用票。

代用票填写式样如图 2-9 所示。

实作任务二 发售儿童优惠票、学生优惠票的技能

【案例 2-2】 2023 年 2 月 1 日一成人旅客携带 5 名儿童(一名刚满 14 周岁，其余四名 5 岁)，欲购买当日锦州至沈阳 K7319 次的硬座客快速车票，试说明发售方法。

【解】 发售方法：

锦州站发售全价票两张，儿童优惠票三张。因为根据《国铁集团客规》规定，随同成年人乘车的儿童，年满 6 周岁且未满 14 周岁的应当购买儿童优惠票；年满 14 周岁，应当购买全价票。每一名持票成年人旅客可免费携带一名未满 6 周岁且不单独占用席位的儿童乘车，超过一名时，超过人数应当购买儿童优惠票 14 周岁的儿童虽然购买全价票，但不是成人，所以不能免费携带儿童乘车。

【案例 2-3】 2023 年 7 月 1 日一学生持大连至沈阳的学生优待证(并有火车票学生优惠卡)要求购买当日 T261 次(大连—哈尔滨，经由沈大线；空调列车)的硬座客特快学生优惠票，大连站计算机故障，试发售代用票。

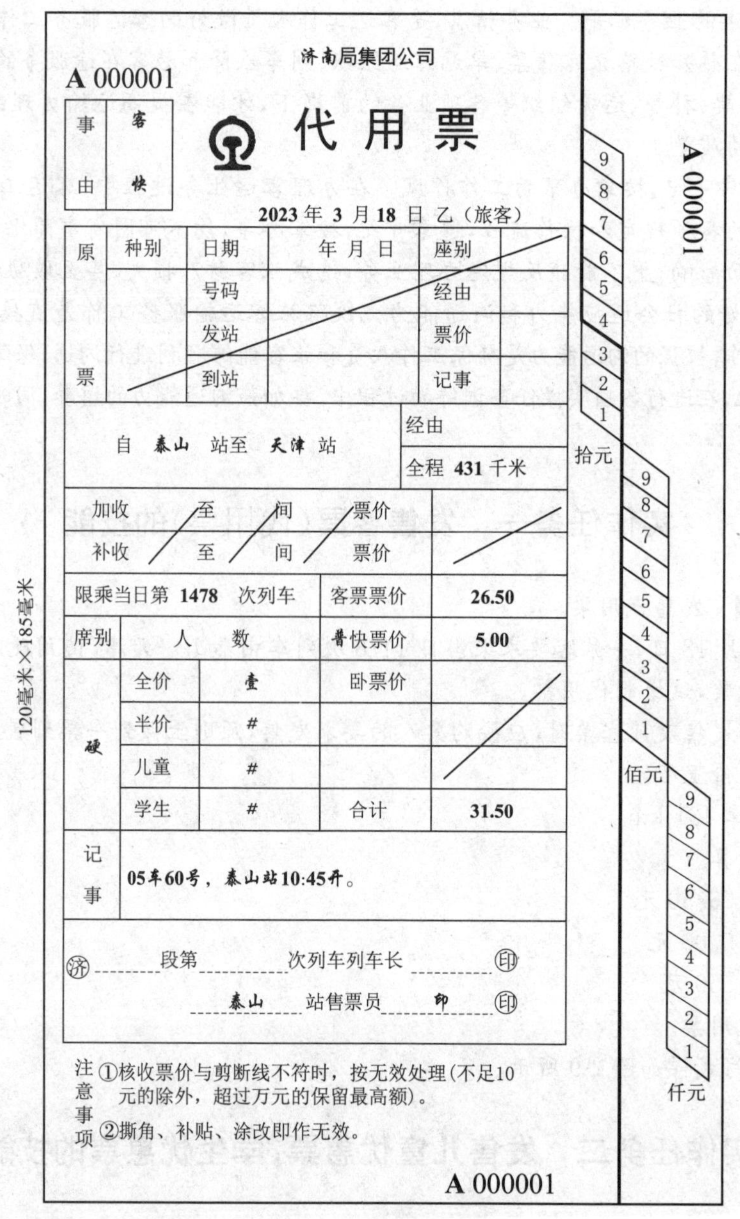

图 2-9 代用票填写式样

【解】 学生凭有效的学生优待证(并有火车票学生优惠卡)，可购买(优待证记载的乘车区间)半价的硬座客票、加快票和空调票。

大连—沈阳 397 km

新空硬座半价：17.50 元

新空特快半价：6.00 元

新空空调半价：4.00 元

合 计：27.50 元

填写代用票式样如图 2-10 所示。

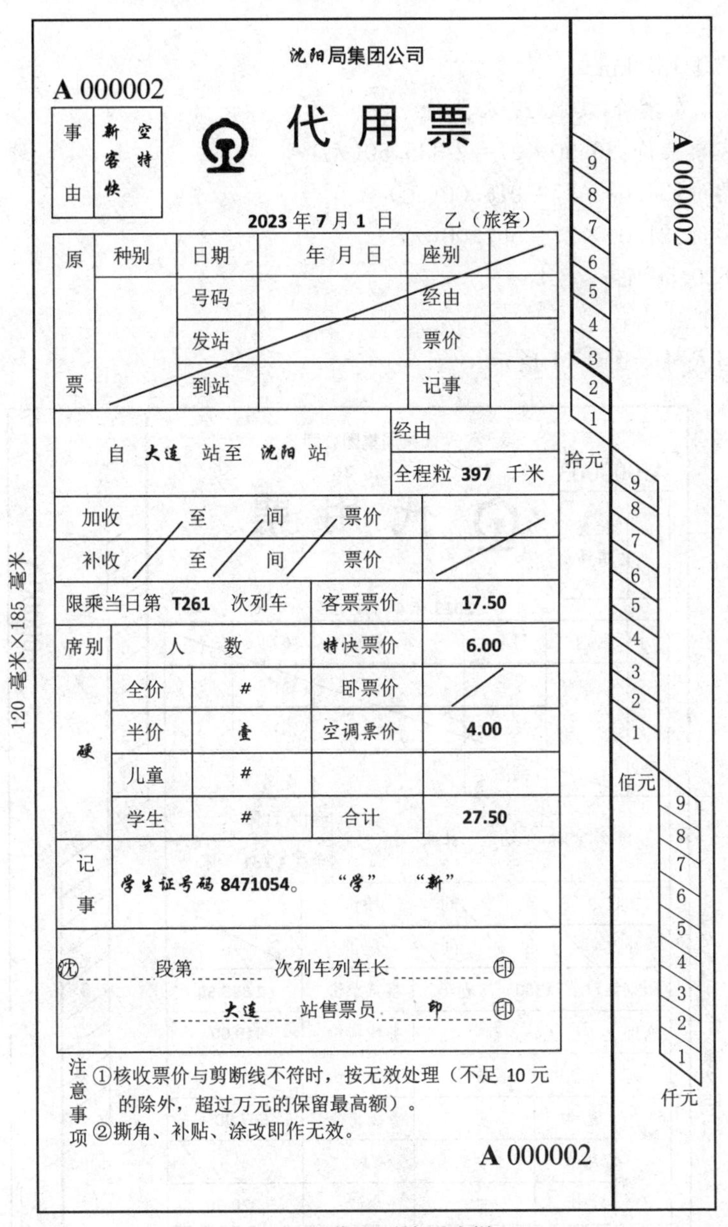

沈阳局集团公司

A 000002

代用票

事由	新空客特快

2023 年 7 月 1 日　　乙（旅客）

原票	种别	日期	年 月 日	座别	
		号码		经由	
		发站		票价	
		到站		记事	

自 大连 站至 沈阳 站	经由
	全程粒 397 千米

加收	至	间	票价	
补收	至	间	票价	

限乘当日第 T261 次列车			客票票价	17.50
席别	人数		特快票价	6.00
硬	全价	#	卧票价	
	半价	壹	空调票价	4.00
	儿童	#		
	学生	#	合计	27.50

记事：学生证号码 8471054。“学”　“新”

沈　段第　次列车列车长　印

大连　站售票员　印　印

注意事项：①核收票价与剪断线不符时，按无效处理（不足 10 元的除外，超过万元的保留最高额）。②撕角、补贴、涂改即作无效。

A 000002

A 000002

拾元 9 8 7 6 5 4 3 2 1

佰元 9 8 7 6 5 4 3 2 1

仟元 9 8 7 6 5 4 3 2 1

120 毫米×185 毫米

图 2-10　代用票填写式样

实作任务三　发售团体旅客票的技能

【案例 2-4】　团体旅客票。

2023 年 4 月 5 日，吉林站有团体旅客 28 人，要求购买当日 1380 次列车（吉林—北京，新型空调车，经由长图线、京哈线）到北京的车票，要求使用硬座，请发售代用票。

【解】　(1)20 人以上乘车日期、车次、到站、座别相同的旅客可作为团体旅客。满 20 人时，给予免收 1 人票价的优惠，20 人以上每增加 10 人，再免收 1 个人的票价，但每年春运期间不予优惠。团体旅客中有分别乘坐座、卧车或成人、儿童时，按其中票价高的免收。

(2)票价计算

吉林—北京 1 131 km

28 人,免收 1 人票价,实收 27 人票价

新空硬座客票票价:86.50×27=2 335.50(元)

新空快速票价:34.00×27=918.00(元)

新空空调票价:21.00×27=567.00(元)

合　计:3 820.50 元

(3)填制代用票

代用票填写式样如图 2-11 所示。

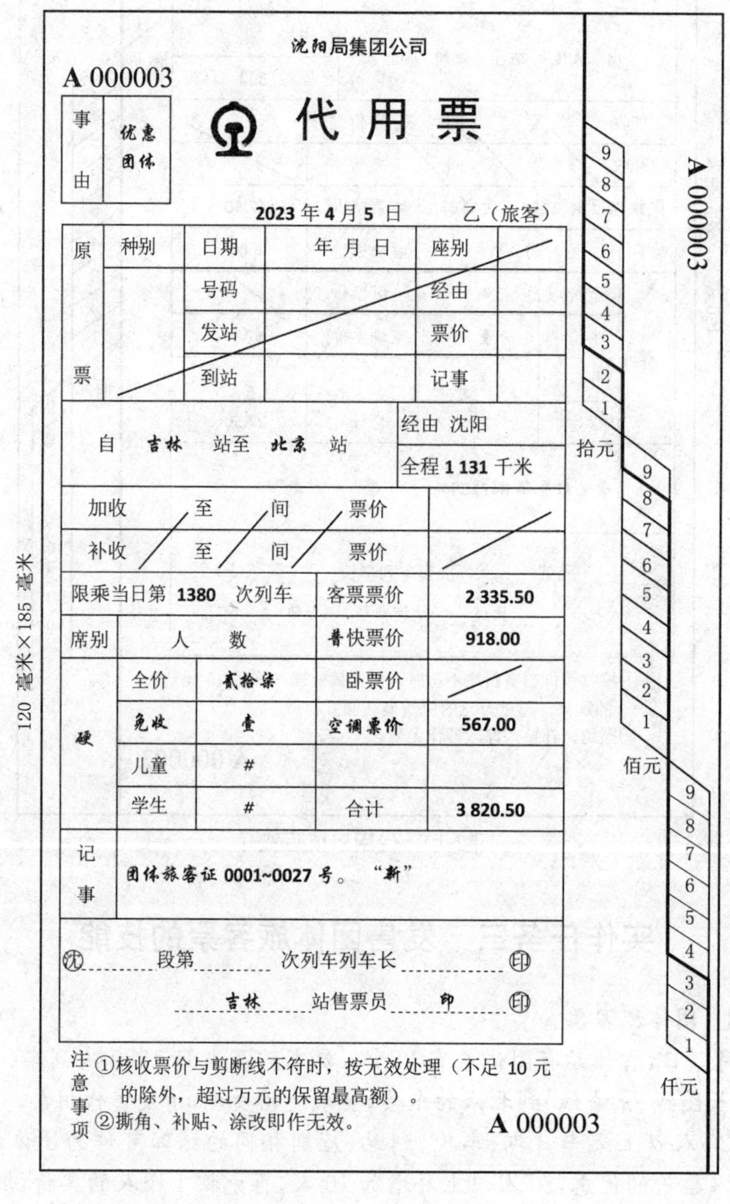

沈阳局集团公司

A 000003

事由	优惠团体

代 用 票

2023 年 4 月 5 日　　乙（旅客）

原票	种别	日期	年 月 日	座别	
		号码		经由	
		发站		票价	
		到站		记事	

自 吉林 站至 北京 站	经由 沈阳
	全程 1 131 千米

加收	至	间	票价	
补收	至	间	票价	

限乘当日第 1380 次列车			客票票价	2 335.50
席别	人 数		普快票价	918.00
硬	全价	贰拾柒	卧票价	
	免收	壹	空调票价	567.00
	儿童	#		
	学生	#	合计	3 820.50

记事　团体旅客证 0001~0027 号。“新”

沈 段第 次列车列车长 印

吉林 站售票员 印 印

注意事项　①核收票价与剪断线不符时，按无效处理（不足 10 元的除外，超过万元的保留最高额）。②撕角、补贴、涂改即作无效。

A 000003

图 2-11　代用票填写式样

实作任务四　处理退票的技能

【案例 2-5】 旅客责任的退票。

2023 年 5 月 23 日，T198 次(乌鲁木齐—郑州，新型空调车，经由兰新线、陇海线，乌鲁木齐客运段担当乘务)列车张掖开车后，一旅客突发急病，经列车广播找医生医治未见好转，不能继续旅行，(旅客吴小龙持 5 月 22 日乌鲁木齐至郑州的新空硬座客特快车票，票号 A036088，票价 313.50 元，同行人吴笑天票号 A036089 要求在前方停车站金昌下车入院治疗，并要求退票)，列车应如何处理？金昌站又如何处理？

【解】 (1)列车处理如下：

①在列车上，旅客因伤病不能继续旅行时，列车长应编制客运记录交中途有医疗条件的车站，同行人同样办理。

②列车长编制的客运记录如图 2-12 所示。

乌鲁木齐局集团公司

客统一 1

客　运　记　录

第 01 号

记录事由：移交急病旅客

金昌站：

5月23日我车张掖站开车后，旅客吴小龙突发急病，经列车广播找医生，医治未见好转，根据旅客及其同行人要求在前方停车站下车入院治疗，并要求退票。现编制记录移交你站，请按章处理。

附：乌鲁木齐至郑州的新空硬座客特快车票2张，票号A036088、A036089。

注：

1. 站、车需要编制记录时均适用。
2. 本记录不能作为乘车凭证。

乌鲁木齐客运站/段　编制人员　T198次列车长（印）

站/段　签收人员　（印）

2023 年 5 月 23 日编制

图 2-12　交金昌站客运记录

(2)金昌站处理如下：

①旅客开始旅行后不能退票。但因伤病不能继续旅行时，经站、车证实，可退还已收票价与已乘区段票价的差额，核收退票费。同行人同样办理。

②票价计算。

已收票价：乌鲁木齐—郑州 3 079 km

新空硬座客特快票价：313.50 元(两人票价 627.00 元)

已乘区间票价：乌鲁木齐—金昌 1 515 km

新空硬座客特快票价：180.50 元(两人票价 361.00 元)

应退还票价差额：313.50－180.50＝133.00(元)(两人应退票款 266.00 元)

核收退票费：133.00×20%＝26.60≈26.50(元)(两人退票费 53.00 元)

净退：266.00－53.00＝213.00(元)

③填退票报销凭证如图 2-13 所示。

【案例 2-6】 铁路责任的退票。

2023 年 4 月 8 日，一旅客持当日 T64 次(徐州—北京，经由京沪线，新型空调车，徐州客运段担当乘务)列车徐州至北京的新空硬座客特快卧(下)车票，济南开车后该车厢空调设备故障且不能修复，列车长编制客运记录交北京站。北京站应如何处理?

【解】 (1)空调列车因空调设备故障在运行过程中不能修复时，列车长应编制客运记录，交到站退还未使用区段的空调票价，不收退票费。

(2)票价计算。

已收票价区段：徐州—北京 814 km

新空硬席客特快卧(下)票价：196.00 元

未使用空调区段：济南—北京 495 km

应退还新空空调票价：11.00 元

已使用票价：196.00－11.00＝185.00(元)

(3)填退票报销凭证如图 2-14 所示。

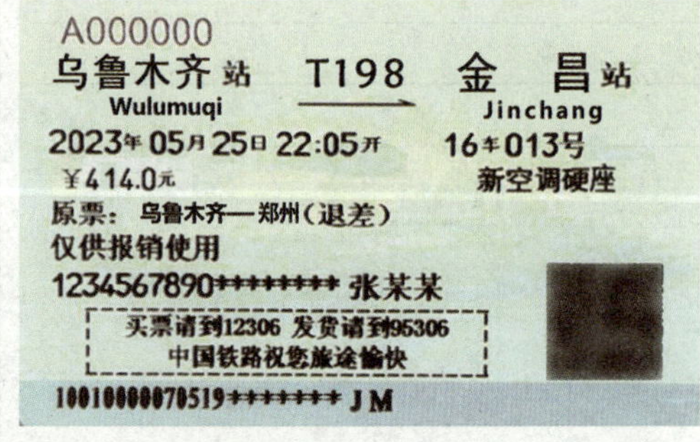

图 2-13 退票报销凭证

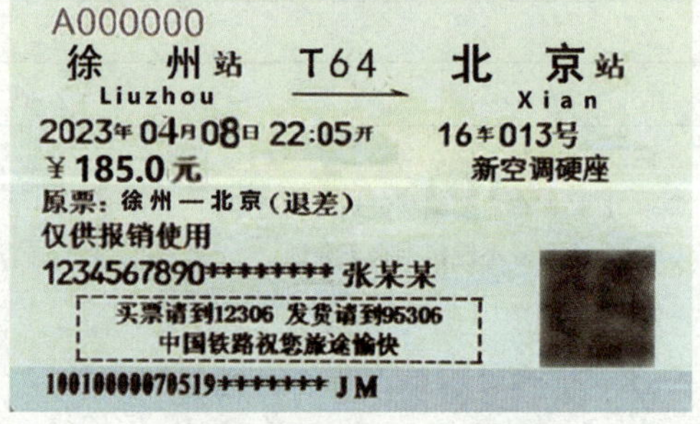

图 2-14 退票报销凭证

任务五 处理旅客乘车中发生特殊情况的技能

【案例 2-7】 误售、误购的处理。

2023 年 3 月 18 日，南京站售票窗口一旅客持南京至常州硬座客快票(票号 A082350)，声称误购车票，该旅客实际到站是沧州，由于口音不准误购至常州的车票(图 2-15)，车票未检票，请问南京站应如何处理？

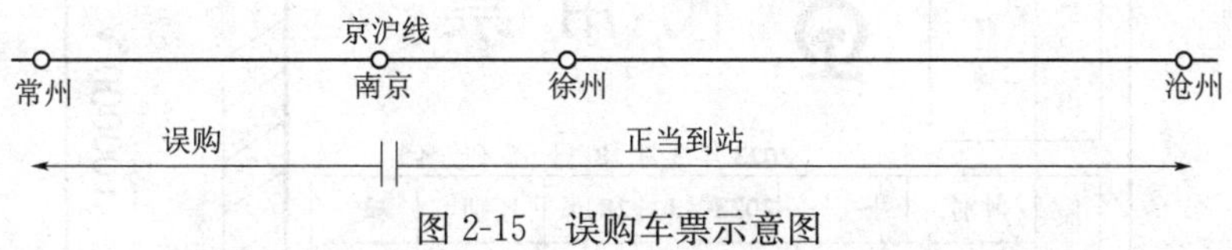

图 2-15　误购车票示意图

【解】　(1)在车站售票窗口发生旅客车票误售、误购时，旅客当场提出的，车站换发新票，需退还票价差额时，不收退票费。

(2)票价计算。

①已收票价：南京—常州 136 km

硬座票价：8.50 元
普快票价：2.00 元　} 合计 10.50 元

②正当票价：南京—沧州 898 km

硬座票价：47.00 元
普快票价：9.00 元　} 合计 56.00 元

③补收票价：56.00－10.50＝45.50(元)

(3)填写代用票。

代用票填写式样如图 2-16 所示。

【案例 2-8】　误乘，免费送回、中途下车的处理。

2023 年 3 月 18 日，一旅客持北京西至石家庄的新空硬座客特快联合票，乘 T57 次列车(北京西—郑州，经由西良线、京广线，新型空调车)，列车在邯郸开车后，验票发现该旅客坐过了站，列车长即编制客运记录，连同原票和旅客到安阳站交下，安阳站指定乘坐 2070 次列车(安阳—石家庄)免费送回石家庄。但该旅客在中途站邯郸下车，如图 2-17 所示，请处理。

【解】　(1)误售、误购、误乘或坐过了站的旅客，在免费送回区段不得中途下车。如中途下车时，对往返乘车的免费区段，按返程所乘列车等级分别核收往返区段的票价，核收一次手续费。

(2)票价计算。

①石家庄—安阳 225 km

硬座票价：15.50 元
普快票价：3.00 元　} 合计 18.50 元

②安阳—邯郸 60 km

硬座票价：3.00 元
普快票价：1.00 元　} 合计 4.00 元

合　计：22.50 元

(3)填写"客杂"。

"客杂"填写如图 2-18 所示。

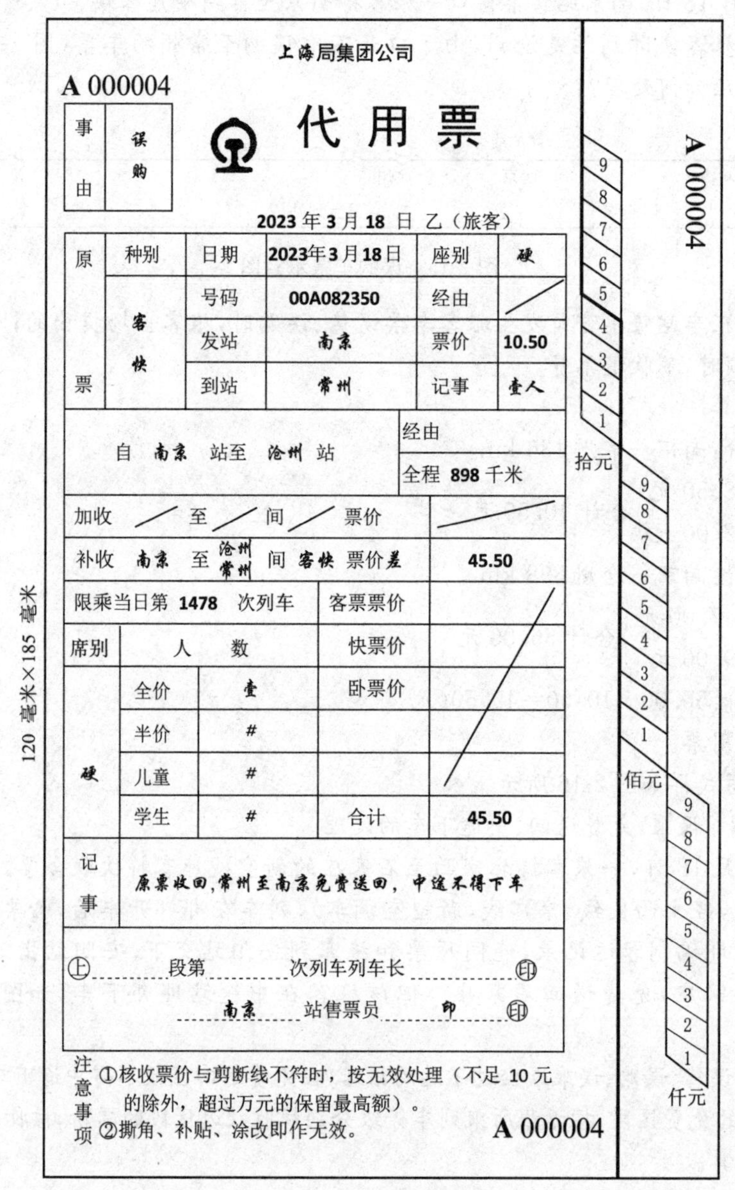

上海局集团公司

A 000004

事由	误购

代 用 票

2023 年 3 月 18 日 乙（旅客）

原票	种别	日期	2023年3月18日	座别	硬
	客快	号码	00A082350	经由	
		发站	南京	票价	10.50
		到站	常州	记事	壹人

自 南京 站至 沧州 站	经由 全程 898 千米
加收 ／ 至 ／ 间 ／ 票价	
补收 南京 至 沧州 常州 间 客快 票价差	45.50

限乘当日第 1478 次列车			客票票价	
席别	人数		快票价	
硬	全价	壹	卧票价	
	半价	#		
	儿童	#		
	学生	#	合计	45.50

记事：原票收回，常州至南京免费送回，中途不得下车

㊤ 段第 次列车列车长 ㊞

南京 站售票员 印 ㊞

注意事项 ①核收票价与剪断线不符时，按无效处理（不足 10 元的除外，超过万元的保留最高额）。②撕角、补贴、涂改即作无效。

A 000004

图 2-16　代用票填写式样

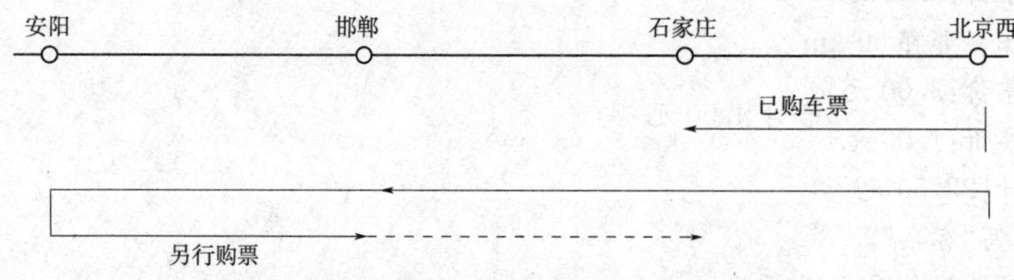

图 2-17　误乘免费送回，中途下车示意图

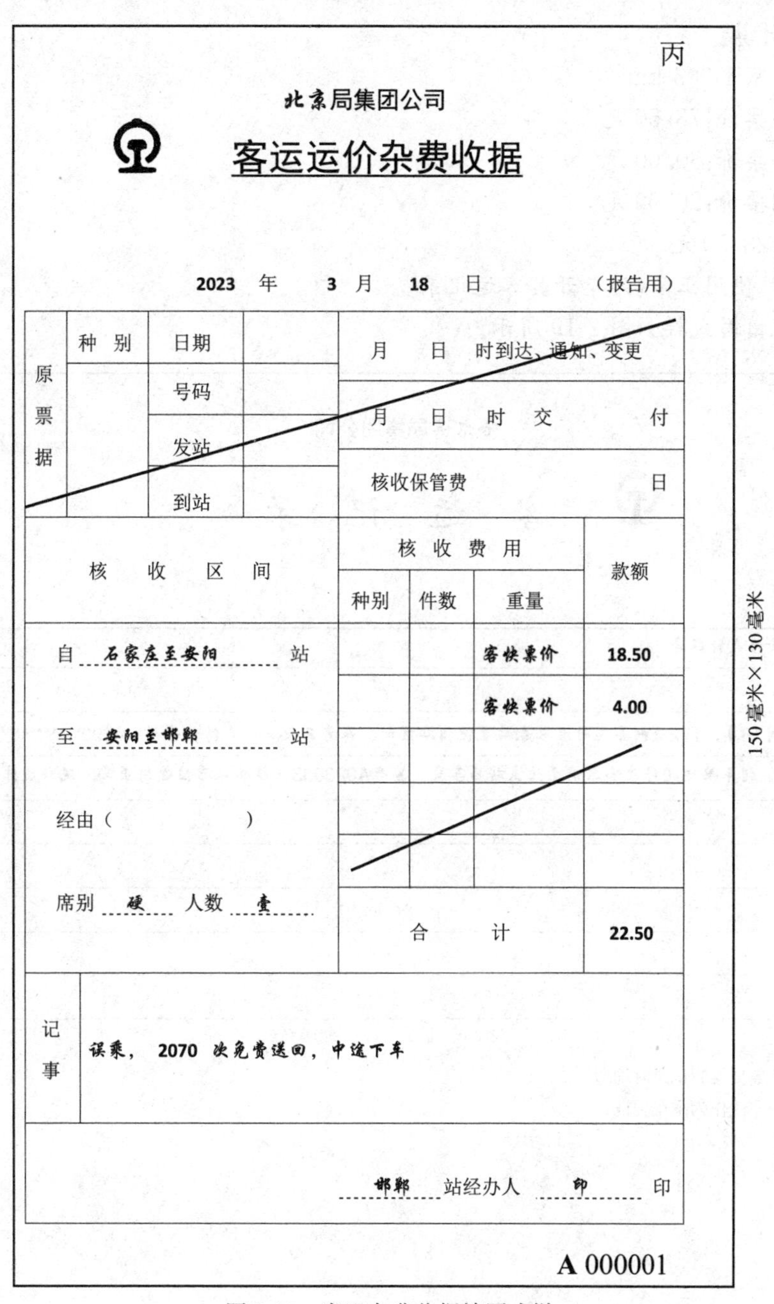

丙

北京局集团公司

客运运价杂费收据

2023 年 3 月 18 日　　（报告用）

原票据	种　别	日期		月　日　时到达、通知、变更
		号码		月　日　时　交　付
		发站		核收保管费　日
		到站		

核　收　区　间	核收费用 种别	件数	重量	款额
自 石家庄至安阳 站			客快票价	18.50
至 安阳至邯郸 站			客快票价	4.00
经由（　　）				
席别 硬　人数 壹	合　计			22.50

记事：误乘，2070 次免费送回，中途下车

邯郸 站经办人 印 印

A 000001

150 毫米×130 毫米

图 2-18　客运杂费收据填写式样

【案例 2-9】 丢失车票的处理。

2023 年 3 月 18 日，在哈尔滨开往北京的新型空调特快 T72 次列车正运行在长春—沈阳北区间时，一旅客到列车长办公席声明购票所使用的身份证件丢失，经列车工作人员查验，该旅客购有长春至北京当日当次车的车票，请写出列车的处理方法。

【解】 旅客在列车上丢失购票身份证件，须先办理补票手续。列车核验席位使用正常的，开具客运记录。

(1)票价计算。

长春—北京 1 003 km

新空硬座票价:78.50 元

新空特快票价:30.00 元

新空空调票价:20.00 元

合　计:128.50 元

(2)如席位使用正常,列车开具客运记录。

客运记录填写式样如图 2-19 所示。

哈尔滨局集团公司

客统一1

客　运　记　录

第 001 号

记录事由:移交挂失补旅客

北京站:

2023年3月18日，T72次列车运行至长春站至沈阳站区间，旅客王××，身份证号码:4122**************，旅客声称身份证丢失，列车按规定补收哈尔滨至北京站的车票，票号A023563。经确认席位使用正常，现移交你站，请按章办理。

注:

1. 站、车需要编制记录时均适用。
2. 本记录不能作为乘车凭证。

哈尔滨客运 站/段 编制人员 T72次列车长（印）

站/段 签收人员 （印）

2023 年 3 月 18 日编制

图 2-19　客运记录填写式样

任务六　处理不符合乘车条件的技能

【案例 2-10】 减价不符的处理。

2023 年 3 月 18 日，北京开往兰州 K43 次(经由非空调)列车，包头开车后，查验车票时发现一旅客持 3 月 17 日集宁南至银川的硬座客快速半价票，票号 00A018660，票价 31.50 元，无减价凭证。请处理。

【解】 (1)旅客持减价票没有规定的减价凭证或不符合减价条件时，补收全价票价与减价票价的差额，核收手续费，并加收已乘区间应补票价 50%的票款。

(2)票价计算。

①补收全、半价差额

集宁南—银川 834 km

已收半价硬座客快速票价：31.50 元

应收全价硬座客快速票价：63.00 元

补收全、半价差额：63.00－31.50＝31.50(元)

②加收已乘区间应补票价 50%的票款

集宁南—包头：323 km

全价硬座客快速票价：28.50 元

半价硬座客快速票价：14.50 元

加收票款：(28.50－14.50)×50%＝7.00(元)

合　计：38.50 元

(3)填制代用票。

代用票填写式样如图 2-20 所示。

任务七　处理旅行变更的技能

【案例 2-11】 变座的处理。

2023 年 3 月 18 日，T722 次新型空调特快(上海—南京西)苏州开车后，一旅客持当日上海至南京西本次列车的新空硬座客特快车票，票号 00A036088，票价 46.50 元，要求自苏州开始使用软座至到站，列车同意办理。

【解】 (1)旅客要求变更座席、卧铺、列车等级时，由高等级变更为低等级不办理，由低等级变更为高等级(含通票旅客在中转站要求换乘动车组列车)，应补收变更区段的票价差额，核收手续费，通票有效期间按原票转记。

(2)票价计算。

变座区间：苏州—南京西 223 km

新空硬座票价：22.50 元

新空软座票价：41.50 元

补收新空软硬座票价差：41.50－22.50＝19.00(元)

合　计：19.00 元

(3)填制代用票。

代用票填写式样如图 2-21 所示。

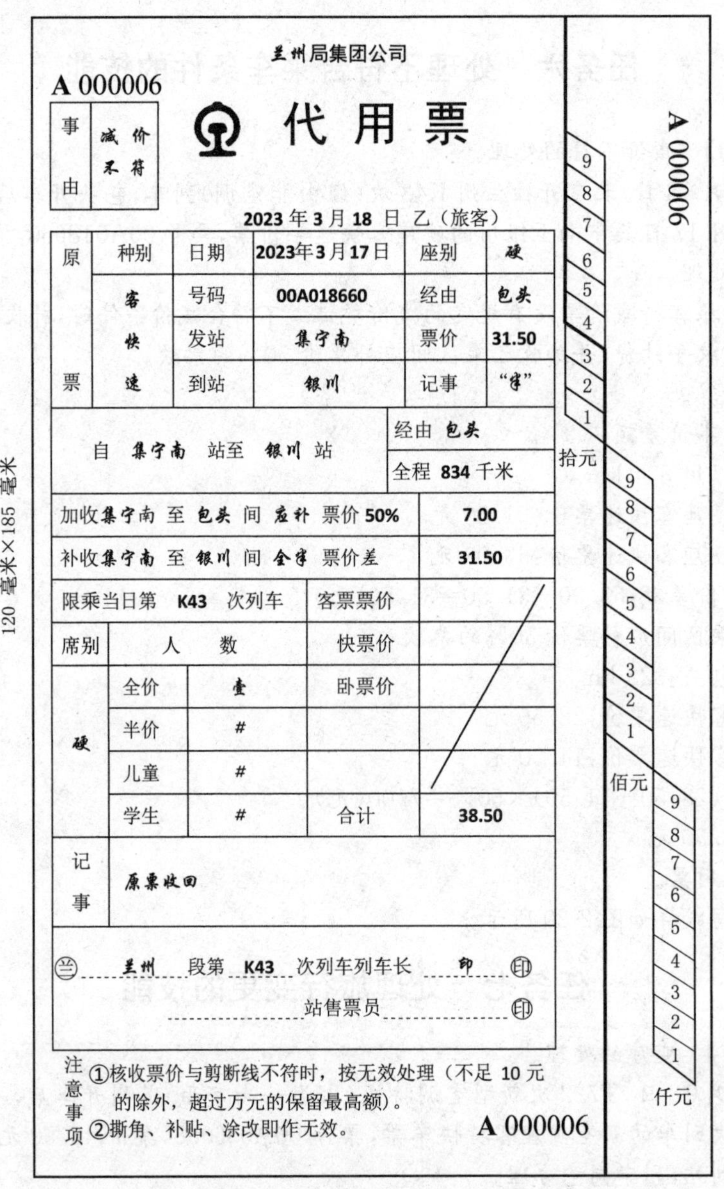

兰州局集团公司

A 000006

代用票

事由	减价不符

2023 年 3 月 18 日 乙（旅客）

原票	种别	日期	2023年3月17日	座别	硬
	客快速	号码	00A018660	经由	包头
		发站	集宁南	票价	31.50
		到站	银川	记事	"字"

自 集宁南 站至 银川 站	经由 包头 全程 834 千米

加收集宁南 至 包头 间 座补 票价50%				7.00
补收集宁南 至 银川 间 全字 票价差				31.50
限乘当日第 K43 次列车			客票票价	
席别	人数		快票价	
硬	全价	壹	卧票价	
	半价	#		
	儿童	#		
	学生	#	合计	38.50
记事	原票收回			

兰 兰州 段第 K43 次列车列车长 印 印

站售票员 印

注意事项 ①核收票价与剪断线不符时，按无效处理（不足 10 元的除外，超过万元的保留最高额）。②撕角、补贴、涂改即作无效。

A 000006

图 2-20 代用票填写式样

【案例 2-12】 越站变座加卧的处理。

2023 年 3 月 18 日，K266 次新型空调快速列车（牡丹江—北京，经哈尔滨、沈阳北、锦州南）长春站开车后，一旅客持当日牡丹江至锦州南本次列车的新空硬座客快速车票，票号 00A085656，票价 141.50 元，要求自长春开始使用软卧下铺并越站至北京。列车同意办理。

【解】 (1)旅客要求越站乘车时，在本列车有能力的条件下可以办理。补收越乘区段的票价，并核收手续费。（越站同时变座加卧时，先越站后变座再加卧。）

(2)票价计算。

①越站区间票价

越站区间：锦州南—北京 480 km

新空硬座客快速票价：69.00 元

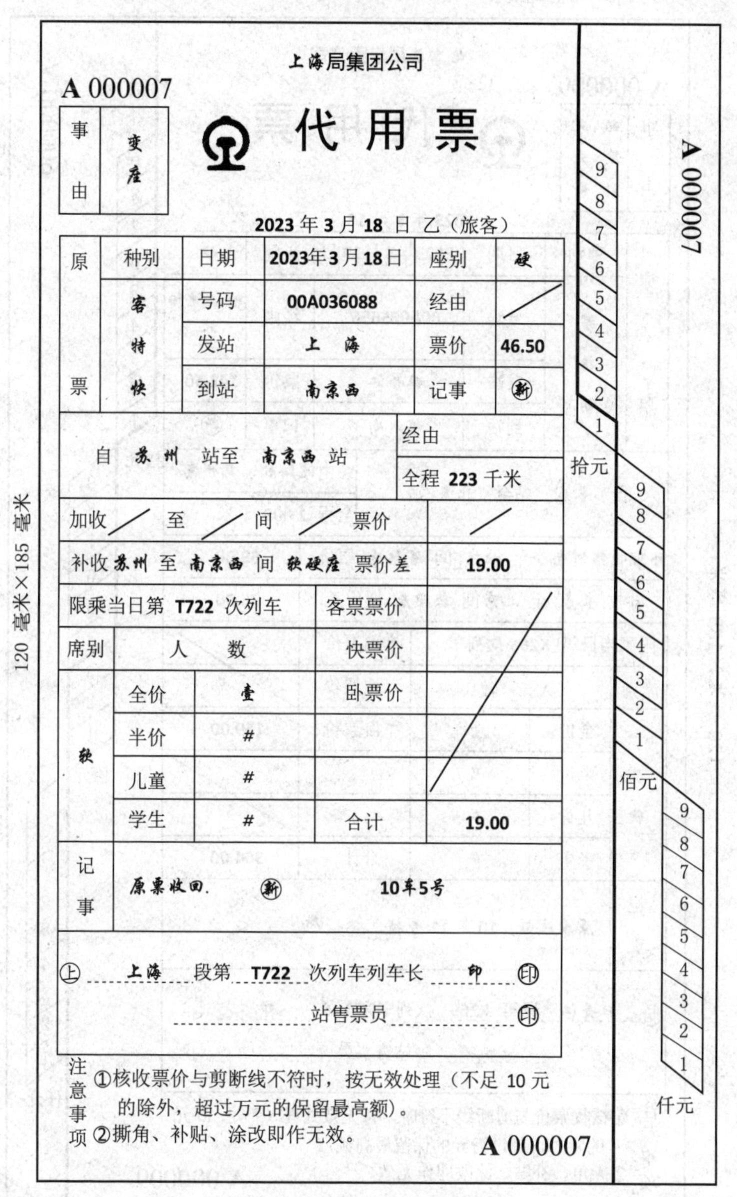

上海局集团公司

A 000007

事由	变座

代用票

2023 年 3 月 18 日 乙（旅客）

原票	种别	日期	2023年3月18日	座别	硬
	客特快	号码	00A036088	经由	／
		发站	上 海	票价	46.50
		到站	南京西	记事	新

自 苏州 站至 南京西 站	经由
	全程 223 千米

加收 ／ 至 ／ 间 ／ 票价	／
补收苏州 至 南京西 间 软硬座 票价差	19.00

限乘当日第 T722 次列车			客票票价	／
席别	人 数		快票价	
软	全价	壹	卧票价	
	半价	#		
	儿童	#		
	学生	#	合计	19.00

记事	原票收回. 新 10车5号

上 上海 段第 T722 次列车列车长 印 印

站售票员 印

注意事项 ①核收票价与剪断线不符时，按无效处理（不足 10 元的除外，超过万元的保留最高额）。②撕角、补贴、涂改即作无效。

A 000007

A 000007

拾元 9 8 7 6 5 4 3 2 1

佰元 9 8 7 6 5 4 3 2 1

仟元 9 8 7 6 5 4 3 2 1

120 毫米×185 毫米

图 2-21 代用票填写式样

②变座加卧票价

变座加卧区间：长春—北京 1 003 km

新空软座票价：154.50 元

新空硬座票价：78.50 元

补收软硬座票价差：154.50－78.50＝76.00(元)

软卧下铺票价：159.00 元

合　计：69.00＋76.00＋159.00＝304.00(元)

(3)填制代用票。

代用票填写式样如图 2-22 所示。

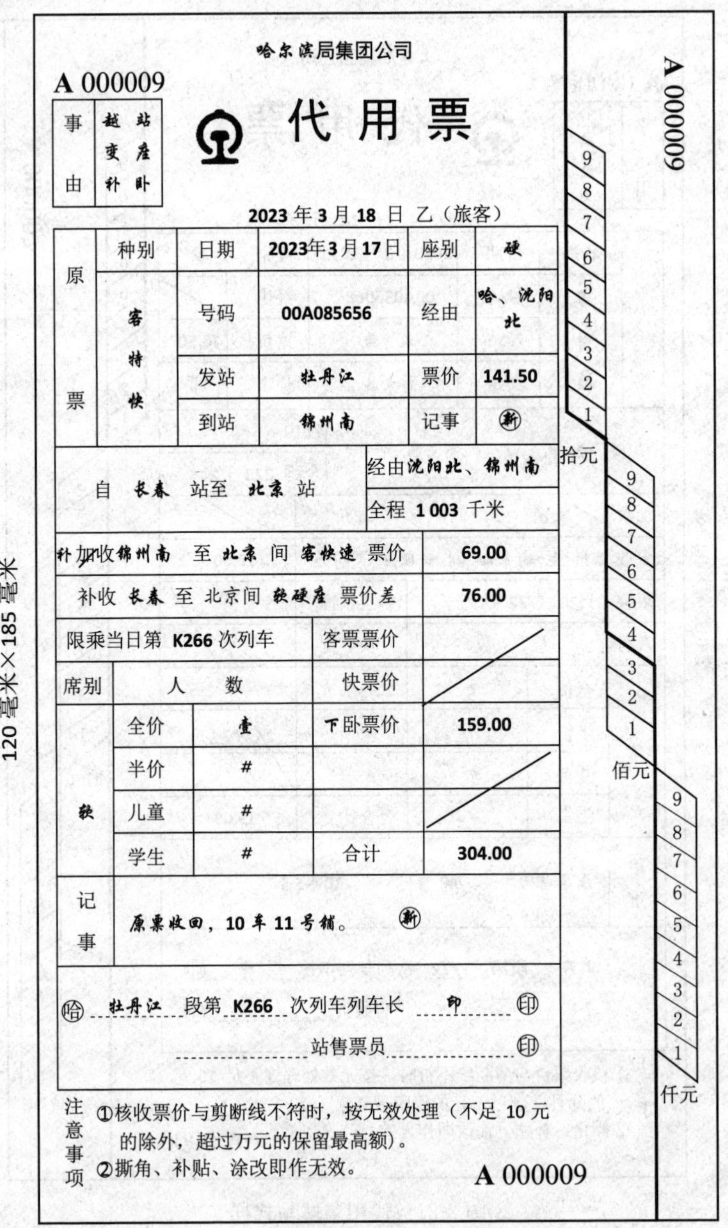

哈尔滨局集团公司

A 000009

事由	越站 变座 补卧

代用票

2023 年 3 月 18 日 乙（旅客）

原票	种别	日期	2023年3月17日	座别	硬
	客特快	号码	00A085656	经由	哈、沈阳北
		发站	牡丹江	票价	141.50
		到站	锦州南	记事	新

自 长春 站至 北京 站　经由沈阳北、锦州南　全程 1 003 千米

补加收锦州南 至 北京 间 客快速 票价	69.00
补收 长春 至 北京间 软硬座 票价差	76.00

限乘当日第 K266 次列车			客票票价	
席别	人数		快票价	
软	全价	壹	下卧票价	159.00
	半价	#		
	儿童	#		
	学生	#	合计	304.00

记事：原票收回，10 车 11 号铺。新

哈 牡丹江 段第 K266 次列车列车长 印 印

站售票员 印

注意事项：①核收票价与剪断线不符时，按无效处理（不足 10 元的除外，超过万元的保留最高额）。②撕角、补贴、涂改即作无效。

A 000009

图 2-22　代用票填写式样

任务八　处理旅客违章携带物品的技能

【案例 2-13】 携带品超重的处理(可分拆物品)。

2023 年 4 月 17 日柳州站组织 1561 次(武昌—湛江,经由衡阳,新型空调车)旅客出站时,发现一旅客持郑州至湛江的通票,携带品 2 件,总重 37 kg(一件重 20 kg,另一件重 17 kg),柳州站应如何处理?

注:郑州$\overline{\text{536 km}}$武昌$\overline{\text{1 086 km}}$柳州$\overline{\text{453 km}}$湛江

【解】 (1)旅客携带物品,超过免费重量时,其超重部分,应补收上车站至下车站四类包裹运费。补收运费时,最远不得超过本次列车的始发站和终点站。

(2)费用计算。

武昌—柳州 1 086 km

携带品超重 17 kg,按四类包裹运费计费。

补收 17 kg 四类包裹运费:17 kg×1.820 元/kg=30.940 元≈30.90 元

(3)填制客运杂费收据。

客运杂费收据填写式样如图 2-23 所示。

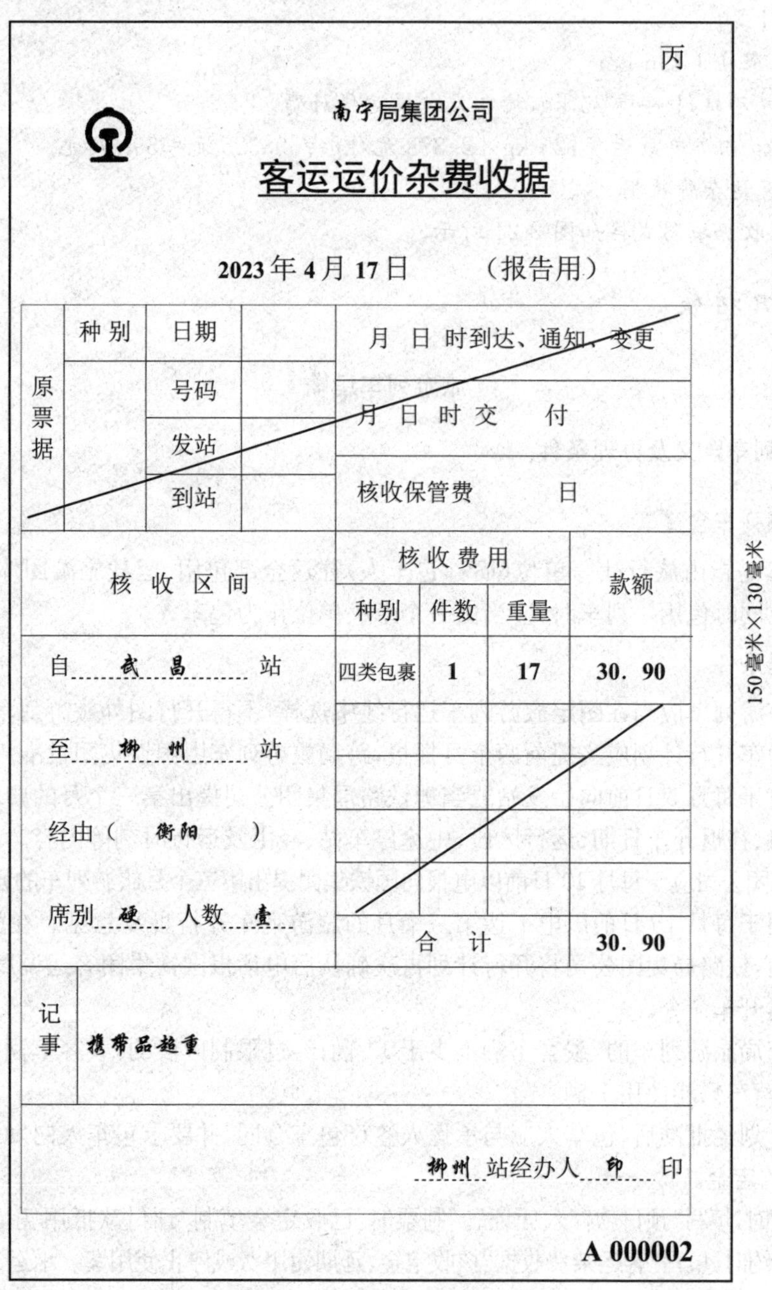

丙

南宁局集团公司

客运运价杂费收据

2023 年 4 月 17 日　　（报告用）

原票据	种别	日期		月 日 时到达、通知、变更			
		号码		月 日 时 交 付			
		发站		核收保管费 日			
		到站					
核 收 区 间				核收费用			款额
				种别	件数	重量	
自 武 昌 站				四类包裹	1	17	30. 90
至 柳 州 站							
经由（ 衡阳 ）							
席别 硬 人数 壹							
				合 计			30. 90
记事	携带品超重						

柳州 站经办人 印 印

A 000002

150 毫米×130 毫米

图 2-23　客运杂费收据填写式样

【案例 2-14】 携带品超重的处理(不可分拆物品)。

2023 年 3 月 26 日,K158 次列车(湛江—北京西,经由衡阳,新型空调车,)长沙开车后验票发现,一成人旅客持衡阳至石家庄的新空硬座客快速票,携带小型电动机一台重 25 kg。列车应如何处理?

注:湛江$\overline{536\ \text{km}}$柳州$\overline{538\ \text{km}}$衡阳$\overline{1\ 496\ \text{km}}$石家庄

【解】 (1)在列车内或下车站发现旅客违章携带时,对不可分拆的整件超重物品,按该件全部重量补收上车站至下车站四类包裹运费。

(2)费用计算。

衡阳—石家庄 1 496 km

携带品(电动机)1 件重 25 kg,按四类包裹运费计费。

补收 25 kg 四类包裹运费:25 kg×2.373 元/kg=59.325 元≈59.30 元

(3)填制客运杂费收据。

客运杂费收据填写式样如图 2-24 所示。

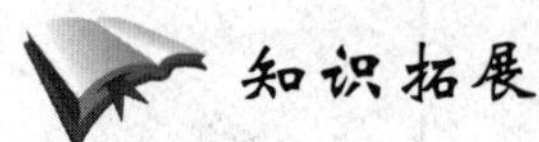

旅游列车运输

一、旅游列车含义及办理条件

(一)旅游列车含义

旅游列车是指由旅行社等单位(简称包车人)往返全部包用、运载旅游团体旅客的列车。两个以上单位同时包用一列车时,应当由一个牵头单位作为包车人。

(二)办理条件

1. 开行旅游列车应当在图定旅游列车运行线中选择,不得开行图外旅游列车。

2. 旅游列车开行计划应当提前两个月提报,跨局旅游列车由国铁集团批准。

包车人应于每月 5 日前向始发站或当地铁路局集团公司提出第三个月的要求。开车要求包括列车编组、往返开车日期、运行区段、中途停车站、经由及运行时刻等内容。

铁路局集团公司应于每月 10 日前以电报向国铁集团提出第三个月旅游列车的开车申请报告。

国铁集团于每月 15 日前以电下达第三个月的旅游列车开行批复意见。在旅游列车开行前 5 至 7 日内,铁路局集团公司将开行计划再次确认后电话报国铁集团客运调度,由国铁集团客运调度下达开车命令。

3. 开行跨局旅游列车的,载客车辆不少于 14 辆;经过限制区段的,载客车辆为限制牵引辆数减 3 辆;宿营车只能使用 1 辆。

4. 开车计划经批准后,包车人应与承运人签订包车合同,并要求包车人向发站交付包车费用 20%以内的定金。

收取定金时,填写“预付款存入凭证”。制票时,已收定金填制“预付款抵用凭证”冲抵运输费用。包车人违约时,填写“客运杂费收据”核收定金、延期使用费或停止使用费。承运人违约时,应双倍返还定金。加倍部分填写“车站退款证明书”,在车站运输收入进款中垫付,月末向财务部门清算。

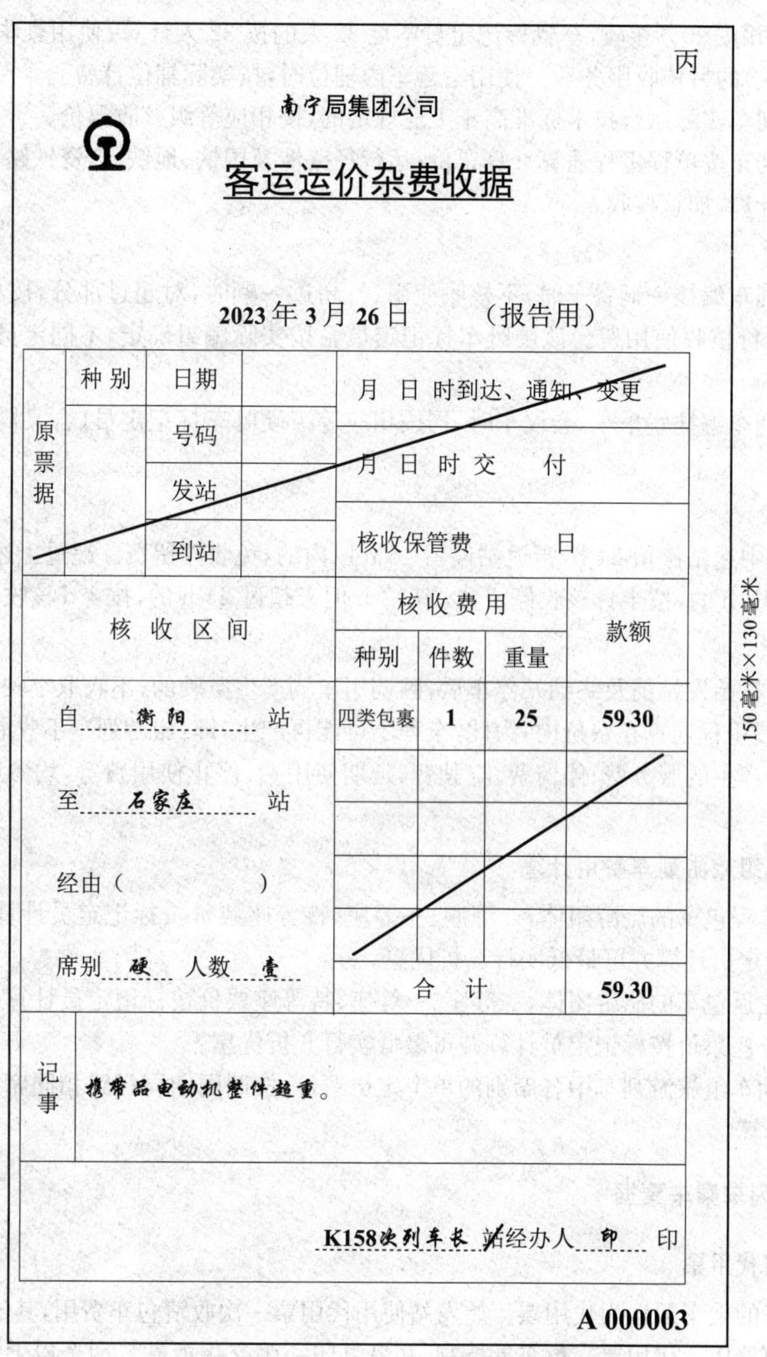

丙

南宁局集团公司

客运运价杂费收据

2023年3月26日　　（报告用）

原票据	种别	日期		月　日 时到达、通知、变更			
		号码		月　日 时 交　　付			
		发站					
		到站		核收保管费　　　日			
核 收 区 间				核 收 费 用			款额
				种别	件数	重量	
自 衡阳 站				四类包裹	1	25	59.30
至 石家庄 站							
经由（　　　　）							
席别 硬　人数 壹							
				合　计			59.30
记事	携带品电动机整件超重。						

K158次列车长 ~~站~~经办人　印　印

A 000003

150毫米×130毫米

图 2-24　客运杂费收据填写式样

二、旅游列车运输费用的计算

（一）普通旅客列车旅游列车运输费用的计算

1. 票价

（1）旅游列车旅客票价按相应的设备条件（非空调或空调、空调车按新空票价执行）、普快和标记员计价并按 90％核收，车辆标记定员不足 32 人的按 32 人计算；使用豪华车辆（每辆车定员不足 20 人）的另核收服务费。使用宿营车内辅位时，按实际辅位计费。

（2）旅游列车实际运行技术标准高于上述规定的，按相应等级核收票价。

（3）旅游列车按单程里程通算计算票价；运行径路涉及国铁、地铁、合资铁路等特殊运行区段的，可分段计算，加总核收。

2. 使用费

（1）旅游列车编挂一辆餐车时，不核收使用费；超过一辆时，对超过部分，按相应等级硬卧车标记定员票价核收使用费。该硬卧车标记定员系按实际编组确定，不同定员混编时，取最高数。

（2）旅游列车编挂娱乐车，会议车时，均按相应等级硬卧车标记定员（含义同前）票价核收使用费。

3. 停留费

旅游列车中途站停留 24 h，折返站停留 48 h 以内的，免收停留费。超过上述时限的，自超过时起，不足 12 h 的，按半日核收停留费，满 12 h 但未超过 24 h 的，按 1 d 核收停留费。

4. 空驶费

旅游列车在始发站前及终到站停车后，因调用车辆产生空驶的，不收取空驶费。而途中产生的空驶，已按里程通算在票价内，为此，全程不可能再产生，即：旅游列车不收取空驶费。

旅游列车产生的服务费、停留费、空驶费、延期使用费、停止使用费等，均参照包车的收费标准核收。

（二）动车组旅游列车费用计算

1. 对于单程包车的旅游团体，二等座、一等座、特等座票价按标记定员计算并核收，商务座票价按标记定员计算并可最低实行 6 折优惠。

2. 对于往返包车的旅游团体，二等座、一等座、特等座票价按标记定员计算并可最低实行 9 折优惠，商务座票价按标记定员计算并可最低实行 6 折优惠。

3. 上述动车组旅游列车中各席别的单个定员票价，按照同期同径路相同席别的最高全价票执行票价计算。

三、旅游列车乘车票据

（一）使用代用票

旅游列车的乘车票据为代用票。始发站使用代用票一次收清包车费用，其他站、车不得再另外收取任何费用。代用票交包车人持有，并另复印一张交折返站。两个以上单位共同包用一列车时，可以按包车人数量出具代用票。

（二）代用票填制

1.事由栏：填记“旅游列车”。

2.原票栏：画斜线抹消。

3.乘车区间栏：分别填写往、返程发到站。如旅游列车不从原经路返回时，以距始发站最远的停车站作为折返站填写票据。

4. 经由栏：按列车实际经由填写，如往返程由不同时，以分子、分母形式分别填写往返程的经由。

5. 里程栏：以分式表示，分子为往程里程，分母为返程里程。

6. 票价栏：车票票价填在客票票价栏，并将“客”字改为“车”字；停留费填在空白栏；使用费、服务费用其他票价栏改写。

7. 车次栏：填拟开行的旅游列车车次。

8. 有效期栏：按约定终了日期填入。

9. 座别栏：根据编挂的车辆，按硬、软或软/硬（软硬车混编时）如实填记。

10. 人数栏：付费人数，填在全价栏（数字大写）；不用栏别，用“#”字符号划消。

11. 记事栏：注明编组辆数、载客车辆数、标记定员、团体旅客证起止号、车票票价打九折以及其他需记载的事项。

12. 款额剪断线：超过万元的保留最高额。

复习思考题

1. 铁路旅客运输合同的含义及凭证是什么？
2. 旅客、承运人的基本权利和义务有哪些？
3. 车票有何作用？其分类情况如何？
4. 车票的发售条件是怎样规定的？
5. 车票票面主要应载明哪些内容？
6. 通过车站售票窗口购票，可以使用的有效身份证件有哪些？
7. 通过 12306 网站购票时，可以使用哪些有效身份证件？
8. 通过自动售票机购票，可以使用的有效证件有哪些？
9. 旅客乘车条件是什么？如何办理车票签证？
10. 旅客责任如何办理退票？承运人责任如何办理退票？
11. 车票有效期是怎样确定的？什么情况下可延长车票有效期？车票有效期失效如何处理？
12. 旅客发生误购（误售）车票、误乘列车及丢失车票时，应如何处理？
13. 车票的查验是怎样规定的？发现违章乘车又如何处理？
14. 旅行变更如何办理？
15. 试说明购买儿童优惠票的规定？
16. 旅客携带品的范围是怎么规定的？超过规定范围违章携带时如何处理？
17. 旅客携带品的暂存有哪些规定？旅客遗留携带品（即遗失物品）如何处置？
18. 购买学生优惠票的条件是什么？学生优惠票的票种有哪些？
19. 持学生证使用软席和硬卧有哪些规定？
20. 享受伤残军人票的条件及票种是什么？
21. 电子客票的发售、进站乘车、改签和退票有何规定？

技能训练

1. 一旅客在西安站购7月1日2602次(乌鲁木齐—郑州)西安至郑州的硬座车票,因计算机故障,试填制代用票。

2. 某旅客持减价票在旅行途中提出变座、补卧,列车长在办理时发现其减价不符,同时,该票中途过期,但该旅客仍要求乘车至目的地,应如何处理(说明处理顺序)?

3. 8月11日,一学生持8月10日当日柳州至昆明的K393次列车(桂林北—昆明,经由南宁,新型空调车)的新空硬座客快速学生优惠票(票号C080911),在昆明站出站时要报销凭证。昆明站应如何处理?

4. 8月2日,黎塘站组织K537次列车(上海南—南宁,经由株洲、衡阳,新空列车)旅客出站时,发现一旅客持8月1日义乌至黎塘的硬座客快票一张,票号:B030156,越级乘车(以低等级乘坐高等级列车),并携带两名儿童(年龄分别为:7周岁,4周岁)。黎塘站应如何处理?

5. 一旅客持3月5日湛江至长沙半价硬座普快票E023018号,假设乘2242次列车(长沙客运段担当乘务),列车查票时该旅客出示借用他人的减价凭证。列车应如何处理?

6. 10月26日,K119次列车(西安—兰州,新型空调车)到达兰州站组织出站时发现,一成人旅客持西安至兰州的新空硬座客快速票,携带旅行包1个重10 kg、纸箱1个(内装宠物狗2只)重8 kg。兰州站应如何处理?

7. 10月10日,2592次(湛江—长沙,经由衡阳)到站发现一旅客持玉林至郑州的硬座客快通票E0135263号,携带提箱2只,总重37 kg(一只重20 kg,另一只重17 kg)。长沙站应如何处理?

项目三 行包运输

项目描述

本项目从行包运输合同订立、内容、双方权利义务入手，按岗位作业过程学习行包的判定、托运、承运、运送、交付，同时把快运包裹的运输、运输变更、违章运输的处理融入作业过程进行学习。

项目学习目标

1. 知识目标

熟悉行包运输合同内容，行包的范围，掌握托运承运规定，行包的运送原则、运到期限、逾期的处理、交付规定等，理解运输变更、违章运输的处理相关要求，了解无法交付物品的处理规定。

2. 能力目标

能够熟练判定行包类别，会办理行包托运手续，填写行李票、小件货物快运运单，办理行包逾期处理，交付手续。通过实践提高后会办理运输变更、违章运输的手续。

3. 素质目标

培养人民铁路为人民的职业情操；作风严谨、观察敏锐，判断准确、反应敏捷，认真细致、不厌其烦的职业素质；良好的社会适应性和交流沟通能力、团队协作意识。

项目所需配备

1. 参考资料：交通运输部《客规》、《国铁集团客规》、《铁路客运运价规则》。

2. 所需票据、表报：托运单、行李票、小件货物快运运单、客运杂费收据、电报用纸、客运记录、车站退款证明书等。

3. 所需设备：行李和包裹模型、磅秤、施封用品、包装工具。

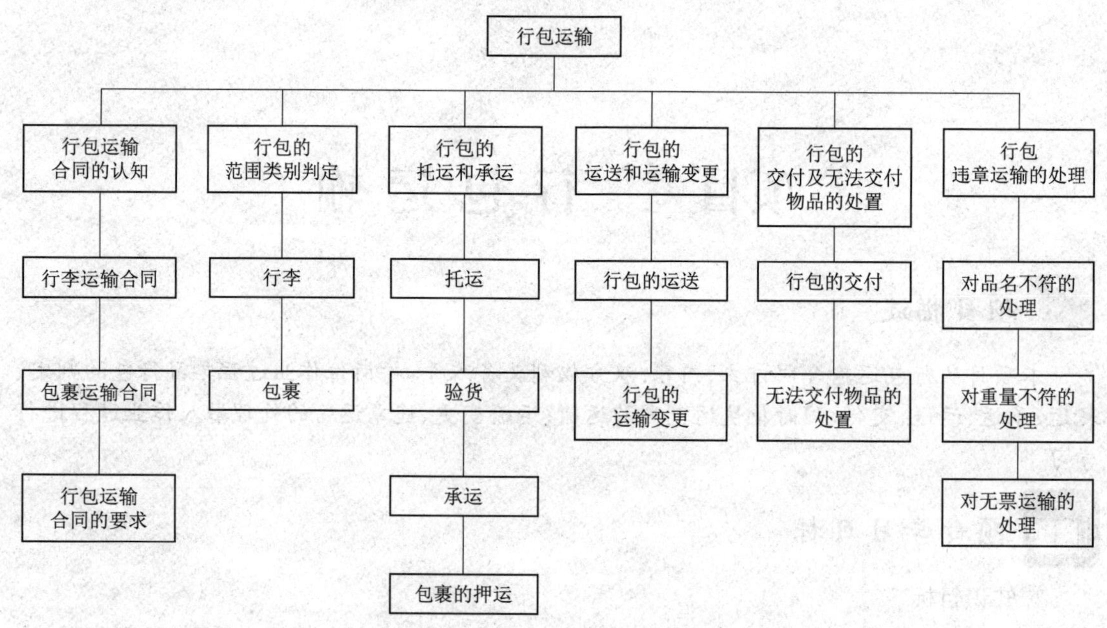

任务一　行包运输合同的认知

任务描述

行包运输合同是铁路运输企业和旅客、托运人、收货人之间设立、变更、终止民事关系的协议，在理解行李和包裹运输合同的定义、合同双方的权利义务的基础上，应认真履行自身的义务，行使自身权利，安全、高效、优质地完成行李和包裹的运输。

任务导入

一名旅客购买了武昌—北京西 Z×××次列车车票，其携带的物品较多，超过了携带的范围，打电话咨询铁路客运服务人员，如果你是工作人员，应该如何给旅客建议？

知识准备

一、行李运输合同

办理行李运输，旅客与铁路运输企业之间必须签订铁路行李运输合同。铁路行李运输合同是指铁路运输企业与旅客之间明确行李运输权利义务关系的协议。

行李运输合同自铁路运输企业接收行李并填发行李票时起成立，到行李运至到站交付给旅客止履行完毕。

行李的基本凭证是行李票，行李票可采用纸质票、电子票等形式。行李票主要信息应包含：

1. 承运日期、发站、到站和经由。

2. 乘坐车次、人数、车票号。

3. 旅客姓名、电话、地址。

4. 包装种类、件数、重量。

5. 声明价格。

6. 运费。

7. 运到期限、承运站站名戳及经办人员名章。

8. 铁路运输企业名称。

二、包裹运输合同

办理包裹运输，托运人与铁路运输企业之间必须签订运输合同。包裹运输合同是明确铁路运输企业与托运人之间权利、义务关系的协议。

包裹运输合同的凭证是中国铁路小件货物快运运单(以下简称小件运单)。小件运单可采用纸质票，电子票等形式。

包裹运输合同自铁路运输企业接收包裹并填制小件运单时起(含上门取货时现场填制小件运单；或上门取货时，从接收包裹，双方在托运单上签字时起)成立，到包裹运至到达地或托运人指定地点交付给收货人止履行完毕。

小件运单应当载明下列内容：

1. 发站、到站或发送地、到达地(非铁路运输方式)。

2. 托运人、收货人的姓名(单位)、地址、联系电话。

3. 包裹的品名、包装、件数、重量。

4. 运费。

5. 声明价格。

6. 承运日期、承运机构名戳、经办人名章及托运人签章等。

三、行包运输合同的要求

铁路运输企业应当明确旅客托运行包的相关规定，至少包括下列内容：

1. 托运行李总重量限额。

2. 每件行包的重量及尺寸限定。

3. 超限行李计费方式。

4. 是否提供声明价值服务，或者为旅客办理行包声明价值的相关约定。

5. 特殊行包运输的相关规定。

6. 行包损坏、丢失、延误的赔偿标准或者所适用的国家有关规定。

任务二　行包的范围类别判定

任务描述

行包是装入旅客列车运输的物品，在理解行包的范围、不能作为行包运输物品的基础上，能够进行行包的判定，对于按包裹运输的物品，会精准判定其所属的类别，为行包运输的运价计算做好准备的同时，确保旅客运输的安全。

任务导入

一名旅客持长沙—北京西Z×××次列车车票，到铁路行包房托运行李，包括1个装有自用被褥的编织袋、3个装有个人阅读书籍的纸箱、1辆摩托车，作为行包房的工作人员，请判定：这些物品能否运送？按什么类别运送？

知识准备

一、行李

(一)行李范围

行李是旅客凭车票托运的一定限度的旅行必需品。

行李运输随同旅客运输而产生，与旅客运输是不可分割的，旅客不购票乘车，就不可能产生行李运输。

行李包括以下物品：

1. 旅客自用被褥、衣服、个人阅读的书籍。
2. 残疾人用车(每张客票限1辆并不带汽油)。
3. 其他旅行必需品。
4. 凭地、市级以上文化行政部门证明和“营业演出许可证”办理托运的文艺团体演出器材。

(二)行李中不得夹带的物品

行李中不得夹带货币、有价票证、文物、金银珠宝、档案材料易碎品、流质物品和骨灰、妨碍公共卫生和安全的物品、危险品和国家禁止、限制运输物品。

其中，货币含各种纸币和金属辅币；有价票证含银行卡、储值卡；档案材料是指人事、技术档案、组织关系、户口簿或户籍关系、各种证件、证书、合同、契约等；危险品是指国务院铁路主管部门公布的《危险货物品名表》内的品名，铁路运输企业不能判明理化性质的物品也按危险品处理。

二、包裹

(一)包裹范围

包裹是指适合在旅客列车的行李车内运输的工农业生产和人民生活有关的小件急运货物。由于运输速度较快，故俗称“快件”。

作为包裹运输的物品，其性质、形状、体积和重量，必须适合旅客列车运输，并在优先保证行李运输的条件下，才可办理包裹运输。

包裹运输，根据党的方针政策和国家的政治经济任务，物品本身的价值，物品的性质和使用目的以及运输条件和能力，包裹共分为四类，见表3-1。

表3-1　包裹分类表

类别	具体内容
一类	报纸类——自发刊日起5 d以内的报纸 政宣品——中央、省级政府(含国务院各部委和解放军各大军区)宣传用非卖品；新闻图片 课本类——中、小学生课本，不含各种教学参考书及辅导读物(但全国政协工作用书可按一类包裹)

续上表

类别	具 体 内 容
二类	抢险救灾物资——凭各级政府机关证明托运 书刊——应有国家规定的统一书刊号的各种刊物、著作、工具书以及内部发行的规章等 鲜冻食用品——鲜或冻的鱼介类、肉、蛋、奶类、果蔬类
三类	不属于一、二、四类包裹的物品
四类	特殊运输物品——一级运输包装的放射性同位素、油样箱、摩托车以及国务院铁路主管部门指定的需要特殊运输条件的物品 轻泡物品——泡沫塑料及其制品

注:报纸应有国务院或省级新闻出版管理部门的统一刊号(CN××-××××)。

宣传用非卖品是指宣传国家政策、法律、法规的挂图、图片和图板等。

对于鲜冻的食用品,因品名繁多,有的应按二类包裹办理,有的则按三类包裹办理,为了正确判明包裹类别,现对不易判明的二类包裹列表说明,见表 3-2。

表 3-2 不易判明的二类包裹品名表

品 名	可按二类包裹办理	不按二类包裹办理
鲜和冻的鱼介类	螺蛳、蛤蜊、海参包括为防腐而煮过的和加少量盐的虾蟹	咸的、卤的、干的鱼、虾、海蜇、海参
鲜和冻的肉类	包括食用动物的五脏、头蹄和未经炼制的脂油	咸、腌制、熏的、熟的肉类
肠衣	包括为防腐加少量盐的牛、羊、猪的小肠、肠衣、胎盘	
蔬菜类	藕、荸荠、芋头、土豆、豆芽、红薯、豆腐干、豆腐、姜、葱、蒜、洋葱、鲜笋	干辣椒、花椒、粉条、粉皮、海带或腌、干菜
瓜果类	鲜的枣、荔枝、木瓜、桂圆(龙眼)、橄榄、佛手、百合、鲜菱、甘蔗	干果、蜜饯,如松子、核桃、椰子、白果、瓜子、栗子、果脯等
乳 类	鲜、冻牛、马、羊乳,酸牛乳、奶酪	炼乳、奶粉、奶油、黄油
蛋 类	家禽、野禽的鲜蛋	咸、熟蛋、松花蛋(变蛋),糟蛋

(二)快运包裹的范围

快运包裹是铁路运输的一种方式,业务全称为“小件货物特快专递运输服务”,简称中铁快运,注册商标为“CRE 中铁快运”,业务性质为运输服务业。

快运包裹以铁路为主要运输工具,配合航空、公路、海运开展综合运输,辅以汽车运输实行门到门服务,同时根据国家主管部门批准的国际货物运输代理经营权,开展国际运输,以满足顾客不同的需求。

快运包裹外部尺寸长宽高之和不得小于 0.6 m,货物外部的最大尺寸应不超过长 3 m、宽 1.5 m、高 1.8 m,超过时应先与中转机构或到达机构协商,同意后方能办理,并根据快运包裹的外部尺寸及重量选择合适的运输工具。每件最大重量一般不得超过 50 kg,超过时按超重快运包裹办理。

(三)不能按包裹托运的物品

1. 尸体、尸骨、骨灰、灵柩及妨碍公共卫生、易于污染、损坏车辆或其他货物的物品。

2. 可能攻击、伤害人的动物,如蛇、猛兽、猛禽、蝎子、蜈蚣、蜂和每头超过 20 kg 的活动物

(警犬和运输命令指定运输的动物除外)。

3. 国务院及国务院铁路主管部门颁发的有关危险品管理规定中规定的危险品、弹药以及承运人不能判明性质的化工产品。

4. 需要提供冷藏、保温或加温运输条件的物品。

5. 国家禁止运输的物品和不适于装入行李车的物品。

任务三　行包的托运和承运

任务描述

行包的运输,包括托运、承运、运送和交付等多个环节。在判定物品所属的行包类别,并确保其中无夹带违禁物品后,能够根据行包办理托运和承运的相关规定,正确指引旅客办理行包的托运手续,并懂得填制行李票和包裹票,能够依据各项规定开展行包的承运。

任务导入

一名旅客持长沙—北京西 Z×××次列车车票,到铁路行包房托运行李,包括 1 个装有自用被褥的编织袋、3 个装有个人阅读书籍的纸箱、1 辆摩托车,作为行包房的工作人员,在判定这些物品所属类别的基础上,应如何指引该旅客办理托运?如何填制行李票或包裹票?如何承运这些物品中符合运输规定的物品?

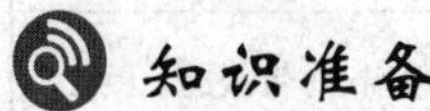

知识准备

一、托运

旅客或托运人向车站要求运输行李或包裹称为托运。经旅客列车行李车运输的行包必须逐件安检、实名登记,防止夹带危险品、禁运品。

旅客凭有效车票和有效身份证件可在乘车区间行李办理站间托运一次行李,办理时需出示车票报销凭证。

行李托运实行实名制,办理行李托运时,铁路运输企业应核验旅客车票和有效身份证件的一致性,他人代办时还应出示代办人的有效身份证件。

托运人托运包裹时,应认真阅读托运单背面的"快运运输协议",并按托运单各栏内容如实填写,托运人应对托运单所填内容的真实性承担责任。为加强运输和物资管理,保障社会治安,保护人民健康,贯彻运输政策,对某些物品的运输需实行必要的限制。

快运包裹托运由托运人提出,并在托运单上加盖"快运"戳记,并根据托运人的要求,提供到托运人指定地点接取货物的有偿服务、到达付款、协议付款等服务方式。

发送地指接取货物的指定地点,到达地指送达交付货物的指定地点。

托运下列包裹时,托运人必须提出有关单位的运输证明:

1. 托运宣传非卖品,应提出省级以上政府机关(含国务院各部委和解放军大军区)的书面证明。

2. 托运金银珠宝、货币证券应提供中国人民银行的正式文件或当地铁路公安局或公安处的免检证明。托运珍贵文物应提供当地政府文物主管部门的运输证明。

3. 托运枪支必须向公安机关如实申报运输枪支的品种、数量和运输的路线、方式，领取枪支运输许可证件。在本省、自治区、直辖市内运输的，向运往地设区的市级人民政府公安机关申请领取枪支运输许可证件，跨省、自治区、直辖市运输的，向运往地省级人民政府公安机关申请领取枪支运输许可证件。

4. 托运警犬应提出公安部门的书面证明；托运国家法律保护的野生动物应提出国家野生动物主管部门或渔业主管部门的运输证明。

5. 托运国家有关部门规定的免检物品应提出当地铁路公安部门的免检证明。

6. 托运国家禁止或限制运输的物品应提供主管部门的运输证明。如精神和麻醉药品应提出国家卫生主管部门的运输证明，烟草专卖品应提出烟草专卖行政主管部门或其授权机构签发的准运证。

7. 托运动、植物时应提出动、植物检疫部门的检疫证明。办理时，将检疫证明的二联附在运输报单上以便运输过程中查验。

8. 托运运输等级Ⅰ级的放射性同位素时，应提出经铁路卫生防疫部门核查签发的“铁路运输放射性物质包装件表面污染及辐射水平检查证明书”，一式两份，一份随运输报单至到站交收货人，一份发站留存。

9. 托运油样箱时，必须使用铁路规定的专用油样箱并提出国务院铁路主管部门签发的油样箱使用证。到站后由收货人直接到行李车提取。

10. 其他承运人认为应提供证明的物品。

旅客或托运人托运的行包分为保价和不保价运输两种形式。按哪种运输方式运输由旅客或托运人自行选择，并在托运单上注明。保价运输必须声明价格，可分件声明价格，也可按一批全部件数声明总价格(多顺号时，票据打印在第一项，手工填写可用大括号表示)。但按一批办理的不能只保其中一部分。如分件声明价格时，应将每件的声明价格和重量分别写明，在每件货签和包装上必须写明总件数之几的字样。

铁路运输企业对按保价运输的行包可以检查其声明价格与实际价格是否相符；如拒绝检查，铁路运输企业可以拒绝按保价运输承运。

按保价运输的行包，铁路除核收正当运杂费外，另按声明价格的百分比(行李按 0.5%，包裹按 1%)核收保价费。

按保价运输的行包，发生运输变更时，保价费不补不退。旅客或托运人在承运后发送前取消托运或因铁路运输企业责任造成的取消托运时，保价费全部退还。行包发生损失并办理赔偿的，保价费不退。

对单件保价千元以上的物品必须施封，施封用品费用由保价安全费列支。按△B行包办理，承运后应当逐级上报物流调度，重点盯控。

二、验货

旅客或托运人托运行包时，应主动提供便于检查的条件，按约定缴纳运输费用，完整、准确填写托运单，并对托运单上所填写事项的真实性负完全责任。

车站在受理时，必须对下列项目认真检查核对。

1. 物品名称、件数是否与托运单记载相符，物品状态是否完好，有否夹带危险品及国家禁止或限制运输的物品。

2. 包装是否符合运输要求。

3. 货签、安全标志是否齐全,填写是否正确。

旅客或托运人托运的行包的包装必须完整牢固,能适应运输环境条件,并且不能有开口、破裂、短缺等现象。其包装的材料和方法应符合国家或运输行业规定的包装标准。包装外不能有附插物,两件以上物品不能捆为一件。托运旅行箱、包和袋等,有条件的应加锁。托运人使用旧包装作为托运行包的外包装时,应清除原包装上残旧的行包标记和标签。包装不符合要求时,应动员其改善包装。托运人拒绝改善的,车站可以拒绝承运。常见包装方法如图 3-1所示。

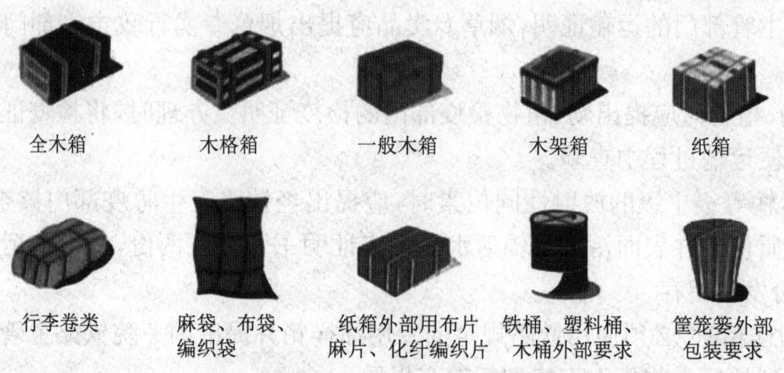

图 3-1　行包铁路运输包装标准图

在每件行包易识别位置,应当牢固拴挂或粘贴铁路行包货签(图 3-2),货签的质量符合国家、铁路或行业的技术标准,不符合标准的货签不得使用。货签应当使用打印机打印,整洁、清晰,使用规范的文字,内容与托运单、行李票、小件运单相关内容相符,分件保价的物品还应在件数栏注明“总件数之几”字样。不得省略和使用代码、代号。

××货签　　　　　　　　制

到　站:

到达地:　　　　　　　　发　站:

收货人:

品名	月　日	kg	件之

169086

0　0501　65　0169086　　999　888

注:1. 规格:单张标签尺寸为 100 mm×100 mm(高×宽);

2. 行李标示行李货签,包裹标示包裹货签;

3. 上端打小圆孔,白底黑字单面打印,可拴挂可粘贴。

图 3-2　行包货签

托运易碎、不能倒置物品或一级运输包装的放射性同位素时，应粘贴“小心轻放”“向上”“一级放射性物品”等相应的安全标志，专用标志、安全标志应当在包装明显位置粘贴牢固，不得倒贴、歪贴，常见安全标志如图 3-3 所示。

图 3-3 常见安全标志图例

三、承运

承运行包，必须严格执行实名受理、受理验视、过机安检的“三项制度”。

铁路运输企业应当依照法律、行政法规和有关规定，对旅客托运的行李进行安全检查。对不配合安全检查的，铁路运输企业有权拒绝承运。

铁路运输企业对托运的行包全面检查完毕，认为符合运输条件时即可办理承运手续。

行李每件最大重量为 50 kg，外部尺寸长、宽、高之和最大不超过 200 cm，最小不小于60 cm。遇特殊情况超过 50 kg 时，按照《铁路行包运输管理办法》(铁总运〔2016〕259 号)执行：

1. 到站为列车终到站时：单件包裹最大重量不得超过 300 kg。100 kg 以上的包裹每趟列车不超过 3 件，其中超过 200 kg 的包裹限在列车始发、终到站间办理，每趟列车限装 1 件。

2. 到站为列车中途停站时：列车站停时间 4 min 及以下时，不办理超重包裹。列车站停时间 4 min 以上时，单件包裹最大重量不得超过 100 kg。每趟列车每个到站超重包裹不超过 5 件。

3. 超重包裹命令由发送铁路局集团公司调度发布并在铁路局集团公司间传达。超过上述范围的超重包裹，发送铁路局集团公司向到达铁路局集团公司书面征求意见，到达铁路局集团公司书面反馈同意意见后，发送铁路局集团公司发布命令。以上规定也适用于符合条件的中转超重货物运输。

4. 车站行包房接收到的超重包裹命令应当建立明细档案，保存期一年。使用调度命令系统的单位不再保存纸质资料。

5. 承运包裹时，超重包裹应当单独检斤，并在票面上单独列示。

遇特殊情况，如国家法令、自然灾害或货物严重积压时，铁路运输企业可暂停承运包裹。

办理承运行包时，应确认品名、件数、包装并进行检查核对，正确检斤。承运加水、加冰的物品或途中喂养动物的饲料应单独检斤，作为到站因此产生减量或重量消失的依据。

承运放射性物品(仅办理可按普通货物运输的Ⅰ级放射性物品)、麻醉品及精神药品等需提供运输证明文件的物品，应当要求托运人直接到车站办理。对长期发货的托运人，应当签订安全运输协议。

行包房对一级包装的放射性包裹存放地点，应当与食品、活动物、感光器材保持不少于2 m的距离。一批或一辆行李车内装载的件数不得超过20件，每件重量不得超过50 kg，并不得与感光材料以及活动物配装，与食品配装需要隔开2 m以上的距离。

车站在办理承运手续时应正确填写行李票及小件运单(图3-4、图3-5)。

A000000　　中铁快运股份有限公司

行　李　票　　甲（报　告）

20　年　月　日

到＿＿＿＿＿＿＿＿站　　经由＿＿＿＿＿＿＿＿站

旅客乘坐　月　日　次车　票号

旅客姓名	共　人电　话：						
住　址	邮政编码：						
顺号	包装种类	件数	实际重量	声明价格	运价里程		千米
					运到期限		日
					计重费量	规重	千克
						超重	千克
					运费		元
					保价费		元
							元
					合　计		元
					月　日		次列车到达
合　计					月　日交付		
记事							
					营业部经办人＿＿＿＿＿印		

X000000000000000000000　　(上分)行李票号码：A000000

图3-4　行李票

中铁快运股份有限公司
中国铁路小件货物快运运单　0000000　K000000000000000000000

发送地：		承运时间：　年　月　日				到达地：　发站：	到站：
托运人	单位(姓名)： 地址： 电话：　传真：					收货人　单位(姓名)： 地址： 邮政编码：　电话：	
品　名	包装种类	件数	重量kg	体积m^3	声明价格	快运包干费：　元	运价里程：　km
						超重附加费：　元	运到期限：　天
						保价费：　元	计费重量：　kg
						元	元
						元	元
合　计						元	
托运人签章：						费用总计：	￥____元
收货人有效证件号码(或单位公章)：						交付时间：　月　日　时　分 领货人有效证件号码：	领货人签章
记事						承运人签章　到达通知记录	到达记录

甲联：上报

图 3-5　中国铁路小件货物快运运单

行李票、小件运单一式五页。甲页为报告页(红色)，上报用。乙页为运输报单(黑色)，随车走，到站交收货人，带运包裹运输时，交旅客，称报单页。凭印签领取或不能提出领货凭证丙页时，乙页上报，不交收货人。丙页为领取页(绿色，又称旅客页)，交托运人作为领货凭证，交付时收回上报。丁页为报销页(红色，快运运单丁页为黄纸黑色)，交托运人作为报销凭证。戊页为存查页(褐色)，发站作为存根，按日整理，存查保管。

行李票、小件运单用于普通包裹的填写规定：

1. 行李票的车次和经由栏按车票实际径路填写，旅客指定径路时，按指定径路填写。计费重量栏按行李运价计费的重量写在“规重”栏内，加倍计费的重量写在“超重”栏内。

2. 行李票、小件运单各栏应按行包托运单填记情况详细填写。

3. 分件声明价格时，按顺序号逐栏填写声明价格。

4. 行李票“保价费”栏下面空格栏内可填写“杂项计”，“杂项计”含装卸车费、包装费、货签费、搬运费等杂费项，同时在记事栏内将上述发生的收费项目及金额分项注明，如杂项明细：货签费××元，装卸车费××元。普通包裹对上述杂费项目为物流辅助费填入小件运单费用栏的空格栏内。

5. 记事栏应注明的内容有：

(1)旅客指定径路时，注明“旅客指定经由××站”。

(2)承运超过车票到站的行李时，注明“车票到站××站”。

(3)对加冰、加水或附饲料的包裹，应注明“加冰”、“加水”或“附饲料”字样，以此作为到站产生减量的依据。

(4)承运需要提出证明文件的物品时，应注明文件的名称、号码、填发日期和填发单位等有关事项。格式为“附×××(机关)×月×日发××号文件”，并将运输证明文件附在小件运单运输报单联上，以便途中和到站查验。

(5)承运自行押运或带运的包裹时，应注明“自押”或“带运”字样，并注明“押运人×名”。

(6)承运自行车、助力机动车、摩托车时，应注明牌名、车牌号码、车型、新或旧等车况，并分别注明有无铃、锁和灯等零件。

(7)承运经客运调度或国铁集团命令批准的超重、超大物品时,应注明"×月×日经×号调令批准"。

(8)承运凭书面证明免费托运的铁路砝码和衡器配件时,应注明"衡器检修、免费"字样,收回书面证明报铁路局集团公司。

(9)承运中国铁路文工团开具的证明办理免费运送的演出服装、道具、布景时,也比照(8)办理。

(10)客户选择凭领取凭证原件提取时,在记事栏中注明"凭领取凭证原件领取货物"。

(11)其他应记载的事项,如杂项明细、托运人要求记载的税票信息等。

承运行李时,应在客票或电子客票报销凭证背面加盖"行"字戳记。

用于快件包裹时小件运单填写要求不同点:

(1)发送地、到达地应当填写货物实际接收和交付的地点。

(2)对每立方米重量不足 167 kg 的轻泡货物需要填写体积。

(3)快运包干费和超重附加费按规定费率计费或按协议价格(低于标准)填写。

(4)同时填写收货人地址、电话。

总之,行李票、小件运单必须认真逐项填写,使用规范文字不得潦草,加盖规定名章,不准签字代替。

承运后、交付前发现包装破损、松散时,承运人应负责及时整修。修整后编制客运记录,详细记载破损原因、状况和整修后状态,并在行李票、小件运单运输报单的记事栏内注明"××站整修",加盖站名戳。整修费用列入行包运输费用。

四、包裹的押运

铁路运输企业承运金银珠宝、货币证券、文物、枪支、军犬、警犬、调度命令指定运输的活动物、每头超过 20 kg 的活动物时,要求托运人派人押运。对运输距离在 200 km 以内、不需要饲养的家禽、家畜,托运人提出不派人押运时,也可以办理托运。车站应向托运人说明并要求其在托运单上注明"不派人押运,途中逃逸、死亡铁路免责"。

押运的包裹应装行李车,由押运人自行看管,车站负责装车和卸车。押运人应购买车票并对所押物品的安全负责。一批包裹原则上限派一名押运人,押运人凭"铁路包裹运输押运证"和旅客列车全价硬座车票登乘行李车押运,押运证由托运人向承运行包房申请办理。

列车行李员对登乘行李车押运人应指定押运位置,保管好押运人随身携带的火种(下车时归还),查验押运人车票及押运证,在乘务日志记事栏内登记押运人姓名、性别、身份证号码、联系电话、包裹票编号、押运证编号、包裹装卸车站等信息,并向押运人告知安全注意事项和押运管理要求。

1. 严格遵守铁路规定,服从铁路工作人员指挥,负责所押货物安全。

2. 凭证押运,不得饮酒,不得擅离职守。

3. 严禁携带易燃易爆等危险品进站上车,严禁在仓库和行李车内吸烟、弄火、使用电器,随身携带的火种交列车行李员保管。

4. 不得移动、翻动仓库和行李车内的物件、备品,不得靠近放射性物品,不准打开车门乘凉,不准在高货垛处坐卧、停留,杜绝人身意外伤害事故。

5. 密切关注行包动态,对危及货物和列车安全的情况,要立即报告铁路工作人员。

任务四　行包的运送和运输变更

任务描述

行李和包裹的运送，应能够理解行包运送的原则，并在原则指导下，结合行包运到期限、物品本身的属性等制订运输方案，并能够处理运输过程中可能会发生的各种运输变更问题。

任务导入

一名旅客持长沙—北京西 Z×××次列车车票，到铁路行包房托运行李，包括 1 个装有自用被褥的编织袋、3 个装有个人阅读的书籍的纸箱、1 辆摩托车，这些物品中能够进入铁路行包运输的物品，完成了承运后，进入到运送环节，在该环节中，需要开展哪些工作确保行包安全?

知识准备

一、行包的运送

1. 行包的运送原则

行包的运送，应根据流量和流向，按照先行李后包裹、先中转后始发、先重点后一般，快运包裹优先和长短途列车分工的原则，及时、安全、准确、经济、合理、均衡地组织运输。为此，行李不受运输方案限装或装运区段的限制，应随旅客所乘列车装运或提前装运，做到行李随人走、人到行李到。包裹应按其类别的顺序及性质统筹安排运输，并尽量以直达列车或中转次数少的列车装运。

2. 行包的运到期限

行包运到期限系指在铁路现有技术设备条件和运输组织水平下，将行包运送一定距离所需要的时间。行包运到期限的长短以及能否按规定的运到期限运到目的地，在一定程度上反映了整个铁路运输组织的管理水平和工作质量。因此，铁路运输企业自承运后，应迅速组织装运，站、车之间应严格执行运到期限。

行包的运到期限，按运价里程计算。从承运日起，行李 600 km 以内为 3 d，超过 600 km 时，每增加 600 km 增加 1 d，不足 600 km 的也按 1 d 计算；包裹 400 km 以内为 3 d，超过 400 km每增加 400 km 增加 1 d，不足 400 km 的也按 1 d 计算。

3. 快运包裹的运到期限

快运包裹以铁路为主要运输工具运送时，其运到期限按承诺的运到期限或以铁路客运运价里程计算。快运包裹从承运次日起，3 500 km 以内为 4 d，超过 3 500 km 时，每增加 800 km 增加 1 d，不足 800 km 按 1 d 计算。一批货物内有不足 100 kg 的超重快运包裹增加 1 d，100 kg以上的快运包裹增加 2 d，按该批单件最重货物计算增加天数。时限快运包裹的运到期限按相关规定执行。

由于不可抗力(如自然灾害)或非铁路责任(如疫情、战争、执法机关扣留等)所发生的停留时间，应加算在运到期限内。

4. 行包运到逾期的处理

行包应在规定的运到期限内运至到站。如实际运到日数超过规定的运到期限时，铁路运输企业应按逾期日数及所收运费的百分比(最高额不得超过运费的30%，见表3-3)，向旅客或收货人支付运到逾期违约金。

其计算公式如下：

$$C=F\cdot\psi \tag{3-1}$$

式中 C——运到逾期违约金额(尾数以角为单位，分值采取四舍五入处理)；

F——运费；

ψ——违约金比率，以5%为计算单位，尾数按2舍3入、7退8进处理，如12%≈10%，13%≈15%，7%≈5%，8%≈10%，其计算公式为

$$\psi=d_{逾期}/d_{运期}\times 30\% \tag{3-2}$$

其中 $d_{逾期}$——逾期天数，

$d_{运期}$——运到期限。

快运包裹超过规定的运到期限运到时，经营人应按逾期天数每日向收货人支付包干费(包括超重附加费、转运费、到付运费)3%的违约金，但违约金最高不超过包干费30%。违约金不足1角的尾数按四舍五入处理。快运包裹超过运到期限20 d以上仍未到达时，收货人可以认为快运包裹已灭失而向经营人提出赔偿。

一批中的行包部分逾期时，按逾期部分的运费、包干费比例支付运到逾期违约金。

旅客要求支付运到逾期违约金时，凭行李票在行李到达日起10 d以内提出；收货人要求支付逾期违约金时，凭运单在包裹到达次日起10 d内向到达地快运机构提出。如包裹到达地没有快运机构，可由托运人向发送机构提出支付违约金的要求。行李票、小件运单丢失或小件运单未到时，应提出保证单位书面证明和所有权证明。支付运到逾期违约金时，应填写车站退款证明书，以站进款支付。运到逾期违约金计算表见表3-3。

表3-3 运到逾期违约金比率计算表 单位：%

运到期限(d)	逾期日数(d)									
	1	2	3	4	5	6	7	8	9	10以上
3	10	20	30							
4	5	15	20	30						
5	5	10	20	25	30					
6	5	10	15	20	25	30				
7	5	10	10	15	20	25	30			
8	5	5	10	15	20	20	25	30		
9	5	5	10	15	15	20	25	25	30	
10以上	5	5	10	10	15	20	20	25	25	30

行李逾期到达或逾期尚未到达，旅客需继续旅行，凭新购车票及原行李票号要求转运至新到站时，铁路运输企业开具新行李票，免费转运。

行李未到，当时又未超过运到期限，旅客需继续旅行并凭行李票票号及新购车票办理转运至新到站的手续，交付运费后，发现行李逾期到达原到站，由新到站凭原到站开具的客运记录退还已收转运区间运费，保价费不退。

旅客要求将逾期的行李运到新到站时，铁路可凭新车票免费运送，但不再支付运到逾期违约金。铁路在办理时，新行李票按原行李票转记，运费栏划斜线抹消，记事栏注明“逾期到达，免费转运”。如旅客换乘其他交通工具时，车站一般不代办行李的转运手续，但特殊情况代为办理时，费用由旅客预先支付。

包裹逾期到达，仅支付运到逾期违约金，不办理免费转运。

行包运输变更(包括因误售、误购车票以致误运而造成的行李运输变更)，致使行包逾期到达，铁路不支付运到逾期违约金。

行李超过运到期限 30 d 以上仍未到达时，旅客可以认为行李已灭失而向铁路运输企业提出赔偿。

站到站包裹超过运到期限 30 d 以上，快运包裹超过运到期限 20 d 以上仍未到达时，收货人可以认为包裹已灭失而向铁路运输企业提出赔偿。

二、行包的运输变更

旅客或托运人交由铁路运输的行包，由于某种原因要求取消托运和变更到站的情况时有发生。运输变更有一定条件限制，如行李应随人走，凭车票托运，在变更到站时，仅限办理运回原发站和中止旅行站。再如鲜活物品因本身易于变质、死亡及受运输条件的限制，除装运前取消托运外，不办理其他变更。

(一)行李运输变更

旅客在办理行李托运手续后，可按如下规定办理一次行李变更手续；办理行李变更的到站、中止站必须是行李办理站：

1. 在发站装运前取消托运时，退还全部运费，核收保管费。

2. 在发站装运后取消托运时，行李由到站运回发站，已收运费不退，补收到站至发站间行李运费。

3. 旅客办理车票变更到站后，在装运前办理行李到站变更时，补收或退还已收运费与发站至新到站行李运费的差额。

4. 旅客办理车票变更到站后，在装运后办理行李到站变更时，已收运费不退，另补收原到站至新到站的行李运费。

5. 旅客中止旅行后，要求将行李运回旅行中止站时，补收原到站至中止站间的行李运费。

(二)包裹运输变更

托运人在办理托运手续后，可办理一次包裹变更手续。

1. 装运前取消托运

包裹在发站办完托运手续至装车前，托运人要求取消托运时，车站应收回小件运单注销，注明“取消托运”字样。办理时，以车站退款证明书办理退款，收回的小件运单报销联随车站退款证明书上报。核收因取消托运发生的各项杂费(如保管费、变更手续费等)，另填发客运运价杂费收据(简称为“客杂”)，并将“客杂”号码及核收的费用名称、金额填注在取消托运的小件运单上。

取消托运的包裹，已收运费低于变更手续费和保管费时，杂费不补、运费不退。收回原小件运单，在报单页、领取页和报销页注明“取消托运，运费不退”字样。领取页贴在存根页上。

2. 装运后变更到站

装运后收货人要求变更运输时，只能在发站、包裹所在中转站、装运列车提出。如要求返回发站取消托运或变更到站时(鲜活物品除外)，按下列规定办理：

(1)发站对要求运回发站的包裹，应收回小件运单，编制客运记录，注明原票内容，交托运人作为领取包裹的凭证；对要求变更到站的包裹，应在小件运单领取页和报销页上注明“变更到××站”，更正到站站名及收货人单位、姓名，加盖站名戳，注明日期，交给托运人，作为在新到站领取包裹和办理变更运输后产生运费差额的核算凭证。对于要求运回发站或变更到站，在办理时，都应发电报通知有关车站和列车。

(2)列车接到电报，找到包裹时，应编制客运记录，连同包裹和运输报单，交前方营业站或运至新到站(旅客在列车上要求变更时，可按此办理)。

(3)包裹所在站接到电报后，应编制客运记录注明应收保管费日数及款额，改正货签上的发、到站，连同包裹运回发站或运至新到站(对列车移交的也同样办理)。

(4)发站或新到站收到包裹后，通知收货人(托运人)领取，补收或退还已收运费和实际运送区段里程通算运费的差额，核收变更手续费。如超过规定免费保管期间时，核收保管费(包括所在站发生的保管费，折返站保管天数按 1 d 计算，原到站保管天数按包裹到达日起至收到变更电报日止的日数计算)和装卸费。补收时填写“客杂”，退款时填写车站退款证明书，并将收回的原票贴在“客杂”或车站退款证明书报告页上报。

行包运输变更处理程序如图 3-6 所示。

办理变更运输后产生的杂费按实际产生的核收。如应退运费低于已产生的杂费时，则不补收杂费也不退还运费。

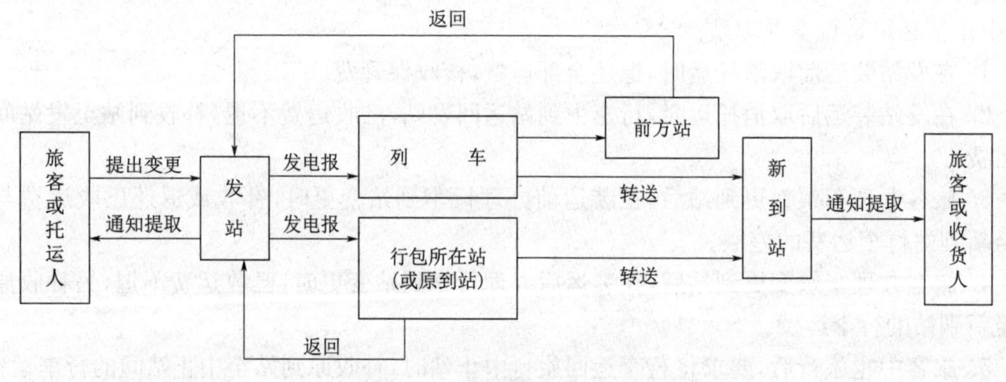

图 3-6 行包运输变更处理程序

任务五 行包的交付及无法交付物品的处置

任务描述

行包运送结束，应能够在理解行包到站后各项规定的基础上，懂得及时通知、入库管理等，在收货人来收取行包时，会办理交付手续，熟悉无法交付物品的管理规定。

任务导入

一名旅客持长沙—北京西 Z×××次列车车票，到铁路行包房托运行李，包括 1 个装有自用被褥的编织袋、3 个装有个人阅读的书籍的纸箱、1 辆摩托车，这些物品中能够进入铁路行包运输的物品，完成了途中运送后，进入到交付环节，如果是到站的工作人员，如何对这几件物品进行交付？需要完成哪些到达交付的具体工作和手续？

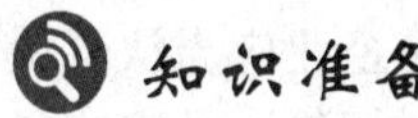

知识准备

一、行包的交付

交付工作是行包运输过程中最后一道工序，为此，行包运至到站后，到站应立即做好交付的准备工作。

1. 到达通知

行李到达后，铁路运输企业应当及时通知旅客，最晚不得超过到达次日 12:00。旅客询问逾期行李是否到达时，铁路运输企业应及时予以查找。包裹到达后，铁路运输企业应及时通知收货人领取或商定送货时间。通知时间最晚不得超过包裹到达次日的 12:00。

2. 仓库保管

行包从发出通知日起免费保管 3 d。超过免费保管期限领取时，按超过日数核收保管费。

逾期到达的行李免费保管 10 d。因铁路运输企业责任和不可抗力等原因导致旅客行李延迟到达时，按延迟日数增加免费保管日数。超过免费保管期限时，按日核收保管费。

行包逾期未到，旅客或收货人前来领取时，除车站应向有关站进行查询外，并应在行李票、小件运单背面加盖行包逾期戳注明时间。同时还应记录旅客、收货人姓名、住址、邮政编码、电话号码等，以便行包到达后及时发出通知，并从通知日起免费保管 10 d。

3. 交付规定

旅客凭本人购票时使用的有效身份证件领取行李。他人代领时凭旅客购票时使用的有效身份证件和代领人有效身份证件领取。

收货人凭身份证和小件运单的领取凭证领取包裹。铁路向收货人办理交付时，应认真核对票货，确认票据号码、发站、到站、托运人、收货人、品名、件数、重量、包装无误后在运输报单上加盖“交付讫”戳予以交付，同时收回领取凭证。如领取凭证丢失，必须提供本人身份证、物品清单和担保人的担保书，铁路运输企业对上述单、证和担保人的担保资格认可后，由旅客或收货人签收办理交付。如收货人提供不了担保人的担保书，可以出具押金自行担保。车站收取押金应向收货人出具书面证明，书面证明的式样由车站自定，押金数额应与行包的价值相当，抵押时间最短不得少于 7 d，最长不得超过 90 d，具体由车站与收货人协商确定，抵押时间到期后无异议的，要及时退还押金。

旅客或收货人在声明领取凭证丢失前，如行包已被冒领，承运人不承担责任。

经当事人双方约定，包裹可凭印鉴或有效身份证件领取，小件运单领取凭证联不再作为领取凭证。凭收货人有效身份证件领取包裹按下列规定办理：

(1)收货人为单位的，凭收货单位证明和领货人有效身份证件领取货物。

(2)收货人为个人的，凭收货人有效身份证件领取货物，代领时凭收货人有效身份证件(或复印件)和代领人有效身份证件领取货物。

(3)办理交付手续时,工作人员应当认真核对客户提供的有效身份证件、票号、电话号码等内容,在运输报单联上填写有效身份证件名称、号码和交付时间,由领取人在运输报单联上签注姓名。运输报单联和收货人单位证明由到站留存。

收货人要求凭印鉴领取包裹时,应与车站签订协议并将印鉴式样备案,而且不得再凭小件运单的领取凭证领取。车站应建立凭书面证明和印鉴领取包裹的登记簿。客户领取包裹时,工作人员应当核对印鉴,由领取人在登记簿上签字并加盖备案的印鉴交付。

旅客领取行包时,如发现有短少或异状应在领取时及时提出。铁路运输企业应当认真检查、检斤复磅,必要时可会同公安人员开包检查。检查发现有损失时,应编制行包记录交收货人作为证明现状和要求赔偿的依据。办理完交付手续并离开交付地点后,发现物品短少、损坏,如无能够证明铁路运输企业责任的证据,铁路运输企业不予赔偿。

4. 快运包裹的交付

交付快运包裹时,按下列规定办理交付手续:

(1)顾客自提时。

①凭领货凭证(运单丙联原件)领取时,到达营业部凭收货人提供的领货凭证交付,交付人员验证后在运单乙联和丙联上填写收货人有效身份证件号码和交付时间,并由收货人签字;货物交付后,运单丙联交收货人,运单乙联由到达营业部留存。

②凭有效身份证件领取时,收货人是单位的,凭收货单位证明和经办人有效身份证件领取;收货人是个人时,凭收货人有效身份证件领取;须代收时,凭收货人有效身份证件(或复印件)及代收人有效身份证件领取;交付人员验证后在运单乙联和丙联上填写收货人、代收人有效身份证件号码和交付时间,并由收货人或代收人签字。货物交付后,运单丙联交收货人或代收人,运单乙联由到达营业部留存。

③在未设快运营业部的到达地(车站),交付手续按以上规定办理,收货人有效身份证件复印件和单位证明由交付单位留存。

(2)送货上门时。

①收货人是单位的,可在运单上加盖收货单位公章并由经办人签字后交付;收货人是个人的,送货地点是私人住宅时,可凭收货人或其家属有效身份证件并签字后交付;送货地点为单位时,凭收货人有效身份证件并签字后交付,或加盖单位公章并由代收人签字后交付。办理交付手续时由收货人在运单上填写交付时间;货物交付后运单丙联交收货人,运单乙联带回营业部留存。

②收货人栏同时记载单位名称和个人姓名时,符合以上任何一种手续均可交付。

③收货人要求凭印鉴领取快运包裹时,须与铁路运输企业签订协议并将印鉴式样备案,交付时加盖该印鉴即可。

二、无法交付物品

无法交付物品的产生,往往是由铁路运输企业管理不善、运输质量不高以及旅客或托运人自身过失等原因所造成。为此,必须加强理货、保管、装卸、运输等各个环节的工作,把无法交付物品减少到最低限度。

对已发生的无法交付物品,应想方设法寻找线索,千方百计使其物归原主。车站对自站发现的或列车移交的无法交付物品,必须妥善保管,任何单位或个人都不得自行动用,并按下列几个环节处置：

1. 无法交付物品的确定

(1)无法交付的行包是指由于铁路或旅客、托运人、收货人的原因，造成不能交付给正当收货人的物品。

(2)无法归还的旅客遗失物品是经查找未能归还原主而由车站保管的物品。

(3)无人领取的暂存物品是旅客在车站携带物品暂存处存放，长期无人领取的物品。

2. 无法交付物品的管理

铁路运输企业对无法交付的物品，应按无法交付物品的开始日期、来源、品名、件数、重量、规格、特征等登入无法交付物品登记簿内。登记簿内的编号、移交收据的编号及物品上的编号应一致，以便查找。有条件的车站，账和物应由专人分管，做到账物相符。无法交付物品在保管期间发生丢失、损坏时，由保管人负责。回送过程中发生丢失、损坏时，比照行包损失处理。

3. 无法交付物品的处理

铁路运输企业对无法交付物品，行李从运到日起，包裹从发出到达通知日起，遗失物品和暂存物品从收到日起，满 90 d 无人领取时(客易变质的物品应及时处理)，车站、经营人进行公告。公告满 90 d 以后仍无人领取时，开列清单，报请铁路局集团公司批准，按下列规定处理：

(1)行包、旅客遗失物品、暂存品等，送交拍卖行拍卖(如当地无拍卖行时，应向铁路局集团公司指定设立的无法交付物品集中处理站转送)。

(2)枪支、弹药、机要文件及国家法令规定不能买卖的物品等，移交有关部门处理。

无法交付的物品，除移交有关部门处理的以外，其他物品均应作价移交(即拍卖收入)。在扣除发生的一切费用后，属于旅客遗失物品、无人领取的暂存物品，以及行包作价剩余款额，自变卖日起 180 d 内旅客或托运人、收货人来领取时，铁路运输企业应将旅客或托运人、收货人出具的物品所有权的书面证明报铁路局集团公司审核拨款。无人领取时，上缴国库。属于事故行包作价剩余款额拨归铁路收入(按保价办理的行包冲抵保价费)。

车站所建立的“无法交付物品登记簿”，应记载无法交付物品内容及处理情况，逐季报铁路局集团公司。

任务六　行包违章运输的处理

任务描述

对于行包运输过程中出现的如品名不符、重量不符和无票运输等不符合规章规定的情况，能够依据规章的规定，按章办理违章运输的手续。

任务导入

贵阳站行包房在交付包裹时，发现有一件重 80 kg 的纸箱无票运输，经前来办理的收货人同意，开箱确认该纸箱内装的是个人阅读的书籍，贵阳站的工作人员如何处理？

知识准备

行包的违章运输，包括品名、重量不符及无票运输等情况。

一、对品名不符的处理

品名不符系指运送物品与申报品名不同，影响运价计算，甚至把危险品、国家禁止或限制运输的物品，伪报成其他可运输的品名，进行隐瞒运输。

对品名不符的处理，关系着维护政府法令，保证运输安全，保障运输收入，贯彻运输政策等多方面的问题，因此，发现品名不符时，应采取认真负责和实事求是的态度，区别不同性质，正确处理。

对伪报一般品名的，在发站装车前发现时，收回原票，重新制票，应补收已收运费与正当运费的差额；装车后由到站处理，加收应收运费与已收运费差额两倍的运费。

如将国家禁止、限制运输的物品或危险品伪报其他品名托运或在货件中夹带时，按下列规定处理：

(1)在发站发现时，停止装运，通知托运人取消托运，运费不退，并将原票收回，在记事栏内注明“伪报品名，停止装运，运费不退”。将报销页交托运人做报销凭证，保管费另以“客杂”核收。

(2)在中途站发现时，停止运送，发电报通知发站转告托运人领取，运费不退，并对品名不符的货件，按实际运送区段补收四类包裹运费。另根据保管日数，核收保管费。

(3)在列车上发现时，编制客运记录交到站处理，属危险品交前方停车站处理。

(4)在到站发现时(包括列车移交的)，对品名不符的货件补收全程四类包裹的运费及保管费。

铁路运输企业除按上述规定办理外，认为有必要时，可交有关部门按国家有关规定处理。

因托运人伪报品名给铁路和其他旅客(收货人)造成的损失，由托运人负完全责任。车站、列车发现伪报品名的行包，损坏其他旅客、托运人的行包时，应编制客运记录，分别附在伪报品名的行李票、小件运单上，交有关到站处理，并由责任者的到站负责追索赔偿。

二、对重量不符的处理

重量不符系指行包的实际重量与票据记载的重量有出入。此种情况的产生，往往由于不认真检斤以及为图省事采取估计重量或盲目信任托运人有关单据记载的重量来代替承运时重量。由于重量不符，直接影响运费计算的正确性。为此，我们要本着实事求是的精神进行处理，应补收时，则补收超重部分正当运费，应退还时退还多收部分的运费。在办理上应遵循下列规定：

(1)到站发现行包重量不符，应退还时，开具车站退款证明书将多收款退还收货人。

(2)应补收时，开具“客杂”，补收超重部分正当运费，同时编制客运记录附收回的行李票、小件运单报铁路局集团公司收入部门，由铁路局集团公司收入部门列应收账款向检斤错误的车站再核收与应补运费等额的罚款。

品名、重量不符同时出现时，先处理重量不符，再按实际重量处理品名不符，处理的先后不同导致收费差别很大。

三、对无票运输的处理

无票运输系指行包应办托运手续而未办理的一种违章运输。为严肃运输纪律、严格按章办事、杜绝不良风气，车站和列车应拒绝装运无票的行包。如发现已装运的，列车行李员应编制客运记录交到站处理。到站对移交和自站发现的无票运输的行包，按照实际运送区段，加倍补收四类包裹运费。

以上补收运费、运费差额或保管费均用“客杂”核收，并在记事栏内注明核收事由。

实作技能

行包运输是在判定行李和包裹的范围或类别后，依据其所属的类别，确定运送径路、计算运价，根据各个车站管理的实际，进入仓库保管后，装入旅客列车运输至到站，进入到站的仓库保管直至交付。行包的运输虽然是物品运输，但需通过旅客列车运送，因此在铁路运输中纳入旅客运输组织的范畴。通过行包运输各环节的实作技能训练，客运工作人员应做到：

1. 具有严谨认真、观察敏锐、判断准确的职业素养。行包运输的第一个环节，是对物品能否承运、运输时所属的类别进行准确的划分，确保旅客运输的安全和计费的精准。这就要求工作人员在具备扎实的专业知识的同时，要有敏锐的观察力，认真细致的检查物品，避免夹带违禁物品进入铁路运输，确保运输安全；同时要精准判断物品是行李还是包裹，是包裹时属于几类包裹，做到精准计价。

2. 具备团队协作、协调沟通的合作意识。行包运输在装运前，需要行包运输岗位和客运服务岗位之间的互相配合协作，从装运到交付，需要列车途经的各个办理行包业务的客运车站和列车之间的组织协调。为确保行包运输的安全，同时能够按照运到期限交付收货人，车站和列车、行包运输岗位和客运服务岗位的工作人员之间需要做到团结协作，遇到问题积极沟通协调，提高行包运输的服务质量。

3. 具有良好的社会适应能力。在办理行包运输个各个环节，工作人员不仅要与旅客、托运人打交道，管理和组织行包的运输；同时还需要跟不同部门、不同岗位之间的工作人员进行沟通协作，这就要求工作人员要有良好的社会适应能力，处理好各种关系，做好各个环节的工作，确保行包运输的安全、有序。

4. 培养人民铁路为人民的职业情操。行包运输是旅客运输的一个重要组成部分，在运输行包的过程中，客运工作人员要传承和发扬人民铁路为人民的精神，把旅客、托运人的生命和财产安全放在首位，认真严谨、细致入微、用心服务，保证行包运输的安全，确保人民的生命和财产安全不受侵犯。

实作任务一　办理行包承运的技能

【案例 3-1】 判定行包类别。

对下列物品哪些可按行李(假设有车票)，哪些可按包裹(说明包裹类别)办理？自用的铺盖卷、腐竹、红枣、蜜枣、穿山甲(有园林部门证明，观赏动物)、省法院判决布告、猪板油、活甲鱼、椰子、菠萝、箩筐、《青年文摘》杂志、咸蛋、土豆、运动海绵垫、化疗用的钴 60、青椒、花椒、塑料凉鞋、柳藤箱、救灾药品(有政府机关证明)、即日出版的《人民日报》、个人阅读的书籍、测量队员本人所用的行军床、机器零件。

【解】 按行李办理的：自用的铺盖卷、个人阅读的书籍、测量队员本人所用的行军床。

按包裹办理的：

一类：省法院判决布告、即日出版的《人民日报》。

二类：猪板油、活甲鱼、菠萝、《青年文摘》杂志、土豆、青椒、救灾药品。

三类：腐竹、红枣、蜜枣、穿山甲、椰子、箩筐、咸蛋、花椒、塑料凉鞋、柳藤箱、机器零件。

四类：运动海绵垫、化疗用的钴 60。

【案例 3-2】 行李托运和承运。

旅客张小伟持 2023 年 9 月 1 日乌鲁木齐至西安的 T70 次列车(乌鲁木齐—北京西)新空调硬座客特快车票(票号:E030143),托运行李 2 件(内装衣服及个人阅读书籍)总重量68 kg,声明价格 1 800.00 元,要求托运到西安。请指导该旅客填写提交的托运单,并办理承运手续。

【解】 (1)衣服、个人阅读书籍凭车票按行李办理。指导该旅客填写的托运单如图 3-7所示。

(2)检查验货、检斤确认,填写托运单上的承运人确认事项。

中铁快运股份有限公司

托运单 (乙联)

(黑框内由托运人填写) 2023 年 9 月 1 日

到站：西安	经由：					承运人确认事项			
持票旅客	客票票号： E030143			人数：1					
请填写	车次： T70			客票到站：西安					
货物名称	包装种类	件数	重量（kg）	体积（长×宽×高）	声明价格（保价）	件数	重量（kg）	行李	包裹
衣服、书	纸箱	2			1 800.00	2	68	✓	
合计		2			1 800.00	2	68		
选择填写	付款方式	现金☑ 支票☐ 协议☐ 到付☐				包装费	元		
	取货方式	凭原件提取☑ 凭传真件提取☐				取货费	元		
	服务方式	送货上门☐ 货需包装☐ 仓储保管☐ 代发传真☐				代收送货费	元		
发送地									
到达地									
托运人	名称：张小伟								
	地址：乌鲁木齐中央街 128 号								
	邮编：830000				电话：13809912345				
	传真电话：				电子邮件：				
收货人：	名称：张小伟								
	地址：								
	邮编：				电话：				
	传真电话：				电子邮件：				
托运人记事：					承运人记事：				
取货员（章）：					安检员（章）：				

托运人注意：在填写托运单前，请详细阅读乙联背面“客户须知”，并在下面签字。

托运人：张小伟 营业部（章）

图 3-7 托运单填写式样

(3)计算运费：

乌鲁木齐—西安 2 633 km，行李运价基数 1.112 元/kg

规重 50 kg，按行李运价计费

超重 18 kg，按行李运价加倍计费

1.112×50+1.112×18×2=95.632≈95.60(元)

(4)计算保价费：

1 800.00×0.5%=9.00(元)

(5)计算运到期限：

$T=3+(2\ 568-600)/600=6.28\approx 7(\mathrm{d})$

(6)装卸车费：每件 4.00 元，2 件共 8.00 元；

(7)货签费：每件 0.50 元，2 件共 1.00 元。

(8)填制行李票，如图 3-8 所示。

(9)收费，盖车站承运章承运，把票据丙、丁联交给托运人。

中铁快运股份有限公司　　乙

行李票（运输报单）

No:E063166　　2023 年 9 月 1 日

到 西安 站　　经由 兰州 站

旅客乘坐 9 月 1 日 T70 次车　客票号 E030143

旅客姓名	张小伟		共 1 人	电话：13809912345		
住　址	乌鲁木齐中央街128号			邮政编码：830000		
顺号	包装种类	件数	实际重量	声明价格	运价里程	2 568 km
					运到期限	7 日
1	纸箱	2	68	1 800.00	计费重量 规重	50 千克
					计费重量 超重	18 千克
					运　费	95.60 元
					保价费	9.00 元
					杂项计	9.00 元
					合　计	113.60 元
					月　日 次列车到达	
合计		2	68	1 800.00	月　日 交付	
记事	杂项明细：装卸车费8.00元，货签费1.00元					
	乌鲁木齐 站行李员 印					

图 3-8　行李票填写式样

【案例 3-3】 托运保价包裹。

2023 年 8 月 1 日，托运人张伟达在柳州站托运到南宁站包裹三件，每件声明价格不同，提交的托运单如图 3-9 所示。试办理之。

中铁快运股份有限公司

托运单（乙联）

（黑框内由托运人填写） 2023 年 8 月 1 日

到站：南宁		经由：				承运人确认事项			
持票旅客请填写	客票票号：			人数：					
	车次：			客票到站：					
货物名称	包装种类	件数	重量（kg）	体积（长×宽×高）	声明价格（保价）	件数	重量（kg）	行李	包裹
服装	纸箱	1			900.00	1	20		√
文具	纸箱	1			200.00	1	25		√
食品	纸箱	1			300.00	1	32		√
合计		3			1 400.00	3	77		

选择填写			
付款方式	现金 ☑ 支票☐ 协议☐ 到付☐	包装费	元
取货方式	凭原件提取 ☑ 凭传真件提取☐	取货费	元
服务方式	送货上门☐ 货需包装☐ 仓储保管☐ 代发传真☐	代收送货费	元

发送地		
到达地		
托运人	名称：张伟达	
	地址：柳州市柳石路85号	
	邮编：545004	电话： 3437822
	传真电话：	电子邮件：
收货人：	名称：王栋	
	地址：南宁市华西路58号	
	邮编：530001	电话： 3232456
	传真电话：	电子邮件：
托运人记事：		承运人记事：
取货员（章）：		安检员（章）：

托运人注意：在填写托运单前，请详细阅读乙联背面"客户须知"，并在下面签字。

托运人： 张伟达 营业部（章）

图 3-9 托运单填写式样

【解】 (1)检查验货、检斤确认，填写托运单上的承运人确认事项。服装、文具、食品都属三类包裹，互不抵触，不违反营业限制，可一批运输。

(2)计算运费：

柳州—南宁 255 km，三类包裹运价基数 0.372 元/kg

77 kg 包裹运费：0.372×77＝28.644≈28.60(元)(普通包裹运费填写在小件运单的快运包干费栏内)

(3)运到期限：400 km 以内为 3 d。

(4)装卸车费：每件 4.00 元，3 件共 12.00 元。

(5)货签费：每件 0.50 元，3 件共 1.50 元。

(6)搬运费：每件 1.00 元，3 件共 3.00 元。

(7)保价费：1 400.00×1%＝14.00(元)。

(8)填制小件运单：如图 3-10 所示。

(9)收费，盖车站承运章承运，把票据丙、丁联交给托运人。

中铁快运股份有限公司 中国铁路小件货物快运运单　0631666　K000000000000000631666							
发送地：	承运时间：2023 年 8 月 1 日	到达地：			发站：柳州		到站：南宁
托运人	单位(姓名)：张伟达 地址： 电话：3437822				收货人	单位(姓名)：王栋 地址： 邮政编码：　电话：3232456	
品　名	包装种类	件数	重量kg	体积m³	声明价格	快运包干费：28.60 元	运价里程：255 km
服装	纸箱	1	20			超重附加费：元	运到期限：3 天
文具	纸箱	1	25			保价费：14.00 元	计费重量：77 kg
食品	纸箱	1	32			物流辅助服务费：16.50 元	元
合　计		3	77				
托运人签章：						费用总计：零零零零万零仟零佰伍拾玖元壹角　￥59.10元	
收领货人有效证件号码：						交付时间：　月　日　时　分 领货人有效证件号码：	领货人签　章
记事	提供站到站服务					承运人签　章　　到达通知记录	到达记录

图 3-10　普通包裹小件运单填写式样

实作任务二　行包运到逾期的处理

【案例 3-4】　在实作任务一的案例 3-3 中托运的保价包裹于 2023 年 8 月 6 日到达南宁站，当日通知，收货人次日提取，要求支付逾期违约金。请办理支付违约金手续。

【解】　从原票据(图 3-10)知悉，运到期限 3 d，8 月 1 日承运，8 月 3 日为最迟运到日，运费 28.60 元。

8 月 6 日到达，逾期 3 d，查运到逾期违约金计算表：支付比率 30%。

违约金：28.60×30%＝8.58≈8.60(元)

填写车站退款证明书(图 3-11)，并将原小件运单和车站退款证明书丙联，一并随当日票据上报。

实作任务三　行包运输变更的处理

【案例 3-5】　装车前取消托运。

2023年9月1日托运人张国忠在北京站托运到枣庄西站教具2件，总重100 kg，票号0177807(图3-12)，当日还未装车，托运人来北京站要求取消托运。请办理。

中国国家铁路集团有限公司
南宁局集团公司 运输企业
柳州 车站

车站退款证明书

财收—16

填发日期 **2023** 年 **8** 月 **7** 日　　编号 A032145

票据种类	票据号码	填发日期	发站	到站	车种车号	单位	名称及地址
小件运单	0631666	2021.8.1	柳州	南宁			开户银行及账号

	品名	品名代码	实重	计重	运价号	票价运价	运费	建设基金	违约金
原记载	服装、文具、食品		77	77	三类		28.60		
订正									
应退									8.60
									合计
原记载									28.60
订正									
应退									8.60

甲联：车站存查

记事：
6日到达，逾期3天，支付违约金：
28.60×30%=8.58≈8.60（元）

退款金额（大写）　捌元陆角零分

上项退款已于　月　日以 现金/~~支票~~ 如数退讫。

丙联已随 8 月 5 日（旬）财收—8报运输企业。

填发人 印　　付款人 印　　审批人 印

图3-11　车站退款证明书填写式样

中铁快运股份有限公司
中国铁路小件货物快运运单　0177807
K0000000000000177807

发送地：	承运时间：2023年9月1日	到达地：	发站：北京	到站：枣庄西
托运人	单位(姓名)：张国忠 地址： 电话：23457877	收货人	单位(姓名)：王玉 地址： 邮政编码：　电话：324567	

品名	包装种类	件数	重量kg	体积m^3	声明价格	费用		项目	
教具	木箱	2	100		3800.00	快运包干费：	100.50元	运价里程：	746 km
						超重附加费：	元	运到期限：	3 天
						保价费：	38.00元	计费重量：	100 kg
						物流辅助服务费：	9.00元		元
合计		2	100						

托运人签章：　　费用总计：零零零零万零仟壹佰肆拾柒元伍角　￥147.50元

收领货人有效证件号码：　　交付时间：　月　日　时　分　　领货人签章

领货人有效证件号码：

记事：提供站到站服务　　承运人签章　　到达通知记录　　到达记录

图3-12　普通包裹小件运单填写式样

【解】　分两种情况：

(1)未结账上报，收回原票，注明“取消托运”，作废小件运单(票面画交叉对角线，盖作废章)，退还运费，用客杂核收保管费、变更手续费。

(2)已结账上报，收回原票，注明“取消托运”，退还运费，核收保管费、变更手续费，收回的小件运单随车站退款证明书丙页上报铁路局集团公司收入稽查中心。

上述两种情况费用相同:退还运费,核收变更手续费5.00元,保管费一天2件,计收6.00元。如帮装汽车,还要核收搬运费。

取消托运小件运单填写如图3-13所示,车站退款证明书如图3-14所示,客运运价杂费收据如图3-15所示。

中铁快运股份有限公司
中国铁路小件货物快运运单　0177807　K00000000000000177807

发送地:	承运时间:2023年9月1日					到达地: 发站:北京 到站:枣庄西			
托运人	单位(姓名):张国忠 地址: 电话:23457877					收货人	单位(姓名):王玉 地址: 邮政编码:　电话:324567		
品　名	包装种类	件数	重量kg	体积m³	声明价格	快运包干费:	100.50元	运价里程:	746 km
教具	木箱	2	100		3800.00	超重附加费:	元	运到期限:	3 天
						保价费:	38.00元	计费重量:	100 kg
						物流辅助服务费:	9.00元		元
合　计		2	100						
托运人签章:						费用总计:零零零零万零仟壹佰肆拾柒元伍角			¥147.50元
收领货人有效证件号码:						交付时间:　月　日　时　分		领货人签章	
记事	提供站到站服务 取消托运,退还运费100.50元,用客杂A123459 核收变更手续费、保管费。					领货人有效证件号码:			
						承运人签章	到达通知记录	到达记录	

图3-13　普通包裹小件运单填写式样

中国国家铁路集团有限公司
北京局集团公司　运输企业
北京　车站

车站退款证明书

财收—16

填发日期 2023 年 9 月 1 日　　编号 B001450

票据种类	票据号码	填发日期	发站	到站	车种车号	单位	名称及地址 / 开户银行及账号	
小件运单	0177807	2023.9.1	北京	枣庄西				

	品名	品名代码	实重	计重	运价号	票价运价	运费	建设基金	
原记载	教具		100	100	三类		100.50		
订正									
应退							100.50		
原记载									合计 100.50
订正									
应退									100.50

记事: 装车前取消托运	退款金额(大写) 壹佰元伍角零分
	上项退款已于 9 月 1 日以 现金/支票 如数退讫。 丙联已随 9 月 上 日(旬)财收—8报运输企业。

甲联:车站存查

填发人 印　　付款人 印　　审批人 印

图3-14　车站退款证明书填写式样

【案例3-6】 装车后变更到站。

2023年9月1日托运人张国忠在北京站托运到枣庄西站教具2件,总重100 kg,小件运单号0177807(图3-12),装运后,托人要求变更到商丘站,包裹装在当日北京开往镇江的1477次列车上。

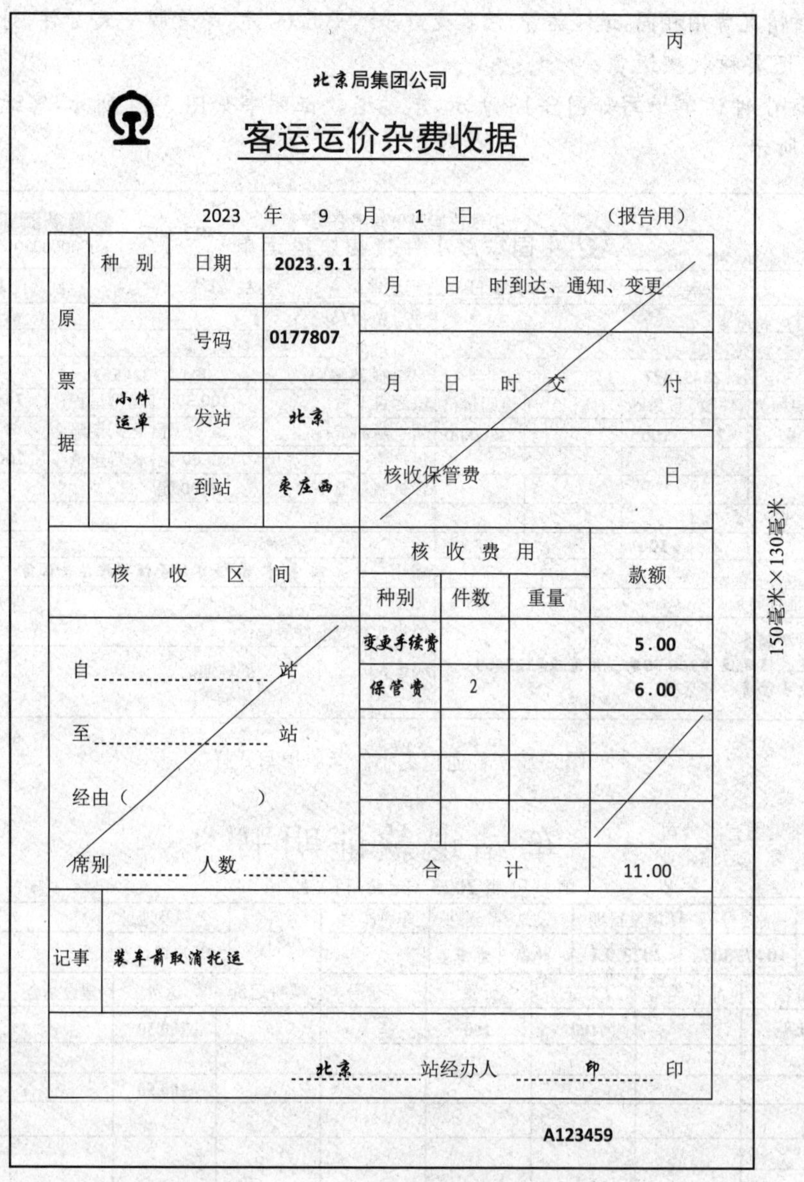

丙

北京局集团公司

客运运价杂费收据

2023 年 9 月 1 日 （报告用）

原票据	种别	日期	2023.9.1	月 日 时到达、通知、变更		
	小件运单	号码	0177807			
		发站	北京	月 日 时 交 付		
		到站	枣庄西	核收保管费 日		
核收区间				核收费用		款额
				种别	件数	重量	
自______站				变更手续费			5.00
至______站				保管费	2		6.00
经由（ ）							
席别____ 人数____				合计			11.00
记事	装车前取消托运						

北京 站经办人 印 印

A123459

150毫米×130毫米

图 3-15　客运运价杂费收据填写式样

【解】 各站车办理如下：

(1)北京站对小件运单进行更改(图 3-16)。

(2)北京站发电报通知 1477 次列车长、枣庄西和商丘等相关站(图 3-17)。

(3)1477 次接到德州站转交的电报后，编制客运记录(图 3-18)连同票据、包裹交徐州站。

(4)徐州站接收包裹后，更改货签(盖名章)，编制客运记录(图 3-19)附票据上，将包裹装运商丘站。

(5)商丘站交付时计算收取运杂费：

①已收运费：北京—枣庄西 746 km

100 kg 三类包裹运费：1.005×100＝100.50(元)

应收运费：北京$\xrightarrow{814\ \text{km}}$徐州$\xrightarrow{146\ \text{km}}$商丘，共 960 km

100 kg 三类包裹运费：1.248×100＝124.80（元）

补收运费差：124.80－100.50＝24.30（元）

②变更手续费：10.00 元

③转运站（徐州站）保管费：2 件，共 6.00 元

④徐州站装卸车费：2 件 8.00 元（一卸一装）

⑤商丘站卸车费：因发站（北京站）已收取卸车费，故到站（商丘站）不再收取。

⑥填制客运运价杂费收据，具体如图 3-20 所示（或行包系统记录收费，给货主定额收据）。

中铁快运股份有限公司
中国铁路小件货物快运运单　0177807　K0000000000000000177807

发送地：	承运时间：2023 年 9 月 1 日	到达地：	发站：北京	到站：~~枣庄西~~　商丘
托运人	单位(姓名)：张国忠 地址： 电话：23457877	收货人	单位(姓名)：~~王玉兰~~　李白 地址： 邮政编码：　电话：~~324567~~ 35606678	

品　名	包装种类	件数	重量kg	体积m^3	声明价格	快运包干费：	100.50元	运价里程：	746 km
教具	木箱	2	100		3800.00	超重附加费：	元	运到期限：	3 天
						保价费：	38.00 元	计费重量：	100 kg
						物流辅助服务费：	9.00 元		元
合　计		2	100						
托运人签章：						费用总计：零零零零万零仟壹佰肆拾柒元伍角			￥147.50元
收领货人有效证件号码：						交付时间：　月　日　时　分		领货人签　章	
记事	提供站到站服务 变更至商丘站					领货人有效证件号码：			
						承运人签　章		到达通知记录	到达记录

图 3-16　普通包裹小件运单填写式样

铁路传真电报

签发　　　　核稿　　　　拟稿人电话

发报所	电报号码	等　级	受理日	时　分	受到日	时　分	值机员

主送：德州站转交 9 月 1 日过你站 1477 次列车长

抄送：徐州、枣庄西、商丘站

9 月 1 日我站发枣庄西教具 2 件重 100 kg，票号 0177807。托运人张国忠要求变更到商丘站，收货人变更为商丘市第三中学李白，请转运至商丘站，并按章处理。

北京站行(2021)第 128 号

北京站行包车间　（印）

2023 年 9 月 1 日

受理　　　　检查　　　　总检　　　　第 1 页

图 3-17　铁路传真电报拍发式样

北京局集团公司　　客统一 1

客 运 记 录

第 029 号

记录事由：包裹变更到站

徐州站：

我车接9月1日北京站行（2023）第128号电，要求将北京发枣庄西教具2件重100 kg，票号0177807，变更到商丘站，收货人变更为商丘市第三中学李白，现交你站，请按章处理。

注：

1. 站、车需要编制记录时均适用。
2. 本记录不能作为乘车凭证。

北京客运 ~~站~~ 段　编制人员 1477次列车长（印）

站 段　签收人员　（印）

2023 年 9 月 1 日编制

图 3-18　客运记录编制式样

济南局集团公司　　客统一 1

客 运 记 录

第 101 号

记录事由：包裹变更到站

商丘站：

9月1日过我站1477次列车交下北京发枣庄西教具2件重100 kg，票号0177807，变更运送你站，收货人变更为商丘市第三中学李白。该批货件在我站产生保管一天，保管费6.00元，装卸车费8.00元，请代为收取，并按章处理。

注：

1. 站、车需要编制记录时均适用。
2. 本记录不能作为乘车凭证。

徐州 站 ~~段~~　编制人员　李赫　（印）

站 段　签收人员　（印）

2023 年 9 月 2 日编制

图 3-19　客运记录编制式样

丙

郑州局集团公司

客运运价杂费收据

2023 年 9 月 3 日　　（报告用）

<table>
<tr><td rowspan="4">原票据</td><td>种　别</td><td>日期</td><td>2023.9.1</td><td colspan="4">9 月 2 日 9 时到达、通知、~~变更~~</td></tr>
<tr><td rowspan="3">小件运单</td><td>号码</td><td>0177807</td><td colspan="4">9 月 3 日 10 时　交　付</td></tr>
<tr><td>发站</td><td>北京</td><td colspan="4" rowspan="2">核收保管费 ——— 日</td></tr>
<tr><td>到站</td><td>枣庄西</td></tr>
<tr><td colspan="4" rowspan="2">核　收　区　间</td><td colspan="3">核　收　费　用</td><td rowspan="2">款额</td></tr>
<tr><td>种别</td><td>件数</td><td>重量</td></tr>
<tr><td colspan="4">自 北 京 站</td><td></td><td></td><td>运费差</td><td>24.30</td></tr>
<tr><td colspan="4" rowspan="2">至 商 丘 站</td><td></td><td></td><td>变更手续费</td><td>10.00</td></tr>
<tr><td></td><td></td><td>保管费</td><td>6.00</td></tr>
<tr><td colspan="4" rowspan="2">经由（ 徐州 ）</td><td></td><td></td><td>装卸车费</td><td>8.00</td></tr>
<tr><td></td><td></td><td></td><td>———</td></tr>
<tr><td colspan="4">席别 ______ 人数 ______</td><td colspan="3">合　　计</td><td>48.30</td></tr>
<tr><td>记事</td><td colspan="7">托运人要求变更至商丘站，包裹2件从徐州站转运，在徐州站产生保管1天，代收徐州站保管费6.00元、装卸车费8.00元。</td></tr>
<tr><td colspan="8">商丘 站经办人 印 印</td></tr>
</table>

A 000000

150毫米×130毫米

图 3-20　客运运价杂费收据填制式样

实作任务四　行包交付的办理

【案例 3-7】　柳州站 2023 年 8 月 1 日 K537 次到达的，由上海南 7 月 31 日发来的配件 60 箱，重量 1 000 kg，小件运单记载为 65 箱，纸箱包装，重量 1 250 kg，收货人和平路 100 号张伟，总体保价，领取联加盖“凭身份证件提货，此联不作领取凭证”（图 3-21）。收货人于 8 月 3 日来领取。请说明从到达至交付的作业过程。

【解】　(1)入库保管，到达登记，录入电脑。

(2)于 8 月 2 日 12:00 前电话通知，并记录。

(3)领取收费换票。

中铁快运股份有限公司

中国铁路小件货物快运运单 0177807

K00000000000000177807

发送地:				承运时间:2023年7月31日		到达地:	发站:上海南	到站:柳州
托运人	单位(姓名):宏达汽配公司 地址: 电话:2465712 传真					收货人	单位(姓名):张伟 地址: 邮政编码: 电话:2341567	
品 名	包装种类	件数	重量kg	体积m^3	声明价格	快运包干费: 2600.00	运价里程: 1797 km	
配件	纸箱	65	1250		7000.00	超重附加费: 元	运到期限: 7 天	
						保价费: 70.00 元	计费重量: 1250 kg	
						物流辅助服务费: 357.50 元	元	
合 计		65	1250		7000.00			
托运人签章:						费用总计:零 零 零 零 万叁仟零佰贰拾柒元伍角 ¥3027.50元		
收领货人有效证件号码:						交付时间: 月 日 时 分 领货人有效证件号码:	领货人签章	
记事	“凭身份证件提货,此联不作领取凭证”					承运人签章	到达通知记录	到达记录

图 3-21 普通包裹小件运单填写式样

请收货人出示身份证,自动读取身份证信息,并与行包系统里记录的身份证号核对正确后办理交付。

搬运费:视实际发生收取(如帮货主装汽车,则要收取每件 1.00 元,共 60 元)。

保管费:本例中及时领取,在免费保管期限,未产生。

打印提货小票,用客杂或定额收据(略)收款。运输报单留存。

提货口领货,收回提货小票。

另给收货人出具尚未到达的 5 件货物的客运记录(图 3-22),记录应注明发到站、日期、品名、票号、件数、重量,已领取件数、重量,凭此记录领取后到的 5 件货物。

南宁局集团公司 客统一 1

客 运 记 录

第 101 号

记录事由:包裹部分到达

张伟:

上海南站7月31日发柳州站配件65箱,小件运单(0176806)记载为65箱,纸箱包装,重量1250 kg,现已交付60件,1000 kg,凭此记录领取后到的5件货物。

注:

1. 站、车需要编制记录时均适用。
2. 本记录不能作为乘车凭证。

柳州 站段 编制人员 李敏 (印)

站段 签收人员 (印)

2023 年 8 月 3 日编制

图 3-22 客运记录编制式样

实作任务五　处理行包违章运输的技能

【案例 3-8】 伪报品名。

西安开往南宁 K318/315 次列车 2023 年 9 月 2 日运行至武昌站前，发现托运人吴芳由西安发桂林医疗器材 1 箱重 38 kg，票号 0101716，因包裹中夹带油漆(危险品)外溢，将外包装污染。

【解】 处理如下：

(1)列车编客运记录交武昌站(图 3-23)。

(2)武昌站将包裹扣留，拍发电报(图 3-24)通知西安站转告托运人来武昌站处理(托运人于 9 月 7 日到武昌站)，按实际运送区间补收四类包裹运费：

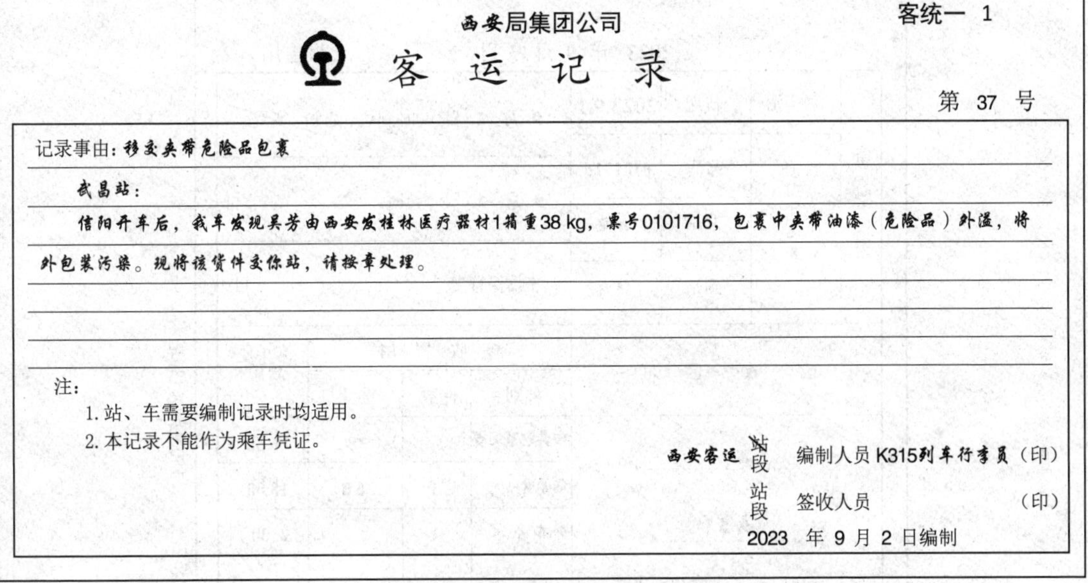

西安局集团公司　　客统一　1

客　运　记　录

第 37 号

记录事由：移交夹带危险品包裹

武昌站：

信阳开车后，我车发现吴芳由西安发桂林医疗器材1箱重38 kg，票号0101716，包裹中夹带油漆（危险品）外溢，将外包装污染。现将该货件交你站，请按章处理。

注：

1. 站、车需要编制记录时均适用。
2. 本记录不能作为乘车凭证。

西安客运 站段　编制人员 K315列车行李员（印）

站段　签收人员　（印）

2023 年 9 月 2 日编制

图 3-23　客运记录编制式样

铁　路　传　真　电　报

签发：　　　　核稿：　　　　拟稿人：

电　话：

发报所名	电报号码	等　级	受理日	时　分	受到日	时　分	值机员

主送：西安站

抄送：桂林站

9 月 1 日，你站发桂林医疗器材 1 箱重 38 kg，票号 0101716，托运人前进路 148 号吴芳，因夹带油漆（危险品）外溢将外包装污染。现该货件已扣留我站，请转告托运人前来处理。

武昌站行(2021)第 18 号
武昌站行包车间(印)
2023 年 9 月 2 日

第　页

图 3-24　铁路传真电报拍发式样

西安—武昌 1 047 km

38 kg 四类包裹运费：1.751×38＝66.538≈66.50(元)

保管费：18.00 元

卸车费：2.00 元

填制客运运价杂费收据，如图 3-25 所示。

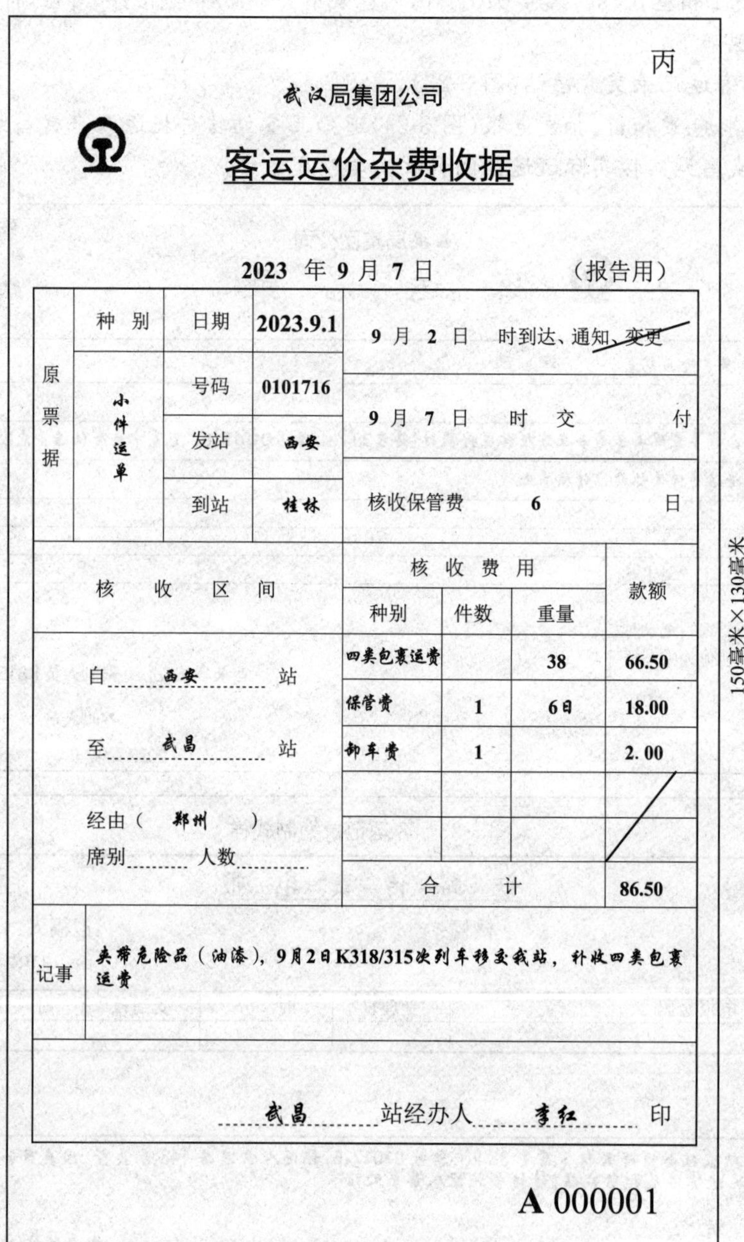

丙

武汉局集团公司

客运运价杂费收据

2023 年 9 月 7 日　（报告用）

原票据	种 别	日期	2023.9.1	9 月 2 日 时到达、通知、~~变更~~
	小件运单	号码	0101716	
		发站	西安	9 月 7 日 时 交 付
		到站	桂林	核收保管费 6 日

核收区间	核收费用 种别	件数	重量	款额
自 西安 站	四类包裹运费		38	66.50
	保管费	1	6日	18.00
至 武昌 站	卸车费	1		2.00
经由（ 郑州 ）				
席别 人数				
	合 计			86.50

记事：夹带危险品（油漆），9月2日K318/315次列车移交我站，补收四类包裹运费

武昌 站经办人 李红 印

A 000001

150毫米×130毫米

图 3-25　客运运价杂费收据填写式样

【案例 3-9】 重量不符。

2023 年 9 月 4 日，锦州市百货公司张扬持小件运单 1030108 号，到锦州站提取 9 月 1 日由

长春站发锦州站塑料制品 4 件，总重 180 kg，交付时经复磅发现其实际重量为 200 kg。

【解】 锦州站处理如下：

(1)补收超重运费

长春—锦州 545 km

已收运费：180 kg 三类包裹运费 140.40 元

应收运费：200 kg 三类包裹运费 156.00 元

补收运费：156.00－140.40＝15.60(元)

填制“客运运价杂费收据”(略)收费。

(2)编客运记录(图 3-26)并附在收回的小件运单上报铁路局集团公司收入部检查室。

沈阳局集团公司　　　　客统一 1

客　运　记　录

第 105 号

记录事由：重量不符

沈阳局集团有限公司收入部：

9月1日由长春站发锦州站塑料制品4件，票号1030108，总重180 kg，交付时经复磅发现其实际重量为200 kg。我已用“客杂”A000001向收货人补收超重运费壹拾伍元陆角，特此告知。

附：收回的小件货物快运运单

注：

1. 站、车需要编制记录时均适用。
2. 本记录不能作为乘车凭证。

锦州 站段　编制人员　李颖　(印)

站段　签收人员　(印)

2023 年 9 月 4 日编制

图 3-26　客运记录编写式样

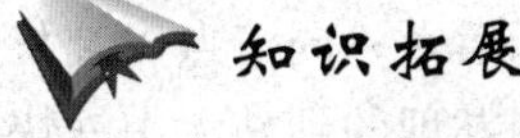

一、行包包装的基本要求

(一)一般性要求

1. 行包运输包装必须保证内装物品的安全、完整，能抵抗各种运输环节的影响，完好地将行包运至目的地。

2. 行包运输包装件应完整、牢固、捆绑结实，便于装卸、堆码、点件、保管，适合运输。

3. 行包运输包装的包装材料、辅助材料和容器应符合国家和运输作业规定的包装标准，不同品类的物品采用的包装类型、加固方法不得低于铁道行业标准《铁路行李、包裹运输包装技术条件》(TB/T 2336—2007)的要求。为保证物品在运输过程中的安全、完整，根据其性质和需要选用防振、防压、防潮、防盗、防雨、防锈、防漏等防护包装。包装件必须有加固措施，其内装物应用泡沫、纸屑等填实充满，不得晃动。凡是使用旧包装的包装件，必须清除原有标记。行李应用麻袋、编织袋、布袋、木箱包装，若使用不能承受压力的纸箱时，必须外加编织袋、捆扎牢固。

4. 每件行包为一独立包装，外部不能附插其他物品，两件亦不能捆绑成一件；如多件合一时，必须另有完整的外包装，内装货物须用打包带加固。箱、包、袋必须加装能承受拉力的锁；多拉链的箱、包、袋，零散物品及外包装破损后缝合的物品都必须另加外包装或装入行包专用袋内，捆扎牢固。

5. 放射性物品的运输应符合《放射性物质安全运输规程》(GB 11806—2019)的规定，包装应经铁路防疫部门检验符合卫生安全要求。

6. 行包运输包装应根据内装物品性质标打相应运输标志，并且符合《包装储运图示标志》(GB/T 191—2008)的规定。

(二)针对性要求

在实际工作中，行包运输针对一些货物提出了具体的要求，规定如下：

1. 纸箱包装的货物，如箱内装有日用百货、磁带、光盘、针织品、服装、鞋帽、眼镜、羽绒制品、香烟、高档药品及易散落的物品时，必须外加编织袋包装，编织袋用缝包机缝口并用塑料打包带捆成“井”字形，严禁用胶带粘贴封口。

2. 旧家用电器、计算机、复印机等，原则上必须使用出厂原包装方能运输。如不是原包装，应用木格箱或全封闭木箱包装，内加衬垫、外观完好，并要求顾客在托运单上品名前注明“旧”字，方可运输。

3. 玻璃器皿、陶瓷制品、高档工艺品等易碎、怕振、怕压物品，必须采用缓冲材料衬垫，空隙处充满填实，做到妥善包装，货外部粘贴安全标志。

4. 皮革箱、旅行箱包装的物品须用打包带捆成“井”字形。

5. 不能拆解的家具，必须用木质材料进行包装，易损部位不得暴露在包装外。

6. 装运机械、仪器，其重量超过 100 kg 的木箱，应有底盘、底座或加厚底带，保证搬运、装卸作业安全。箱内货物必须采用螺栓与底盘底座固定。

7. 托运手机、数码相机等高附加值物品(不含玻璃器皿、陶瓷等易碎品)时，一定要确定品名，不论数量多少，必须使用专用箱包装(有押运人的除外)，并认真与托运人一同清点内装货物的数量，并在托运人在场的情况下进行施封，共同确认施封锁号码；如办理的到站无中铁快运营业机构时，则必须使用集装袋包装。

8. 为防止木箱、麻袋、编织袋等外包装上的货签和标识粘贴不牢，脱落后无法辨认，木箱(包括花格木箱)、麻袋和编织袋等包装的货物必须在其外表面用黑色粗笔写明“××(发站)—××(到站)”和票号。如果是快运包裹(含时限快运)或有其他特殊服务需求的(如签单返回、运费到收等)，还应按照各种辅助货签的内容书写相关字样。

(三)技术要求和加固方法及物品适用

1. 木箱

(1)全木箱

制箱材料良好,木材不应有死节、虫眼等明显缺陷,成箱应四角垂直、端正,箱板厚宽度根据所装物品重量确定,箱板厚度不小于 12 mm,宽度不小于 30 mm;如所装重量达到 101～200 kg时,箱板厚度不小于 18 mm,宽度应大于 40 mm。箱挡宽、厚度:①15 kg 及其以下,宽×厚为 10 mm×15 mm;②15 kg 以上,宽×厚为 50 mm×15 mm。箱板的拼合边线及箱挡要相互平行、垂直,箱板着钉部位不许有开裂等缺陷。钉子要钉实,钉尖盘实,双排平行、交叉布钉。组装木箱用钉钉距不大于 50 mm。包角用钉不少于 4 只。

若用箱挡加固时,应在端面装两根横挡或立挡,并在两端面箱之间装设一根钢带。

不用箱挡加固时,可用钢带(铁丝)加固,钢带(铁丝)的间隔应在 450 mm 以内,两端钢带距箱子端部的距离不超过 150 mm。钢带捆成"井"字形。钢带应用捆扎机紧紧捆扎在木箱上,或将钢带两端搭接后用钢钉钉在木箱上。钢带的宽度为 15～19 mm,钢带的厚度为 0.3～0.5 mm。根据需要也可用薄钢板护边、包角加固。

装运机械、仪器,其重量超过 100 kg 的木箱,应有底盘、底座或加厚底带,保证搬运、装卸作业安全;箱内货物必须采用螺栓与底盘底座固定牢靠,不摇晃,不滚动。装运精密仪器等货物,必须具有必要的防振装置。

适用物品如下:①贵重品:金银珠宝及其制品、文物、工艺品、重要文件、图纸、档案等;②精密产品:摄影机、精密仪器、仪表、医疗器械、军用器械、化验样品、安全胶片等;③重质物品:机械零件、配件、小五金、电机、工具、金属制品等;④其他易散落丢失的物品。

(2)胶合板(纤维板、刨花板、竹胶板)箱

制箱箱板厚度;胶合板为 3 层及其以上;纤维板厚度不小于 3 mm;竹胶板厚度不小于 5 mm,刨花板厚度不小于 8 mm。钉箱应用质量良好的木框,其厚度要求不得小于 25 mm,木框,不允许弯曲,各箱面均应是整板,胶合板应耐水、耐潮、无鼓泡、无裂痕、无折、无漏洞及松软部位。加固方法、适用物品与全木箱相同。

(3)花格木箱

花格木箱间隔空隙要匀称适度,以不漏出货物为准。箱板厚度根据内装物重量确定:15 kg及其以下箱板厚度不小于 15 mm,花格比例(板面积占总面积的比)30%;15 kg 以上箱板厚度不小于 18 mm,花格比例 45%。加固方法与全木箱相同,适用物品如下:①灯具、瓷砖、玻璃仪器等易碎品;②鲜花、盆景、蚕种、整体配件等。

2. 瓦楞箱

(1)瓦楞纸箱

瓦楞纸箱应符合《运输包装用单瓦楞纸箱和双瓦楞纸箱》(GB/T 6543—2008)要求,表面平整、清洁,不允许有缺材、薄边,切边应整齐,箱体方正、表面无明显损坏,支撑力强,空箱压力符合规定;黏合应牢固,纸箱接头钉合,搭接舌边宽度 35～50 mm,钉距均匀,单排钉距不大于 50 mm,双排钉距不大于 80 mm,接缝应钉牢、钉透,不得有叠钉、翘钉或不转角。瓦楞纸箱内装物的重量根据瓦楞纸箱内综合尺寸确定(长+宽+高)见表 3-4 和表 3-5。

表 3-4　单瓦楞纸箱重量与尺寸相关表

重量(kg)	5	10	20	30	40
最大综合尺寸(mm)	700	1 000	1 400	1 750	2 000

表 3-5　双瓦楞纸箱重量与尺寸相关表

重量(kg)	15	20	30	40
最大综合尺寸(mm)	1 000	1 400	1 750	2 000

加固方法:①采用钢带加固时,可在纸箱外部两端捆两条。②采用塑料打包带或绳索加固必须捆成“井”字形,绳索交叉处结成死扣。③为提高对内装物的保护能力,箱底、箱盖要有衬垫、底座或隔挡。④纸箱包装小件易碎品及精密仪表、仪器时,箱内部必须有软质材料衬垫填实不能晃动,易散小件物品必须有内包装,并按层码满。⑤瓦楞纸箱封箱可采用钉合、全黏合或用塑料胶带封箱等方式。贵重及小件应用全黏合及塑料胶带封箱。

适用物品如下:①家用电器,包括电视机、摄像机、相机、电唱机、收录音机、音箱、喇叭、空调机、电风扇、洗衣机、排风扇、电饭锅、电烤箱、电脑、传真机等。②日用百货,包括服装鞋帽、羽绒制品、针织品、钟表、眼镜、照相器材、酒、茶、暖水瓶(胆)、保温瓶(胆)、铝制品、炊具、茶具、餐具等空容器。③文教用品,包括新闻图片、电影广告、幻灯片、录像(音)带、放映机、广播机、电子计算机、游戏机(卡)、投影机、复印机、体育用具、测量用具、乐器、日历等。④药品、疫苗、生(种)蛋、鱼苗。⑤非精密仪表仪器。⑥蔬菜、瓜果、鲜花。⑦其他,包括人造花、纸型、玩具、泡沫塑料制品、家庭用具等。

(2)钙塑瓦楞箱

钙塑瓦楞箱板的厚度应大于 4 mm,瓦楞筋数大于 13 根/100 mm,具有一定的弯曲性能,切割、折缝、装配时应无破裂或表皮断裂或过度弯曲,板层之间应黏合牢固,有一定抗水能力。箱体结合处应搭接并用钢钉或 U 形钉钉合,箱钉有镀层,钉距、加固方法、适用物品与瓦楞箱相同。

3. 旅行箱(硬塑箱、皮革箱、牛筋箱)

制箱材料良好,无老化、破损。并用塑料打包带打成“井”字形。适用物品:随身携带品。

4. 金属箱

铁箱的质量应坚固良好,箱体一般采用焊接或铆接,封箱后用打包带按“十”字形加固。适用物品如下:①同木箱。②电影胶片。

5. 桶

(1)胶合板(纤维板)桶

制桶用胶合板不少于三层,桶底桶盖必须使用五层胶合板,不允许有脱胶鼓泡。纤维板应有良好的抗水性能。桶身两端应有钢带加强箍,桶口内缘有衬肩,桶盖封口应采用咬口盖箍紧销牢、施封。适用于肠衣,粉粒状、胶状等易散漏物品。

(2)硬纸板桶

硬纸板桶采用多层牛皮纸粘压制成,表层涂布具抗水性能的防护层;桶盖或桶底采用相同材料或五层胶合板制成;桶底桶身必须采用钢带卷边压制结合;封口采用咬口盖应箍紧销牢,限重 35 kg。适用于西药(原料)、葡萄糖等粉粒状易撒落物品。

(3)塑料桶(薄铁桶)

桶的质量应紧固良好,不裂不漏,无锈蚀老化现象。封口要求双层桶盖拧紧,内货不渗漏。塑料桶装粉状物品时,应有内衬袋,袋口应轧紧,且内衬袋容积不少于外包装桶;塑料桶装流质物品时加花格木箱。适用于染料等胶状、流质物品。

6. 筐、笼、篓

编制筐、笼、篓用荆、柳、藤、钢丝应质地良好,荆、柳条应为原条,严禁半条、劈裂和去皮;编织紧密、结实，条尖向内，边缘整齐，体身应加立筋，筐、笼、篓应端正、平稳；上盖应大于筐口并用绳索或铁丝结扎紧固严密，结扎点不少于4处。

加固方法：①筐、笼、篓封口后必须用塑料打包带或绳索捆成“井”字或“米”字形。②用筐、笼、篓装运粗杂易碎品和零散小件物品时，应用铁丝或绳索捆在一起。填妥充实，不准滚动，防止冲撞、破坏。③装禽类、小家畜、小动物筐、笼、篓底部要有防止粪便外溢的衬垫。

适用物品如下：①动物：小家畜、家禽、野禽、小活动物、飘蛋等。②配件、小五金。③蔬菜、瓜果、秧苗等。④用坛、罐装的物品。

7. 袋

(1)麻袋

麻袋的坯布应无破洞、断径、稀档、油污和缝制不良等外疵点，具有一定强度。麻袋袋口不是整边时，应折边缝合，针距均匀、内货不外露，不撒漏，不允许扎口。缝针密度应不少于6针/100 mm(用单纱时，不少于10针/100 mm)。包装必须使用封包机封口，不准手工缝口。适用于粮食、中药材、干菜、种子等粒状易散落物品。

(2)布袋

制袋布使用坚固结实的棉布，布料应为整块、无裂口、无破洞。布袋袋口应折叠密缝、针距均匀，无毛边、无开线，内货不外露、不撒漏。装运毛线、纺织品时应加防潮内包装，装运粉粒状易撒漏货物时，应用厚度不少于0.1 mm的塑料薄膜内衬袋并严密封口后再装入外包装袋，内衬袋容积不少于外包装袋。严禁扎口，敞口布袋缝边的缝针密度为4～6针/10 mm。布袋运输限重30 kg。适用于被褥、羽绒制品、毛线、棉丝网套、布匹、纺织品及粉粒易撒漏物品。

(3)塑料编织袋

编织袋外观应光滑、平整、无明显起毛，无破洞、断径、稀档、油污和缝制不良等，编织袋裁剪必须用热熔切割以保证切口处熔融粘边不散边。编织袋缝边缝口一般采用工业线，缝线到边底距离为8～12 mm，无边袋口卷折不大于10 mm。适用物品与布袋相同。

(4)防水袋

防水袋外观应光滑、平整、无明显起毛，无破洞、断径、稀档、油污和缝制不良等，袋体基布做防水处理，封口处应施封扎结。适用物品如下：①文件、图纸、档案材料。②服装。③药品。④贵重物品。

8. 纸包

使用坚韧的牛皮纸包装，不得少于两层，限重20 kg，超过必须外加编织袋。适用于印刷品：书刊、政府布告、标语、电影广告、票据。

9. 局部包装

确认采用局部包装能保障货物安全，又不影响其他货物安全，同时其形态必须方便搬运、装卸和堆码作业。应根据物品的性质、形状、重量及其特点选用拉力强的捆绑材料，确定捆扎方式和道数。使用捆绑不应一绳到底，每5～10圈作死节，分段缠绕；使用铁丝、铁腰捆物品不得少于3道，必须要捆扎结实。分段缠绕物品每5周作索扣索紧，对满缠物品每10周作一索扣索紧。此外加固应注意：①捆绑易松散物品(树苗杆形物品)应用竹片、麻片等包扎紧。②捆、缠、绑部位，对容易造成破损、折裂的部位要厚垫满缠。③家具的捆绑应不影响推行、搬运。且家具四周、腿部和有玻璃处应特殊防护加固。

适用于:①自行车、轻便摩托车、婴儿车、残疾人用车。②家具、道具、烟筒、测量用具、竹、木、藤制品、大型不易碎的配件(铸铁件除外)。③果树苗、果树接穗。④杆状物品。

(四)包装试验

包装试验分为目测检查和性能试验两种。目测检查以目测的方法对包装件、包装材料、容器、内装物品、衬垫加固措施、标志的外观等进行直观检查,以证实其符合标准的规定。

性能试验的目的是模拟或重现行包包装件在铁路运输过程中可能遇到的各种危害及其抗御这些危害的能力。行包运输包装的性能试验一般在以下情况下进行:

1. 批量运输时。

2. 新产品第一次运输时。

3. 对包装质量有异议时。

行包运输包装的性能试验一般应作堆码试验和垂直冲击跌落试验。箱类包装根据内装物性质可再进行喷淋、振动等其他试验项目。盛装液体货物的桶还需进行气密和液密试验。试验包装内装物可用拟运物质物理性质相同物品代替。

堆码试验采取堆码高度为 2 500 mm,持续时间为 24 h;试验结束后无任何渗漏及可能影响运输安全的任何损坏或影响堆码稳定性的变形视为合格。影响堆码稳定性的检验可采用在变形的包装件上放置两个同一类的包装件,若能保持其位置 1 h 以上,视为合格。

跌落试验采取:31~50 kg 跌落高度为 400 mm;21~30 kg 跌落高度为 500 mm;10~20 kg跌落高度为 600 mm;小于 10 kg 跌落高度为 800 mm。每次分别跌落包装件的底面、侧面、棱角;对不能倒置的物品进行底面连续跌落。试验后,包装不损坏,内装物不撒漏,可确认为合格。

气密试验压力强度值为 30 kPa,液密试验压力强度值为 250 kPa,气密试验保压 5 min 不漏气为合格;液密试验只有少量气泡冒出为合格;淋雨试验不进水、不渗水为合格。

二、高铁快运

高铁快运是中国铁路依托高速铁路等运输网络为客户提供的与高速铁路品牌形象和客运服务水准相匹配,具有时效快、品质优、标准高的“门到门”小件快运服务,在批量小、价值高、时效强的商务文件、电商包裹、生物制剂、医药冷链、生鲜食品、应急物品等方面很受市场欢迎。截至 2022 年 7 月已开通站点达到 280 个,根据客户不同需求分为限时服务与标准服务。

(一)限时服务

1. 当日达

为满足客户对快件高时效的需求,提供的城市之间当日收取当日送达的高铁快运服务,包含“省内当日达”和“省际当日达”。服务时效为:当日截单时间前所承接的快件,承诺当日22:00前送达收件人。

2. 次晨达

城市间当日收取次日上午送达的门到门高铁快运服务。次晨达业务包含“省内次晨达”和“省际次晨达”。服务时效为:当日截单时间前所承接的快件,承诺次日 11:00 前送达收件人。

3. 次日达

城市间当日收取次日送达的“门到门”高铁快运服务。次日达业务包含“省内次日达”和

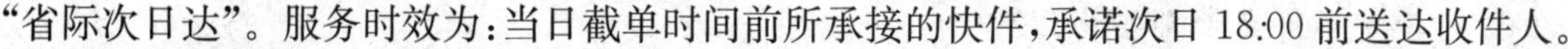

"省际次日达"。服务时效为:当日截单时间前所承接的快件,承诺次日18:00前送达收件人。

(二)标准服务

1. 经济快递

为满足客户一般性时效需求,所提供的高铁快运服务时效根据距离远近在3~5 d送达(含寄送当天)的高铁快运产品。服务时效为:所辖省的省会城市间距离1 600 km以内的城市间3 d送达,距离超过1 600 km的城市间4 d送达,距离超过2 400 km的城市间或者交通不便的地区(偏远地区)5 d送达。

2. 同城快递

为客户提供的取派件均在同一城市的高铁快运服务。

服务时效为:收取快件后24 h内送达。

中铁快运正走在市场化的道路上,服务内容及办理范围可以协商,可通过95572电话获得服务。

三、常见危险品品名

爆炸品类:雷管、传爆助爆管、导爆索、导火索、火帽、引信、炸药、烟火制品(礼花、鞭炮、摔、拉炮等)、点火绳、发令纸。

压缩气体和液化气体类:甲烷、乙烷、(压缩、液化的)丙烷、丁烷、打火机、微型煤气炉用储气罐、气体杀虫剂。

易燃液体类:汽油、酒精、去光水、引擎开导液、鸡眼水、染皮鞋水、打字蜡纸改正液、强力胶、汽车门窗胶、橡胶水、脱漆剂、环氧树脂、油漆、皮革光亮剂、显影剂、印刷油墨、煤油、樟脑油、松节油、松香水、擦铜水、纽扣磨光剂、油画上光油、刹车油、防冻水、柴油。

易燃固体类:红磷、硫黄、火补胶。

自燃物品类:黄磷、油布。

遇湿易燃物品类:金属钠、镁铝粉。

氧化剂和有机过氧化物类:过氧化氢(双氧水)、硝酸铵、氯酸钾。

毒害物品:氰化物、砷、赛力散、灭鼠安(含各类鼠药)、敌百虫等杀虫剂、灭草松、敌稗等灭草剂。

放射性物品类:夜光粉、发光剂、放射性同位素。

腐蚀品类:硫酸、硝酸、盐酸、苛性钠。

管制刀具:匕首、三棱刀(包括机械加工用的三棱刮刀)、带有自锁装置的弹簧刀(跳刀)以及其他相类似的单刃、双刃、三棱尖刀。

复习思考题

1. 行包运输合同的含义及凭证是什么?
2. 行李票、小件运单主要应载明哪些内容?
3. 托运人的基本权利和义务有哪些?
4. 承运人的基本权利和义务有哪些?
5. 行李和包裹的范围是怎样规定的?

6. 行李中不得夹带哪些物品？

7. 包裹是怎样分类的？哪些物品不能按包裹托运？

8. 行包的托运和承运有何规定？

9. 行李票、小件运单有几页？具体作用和颜色是什么？

10. 行包的运送组织原则是什么？

11. 如何计算行包运到期限？

12. 旅客要求将逾期到达的行李运至新到站时应如何处理？

13. 行包免费保管天数是如何规定的？

14. 行包要求运输变更如何处理？

15. 行包票丢失如何进行交付？

16. 行包交付有哪几个环节？在办理上应注意什么问题？产生无法交付的物品应如何处理？

17. 行包违章运输有哪些？应如何处理？

技能训练

1. 4月1日旅客刘宁(住吉林市延安路218号)持K216次吉林至锦州通票一张(票号A018333)托运行李：皮箱1件重26 kg，声明价格1 200元，编织袋1件重31 kg，声明价格850元。请办理。

2. 4月25日一残疾旅客杨建(住南昌市解放东路168号)，持石家庄至南昌T145次车票一张(票号A031286)，要求托运残疾人用车1辆重38 kg，声明价格2 300元，木箱1件重38 kg(内装衣服和阅读书籍)，声明价格868元，电视机1件重22 kg(纸箱包装)，声明价格3 000元。请办理。

3. 8月1日，旅客张明持K143次柳州至重庆西车票一张(票号A010355)，在柳州站托运行李2件，总重65 kg，声明价格2 100元，要求托运至成都站。请办理。

4. 9月4日，北京发吉林小件运单0142240，棉皮鞋16件重281 kg，于9月15日运至到站，收货单位(吉林市东方大厦)要求吉林站支付逾期违约金。请办理。

5. 10月3日杭州市茶叶公司发柳州市茶叶公司龙井茶4件，重160 kg，小件运单0806160，其中2件重80 kg于10月5日运到，其余2件重80 kg于10月12日运到，收货人要求柳州站支付逾期违约金。请办理。

6. 8月1日，金华市民生药厂在金华西站托运西药5件，重165 kg，到站无锡，收货人无锡市医药公司，小件运单0235680，装运后，托运人于当日18:30来金华西站要求变更到南京站，收货人南京市第一人民医院。受理变更时，装运列车1312次(广州—南京西)尚未到达上海站。说明有关站车处理过程。

项目四　特种运输

项目描述

本项目主要介绍特种条件下的路内运输和铁路国际旅客联运以及有关费用的计算方法。

项目学习目标

1. 知识目标

了解铁路乘车证的种类，熟悉对各种铁路乘车证的三证查验；了解国际旅客联运的概念、联运站分布，国际联运旅客乘车票据。

2. 能力目标

能够熟悉铁路乘车证的种类；会正确处理违章使用乘车证的情况；熟知铁路车递公文及路用品的运送和携带的规定；能识别国际联运旅客乘车票据，正确办理国际联运旅客的手续以及运送费用的计算。

3. 素质目标

培养学生遵章守纪的职业习惯，爱岗敬业、乐于奉献的职业情操；培养具有国际视野的高素质客运技能人才。

项目所需配备

1. 参考资料：交通运输部《客规》、《国铁集团客规》、《铁路客运运价规则》、《国际旅客联运协定》、《国际旅客联运协定办事细则》、《国际客运运价规程》、《客运规章汇编》、《铁路旅客运输管理规则》、《铁路乘车证管理办法》、《铁路客运运价里程表》、《行李包裹运价表》、《全国铁路客运营业站示意图》等。

2. 所需票据、表报：软纸票、代用票、客运运价杂费收据、行包票据、国际联运旅客乘车票据。

3. 所需设备：计算器。

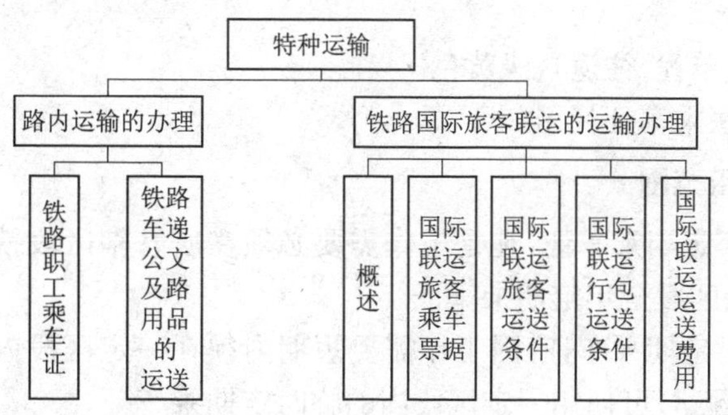

任务一　路内运输的办理

任务描述

路内运输是在熟悉铁路乘车证的种类、会正确处理违章使用乘车证的情况、熟知铁路车递公文及路用品的运送和携带规定的基础上，能够熟练开展对使用各种铁路乘车证乘车旅客的相关证件查验。

任务导入

1名铁路职工和1名同行的成人旅客，两人共持1张就医乘车证乘车，进站口应该对该旅客核验什么证件？如果发现证件不齐，应如何处理？

知识准备

路内运输是铁路内部因工作、生活需要而产生的人员和物资运输。随着铁路运输管理体制改革的不断推进，为适应铁路运输生产发展的需要，国铁集团及时颁布、修改《铁路乘车证管理办法》，明确铁路乘车证的管理及使用规定。《铁路旅客运输管理规则》对铁路车递公文及路用品的运送和携带也做出了相应的规定。

一、铁路职工乘车证

（一）铁路乘车证的种类、颜色

铁路乘车证共分九种，均为单页。各种全年定期乘车证（除就医外）统一为横版，其他乘车证为竖版，版面颜色分三种。

1. 硬席全年定期乘车证，浅蓝色。
2. 软席全年定期乘车证，浅粉色。
3. 硬席临时定期乘车证，浅蓝色。
4. 软席乘车证（含单程、往返、临时定期），浅粉色。
5. 硬席乘车证（含单程、往返），浅蓝色。
6. 通勤乘车证（含通学、定期），浅黄色。
7. 就医乘车证（含往返、临时定期、全年定期），浅黄色。
8. 便乘证，浅蓝色。
9. 探亲乘车证（含单程、往返），浅黄色。

购粮乘车证用就医乘车证代用。

（二）乘车证的使用范围

1. 软席、硬席全年定期乘车证：凡是工作需要必须在所管辖区段铁路沿线往返乘车的铁路职工，可使用所管辖区段全年定期乘车证。

2. 软席、硬席临时定期乘车证：因工作需要短期内须在一定区段内连续往返乘车或一次出差到几个地点又不顺路，可使用一定区段内的临时定期乘车证。

3. 软席、硬席乘车证：因工作需要一次性的外出乘车、铁路职工及其供养的家属患病转院、职工疗养可以使用软席、硬席乘车证。

4. 定期通勤乘车证：符合享受一年一次探亲待遇条件的职工，其工作地至家属居住地在600 km以内（铁路局集团公司工程、大修部门流动施工的职工，在铁路局集团公司管辖范围内可不受600 km限制）能利用节假日或休班时间回家的，在不享受国家规定的探亲假的前提下，可填发定期通勤乘车证。

5. 通勤（通学）乘车证：职工工作地至家属居住地在300 km以内，需要通勤时可使用通勤乘车证；沿线职工的子、女、弟、妹与居住地至中、小学校在50 km以内，可使用通学乘车证。

6. 便乘证：机车乘务员在规定担当乘务的区段内便乘时，可使用便乘证。按指定日期、车次一次乘车有效。

7. 事故救援与抢险救灾等特殊情况，来不及填发乘车证，可凭调度命令乘车，一次乘车有效。

乘车证实行一人一票制。探亲、就医乘车证外，其他各类乘车证每张限填发一人使用。

计划内临时工、随同职工流动施工者，在工地转移时，可凭铁路局集团公司劳动力调剂中心出具的临时工工作证与正式职工一起使用集体硬席乘车证（每张乘车证使用人数不能超过10人）。填写到站不能出局，只限乘坐本局列车，职工集中培训，每张乘车证也不能超过10人，并限本局范围内乘坐本局列车。

（三）路外人员使用乘车证的规定

为了铁路运输、建设和维护治安的需要，下列路外人员使用以下乘车证：

1. 驻铁路局集团公司、车站军代处军事代表因公外出乘车时，可由驻地铁路局集团公司填写乘车证。副师职及其以上的领导干部（不受年龄限制）可填发软席。其他人员一律填发硬席。

2. 驻铁路沿线守护铁路桥隧的人民武装警察部队执勤人员及上级直接主管人员，在其管辖区域内执行任务时，可由驻地铁路局集团公司填发全年定期乘车证。

3. 驻铁路的兽医站及驻站检疫人员，在管辖区域范围内工作乘车时，可由驻地铁路局集团公司填发临时定期或往返乘车证。

4. 在铁路沿线守护桥隧、护路的民兵（含连排长、给养人员）经所在铁路局集团公司批准，可使用工作区段的全年定期乘车证或通勤乘车证。

（四）乘车证使用的规定

乘车证限乘车证上所填写的持用人在有效期间和区间使用。

1. 准乘列车的规定

（1）持用全年定期、临时定期、软席、硬席乘车证和便乘证，在正式或临时营业铁路上准乘各种旅客列车（国际列车除外）。

（2）持用探亲乘车证准乘除国际、旅游列车以外的各种旅客列车。

（3）持用通勤、定期通勤乘车证准乘各种旅客列车（国际列车除外）。

（4）持用通学、就医、购粮乘车证准乘快车和普通旅客列车。

（5）持用铁路全年定期、临时定期、软席、硬席乘车证均可乘坐空调可躺式客车。

（6）持铁路乘车证的铁路职工（含国铁集团控股合资铁路公司职工）可以持铁路乘车证乘

坐动车组列车(但须办理实名签证)。其中,持软席全年定期乘车证、软席乘车证的人员可以乘坐动车组列车卧铺和一等座席,持硬席乘车证(含全年定期、临时定期乘车证)的人员可以乘坐动车组列车卧铺和二等座席;持其他铁路乘车证的人员可以乘坐动车组列车二等座席。

2. 乘车证明的规定

(1)持用铁路各种乘车证的职工出入车站及在列车内须与旅客同样经过检验手续,同时交验工作证、学生证、离休证、退休证、家属医疗证或家属证。任何证明均不能代替上述证件。职工持用探亲乘车证,需同时持贴有本人照片的工作证和探亲证明;职工配偶或父母、子女持贴有本人照片的家属证(医疗证)和探亲证明。任何代替工作证或家属证的证件均无效。

(2)出差、探亲、驻勤、开会、入学、出校、调转赴任、搬家还必须交验相应的证明,如职工出差证明书、人事调转命令、户口迁移证明等;医疗转院或疗养必须交验医疗机构的转院、疗养证明;机车乘务员便乘时,必须携带机务段填发的司机报单;机械冷藏车乘务员去外地换班乘坐旅客列车时,应交验保温段填发的交、接班证明。

乘车证、工作证、出差证,三证俱全方为有效。

3. 乘车证签证的规定

持用临时定期、软席、硬席、探亲乘车证及乘坐动车组列车的各种铁路乘车证,须由车站签证。车站对要求签证的人员应查验有关证件,持用全年定期、通勤、通学、就医乘车证以及便乘证乘坐普速旅客列车可免于签证。如要座位号时,可凭乘车证由车站发给座位号。

4. 乘车证的查验规定

(1)站、车客运人员必须熟知乘车证使用的有关规定,认真查验乘车证填载项目和必须携带的有关证件和证明,并打检(剪)标记。如有不符,视为无效,并有权扣留所持乘车证,按有关规定处理。

(2)对持用的全年定期、临时定期、通勤、定期通勤、通学、全年定期就医和临时定期就医乘车证免打查验标记;其他乘车证均须于始乘站和返乘站予以检(剪)票,列车内查验时也应打查验标记,否则按客运有关规定办理。

(3)铁路各部门特定的在站车工作的各种证件(如铁路运输收入稽查证、客运监察证、行车安全监察证、铁路乘车证监察证等),只能作为工作证,均不能作为乘车的凭证。

(五)免费使用卧铺的有关规定

1. 免费使用卧铺的条件

(1)职工(含路外符合使用乘车证的人员)出差、驻勤、开会、调转赴任、医疗转院(含职工供养的直系亲属)、疗养、护送、出入学校,以本人开始乘坐本次列车开车时刻计算,从 20:00 至次日早晨 7:00 之间,在车上过夜 6 h(含 6 h)或连续乘车超过 12 h(含 12 h)以上的,准予免费使用卧铺。

(2)使用卧铺中途不应下车。如必须下车,不足夜间乘车 6 h 或连续乘车 12 h 的,列车长应按章核收已乘区间的卧铺票价及手续费。

(3)使用便乘证,按指定日期、车次及指定铺位乘车。

2. 登记卧铺的规定

(1)符合使用卧铺规定的人员登记卧铺时,车站或指定的代办部门应查验有关证件,对有卡片的乘车证在卡片上登记;对无卡片的乘车证在乘车证背面登记,并发给卧铺号;在列车上登记卧铺时,由列车长按上述方法同样办理。

(2)登记卧铺后不能按时乘车,应将卧铺号及时退回车站,车站将登记事项注销并加盖注销章。

(3)持乘车证到列车上使用卧铺时,应将出差证明、卡片连同乘车证交列车员保管,并办理签注(即在出差证上加盖戳记或签字注明"×月×日×次车卧"字样)。持用全年定期乘车证,可不交乘车证。

(六)其他有关规定

1. 持用通勤、探亲、就医和一次性(含往返)硬、软席乘车证,除换乘外,中途下车无效。

2. 定期通勤乘车证,一个月只限使用一次,不能提前或者移作下月使用。如节假日适逢月初或月末,乘车证的往返日期可跨及上月末和下月初,但起止时间不超过一周。

3. 全年定期、定期通勤、通勤和定期就医乘车证可延期使用至次年 1 月 15 日止。

4. 持用铁路乘车证除规定的路用品外,均不能免费办理行李、搬家物品的托运,需托运时应和持车票的旅客同样办理。

(七)丢失和违章使用乘车证的处理

1. 丢失乘车证的处理

对丢失乘车证者,除本人做出检查外,要按下列标准进行罚款:

(1)全年定期乘车证每张罚款 200 元。

(2)临时定期乘车证每张罚款 150 元。

(3)其他乘车证每张罚款 100 元。

丢失定期通勤、通勤、通学、全年定期就医乘车证的,罚款后方可予以补发。

2. 违章使用乘车证的处理

(1)违章使用乘车证的情况,如:在票面上加添、涂改、转借、超过有效期限或有效区间乘车,未持规定的有关证明、证件,超出规定使用范围的,以及持伪造证明、证件的均按无票处理,要查扣其乘车证及有关证件。对持用伪造乘车证者,一经发现,应立即查扣,并移交公安机关依法处理。

(2)违章使用乘车证均要按所乘列车的等级、席别、铺别、区间(单程或往返)及票面填写人数按照《国铁集团客规》的规定补收和加收票款,下列乘车证还应按票面记载的席别、区间,按照下列计算方法加收罚款:

①定期通勤乘车证,按票面填写乘车区间,自有效月份起至发现违章月份止,按每月一次往返的里程计算,核收普通客票票价。

②全年定期乘车证,临时定期乘车证、通勤(学)乘车证。从有效日期(过期的从有效期终了的次日)至发现违章日期止,票面填写的乘车区间在一个铁路局集团公司以内的,按每日乘车 50 km 计算票价(指普通客票票价);乘车区间跨铁路局集团公司的,按每日乘车 100 km 计算票价(指普通客票票价),计算后低于 50 元的按 50 元核收。

③发现其他违章行为的,均按《国铁集团客规》的规定相应处理。

乘车证使用过程中发现的违章事项,当时处理不了的,由站、车编制客运记录,连同查扣的乘车证及有关证件报本铁路局集团公司收入管理部门。由铁路局集团公司依据规定向违章职工单位发函,根据违章处理规定追补票款和罚款。

二、铁路车递公文及路用品的运送

为了保证和便利铁路系统各单位之间的公文能准确、迅速传递，国铁集团制定并及时修改了《铁路客运列车运送公文管理办法》，明确凡编挂行李车的客运列车（包括混合列车，但国际列车除外），均应承担铁路公文运送任务（简称车递）。

为了活跃与提高广大铁路职工的文娱生活和业务素质，所涉及的演出用的服装道具、音响器材、铁路规章、铁路职工培训教材等的运送，可按路用品免费运输。

（一）铁路公文的车递

1. 车递公文的范围

(1)车递公文的范围，主要包括铁路系统各单位为处理公务而形成的文件及记载文件资料的光盘等载体。

(2)根据铁路行业的特殊性质，下列物品可比照车递公文办理：

①票据、款袋。

②国际联运清算单、财务会计账单和凭证。

③车递文件和物品使用的回空容器。

④证件、奖状、锦旗。

⑤自办发行的《人民铁道》报及各铁路局集团公司的局报、内部期刊。

(3)任何单位和个人不得擅自扩大车递公文范围，超出范围车递的，收寄单位或人员应拒绝受理，特殊情况，确需扩大范围的，须报经铁路局集团公司或国铁集团车递公文主管部门批准。

(4)凡按铁路公文车递的均免费运送，但按包裹车递的公文应收取运输杂费。

2. 车递挂号规定

(1)下列物品通过车递公文渠道运送时应当挂号：

①发文单位认为重要的文件。

②国际联运清算单、财务会计账单和凭证。

自办发行的内部报纸、期刊不得挂号。

(2)车递公文挂号应使用专用戳及注明挂号件编号。

①车递公文挂号专用戳。各单位应规范挂号专用戳的刻制和使用管理，不得用单位公章或个人名章代替挂号专用戳；各单位挂号专用戳应在车站车递公文收发室备案，加盖不符合规定的挂号专用戳、单位公章或个人名章的挂号件，收件部门有权拒收。

②车递挂号件编号。车递挂号件编号由使用单位自行制定，但不得单独使用年月日等时间数字作为编号。原则上注明挂号件编号时，应不少于4位阿拉伯数字。

3. 车递物品规格

(1)车递公文数量较多时，须分别包装。每包重量不得超过5 kg，长、宽、高均不超过0.35 m。同一寄送单位发往同一收件单位的物品不得超过4包。

(2)一次发送文件重量超过20 kg或体积超过0.1 m^3的车递物品，应按包裹办理。

按包裹办理的车递物品，发件单位须出具相关证明，在车站行包房办理托运手续，按包裹运送（包裹，每件重量和规格按现行铁路客运规章办理），将证明收回附在小件运单甲联上报，免收运费，但按规定收取运输杂费。包裹到达后，到站应及时通知收件单位领取。

4. 严禁车递物品

下列物品，严禁通过车递公文渠道运送：

(1)国家法律、行政法规禁止寄递的物品。

(2)易燃、易爆、剧毒、放射、传染、强磁等影响铁路安全的危险物品。

(3)对客运设施和作业人员造成危害的物品。

(4)除《人民铁道》报及各铁路局集团公司的局报以外，其他公开发行的报纸、期刊、图书。

(5)路内外单位生产、加工的营利性物品。

(6)涉密文件。

(7)人事档案。

(8)企业广告。

(9)私人物品(含现金、有价证券、药品、私人证件等)。

(10)私人信件(含上访信、举报信等)。

(11)破封款袋或包装严重破损的物品；单包不符、封皮或内件严重破损，或有拆动嫌疑的物品。

(12)其他不宜车递的物品。

涉密文件、人事档案等，应通过机要通信渠道发送。

5. 车递公文流程

车递公文按照以下流程办理：

(1)寄件部门发件。寄件部门按要求对车递公文封装、挂号后送往本单位的收发部门。寄件部门对本单位车递物品适用范围和安全承担主体责任。

(2)寄件单位收寄。寄件单位收发部门对车递公文进行收集验视、分拣打包。按照挂号办理的公文应当填写“铁路公文物品运送单”一式四份，寄件单位留存 1 份，其余 3 份随文件交给发站行李员用于办理交接。

(3)客运车站收寄。客运(车务)车站车递公文收发室对各单位车递公文进行交接、分拣，车站行李员按车次、到站送上行李车，并与列车行李员办理交接。

(4)担当客车运送。列车行李员按到达站先后顺序分拣后与到达、中转站行李员办理交接。

(5)收件车站收发。到站车递公文收发室对从行李车上接收的车递公文进行分拣、投递。

(6)收件单位接收。收件单位公文收发部门到车站车递公文收发室(行李房)领取，与车站办理交接。

车递公文环节各单位应严格落实交接手续，交接应层层办理签收手续，并加盖名章，做到有迹可查。

(二)路用物品的运送

1. 免费运输的物品范围

(1)中国铁路文工团演出用的服装、道具、布景准予免费运输。

(2)中国铁路文工团电视剧部凭中国铁路文工团书面证明，将摄像机、录像机、放像机免费带入客车，自行看管，重量不受 20 kg 限制；监视器、投影机、录音机等附属品按规定办理托运手续，免费运输。

(3)中国铁道出版社有限公司向国铁集团所属单位发行中国铁道出版社有限公司的铁路规章、铁路职工培训教材按路用品办理。

中国铁道出版社有限公司出版的面向铁路以外单位和个人销售的图书,中国铁道出版社有限公司向不属于国铁集团的单位发行的图书不得按路用品办理。

2. 免费运输的办理规定

(1)需托运的服装、道具、布景数量较大时,可以拨给行李车,如行李车不足,也可以拨给棚车代用。使用后,立即交还,不得停留占用。严禁用拨给的行李车或棚车装服装、道具和布景以外的物品。

(2)少量的服装、道具、布景可装在旅客列车编组中的行李车内运送,不必另拨车辆。

(3)办理此项免费运输时,必须凭"中国铁路文工团"开具的证明文件,到车站办理托运手续。如要求拨给行李车或棚车时,应凭上述证明文件到有关铁路局集团公司办理拨车手续。

(4)车站办理托运时,应填写小件运单,并在运价栏画斜线,在记事栏内注明"免费"字样,同时将证明文件收回,随同小件运单报告页一并报送铁路局集团公司。

(5)托运的服装、道具、布景、监视器、投影机、录音机等,由车站负责装卸时,车站可按规定核收装卸费。

任务二　铁路国际旅客联运的运输办理

任务描述

在了解国际旅客联运的概念、联运站分布、国际联运旅客乘车票据的基础上,能识别国际联运旅客乘车票据,并运用运送条件的相关规定,正确办理国际联运旅客的手续以及计算运送费用。

任务导入

旅客A计划从南宁出发,购买国际联运票乘坐列车到莫斯科。

1. 请为该旅客做好乘车的经路和车次的规划和选择。

2. 根据经路,计算费用,填制票据。

知识准备

一、概述

铁路国际旅客联运是指符合以下三种情形的旅客、行李和包裹铁路运输,包括海铁联运:

(1)发站和到站位于两个不同国家。

(2)发站和到站位于同一国家,但运输合同在其他国家签订。

(3)发站和到站位于同一国家,但需要过境其他国家的。

参加国际旅客联运的铁路具有连带责任。随着经济全球化和我国经济的不断发展,我国是世贸组织的成员国,掌握国际旅客联运内容显得尤为重要。这里所指的国际旅客联运,系指我国同其他国家铁路间办理的旅客、行李和包裹运输。

(一)参加国际联运的国家

在两个或两个以上国家铁路全程运送中,使用一份票据并以连带责任办理的运送,称为国际铁路联运。国际铁路联运分为旅客运输和货物运输两大类。

目前缔结了国际旅客联运协定的国家铁路有:阿塞拜疆共和国铁路、阿尔巴尼亚共和国铁路、阿富汗伊斯兰共和国铁路、白俄罗斯共和国铁路、保加利亚共和国铁路、越南社会主义共和国铁路、格鲁吉亚铁路、哈萨克斯坦共和国铁路、中华人民共和国铁路、朝鲜民主主义人民共和国铁路、大韩民国铁路、吉尔吉斯共和国铁路、老挝人民民主共和国铁路、拉脱维亚共和国铁路、立陶宛共和国铁路、摩尔多瓦共和国铁路、蒙古国铁路、波兰共和国铁路、俄罗斯联邦铁路、斯洛伐克共和国铁路、塔吉克斯坦共和国铁路、土库曼斯坦铁路、乌兹别克斯坦共和国铁路、乌克兰铁路、捷克共和国铁路、爱沙尼亚共和国铁路。

(二)我国铁路的旅客联运站

《国际客价》中规定的办理旅客联运的车站称之为联运站。

我国铁路现有32个旅客联运站:北京、北京西、天津、衡阳、长沙、汉口、郑州、呼和浩特、集宁南、二连、沈阳、长春、丹东、哈尔滨、牡丹江、满洲里、绥芬河、桂林北、南宁、崇左、凭祥、乌鲁木齐、乌鲁木齐南、霍尔果斯、阿拉山口、昆明北、河口、山海关、开远、宜良、山腰、昂昂溪。

我国铁路国际旅客联运示意图如图4-1所示。

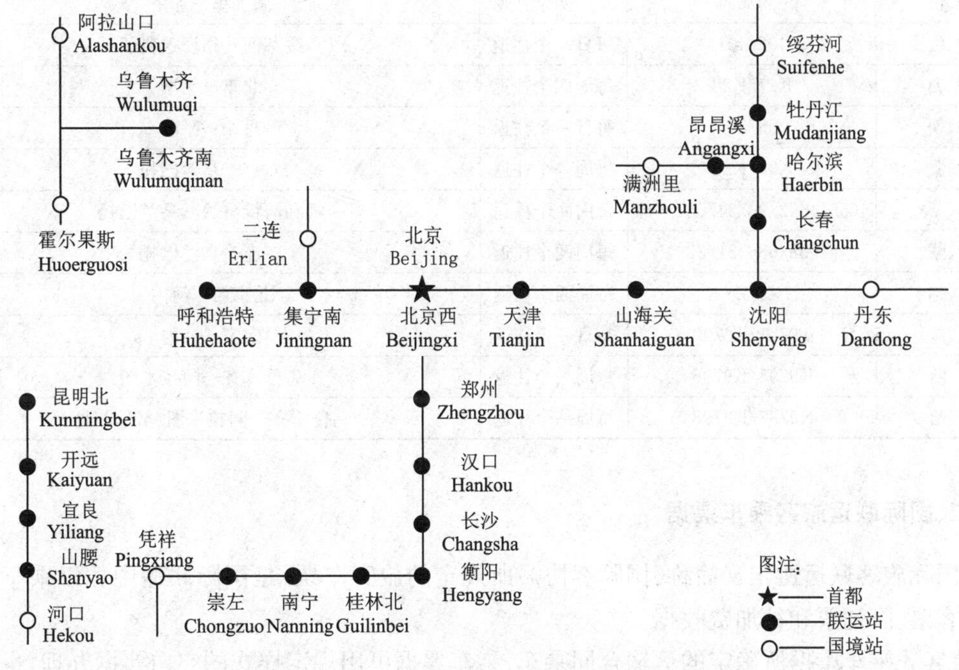

图4-1 中国铁路国际旅客联运站示意图

(三)国境站及国际列车

国与国之间邻接的车站称之为国境站,我国现有国境站见表4-1。

表 4-1 国境站站名

路别	中文	拉丁字母	路别	中文	拉丁字母
中铁 朝铁	丹东	Dandong	中铁 俄铁	满洲里	Manzhouli
	新义州	Sinuiju		绥芬河	Suifenhe
中铁 越铁	凭祥	Pingxiang		后贝加尔	Zabaikalsk
	河口	Hekou		格罗迭科沃	Grodekovo
	同登	Dongdang	中铁 哈铁	阿拉山口	Alashankou
	老街	Laocai		霍尔果斯	Huoerguosi
中铁 蒙铁	二连	Erlian		多斯特克	Dostyk
	扎门乌德	Zamiin—Uud		阿腾科里	Altynkol

我国铁路与其他铁路之间有国际旅客列车见表 4-2。

表 4-2 国际旅客列车

路别	车次	开行次数	经由
中、蒙、俄	K3/K4	每周一个往返	北京—乌兰巴托—莫斯科
中、俄	K19/K20	每周一个往返	北京—莫斯科
中、俄	653/654	每周两个往返	满洲里—赤塔
中、俄	402/401	每日一个往返	绥芬河—格罗迭科沃
中、朝	K27/K28	每周四个往返	北京—平壤
中、朝	95/85	每日一个往返	丹东—平壤
中、蒙	K23/K24	每周一个往返	北京—乌兰巴托
中、蒙	4653/4652/33/34/681/682	每周两个往返	呼和浩特(二)—乌兰巴托
中、蒙	685/686/21/22	每周两个往返	二连—乌兰巴托
中、越	Z5/Z6	每周两个往返	北京西—河内
中、越	T8701/T8702	每日一个往返	南宁—河内
中、哈	K9795/K9796	每周一个往返	乌鲁木齐—阿拉木图
中、哈	K9797/K9798	每周一个往返	乌鲁木齐—阿拉木图/努尔苏丹

二、国际联运旅客乘车票据

《国际旅客联运协定》(简称《国际客协》)所规定的旅客车票,是国际联运中凭以乘车的票据,有客票、卧铺票和补加费收据。

旅客凭乘车票据所确定的运输合同乘车,乘车票据可用规定样式的空白票据办理,也可用电子方式办理。

用规定样式的空白票据和电子方式办理的乘车票据,对旅客乘车具有同等法律效力。

乘车票据由客票以及下列情况时的卧铺票和(或)补加费收据组成。

客票可按运送经路全程办理,也可按某一区段办理。卧铺票用于乘坐卧车、座卧车、以及规定预留席位的座席车。对一张客票可办理旅客运行的每一不换乘区段的多张卧铺票。运输合同条件的变更由补加费收据予以证明。

客票和卧铺票可用一张空白乘车票据办理。

旅客应在乘车前购买规定的必要乘车票据，并检查其中所载事项是否正确。

在存在技术可能性的情况下，根据办理乘车票据国家的国内法规，承运人可在车内为乘客办理乘车票据。

乘车票据用合同承运人所在国文字和(或)英文、中文、德文、俄文之一填制。

根据技术可能性，并依据承运人之间签订的合同，承运人向旅客提供通过互联网购买乘车票据(包括电子乘车票据)的服务。

完成支付并在乘车票据发售系统中获得订单号或电子乘车票据识别码后，即认为旅客与合同承运人之间的运输合同已签订。

是否持有电子乘车票据，按以下办法确定：

(1)打印的购买乘车票据的订单证明，订单证明上须载有乘车和旅客基本信息。

(2)在电子载体上显示的、载有乘车和旅客基本信息的购买乘车票据的订单证明。

旅客凭电子乘车票据上车时，承运人应对旅客身份证件信息与承运人所掌握的信息进行核对，如信息不符，则不允许旅客上车。

通过互联网购买乘车票据的办法和规则由国内法规规定。

电子乘车票据的使用特点由参加运送的承运人商定。

发售电子乘车票据的承运人应在互联网上公布办理乘车票据和乘车的条件。

丢失和损毁的乘车票据不予补办。

当承运人有技术条件时，根据办理乘车票据国家的国内法规，承运人可在规定格式的空白票上为旅客办理乘车票据(副本)用以代替丢失或损毁的载有旅客个人信息的乘车票据。

(一)册页票本

国际直通联运册页票本视为一份乘车票据。册页票本，含票皮和票页，票页由客票、卧铺票、补加费收据组成，并按照客、卧、补的顺序装订。册页票本票皮样式如图 4-2 所示。

册页票本中可以没有卧铺票(当不乘坐卧车时)或补加费收据(当不发生补收费用时)，但必须包括票皮和客票。缺少票皮(电子票可不带票皮)或客票时乘车票据即视为无效，并且无权凭以乘车，发现后铁路应予没收(但个别铁路间如有协议，可采用卡片客票和无票皮的册页票本凭以乘车)。

(二)客票

客票是证明铁路同旅客间缔结运输合同的基本依据。

1. 客票上应载有下列主要事项：

(1)发站和到站名称。

(2)运输合同规定的运行经路及接续承运人代号。

(3)车厢等级。

(4)人数。

(5)乘车票价。

(6)有效期。

(7)客票、补加费收据办理日期和地点。

(8)合同承运人(填发客票或补加费收据的承运人)代号。

根据乘车票据办理国国内法律的要求，可在客票上注明其他信息，包括与其身份证件相符的旅客个人信息。

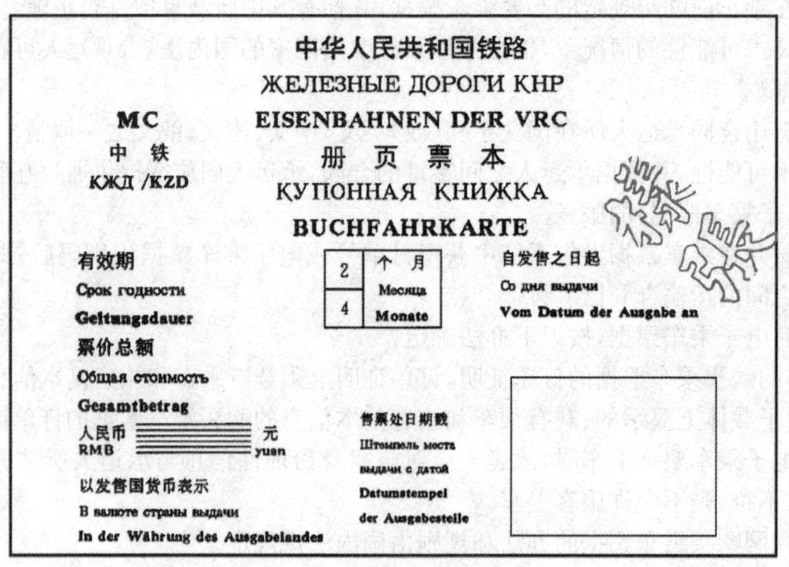

中华人民共和国铁路
ЖЕЛЕЗНЫЕ ДОРОГИ КНР
EISENBAHNEN DER VRC
册 页 票 本
КУПОННАЯ КНИЖКА
BUCHFAHRKARTE

MC
中 铁
КЖД /KZD

有效期
Срок годности
Geltungsdauer

2	个 月
	Месяца
4	Monate

自发售之日起
Со дня выдачи
Vom Datum der Ausgabe an

票价总额
Общая стоимость
Gesamtbetrag
人民币 ______ 元
RMB ______ yuan
以发售国货币表示
В валюте страны выдачи
In der Währung des Ausgabelandes

售票处日期戳
Штемпель места выдачи с датой
Datumstempel der Ausgabestelle

图 4-2　册页票本票皮

2. 客票分类

客票按填写方法可分为全部事项印制的册页客票和补充册页客票两种。

(1)全部事项印制的册页客票

全部事项印制的册页客票(图 4-3)的发站、到站、等级、经由均已印就，用于客流大的各站间一名旅客的乘车。

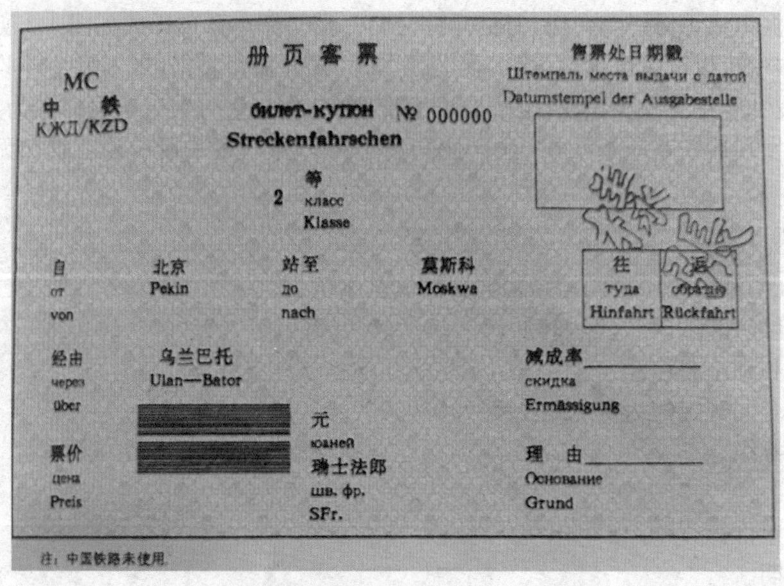

册 页 客 票
MC
中 铁
КЖД/KZD
билет-купон　№ 000000
Streckenfahrschen

售票处日期戳
Штемпель места выдачи с датой
Datumstempel der Ausgabestelle

2 等
класс
Klasse

往	返
туда	обратно
Hinfahrt	Rückfahrt

自 от von　北京 Pekin　站至 до nach　莫斯科 Moskwa

经由 через über　乌兰巴托 Ulan—Bator

减成率 ______
скидка
Ermässigung

票价 цена Preis　______ 元 юаней　______ 瑞士法郎 шв. фр. SFr.

理 由 ______
Основание
Grund

注：中国铁路未使用。

图 4-3　全部事项印制的册页客票(中国铁路票样)

发售往返乘车用的全部事项印制的册页客票时，在票皮内订入两份册页客票。在用于往程乘车的册页客票上，划掉“返”字，在用于返程乘车的册页客票上，划掉“往”字。如果旅客享受减成时，在“减成率”栏填写减成百分比，在“理由”栏按减成原因，填写相应的略语。客票左下部为票价栏，在条状线内分别用阿拉伯数字填写瑞士法郎和人民币款额数。最后在“售票处日期戳”方格内加盖本售票日期戳，并在客票背面加盖出发日期车次戳记。

全部事项印制的册页客票没有存根，根据号码编制报表并进行清算。

全部事项印制的册页客票在我国未使用。

(2)补充(空白)册页客票

补充(空白)册页客票上的旅客人数、发站、到站、经由、票价等栏，均为空白，售票时复写填发，适用于国际联运各站间一名或数名旅客的乘车。

补充(空白)册页客票(图 4-4)用浅粉色底纹特种水印白纸印制，由两联组成，即存根和客票。在办理乘车时，存根由售票处留存，客票订入票皮。补充(空白)册页客票各联编号应相同。

填写补充(空白)册页客票时应填入下列事项：

①旅客人数栏以阿拉伯数字和大写数字填写。

②旅客个人信息栏，根据乘车票据办理国国内法律的要求，可在客票上注明其他信息，包括与其身份证件相符的旅客个人信息。

③到站名称填入应乘车厢等级栏内，不乘用的车厢等级栏，用对角叉线划消。

④票价栏填写以运价货币和发售国货币表示的一名旅客的全程乘车票价和票价总额。

⑤发售儿童和有组织的团体旅客乘车用空白客票时，在“减成率”栏注明运价规程规定的减成数额，在“理由”栏内填写“儿童(REBENOK)”字样；对有组织的团体乘车，注明“团体(GRUPPA)”字样，同时填写发给团体乘车旅客的团体旅客证号码。

⑥办理狗的运送时，在“理由”栏内注明“狗(SOBAKA)”字样。

⑦发售盲人陪同空白客票时，在“减成率”栏内注明减成数额，在“理由”栏内注明“陪同(PROVODNIK)”。

⑧发售单个旅客有权享受减成往返乘车用补充(空白)册页客票时，在“减成率”栏内注明减成数额，在“理由”栏内注明“往返”(TUDA IOBRATNO)；当每一方向均使用单独客票时，在返程客票的上部注明往程客票的号码。

⑨如旅客希望在各区段乘坐不同等级的车厢，按全程乘坐最低等级车厢向其填发补充(空白)册页客票，乘坐较高等级车厢的票价差额，用补加费收据另行核收。

⑩对在始发站只购买返程补充(空白)册页客票的旅客，填发用于单程乘车的补充(空白)册页客票；对乘坐不同运输工具的旅客，可分别对铁路各相应乘车区段填发补充(空白)册页客票。乘车票价按每一区段分别计算。

⑪旅客在某一区段两次乘车，则应在补充(空白)册页客票中将重复乘车区段的最后站名填写两次。乘车票价按实际行经的里程计算，不按客票上两次注明的地点分段计算运价。

⑫发售补充(空白)册页客票系供乘坐专列或包车使用，则应在存根和补充(空白)册页客票的背面记载下列事项：乘坐专列时，记载“专列(SPEC POEZD)”字样及车次；乘坐包车时，记载“包车(SPEC VAGON)”字样及车厢等级、铺位种类及二轴、三轴、四轴车的辆数。

对乘坐专列、专用动车和包车的旅客，如随团体客票还发售了单人客票，则单人客票的号码应记入团体客票内。

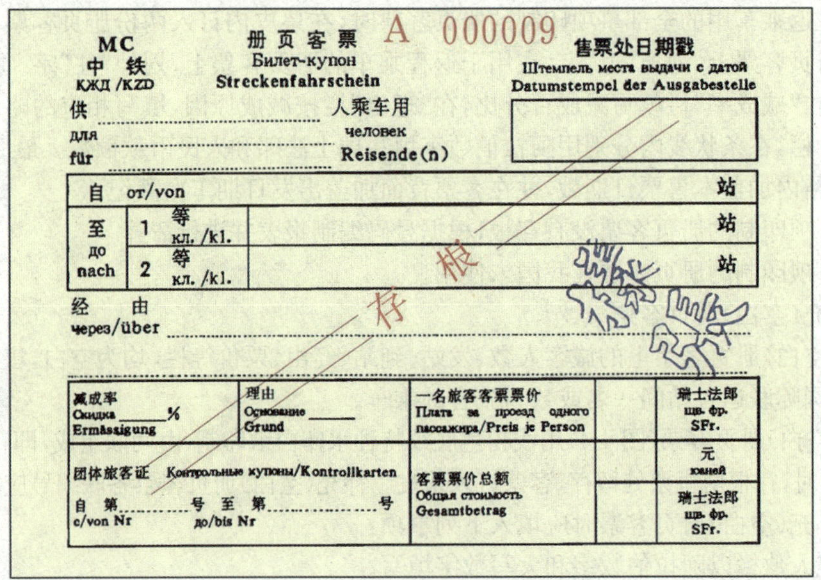

MC
中 铁
КЖД /KZD

册页客票 A 000009
Билет-купон
Streckenfahrschein

售票处日期戳
Штемпель места выдачи с датой
Datumstempel der Ausgabestelle

供 .... 人乘车用
для .... человек
für .... Reisende(n)

自 от/von 站
至 до nach 1 等 кл./kl. 站
2 等 кл./kl. 站

经 由
через/über ....

存根

减成率 Скидка ____% Ermässigung	理由 Основание ____ Grund	一名旅客客票票价 Плата за проезд одного пассажира/Preis je Person		瑞士法郎 шв. фр. SFr.
团体旅客证 Контрольные купоны/Kontrollkarten 自第 ...... 号至第 ...... 号 c/von Nr до/bis Nr		客票票价总额 Общая стоимость Gesamtbetrag		元 юаней
				瑞士法郎 шв. фр. SFr.

（a）补充册页客票（单程）（中国铁路票样）

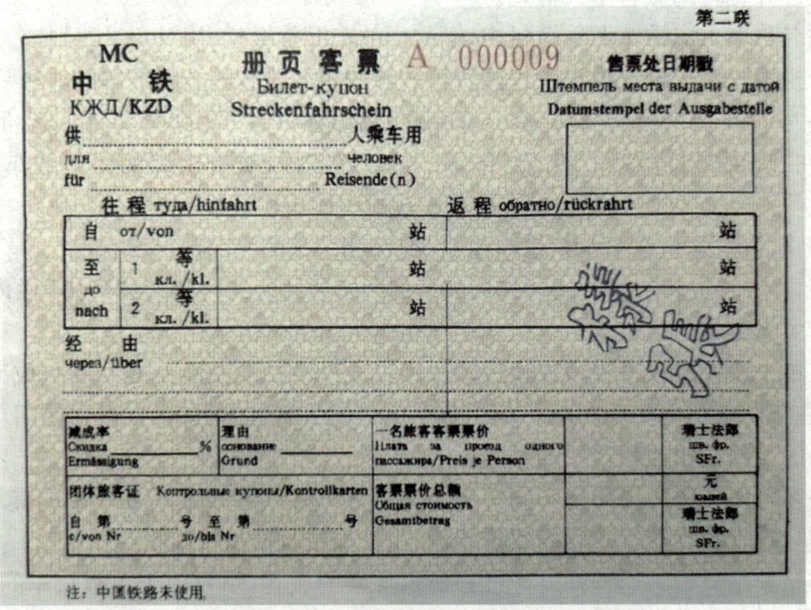

第二联

MC
中 铁
КЖД/KZD

册 页 客 票 A 000009
Билет-купон
Streckenfahrschein

售票处日期戳
Штемпель места выдачи с датой
Datumstempel der Ausgabestelle

供 .... 人乘车用
для .... человек
für .... Reisende(n)

往 程 туда/hinfahrt | 返 程 обратно/rückrahrt

自 от/von 站 | 站
至 до nach 1 等 кл./kl. 站 | 站
2 等 кл./kl. 站 | 站

经 由
через/über

减成率 Скидка ____% Ermässigung	理由 основание ____ Grund	一名旅客客票票价 Плата за проезд одного пассажира/Preis je Person		瑞士法郎 шв. фр. SFr.
团体旅客证 Контрольные купоны/Kontrollkarten 自第 ____ 号至第 ____ 号 c/von Nr до/bis Nr		客票票价总额 Общая стоимость Gesamtbetrag		元 юаней
				瑞士法郎 шв. фр. SFr.

注：中国铁路未使用

（b）补充册页客票（往返）（中国铁路票样）

图 4-4　补充册页客票样式

（三）卧铺票

旅客乘坐卧车或座卧车时，除客票外，还应有占用相应铺位的卧铺票。旅客凭卧铺票有权使用卧铺；但乘坐座卧车时仅限在 21:00 至次日 7:00 期间允许使用卧铺，并免费使用卧具。每套卧具的使用时间为 5 d，超过时铁路应免费更换。

卧铺票上应载有的主要事项有：

1. 承运人代号。

2. 发站和到站名称。

3. 运输合同规定的运行经路。

4. 发车日期和时分、车次、车厢号和铺位号。

5. 车厢等级和铺位种类。

6. 人数。

7. 卧铺票票价。

8. 卧铺票发售日期和地点。

9. 客车经营人代号。

我国铁路的卧铺票目前为两联，复写填发。第一联为白色的存根，留在发售部门，随当月报表报送清算部门；第二联为浅绿色底纹水印纸，填好后订入票皮内交给旅客。

"特别记载"栏根据国内法律填写（如有该栏），或例如凭铁组公用乘车证乘车，应填写"铁组公用乘车证（SLUZHEB NYI BILETOSZD）"，我国一般填记护照号码。

卧铺票上的车厢等级和铺位种类按下列代号填写：

2/0——开放式座卧车（无包房）或硬卧车；

2/4——2 等卧车，4 人包房；

2/3——2 等卧车，3 人包房；

2/2——2 等卧车，2 人包房；

BC4——2 等座卧车，4 人包房；

BC6——2 等座卧车，6 人包房；

1/4——1 等卧车，4 人包房；

1/2——1 等卧车，2 人包房；

1/1——1 等卧车，1 人包房；

2/C——2 等座席车；

1/C——1 等座席车；

2/S，B——2 等座席车；

1/S，A——1 等座席车。

在卧铺票上可注明"返程"字样。

对团体旅客，一张卧铺票只能发售给同一车厢的旅客。

在"一名旅客卧铺费"栏填写计算出的以瑞士法郎表示的卧铺费；"卧铺费总额"栏填写以瑞士法郎表示的卧铺费总数。在右侧"发售国货币"栏填写以卧铺费总额折算后的人民币数额。

最后，在"售票处日期戳"方格内加盖本售票处日期戳。

卧铺票的样式，如图 4-5 所示。

（四）补加费收据

补加费收据是指当变更径路、等级以及同一径路上分乘不同等级车厢等情况时开具的运输合同条件变更的证明，即在支付客票票价差额和其他运送费用及支付卧铺费差额时，填发补加费收据。

补加费收据为两联，复写填发。第一联为白色的存根，留在发售部门，随当月报表报送清算部门。第二联为浅蓝色底纹水印纸，填好后交给旅客。

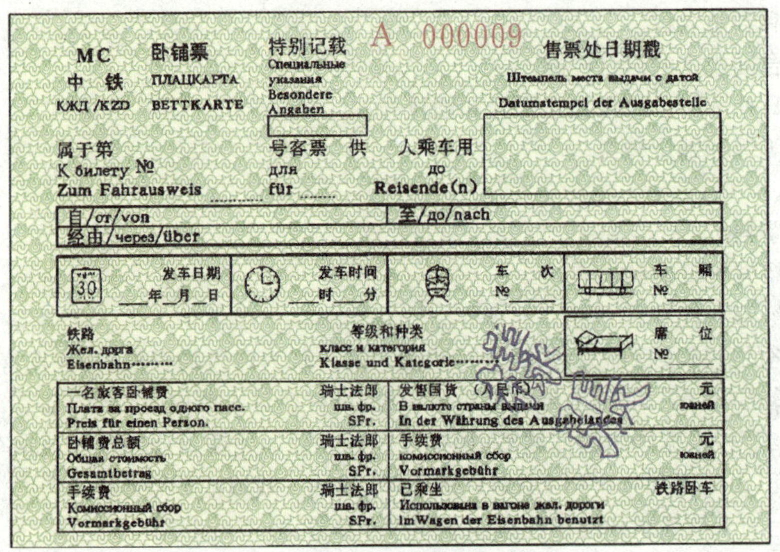
MC 卧铺票 中铁 ПЛАЦКАРТА КЖД/KZD BETTKARTE

特别记载 Специальные указания Besondere Angaben

A 000009

售票处日期戳 Штемпель места выдачи с датой Datumstempel der Ausgabestelle

属于第 К билету № Zum Fahrausweis …… 号客票 供 для für …… 人乘车用 до Reisende(n)

自/от/von 至/до/nach

经由/через/über

发车日期 ___年___月___日 | 发车时间 ___时___分 | 车次 № | 车厢 №

铁路 Жел. дорга Eisenbahn…… | 等级和种类 класс и категория Klasse und Kategorie…… | 席位 №

一名旅客卧铺费 Плата за проезд одного пасс. Preis für einen Person.	瑞士法郎 шв. фр. SFr.	发售国货（人民币） В валюте страны выдачи In der Währung des Ausgabelandes	元 юаней
卧铺费总额 Общая стоимость Gesamtbetrag	瑞士法郎 шв. фр. SFr.	手续费 комиссионный сбор Vormarkgebühr	元 юаней
手续费 Комиссионный сбор Vormarkgebühr	瑞士法郎 шв. фр. SFr.	已乘坐 Использована в вагоне жел. дороги Im Wagen der Eisenbahn benutzt	铁路卧车

图 4-5　卧铺票(中国铁路票样)

补加费收据按每一乘车方向分别填发。使用往返客票时,补加费收据按每一乘车方向分别填发。在"属于第___号客票"栏内填写客票号码和代号"TO"。在支付卧铺费差额的补加费收据内,应记载变更内容,即旅客由何等级何种类车厢更换至何等级何种类车厢。

在办理专列中挂运行李车、餐车运送手续时,应在补加费收据的空栏内填写车辆数和轴数;办理卧车空车走行费时,应在补加费收据的空栏内填写车公里数。

在办理狗的运送手续时,应在空栏内填写"狗(SOBAKA)"字样。

补加费收据不用的各栏,沿对角叉线划消。

最后,在"售票处日期戳"方格内加盖本售票单位日期戳。

补加费票收据的样式如图 4-6 所示。

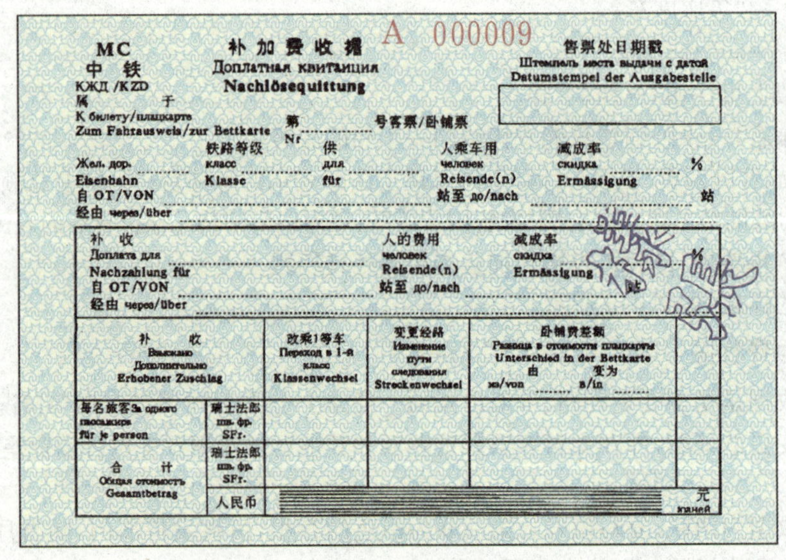
MC 中铁 КЖД/KZD

补加费收据 Доплатная квитанция Nachlösequittung

A 000009

售票处日期戳 Штемпель места выдачи с датой Datumstempel der Ausgabestelle

属于 К билету/плацкарте Zum Fahrausweis/zur Bettkarte 第 Nr …… 号客票/卧铺票

铁路等级 Жел. дор. …… класс …… Eisenbahn Klasse 供 для für …… 人乘车用 человек Reisende(n) 减成率 скидка Ermässigung …… %

自 OT/VON …… 站至 до/nach …… 站

经由 через/über ……

补收 Доплата для Nachzahlung für …… 人的费用 человек Reisende(n) 减成率 скидка Ermässigung …… %

自 OT/VON …… 站至 до/nach …… 站

经由 через/über ……

补收 Взыскано Дополнительно Erhobener Zuschlag		改乘1等车 Переход в 1-й класс Klassenwechsel	变更经路 Изменение пути следования Streckenwechsel	卧铺费差额 Разница в стоимости плацкарты Unterschied in der Bettkarte 由 из/von …… 变为 в/in ……	
每名旅客 За одного пассажира für je person	瑞士法郎 шв. фр. SFr.				
合计 Общая стоимость Gesamtbetrag	瑞士法郎 шв. фр. SFr.				
	人民币				元 юаней

图 4-6　补加费收据(中国铁路票样)

客票、卧铺票和补加费收据填好后按顺序订入票皮内，其中卧铺票和补加费收据应订在其所属的客票后面。然后，将每张客票、卧铺票和补加费收据上的人民币款额数相加，总数以阿拉伯数字填入票皮上的“票价总额”栏条状线内。单程票将票皮上的“有效期”栏内“4”字划消，返程票或往返票将“2”字划消，在售票处日期戳方格内加盖本售票处日期戳，在票皮右上角填写旅客本人护照号。

（五）团体旅客证

团体旅客证发给 6 人及 6 人以上的团体乘车的每一旅客，但领队除外。领队乘车使用团体旅客乘车用的册页客票。

团体旅客证，于填好册页客票号码和车厢等级栏之后发给旅客。对于团体旅客往返乘车时，发给每一旅客一张团体旅客证。在团体旅客证背面加盖“往返”戳记。

团体旅客证的样式，如图 4-7 所示。

除上述乘车票据外，还使用国际铁路通用免费乘车证（分公用及私用两种）及国内利用国际旅客列车乘车的票据。

团体旅客证
MC
中　铁
КЖД/KZD
Контрольный Купон
Kontrollkarte
等级
Класс/Klasse………
属于册页客票　第　号
К билету-купону Nr…………
Zum Streckenfahrschein

仅当同团体旅客册页客票使用时有效
Годен только с билетом-купоном
для групповой поездки
Gültig nur in Verbindung mit dem
Streckenfahrschein für Gruppenfahrt

图 4-7　团体旅客证（中国铁路票样）

三、国际联运旅客运送条件

（一）乘车票据的有效期

客票有效期为 2 个月，除非适用的运价规程另有规定。

承运人可通过双边或多边协定缩短或延长有效期。

1. 客票有效期起算日期规定

（1）如无卧铺票或针孔（戳记），自旅客表明并由合同承运人（售票处）在客票上注明之日起算，办理客票日期与客票有效期起算日期之间的间隔天数不得超出承运人规定的乘车票据预售期限。

（2）如有卧铺票或客票上有针孔（戳记），自发送旅客当日起算。

2. 客票有效期截止日期规定

（1）无卧铺票或针孔（戳记）时，截至由适用的运价规定或者由双边或多边协定确定的客票有效期最后一日的 24:00。

（2）有卧铺票或针孔（戳记）时，根据所载的旅客到站日期和时间的信息。

3. 在下列情况下，延长乘车票据的有效期

（1）如由于运送过程参加者过错导致延误，则延长被延误的运送时间。

(2)如车上未向旅客提供席位,则延长向旅客提供席位的下一趟列车发车之时的时间。

(3)如旅客由于不得已的原因不能在规定的客票有效期内结束乘车,在客票有效期终了前并提出相应文件的条件下,有权向承运人申请延长客票的有效期。客票有效期延长不得超过2次,每次延长的期限不得超过2个月,接到旅客延长客票有效期请求的承运人,在认可必须延长的理由确属正当后,应予延长客票有效期。

如乘车票据上记载的信息无法辨认或存在不符合规定的修改和标记,则认为乘车票据乘车无效。

载有旅客出发、抵达日期和时间信息的乘车票据(用一张空白票据办理的客票和卧铺票),在旅客乘坐的列车或车厢运行至到站的时间内有效。

(二)改签和退票

1.改签

旅客购票起至列车发车后3 h内,可以变更乘车日期或同一经路上的车次。铁路如有空闲席位应办理改签手续。具体条件和办法如下:

(1)团体旅客。发车5 d前可变更乘车日期和同一经路上的车次,不扣除任何费用;发车前5 d内不得改签。

(2)对持散客票的旅客。发车3 d前,可变更发车日期和车次,不扣除任何费用;发车前3 d内6 h前,可变更发车日期和车次,扣除卧铺费的80%作为退票费;发车前6 h至发车3 h内,只可改签相同车次的下趟列车。此时,原卧铺票作废。旅客须重新购买卧铺票。发车3 h后,不得办理改签。

改签时,将原在客票背面加盖的乘车日期和车次戳划消,重新盖戳;而卧铺票则须将原票收回,再重新开具一张新卧铺票。改签仅限一次(铁路责任的除外)。

铁路原因造成的改签,应按下列规定办理:

(1)因承运人的过错不能为旅客提供与其乘车票据相符等级和种类车厢席位时,旅客可拒绝乘车或占用该列车其他车厢的席位。列车有空闲席位时,承运人须向旅客提供其他车厢席位。在提供较高等级和种类车厢中的席位的,不核收客票和卧铺票的票价差额。在提供较低等级和种类车厢中席位的,应按规定退还票价差额。

(2)列车中不能为旅客提供席位时,则承运人须将旅客安置到按同一径路或其他径路开往同一到站的另一列车,而不核收票价差额,并协助旅客尽可能及时抵达到站。

2.退票

(1)团体旅客。发车5 d前可以办理退票;发车前5 d内不予退票。

(2)对持散客票的旅客。发车3 d前可以办理退票;发车前3 d内6 h前,可以办理退票,但需扣除卧铺费的80%作为退票费;发车前6 h至发车3 h内,原卧铺票作废,只可退还客票费。发车3 h后,不得办理退票。

以上各种情况下,手续费均不予退还。

(三)变更席别和径路

1.变更席别

由于铁路责任(如发售重号等)不能给旅客提供符合票面等级的席位时,可将旅客安排在较高等级车厢,不再补收客票和卧铺票差额。持较低等级车厢乘车票据的旅客要求改乘较高

等级车厢时，补收相应的票价差额，开具补加费收据。

2. 变更径路

旅客在乘车前要求变更乘车径路时按退票办理。乘新径路列车时应重新买票。

如果旅客在运行途中某一站要求变更径路时：

(1)新径路票价低于原径路票价时，车站在客票背面记载实际乘车径路。如变更径路后经由的国家也随之发生变化，开具一张补加费收据，注明新的径路和经由的国家铁路名称。

(2)新径路票价高于原径路票价时，向旅客核收票价差额，开具补加费收据。

(3)新径路只涉及接受变更申请的国家铁路时，按该国铁路国内规章办理。

(四)儿童乘车条件和各种减成的规定

1. 儿童乘车条件

(1)在乘坐非必须预留席位的车厢时，每名旅客有权免费携带不超过 4 周岁且不单独占用席位的儿童 1 名。单独占用席位的儿童必须购买儿童客票。如果旅客携带不超过 4 周岁的儿童超过 1 名时，除 1 名儿童外，其他儿童均应购买儿童客票。4～12 周岁的儿童乘车时，每名儿童必须购买儿童客票。

(2)乘坐规定必须预留席位的车厢时，每名旅客有权免费携带不超过 4 周岁且不单独占用席位的儿童 1 名。单独占用席位的不超过 4 周岁的儿童必须购买卧铺票和儿童客票。如果旅客携带不超过 4 周岁的儿童超过 1 名时，除 1 名儿童外，其他儿童均必须购买卧铺票和儿童客票。4～12 周岁的儿童乘车时，每名儿童必须购买卧铺票和儿童客票。

12 周岁以下的儿童在没有陪同的情况下不允许乘车。

在确定儿童乘车运费时，以乘车开始之日的儿童年龄为准。

2. 各种减成的规定

为照顾儿童和残疾人乘车，国际旅客联运中对儿童、盲人陪同、旅行团体和往返乘车旅客，在购买客票时给予一定的优惠(卧铺票一律不予减成)，具体规定如下：

(1)儿童客票的票价为成人票价的 50%。

(2)团体旅客(至少为 6 名成人旅客，支付儿童优惠票票价的儿童 2 名折合 1 名成人旅客)不论单程乘车或往返乘车，客票票价均减成 25%。团体旅客中，不计算持各种免费乘车证的旅客。

(3)单个旅客(数量 1～5 人)往返乘车时，客票减成 20%。

(4)对盲人的一名陪同(可以是人或经过训练的狗)在陪同盲人乘车时，免付客票费。

以上各种减成，旅客只能享受其中最高的一种。

(五)中途下车

如护照行政规定许可，旅客有权在客票有效期内在中途站下车，不限次数和时间。中途下车不延长客票的有效期。旅客应在列车到达时起 3 h 内向承运人或其被授权人提出乘车票据，以便做关于中途下车的记载。

旅客在客票有效期内向售票处提出客票并办理手续后可再继续乘车。继续乘车时，旅客须根据适用的运价规程购买卧铺票。

如旅客从未列入适用的运价规程的车站继续乘车，则应自列入运价规程的前一站起支付卧铺费。

(六)旅客携带品

在不违反国境联检部门规定的前提下,旅客可以携带随身物品乘坐国际旅客列车和直通客车。免费携带品的总重量,成人旅客每人不得超过 36 kg,未满 12 周岁的儿童每人不得超过 15 kg。超出携带品规定标准的童车(如该童车属于乘车儿童),以及活动受限人士随行运送辅助其行动的必要设备超出携带品规定标准时,允许旅客免费随身运送。在外交信使单独占用的包房内,允许携带 200 kg 以内的外交邮件和行李。这种情况下,应按包房内的铺位数支付客票票价和卧铺费。同时,超过免费携带品标准的外交邮件和行李应按手提行李办理,并按《国际客价》规定的行李费率核收运费。

旅客有权使用专门的容器随身携带动物(狗、猫、鸟),应计入携带品标准,且将其放在专门放置携带品的位置,而无须购买包房内所有席位。不允许运送未放置在容器中的动物。

只有戴嘴套和狗襻的狗,才可不装入专门容器运送。此类狗应由旅客占用包房式车厢的单独包房运送(一个包房内不得超过两只狗),以及在承运人同意的情况下占用更高等级的车厢包房运送。为此,旅客须按全价支付包房内未占用席位的乘车票据费。

如承运人不能为运送狗提供单独包房,则不准运送。

运送导盲犬可不戴嘴套,但应用短狗襻,且无须购买包房内所有席位。

可根据适用的运价规程核收运送动物的费用。

旅客自己应注意携带品的完整和完好,并照看好随身携带的动物。

旅客对自己随身携带的动物违反卫生要求负全部责任,并须保证车厢应有的清洁。

下列物品禁止按携带品运送:

(1)能损坏或弄脏车厢、给其他旅客或其物品造成损害的物品。

(2)易燃品、易起火品、自燃品、爆炸品、放射性、毒害性和腐蚀性物质。

(3)装有弹药的武器。

(4)能造成感染或具有恶臭气味的物品。

(5)海关和其他规定禁止运送的物品。

(6)长、宽、高三个方向长度总和超过 200 cm 的大件物品。

如承运人有理由认为旅客违反了规定携带"海关和其他规定禁止运送的物品",则有权检查旅客携带品的内容,且应当在旅客在场时检查。

(七)乘车票据的查验

旅客应依照车厢乘务人员或有关检查机关代表的要求出示乘车票据。当乘车票据上载有旅客的个人信息时,旅客还应出示其身份证件,凭优惠乘车票据乘车的旅客,还应出示证明其有权享受优惠的文件。

在国际联运卧车和座卧车内,旅客的所有乘车票据均应在发车后交给列车员,在旅客乘车期间由列车员保管。

在运行途中,承运人的检查人员在检查乘车票据时应尽量少打扰旅客。

未能出示用于乘坐该列车和车厢有效乘车票据的旅客,以及凭优惠乘车票据乘车的旅客,未能同时出示证明其有权优惠的证件原件时,应根据旅客无乘车票据乘车的规定核收票价(或票价差额)和罚金。

列车员应在乘车结束前 30 min 内将乘车票据发还给旅客。

四、国际联运行包运送条件

(一)行李的运送标准和禁止按行李运送的物品

国际联运行李是旅客凭乘车票据向铁路托运的个人物品。根据提出的乘车票据承运,其发站和到站须是适用的运价规程所载的车站,并且必须位于乘车票据所载旅客乘车经路以内。

凭一张乘车票据托运的行李,总重量不得超过 100 kg。多名旅客凭一张乘车票据乘车时,该标准按团体人数相应提高。承运外交行李,无重量限制。

一件行李的重量不得少于 5 kg 且不得超过 75 kg,并应能迅速和毫无困难地装入旅客列车的行李车内。

下列物品禁止按行李运送:

(1)易燃品、易发火品、自燃品、爆炸品、放射性、腐蚀性和毒害性物质、枪炮、弹药及能使其他发送人的行李或运送过程参加者受到损害的物品。

(2)能造成感染或具有恶臭气味的物品。

(3)动物。

(4)属于参加运送承运人的任何一国邮政专运的物品。

(5)易腐产品。

如承运人有理由认为旅客托运的行李违反了禁止运送的物品的规定,则有权检查行李的内容,且应当在发送人在场时检查行李。

(二)准许和禁止按包裹运送的物品

在行李车中有空闲地方且对行李和包裹的运送不会产生损害的情况下,能迅速容易地装入并放置在行李车中的物品准许按包裹承运。

凡禁止按行李运送的物品,均不得按包裹运送:

一件包裹的重量不得少于 5 kg 且不得超过 165 kg。

如一件包裹的重量不少于 5 kg 且不超过 75 kg 时,既可在开办行李业务的车站之间运送,也可在开办包裹业务的车站之间运送。

如以包裹运送的不可分割物品重量超过 75 kg 且不超过 165 kg 时,仅能在开办包裹业务的车站之间运送。

必要时,承运人有权检查包裹的内容。在发站检查时,发送人应在场。在到站检查时,领收人应在场。在途中或者发送人或领收人不到场时,可以在没有他们参加的情况下进行检查。

(三)行包的托运和承运

1. 行李的托运和承运

(1)行李的运送条件

行李的承运在开办国际联运行李业务的车站办理。

行李根据提出的乘车票据承运,其发站和到站须是适用的运价规程所载的车站,并且必须位于乘车票据所载旅客乘车经路以内。

行李应预先托运。承运的行李应随旅客所乘列车发送。如无此可能,则行李应随最近一次办理行李运送的列车发送。承运人应于旅客乘车前将此事通知旅客。

行李的承运日,以发站在行李票上加盖的日期戳为准。

装有尸体的棺材和骨灰盒的运送，各承运人相互商定后，用行李车办理。

(2)行李的包装和标记

行李在托运时应有相应的包装，能保证行李在运送全程直至交付发送人前完整无损，能防止损坏车辆和其他发送人的行李或包裹，并保证工作人员作业安全。

对每件托运的行李，应当由发送人或依照其请求并单独付费后由承运人用发送国文字注明以下信息，并附英文、中文、德文、俄文译文：

①行李所属人(姓名)。

②发站。

③到站。

④发送人/领收人地址。

⑤发送人/领收人联系电话。

运往越南社会主义共和国、中华人民共和国、朝鲜民主主义人民共和国和蒙古国或相反方向运送的行李，上述记载应用发送国文字和俄文注明。

(3)行李的声明价格

发送人应将行李上的旧标签除掉，并将所有旧地址和其他标记划去。

发送人托运行李时，可声明行李的价格。

如托运数件行李，发送人可按每件声明价格，或按照全部件数声明总价格。声明价格的款额由发送人口述。

声明价格的款额应由发送人按发送国货币提出。

承运行李时，承运人有权检查声明价格的款额是否与行李价值相符。此时，发送人应提供证明行李价值的文件。

根据提供的文件，声明价格的款额经承运人和发送人协商后确定。

如承运人与发送人未达成一致意见，则承运行李时不声明价格。

铁路应按《国际客价》的规定收取声明价格费。声明价格费的计算方法详见运价计算。

2. 包裹的托运和承运

(1)包裹的运送条件

开办国际联运包裹业务的车站承运包裹无须提出乘车票据。

物品所有者如希望将准许按包裹运送的物品按包裹托运，应向承运人提出书面申请书，在申请书上应记载：

①发站和到站名称。

②发送人和领收人名称及其地址和联系电话。

③运送经路(包裹应经由哪些国境站)。

④包裹名称、件数、每件的重量和包装种类。

⑤包裹出口许可证号码和填发日期，并注明许可证已在何时寄往哪一国境海关。如出口许可证在发送人手中，发送人应将该证附在申请书上。

⑥声明价格的款额。

承运人认为能够运送时，在申请书内注明包裹从发送人处承运的时间。

发送人除附出口许可证外，还应将履行海关和其他规定手续所必需的其他添附文件附在申请书上并提交发站。这些文件可只与发送人按该票作为包裹托运的物品有关。

如发送人未提出包裹出口许可证，或未指明该许可证已寄往哪一海关，发站应拒绝承运该包裹。

发站应要求发送人在申请书中填写与出口许可证中记载相同的国境站。

承运人无义务检查发送人提交的随同包裹的各项添附文件是否正确和完备。

包裹的承运日，以发站在包裹票上加盖的日期戳为准。包裹票中应注明添附文件。

(2)包裹的包装和标记

包裹在托运时应有结实、良好的包装，能保证包裹在运送全程直至交付领收人前完整无损，能防止损坏车辆和其他发送人的行李或包裹，并保证工作人员作业安全。

发送人对于托运的每件包裹均应作上标记：在包装或标签（飞子）上用发送国文字清楚书写下列事项，并附英文、中文、德文、俄文译文：

①发送人，其地址和联系电话。

②领收人，其地址和联系电话。

③发站和到站。

往越南社会主义共和国、中华人民共和国、朝鲜民主主义人民共和国和蒙古国或相反方向运送包裹时，包装或标签（飞子）上的上述记载应用发送国文字和俄文书写。

发送人应将包裹包装上的旧标签除掉，并将所有旧地址和其他标记划去。

(3)包裹价格的声明

发送人在托运包裹时必须声明包裹价格。如发送人不声明包裹价格，发站应拒绝承运。

如托运数件包裹，发送人可按每件声明价格，或按照全部件数声明总价格。发送人声明价格的款额在其声明中注明。

声明价格的款额应由发送人按发送国货币提出。

按适用的运价规程规定对声明包裹价格核收杂费。

承运包裹时，承运人有权检查声明价格的款额是否与包裹价值相符。此时，发送人应提交证明包裹价值的文件。

当发送人和承运人间对声明价格的金额有分歧时，包裹不予承运。

(四)行包的运送

1. 行李的运送

行李的运到期限，根据时刻表规定的列车运行情况，并考虑办理行李交付手续所必需的时间，按运送全程确定。

在下列情况下延长行李的运到期限：

(1)运行途中每换装一次行李，延长1昼夜。

(2)为履行海关和其他规定手续发生意外滞留时，延长此滞留时间。

(3)非因运送过程参加者过错致使不能开始或继续运送时，延长停运时间。

(4)如检查行李的结果判明是属于禁止运送的行李范围，延长同此项检查有关的时间。

(5)遇有如因承运人的过错，领收人要求将行李返回发站、转发送至同一国家的另一到站或要求将行李转发送到适用的运价规程规定的另一国家的新到站的情况时，延长转发送行李所必需的时间。该时间从提出转发送申请的次日起算。

运送滞留时间和导致延长运到期限的原因，必须在行李运行报单（图4-8）背面“其他记载”栏内注明。

如行李在运到期限结束前到达到站并已提出交付，即为遵守运到期限。行李票提出人在发站或者运行经路上某中途站交付行李且属于预先提出的，办理行李交付时，也同样适用此规定。

MC
中 铁
КЖД/KZD

国 际 旅 客 联 运
МЕЖДУНАРОДНОЕ ПАССАЖИРСКОЕ СООБЩЕНИЕ

行 李 运 行 报 单
Дорожная багажная ведомость

行李票：第 联——行李运行报单

№ 000000

发送路网名 中 华 人 民 共 和 国
Наименование страны дороги отправления KHP

车 次 ………… 发送日期 …… 年 год …… 月 месяц …… 日 число
Поезд № дата отправления

发站和发送路 …………
Станция и дорога отправления

到站和到达路 …………
Станции и дорога назначения

经 路 …………
Путь следования （国 境 站 Пограничные станции）

铁路名称 Железные дороги	运费 Провозная плата（瑞士法郎）（шв. фр.）		杂费（瑞士法郎）Дополнительные сборы（шв. фр.）声明价格费 За объявленную ценность	共计 Всего
共 计 Всего				

声明价格 Объявленная ценность 瑞士法郎 шв. фр.
（大写和数字，以瑞士法郎为单位 прописью и цифрами в шв. фр.）

提出客票的号码 № предъявленного проездного билета	件数 Число мест	包装种类 Род упаковки	重量（公斤）Вес в кг 实际重量 действительный	重量（公斤）Вес в кг 计算运费重量 для исчисления провозной платы	每件的声明价格（本国货币）Объявленная ценность отдельных мест（в национальной валюте）
共 计 Итого					

已核收 взыскано 元 Юаней 瑞士法郎 шв. фр.（大写和数字 прописью и цифрами）

行李员 Багажный кассир …………（签字须清晰易辨 подпись разборчиво）

发站关于包装不良或行李状态的记载
Отметка станции отправления о недостатках в упаковке или о состоянии багажа

关于行李承运的记载
Отметка о приёме багажа к перевозке

司磅员 Весовщик …………（签字 подпись）

车站戳记 Штемпель станции

发站日期戳——Календарный штемпель станции отправления

（a）正面

图 4-8

关于行李到达的记载
Отметка о прибытии

行李到达簿顺序号码
Порядковый №
книги прибытия

（到　站　日　期　戳—Календарный
штемпель станции назначения）

途中发生的费用 Сборы, возникшие в пути	瑞士法郎 шв. Фр.	
1. …… 2. ……		
应向领收人核收共计 Итого подлежит взысканию с получателя		

其　他　记　载
Другие отметки:

关　于　行　李　交　付　的　记　载
Отметка о выдаче

（到　站　日　期　戳—Календарный
штемпель станции назначения）

（b）背面

图 4-8　国际旅客联运行李运行报单

2. 包裹的运送

包裹运到期限根据下列标准确定：

(1)发送——1 昼夜。

(2)每起始 400 运价公里——1 昼夜。

运到期限自包裹承运日(发站在包裹单上加盖日期戳的日期)的次日 0:00 起计算。

在下列情况下延长包裹的运到期限：

(1)运行途中每换装一次包裹，延长 1 昼夜。

(2)为履行海关和其他规定手续发生意外滞留时，延长此滞留时间。

(3)非因运送过程参加者过错致使不能开始或继续运送时，延长停运时间。

(4)如检查包裹的结果判明是物品属于“禁止按照包裹运送的物品”范畴，延长同此项检查有关的时间。

(5)遇有因承运人的过错使包裹未在规定运到期限内运到，包裹发送人(领收人)要求到站凭包裹票将包裹返回发站时，延长转发送包裹所必需的时间。该时间从提出转发送申请的次日起算。

运送滞留时间和导致延长运到期限的原因，必须在包裹运行报单(图 4-9)背面“其他记载”栏内注明。

包裹运到期限按发站至到站的运价里程计算。

如包裹于运到期限结束前运至到站，并向领收人发出通知，而且此时即可将包裹交由领收人支配，则认为是按期运达。

(五)行包的交付

1. 行李的交付

行李在行李票(图 4-10)所载到站交付。行李的交付，应在运送行李的列车抵达后，并经过卸车和完成海关及其他规定手续所需时间之后办理。

行李票提出人有权要求在发站或运行经路上某中途站交付行李。

如这项要求属预先提出，且列车停车时间、车内行李的放置情况及海关和其他规定都允许时，承运人应满足这一要求。

行李应交付行李票提出人。交付行李时收回行李票。

在不能提出行李票的情况下，承运人仅在要求领取行李的人能证明其对行李的所有权时，方可向其交付行李。

领取行李时，发送人(领收人)须支付在运行途中和该站所发生的一切费用，如有违反禁止托运物品的规定托运行李的，还应赔偿规定的损失。核收上述款额应用单独的票据办理。

如因承运人的过错，行李未在规定的运到期限内运至到站，而领收人又不能等待行李到达，则领收人可提出下列内容的声明：

(1)免费将行李返回发站。

(2)将行李转发送至同一国家的另一到站。

(3)将行李转发送到适用的运价规程规定的另一国家的新到站。

车站应将上述声明的内容记入行李票。

国 际 旅 客 联 运
МЕЖДУНАРОДНОЕ ПАССАЖИРСКОЕ СООБЩЕНИЕ
INTERNATIONALER PERSONENVERKEHR

№ 0116100

包 裹 运 行 报 单
Дорожная товаробагажная ведомость
Expressgutfrachtkarte

发送路国名 中华人民共和国
Наименование страны дороги отправления
Versandland
KHP
KNR

车次……
Поезд №—Zug. Nr.

发送日期 19……年 год Jahr ……月 месяц Monat ……日 число Tag
Дата отправления—Versandtag

发站和发送路……
Станция и дорога отправления — Versandbahnhof und Versandbahn

到站和到达路……
Станция и дорога назначения — Bestimmungsbahnhof und Bestimmungsbahn

经路……
Путь следования
Beförderungsweg
（国境交接站 пограничные передаточные станции Grenzübergangsbahnhöfe）

发送人（姓名）和他的住址……
Отправитель и его адрес — Absender und seine Anschrift
（Фамилия, имя, отчество）—（Vor-und Familienname）

领收人（姓名）和他的住址……
Получатель и его адрес — Empfänger und seine Anschrift
（Фамилия, имя, отчество）—（Vor-und Familienname）

声明价格
Объявленная ценность
Angegebener Wert
（大写，以瑞士法郎为单位—прописью Шв. фр. —in Worten in sfr.）

关于完成海关和其他手续所附文件的記載
Отметка о приложении документов для выполнения таможенных и прочих формальностей — Vermerk über die Beigabe von Papieren zur Erfüllung der Zoll- und sonstigen Verwaltungsvorschriften

件数 Число мест Anzahl der Stücke	包装种类 Род упаковки Art der Verpackung	货物品名 Наименование груза Bezeichnung des Gutes	重量（公斤）Вес в кг Gewicht in Kg：实际重量 действительный wirkliches	重量（公斤）Вес в кг Gewicht in Kg：計算运费重量 для исчисления провозной платы für die Berechnung der Fracht	每件的声明价格（本国货币）Объявленная ценность отдельных мест（в Государственной валюте）Angegebener Wert der einzelnen Stücke（in der Landeswährung）
		共計 Итого Zusammen			

铁路名称 Железные дороги Eisenbahnen	运费 Провозная плата Fracht：瑞士法郎 Шв. фр. sfr.	运费 Провозная плата Fracht：分 Сант. cts.	杂费 Дополнительные сборы Nebengebühren：声明价格 За объявленную ценность für Wertangabe	杂费 Дополнительные сборы Nebengebühren：瑞士法郎 Шв. фр. sfr.	杂费 Дополнительные сборы Nebengebühren：分 Сант. cts.	共計 Всего Insgesamt
共計 Всего Insgesamt						

已核收 — Взыскано — Erhoben
（大写 — прописью — in Worten）

行李員
Багажный кассир
Kassierer der Gepäckabfertigung
（签字须清晰易辨 подпись разборчиво— leserliche Unterschrift）

发站关于包装不良或包裹状态的記載
Отметка станции отправления о недостатках в упаковке или о состоянии товаробагажа
Vermerk des Versandbahnhofs über mangelhafte Verpackung oder den Zustand des Expressgutes

关于包裹承运的記載
Отметка о приёме товаробагажа к перевозке
Vermerk über die Annahme des Expressgutes zur Beförderung

司磅員
Весовщик
Wiegemeister

（签字—подпись—Unterschrift）

車站戳記
Штемпель станции
Bahnhofsstempel

发站日期戳 — Календарный штемпель станции отправления — Tagesstempel des Versandbahnhofs

（a）正面

图 4-9

关于包裹到达的記載
Отметка о прибытии
Vermerk über die Ankunft

包裹到达簿顺序号碼
Порядковый №
книги прибытия
Lfd. Nr.________des
Eingangsbuches

(到站日期戳 — Календарный штемпель станции назначения — Tagesstempel des Bestimmungsbahnhofs)

途中发生的費用 Сборы, возникшие в пути Unterwegs entstandene Gebühren	瑞士法郎 Шв. фр. sfr.	分 Сант. cts.	
1. ________ 2. ________			
应向领收人核收共計 Итого подлежит взысканию с получателя — Daher vom Empfänger zu erheben			

领收人签收的記載—Расписка получателя—Quittung des Empfängers:

本运行报单正面所载的包裹已凭19____年____月____日第________号一次或长期委托书—Товаробагаж, поименованный на лицевой стороне дорожной товаробагажной ведомости, по разовой или постоянной доверенности — Das auf der Vorderseite des Expressgutbegleitscheins, bezeichnete Expreßgut gegen Vorlage der einmaligen oder ständigen Vollmacht

— № ________ от ________ числа ________ месяца ________ года
Nr. vom

代________ 领取________ 19____年____月____日
для получил (领取包裹后签字 подпись получившего товаробагаж am
für erhalten Unterschrift des Empfängers des Expreßgutes) "____" ________19____ г.

本人身份証明文件第________号 住址________市________街________門牌号________房間号________
Личный документ № город улица дом № кв. №
Personalausweis Nr. Ort Str. Haus Nr. Wohnung Nr.

领收人住址________街________門牌号________房間号________
Адрес получателя улица дом № кв. №
Anschrift des Empfängers Str. Haus Nr. Wohnung Nr.

关于包裹交付的記載
Отметка о выдаче товаробагажа
Vermerk über die Auslieferung des Expressgutes

(到站日期戳 — Календарный штемпель станции назначения — Tagesstempel des Bestimmungsbahnhofs)

其他記載—Другие отметки—Sonstige Vermerke:

（b）背面

图 4-9　包裹运行报单

MC
中 铁
КЖД/KZD

行李票样式(中国铁路票样)
国 际 旅 客 联 运
МЕЖДУНАРОДНОЕ ПАССАЖИРСКОЕ СООБЩЕНИЕ
行 李 票
Багажная квитанция

附件第4号(第7条)
行李票:第一联——行李票
№ 000000

发送路国名 中 华 人 民 共 和 国
Наименование страны дороги отправления КНР

车 次 ………… 发送日期 …… 年 год …… 月 месяц …… 日 число
Поезд № дата отправления

发站和发送路 …………
Станция и дорога отправления

到站和到达路 …………
Станция и дорога назначения

经 路 …………
Путь следования (国 境 站 Пограничные станции)

声明价格 Объявленная ценность
(大写和数字,以瑞士法郎为单位 прописью и цифрами в шв. фр.)

提出客票的号码 №предъявленного проездного билета	件数 Число мест	包装种类 Род упаковки	重量(公斤) Вес в кг		每件的声明价格(本国货币) Объявленная ценность отдельных мест(в национальной валюте)
			实际重量 действительный	计算运费重量 для исчисления провозной платы	
共计 Итого					

铁路名称 Железные дороги	运费 Провозная плата		杂费(瑞士法郎) Дополнительные сборы (шв. фр.)	共计 Всего
	(瑞士法郎) (шв. фр.)		声明价格费 За объявленную ценность	
共计 Всего				

已核收 взыскано …… 元 Юаней 瑞士法郎 шв. фр.
(大写和数字 прописью и цифрами)

行李员 Багажный кассир …………
(签字须清晰易辨 подпись разборчиво)

发站关于包装不良或行李状态的记载
Отметка станции отправления о недостатках в упаковке или о состоянии багажа

关于行李承运的记载
Отметка о приёме багажа к перевозке

司磅员 Весовщик
(签字— подпись)

车站戳记 Штемпель станции

发站日期戳— Календарный штемпель станции отправления

图 4-10 行李票

行李自应随的列车到达到站之日起，因承运人过错经过 10 d 还未交付领收人时，如行李的滞留同完成海关和其他规定的手续无关，即认为行李已经灭失。

如果已视为灭失的行李，从应运至到站之日起一年之内被发现，承运人如知晓或能确定发送人的住址，应将此事通知发送人。

视为灭失行李运到到站后通知发送人，发出通知后 30 d 内，发送人可要求将行李免费为其运至行李票所载经路中的某一车站，并须退还其以前所领取的赔款。

发送人希望将行李发往乘车经路以外的车站时，应按相应的运价规程支付运送费用。

如发现的行李在 30 d 内未被要求交付，或者灭失的行李从应运至到站之日起满 1 年后才被发现，承运人有权按照本国法规对其做出处理。

如在运送中或交付时发现行李有毁损或部分灭失的迹象，则承运人应检查行李的内容，并就检查结果编制商务记录。商务记录由承运人被授权人和发送人（领收人）[如编制商务记录时发送人（领收人）在场]签字。商务记录签字后当即交发送人（领收人）一份。

如发送人（领收人）不认可商务记录中确定的事实，有权要求对行李状态、损坏的原因和程度进行鉴定，具体事宜按进行鉴定的国家法规办理。

签署商务记录时，如发送人（领收人）不在场，承运人可邀请证明人（如国内法规有此规定）。在这种情况下，商务记录由证明人签字，并在交付行李时交给发送人（领收人）一份。

根据需要，发送人（领收人）有权要求承运人对其支付行李运送费用及行李的发送和交付日期开具书面证明。上述证明按承运人所在地国内法规规定的格式发给。

如行李自到达到站之日或自发出根据海关部门指令在中间站滞留的通知之时起 3 个月内无人领取，承运人可将其变卖。如因长期保管而使行李贬值或保管费超过行李本身价值，则承运人有权提前变卖。如能查明发送人的所在地，则承运人应将行李将要变卖一事通知发送人。承运人应将变卖行李所得款额，扣除尚未支付的保管费及其他费用后，退还发送人。

发送人关于将行李转发送到适用的运价规程中列载的某一车站的申请，在海关和其他规定不禁止的情况下，应予满足。行李转发送申请书，应向保管该行李的车站提出，并须添附原行李票。

如发送人只提出转发送行李申请书而无行李票，则仅在行李毫无疑问确属该发送人的情况下，方可满足发送人的申请。当旅客（发送人）持有到终点站的客票时，物品按行李办理运送。如旅客（发送人）未持有按新经路运送行李的有效乘车票据，则运费应按包裹核收。行李转发送的费用，以及与行李运送有关的其他费用，均在到站交付。

发送人可以要求将其托运的行李从到站或中途站运回原发站。只有在海关及其他规定允许时，这项要求方能办理。这项要求的申请书应连同行李票一起向发站或到站提出。返还运送应填制行李票。根据适用的运价规程算出的运送费用及因返还而产生的其他费用，向行李领收人核收。

2. 包裹的交付

如包裹的运送或交付发生阻碍，则承运人应通过电报或其他确认收到信息的事实及日期的方式，将此事通知发送人，征求发送人的指示。

发送人应在包裹交付阻碍通知书背面注明应对包裹作何处理，并将通知书退还车站，同时提出包裹票（图 4-11），以便在包裹票上记入有关指示。如不提出包裹票，发送人的指示视为无效。

国际旅客联运
МЕЖДУНАРОДНОЕ ПАССАЖИРСКОЕ СООБЩЕНИЕ
INTERNATIONALER PERSONENVERKEHR

包裹票
Товаробагажная квитанция
ExpreBgutschein

№ 0116100

发送路国名 中华人民共和国
Наименование страны дороги отправления
Versandland
KHP
KNR

车次 Поезд №—Zug. Nr.
发送日期 19____年 год Jahr ____月 месяц Monat ____日 число Tag
Дата отправления—Versandtag

发站和发送路
Станция и дорога отправления — Versandbahnhof und Versandbahn

到站和到达路
Станция и дорога назначения — Bestimmungsbahnhof und Bestimmungsbahn

经路
Путь следования
Beförderungsweg
（国境交接站 пограничные передаточные станции Grenzübergangsbahnhöfe）

发送人（姓名）和他的住址
Отправитель и его адрес — Absender und seine Anschrift
（Фамилия, имя, отчество）—（Vor-und Familienname）

领收人（姓名）和他的住址
Получатель и его адрес — Empfänger und seine Anschrift
（Фамилия, имя, отчество）—（Vor-und Familienname）

声明价格
Объявленная ценность
Angegebener Wert
（大写，以瑞士法郎为单位—прописью Шв. фр. —in Worten in sfr.）

关于完成海关和其他手续所附文件的記載
Отметка о приложении документов для выполнения таможенных и прочих формальностей — Vermerk über die Beigabe von Papieren zur Erfüllung der Zoll-und sonstigen Verwaltungsvorschriften

件数 Число мест Anzahl der Stücke	包装种类 Род упаковки Art der Verpackung	货物品名 Наименование груза Bezeichnung des Gutes	重量（公斤）Вес в кг Gewicht in Kg 实际重量 действительный wirkliches	重量（公斤）Вес в кг Gewicht in Kg 計算运费重量 для исчисления провозной платы für die Berechnung der Fracht	每件的声明价格（本国货币）Объявленная ценность отдельных мест（в Государственной валюте）Angegebener Wert der einzelnen Stücke (in der Landeswährung)
		共计 Итого Zusammen			

铁路名称 Железные дороги Eisenbahnen	运费 Провозная плата Fracht 瑞士法郎 Шв. фр. sfr.	运费 分 Сант. cts.	杂费 Дополнительные сборы Nebengebühren 声明价格 За объявленную ценность für Wertangabe	杂费 瑞士法郎 Шв. фр. sfr.	杂费 分 Сант. cts.	共计 Всего Insgesamt
共计 Всего Insgesamt						

已核收 — Взыскано — Erhoben
（大写 — прописью — in Worten）

行李員
Багажный кассир
Kassierer der Gepäckabfertigung
（签字须清晰易辨 подпись разборчиво— leserliche Unterschrift）

发站关于包装不良或包裹状态的記載
Отметка станции отправления о недостатках в упаковке или о состоянии товаробагажа
Vermerk des Versandbahnhofs über mangelhafte Verpackung oder den Zustand des Expressgutes

关于包裹承运的記載
Отметка о приёме товаробагажа к перевозке
Vermerk über die Annahme des Expressgutes zur Beförderung

司磅員
Весовщик
Wiegemeister

车站戳记
Штемпель станции
Bahnhofsstempel

（签字—подпись—Unterschrift）

发站日期戳—Календарный штемпель станции отправления—Tagesstempel des Versandbahnhofs

图 4-11 包裹票

如果向发送人发出关于包裹运送或交付阻碍的通知后10 d内，获知此通知的发送人未给予任何指示或给予的指示无法执行，则按承运人所在地的国内法规对包裹进行处理。

发送人(领收人)应支付因其指示发生的附加运送费用，但因承运人过错发生阻碍的情况除外。证明承运人过错的证据由包裹发送人提出。

包裹应在包裹票所载的到站交付。包裹运到后，到站应按照领收人所在国国内法规规定的办法立即通知领收人，但最晚不得迟于16 h。

包裹交付包裹运行报单所载的领收人，无须提出包裹票。包裹也可交付持有领收人委托书的其他人，但委托书应符合领收人所在国国内法规规定。

在上述两种情况下，领取包裹的人均须出示本人身份证件。领取人在包裹运行报单背面签字作为领取包裹的凭证。如有需要，领收人可向到站获取载有必要事项并且核证无误的包裹运行报单摘录。

如已将包裹到达之事通知领收人，而领收人在5 d内未来领取，包裹即认为无人领取，并按领收人所在国国内法规予以变卖。

但按包裹托运的家庭用品，如领收人不在或未来领取包裹，应自到达之日起30 d后方可变卖。将包裹变卖一事通知发送人。

如包裹发送人同时也是其领收人，则在由于承运人的过错使包裹未在规定运到期限内运到的情况下，他有权要求到站凭包裹票将包裹返回发站。到站应将发送人声明的内容记入包裹票内。

五、国际联运运送费用

国际铁路旅客联运运送费用包括运费和杂费。运费指的是客票票价、卧铺费、行李运费以及包裹运费。杂费包括售票手续费、签票费、行包声明价格费等。国际旅客联运的运价货币是瑞士法郎。

(一)运送费用的计算原则

运送费用按照购买乘车票据当日的费率计算；行包的运送费用，按照承运行包当日的费率计算。在发售客票或填发行李票或包裹票时，应将由发站至到站的全程运送费率，按照付款当地当日的牌价折算成发送国货币核收。

国际旅客联运的运费按《国际客价》计算。《国际客价》由运送费用构成原则、里程表和票价表等部分组成。

在《国际客价》中，里程表由各国铁路分别公布。每一国铁路的里程表应包括两部分，即：

1. 一国国境线至另一国国境线里程，用于计算过境运送时的运送费用。
2. 国境线至各联运站里程，用于计算始发、终到以及换乘运送时的运送费用。

在《国际客价》中，运费表包括以下内容：

1. 客票和卧铺票基础票价表。
2. 行李和包裹基础运费表。
3. 行李和包裹声明价格费率表。

(二)旅客票价的计算

1. 客票票价

计算国际联运客票票价时，先根据旅客要求的乘车径路，在《国际客价》里程表中查出经由的每一国家铁路里程，按照旅客提出的车厢等级(1等车或2等车)，再根据《国际客价》客票基础票价表费率并考虑系数，分别按每一铁路的运送里程分段进行计算，然后加总。多名旅客乘车时，乘以旅客人数。旅客享受减成时，扣除减成数额。

计算客票票价时，应注意以下几点：

(1)各国铁路里程均应根据《国际客价》并按各国铁路的分界，分别对每一铁路的运送里程分段进行计算，然后加总。

(2)按旅客实际乘车径路计算。

(3)在同一国内乘车需换乘时，客票票价按总里程计算，不需分段。

(4)计算国际联运客票票价时，只能使用《国际客价》公布的里程表。

2. 卧铺费

旅客乘坐卧铺车时应购买卧铺票，卧铺费系根据《国际客价》卧车卧铺票基础票价表费率并考虑系数，按每一不换乘区段总运送里程计算。计算卧铺费时还应注意：

(1)计算卧铺费的里程按每一不换乘区段分段，而不按国境线分段。

(2)卧铺费没有减成。

(三)行包运费

计算国际联运行包运费时，先根据发送人提出的径路和到站，在《国际客价》里程表中查出经由的每一国家铁路里程，然后从公布的行包基础运费表中查出相应里程下每 10 kg 行李或包裹的运费，再乘以该批行李或包裹总重量的 10 kg 的倍数及计算系数(表 4-3)，最后将各国铁路段运费加总。

表 4-3　各铁路指数系数

铁路	系数		
	客票	卧铺票	行李和包裹运费
白铁	3.4	1.73	1.0
越铁	1.7	1.5	1.0
哈铁	1.64	1.25(2/4 车厢) 1.45(1/2 车厢)	1.77
中铁	3.81	1.04(2/4 车厢) 1.04(2/0 车厢) 1.13(1/4 车厢) 1.51(1/2 车厢)	1.77
朝铁	3.1	1.41	1.24
拉铁	3.56	4.0(2/0 车厢) 5.9(2/4 车厢) 4.5(1/2 车厢) 4.5(1/1 车厢)	3.0
立铁	5.0	3.0(1/2 车厢) 3.0(2/4 车厢) 3.0(2/0 车厢)	3.0
蒙铁	3.85	1.35	1.0
俄铁	4.3	2.1	1.0
塔铁	1.56	1.73	1.0
土铁	1.56	1.73	1.0
乌(克)铁	1.2	1.3	1.0

计算行包运费时，应注意以下几点：

1. 对 1 000 kg 以内的包裹和任何重量的行李，重量尾数不足 10 kg 的部分，一律进整为 10 kg；对重量超过 1 000 kg 的包裹，重量尾数不足 100 kg 的部分，进整为 100 kg。

2. 每批包裹在每一国家铁路段的运费，不应低于 0.6 瑞士法郎。不足 0.6 瑞士法郎时，进整至 0.6 瑞士法郎。

3. 一名旅客托运的行李(包括外交人员行李)总重量超过 100 kg 时，对超过的物品应按包裹办理并按包裹计算运费。

4. 计算每批行李或包裹的运费(含杂费)时，重量不足 20 kg 的，均按 20 kg 计算，但运送滑雪板除外。

5. 对下列特殊物品，有包装时，按实际重量收费；无包装时，按以下重量标准计算运费：

(1)一副滑雪板(含滑雪杖)，按 10 kg 计算；一捆若干副滑雪板，按每副 10 kg 计算。

(2)自行车、儿童手推车、自摇式或手推式轮椅、转动圈椅、折椅、自动小车和长度不超过 3 m的体育用具，按每件 20 kg 计算。

(3)带动力的自行车和自行车式轻便摩托车，按每辆 50 kg 计算。

(4)小型摩托脚踏车，按每辆 80 kg 计算。

(5)无斗摩托车，按每辆 150 kg 计算。

(6)带斗摩托车，按每辆 200 kg 计算。

(四)杂费

在国际旅客联运中，除运费外，有时还产生杂费。杂费主要包括售票手续费、签票费和声明价格费等。

1. 售票手续费

售票手续费包括两部分：客票中统一包含的部分和各国铁路各自规定的部分。《国际旅客联运和国际铁路货物联运清算规则》统一规定，将客票票价的 5%作为售票处的收入。各售票处向上级机关缴款以及各国铁路中央机关相互清算时，将这一部分扣除。

除此之外，各国铁路还可以在规定的票价之外加收一定的手续费，以抵补售票处、特别是代理发售铁路车票的旅行社售票处的支出。

2. 签票费

售票处在办理中转、返程票和往返票签证手续时，可以收取签票费。签票费标准由各国铁路分别确定。

3. 声明价格费

托运行李时是否声明价格由旅客自定。托运包裹时必须声明价格，声明价格时应支付声明价格费。声明价格费取决于运送里程和行包的声明价格款额，其费率标准在《国际客价》中统一规定。

声明价格费对经由的每一国家铁路分段计算。因此在计算声明价格费时，首先要确定经由的每一国家铁路里程。声明价格不足 150 瑞士法郎时，可以根据每一国家铁路的运送里程直接在声明价格费率表中查找；声明价格超过 150 瑞士法郎时，先要将声明价格为 150 瑞士法郎的费率，乘以声明价格款额中所包含的 150 瑞士法郎的整倍数，然后再加上余数的费率。

计算声明价格时应注意：每批行李或包裹在每一国家路段的声明价格费，不应低于 0.03

瑞士法郎。不足 0.03 瑞士法郎时，进整至 0.03 瑞士法郎。

同时要注意：计算客票票价、行包运费及杂费时，得出的每一国家铁路的总款额，应进至整分，不足 0.5 分舍去，0.5 分和大于 0.5 分进整为 1 分。

实作技能

特种运输包括路内运输与铁路国际旅客联运两部分。

路内运输是为了适应铁路点多线长、流动分散的行业特点，便利铁路企业管理人员深入生产第一线指导工作，便利铁路职工在铁路线上进行运输生产，便利铁路职工、家属在沿线生活，保证铁路运输生产及各项任务的完成而制定的路内人员与物资运输。为此，作为未来的铁路员工要培养自己遵章守纪、爱岗敬业、乐于奉献的职业情操。特别是对于路内人员的乘车，更要模范遵守有关规定，不得违反，一旦违规，从重处罚，决不搞特殊对待，变通处理。

铁路国际旅客联运是指我国同其他国家铁路间办理旅客、行李和包裹的运输。随着我国经济的发展及加入世贸组织，掌握并精通铁路国际旅客联运的知识，显得尤为重要。同时，国际旅客联运涉及涉外工作，众所周知，涉外无小事。首先要按照党和政府的对外方针政策办事，认真执行涉外工作原则、纪律和有关涉外工作的规定，严肃、认真、谦虚、谨慎、细致、周到地做好涉外工作。在接待涉外旅客时，要谦虚有礼、不卑不亢，不要过分拘谨，也不矜夸傲慢。表情稳重，举止大方。尊重涉外旅客的风俗习惯、宗教信仰、禁忌避讳。

实作任务一　处理违章使用铁路乘车证的技能

【案例 4-1】 2023 年 3 月 1 日，K2288 次列车（长春—昆明，新型空调列车）山海关站开出后查验车票时，在硬席车厢发现一名旅客借用他人锦州—秦皇岛硬席 2023 年度全年定期乘车证去秦皇岛，列车应如何处理。

【解】 (1)处理依据：借用他人乘车证按无票处理，并加收罚款，同时编制客运记录，查扣全年定期乘车证上交本局集团公司收入部门。

(2)票价计算。

①补收票价：锦州—秦皇岛 200 km

新空硬座客票票价：18.50 元

新空快速票价：6.00 元

新空空调票价：5.00 元

小计：29.50 元

②加收：锦州—山海关 184 km

新空硬座客快速票票价：28.50 元

50%×28.50＝14.25≈14.5(元)

③罚款：锦州、秦皇岛分别属沈阳局、北京局集团公司，跨局按每日 100 km 普通客票票价 6.50 元，违章天数共 60 d，6.50 元/d×60 d＝390.00 元

④合计：29.50＋14.50＋390.00＝434.00(元)

(3)填写代用票，如图 4-12 所示。

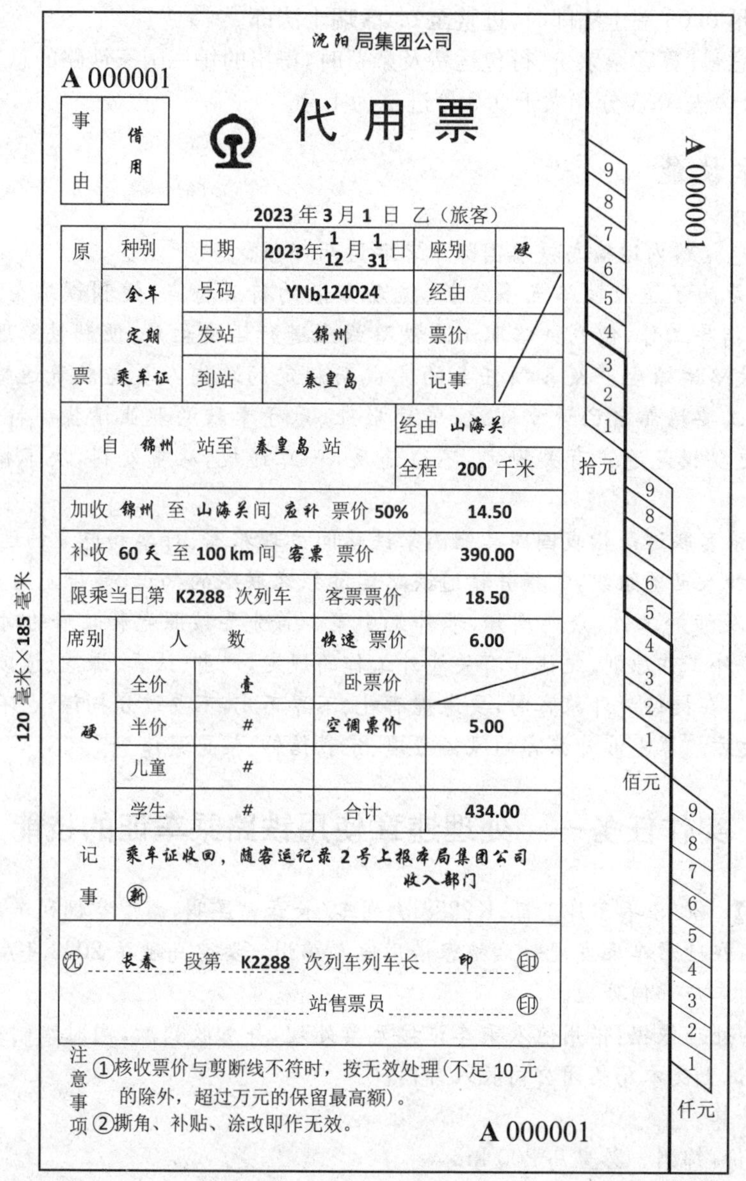

沈阳局集团公司

A 000001

事由	借用	代用票

2023 年 3 月 1 日 乙（旅客）

原票	种别	日期	2023年$\frac{1}{12}$月$\frac{1}{31}$日	座别	硬
	全年定期乘车证	号码	YNb124024	经由	
		发站	锦州	票价	
		到站	秦皇岛	记事	

自 锦州 站至 秦皇岛 站	经由 山海关
	全程 200 千米

项目	金额
加收 锦州 至 山海关间 应补 票价 50%	14.50
补收 60 天 至 100 km 间 客票 票价	390.00

限乘当日第 K2288 次列车			客票票价	18.50
席别	人数		快速 票价	6.00
硬	全价	壹	卧票价	
	半价	#	空调票价	5.00
	儿童	#		
	学生	#	合计	434.00

记事：乘车证收回，随客运记录 2 号上报本局集团公司收入部门 新

沈 长春 段第 K2288 次列车列车长 印 印

站售票员 印

注意事项：①核收票价与剪断线不符时，按无效处理（不足 10 元的除外，超过万元的保留最高额）。②撕角、补贴、涂改即作无效。

A 000001

图 4-12　代用票填写式样

【案例 4-2】 2023 年 3 月 1 日，K48/K49 次列车（杭州—齐齐哈尔，新型空调列车，齐客运段担当乘务），在乾安站开车后发现一铁路职工持 2022 年度太平川经大安北至大庆西的定期通勤乘车证（DT_b003658），旅客自述大安北站下车，列车应如何办理？

【解】 (1)处理依据：使用过期乘车证，按无票处理并加收罚款。同时编制客运记录，查扣定期通勤乘车证上交本铁路局集团公司收入部门。

(2)票价计算。

①补收票价：太平川—大安北 155 km

新空硬座客票票价：14.50 元

新空快速加快票价：6.00 元

新空空调票价：3.00 元

小计：14.50＋6.00＋3.00＝23.50(元)

②加收：太平川—乾安 100 km

新空硬座客快速票价：15.50 元

50%×15.50＝7.75≈8.00(元)

③罚款：自有效月份起至发现违章月份止，每月一次往返里程通算。

太平川—大庆西 300 km，往返里程 600 km，硬座客票票价 34.00 元。

违章 15 次，34.00×15＝510.00(元)

④合计：23.50＋8.00＋510.00＝541.50(元)

(3)填写代用票，如图 4-13 所示。

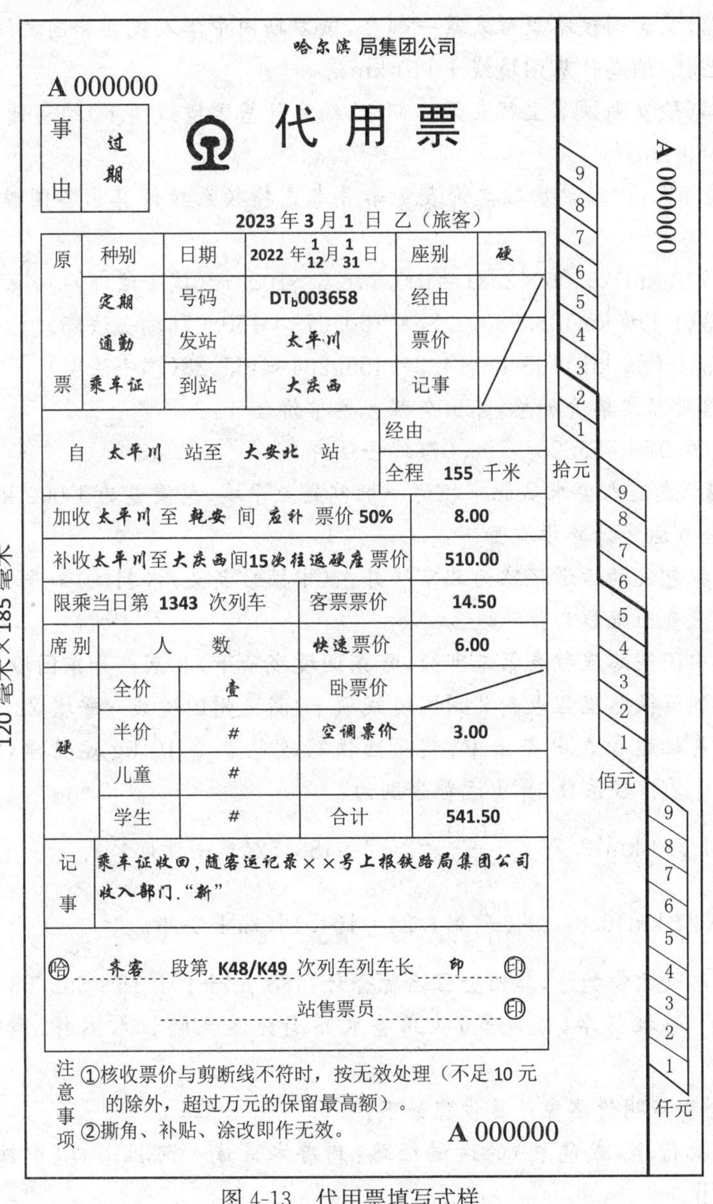

哈尔滨 局集团公司

A 000000

事由：过期

代用票

2023 年 3 月 1 日 乙（旅客）

原票	种别	日期	2022 年 $\frac{1}{12}$ 月 $\frac{1}{31}$ 日	座别	硬
	定期通勤乘车证	号码	DT_b003658	经由	
		发站	太平川	票价	
		到站	大庆西	记事	

自 太平川 站至 大安北 站	经由
	全程 155 千米

项目	金额
加收 太平川 至 乾安 间 应补 票价 50%	8.00
补收太平川至大庆西间15次往返硬座票价	510.00
限乘当日第 1343 次列车　客票票价	14.50

席别	人数		快速票价	6.00
硬	全价	壹	卧票价	
	半价	#	空调票价	3.00
	儿童	#		
	学生	#	合计	541.50

记事：乘车证收回，随客运记录××号上报铁路局集团公司收入部门。“新”

哈 齐客 段第 K48/K49 次列车列车长 印 印

站售票员 印

注意事项：①核收票价与剪断线不符时，按无效处理（不足 10 元的除外，超过万元的保留最高额）。②撕角、补贴、涂改即作无效。

A 000000

120 毫米×185 毫米

图 4-13　代用票填写式样

实作任务二　计算国际旅客联运运送费用的技能

【案例 4-3】 一名旅客乘软席车(一等)从北京经乌兰巴托至莫斯科。

【解】 其全程票价计算步骤如下：

1. 旅客乘车径路为北京—二连—乌兰巴托—苏赫巴托—莫斯科。

2. 从里程表中查出里程为：

中国铁路(中国铁路里程表第二部分，二连国境线项下)北京—二连/扎门乌德国境线 712 km；

蒙古国铁路(蒙古国铁路里程表第一部分，俄罗斯同中华人民共和国之间)扎门乌德/二连国境线—苏赫巴托/纳乌什基国境线 1 110 km；

俄罗斯铁路(俄罗斯铁路里程表第二部分，纳乌什基国境线项下)纳乌什基/苏赫巴托国境线—莫斯科 5 869 km。

3. 根据《国际客价》客票基础票价表费率并考虑指数系数计算出各国铁路段一等车厢客票票价分别为：

中国铁路(712 km)29.06×3.81＝100.718 6≈100.72(瑞士法郎)

蒙古国铁路(1 110 km)38.98×3.85＝150.073≈150.07(瑞士法郎)

俄罗斯铁路(5 869 km)105.88×4.3＝455.284≈455.28(瑞士法郎)

将各国铁路段客票票价加总，算出全程客票票价合计：

100.72＋150.07＋455.28＝706.07(瑞士法郎)

【案例 4-4】 发送人要求从北京托运一批包裹至平壤，总重量为 1 000 kg。

【解】 其全程运费计算步骤如下：

(1)确定该批包裹的运送径路为北京—丹东(中铁)/新义州(朝铁)—平壤。

(2)从里程表查出里程为：

中国铁路(中国铁路里程表第二部分，丹东国境线项下)北京—丹东国境线 1 143 km；

朝鲜铁路(朝鲜铁路里程表新义州国境线项下)新义州国境线—平壤 227 km。

(3)从行包基础运费表中查出中、朝两国铁路段包裹每 10 kg 运价率，乘以包裹总重量 10 kg的倍数及计算指数系数，算出运费分别为：

中国铁路(1 143 km)$2.76\times\frac{1\ 000}{10}\times1.77=488.52$(瑞士法郎)

朝鲜铁路(227 km)$0.84\times\frac{1\ 000}{10}\times1.24=104.16$(瑞士法郎)

(4)两国铁路段运费加总，算出全程运费合计：488.52＋104.16＝592.68(瑞士法郎)

【案例 4-5】 一批行李(或包裹)从乌鲁木齐南托运至阿拉木图Ⅱ，声明价格为 800 瑞士法郎。

【解】 其全程声明价格费计算步骤如下：

(1)确定该批行李(或包裹)的运送径路：乌鲁木齐南—阿拉山口(中铁)/多斯特克(哈铁)—阿拉木图Ⅱ。

(2)从里程表中查出里程为：

中国铁路(中国铁路里程表第二部分,阿拉山口国境线项下)乌鲁木齐—阿拉山口国境线479 km;

哈萨克斯坦铁路(哈萨克斯坦铁路里程表第二部分,多斯特克国境线项下)多斯特克国境线—阿拉木图Ⅱ870 km。

(3)将声明价格款额分解成150瑞士法郎的整倍数和余数:800=150×5+50。

(4)从行李和包裹声明价格费率表查出费率;然后算出中、哈两国铁路段声明价格费:

中国铁路(479 km)5×0.23+0.09=1.24(瑞士法郎)

哈萨克斯坦铁路(870 km)5×0.41+0.17=2.22(瑞士法郎)

全程声明价格费合计:1.24+2.22=3.46(瑞士法郎)

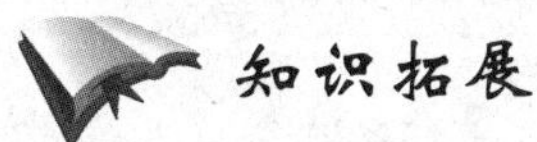

知识拓展

春节假期和暑期运输组织

一、春节假期、暑期客流的变化特点

春节是我国传统文化中最重要的节日,因此,探亲、学生和外出务工人员是春运的主要对象。暑运期间,以运送学生和旅游客流为主。具有客流大、流向集中、时间性强的特点。概括起来,春节假期、暑期客流的变化特点如下:

1. 客流结构不均衡,与管内客流增长幅度相比,直通客流增长较大。

2. 客流地区分布和流向不均衡,春节假期的客流地区分布和流向受我国经济政策和经济发展状况及文化的影响较大。目前,春节假期客流集散量较大的是我国北京、上海、广州(简称北、上、广)等经济发达地区,北、上、广经济发达地区吸引大量外来务工人员,节前回乡探亲。节后返回工作的城市。

3. 客流在时间上不均衡,春节假期的客流集中在节前探亲和节后学生返校、外出务工人员返回原工作地点及其他旅客返回工作岗位的一段时间。暑期的客流则集中在学生暑假开始和临近结束的两头,以学生客流和旅游客流为主。中、高考结束的学生在家长陪同下旅游也是新增一大客流,所以暑期客流具有客流大、流向集中、时间性强、要求高的特点。

由于客流的地区分布和时间分布不均衡,往往造成客流在一定时期的增加是单方向的。节前离开北、上、广的列车爆满,反方向列车严重虚糜,节后去往北、上、广一票难求。

二、春节假期、暑期运输组织

1. 根据客流变化及其特点,合理配置运力。

要扩大列车编组,图定客车按规定满轴运行。该加挂回转车的必须加挂。客运量大的始发站或中转站要备车底做到有流开车无流停运。

2. 组织旅客均衡输送,严格控制列车超员率。

由于春节假期、暑期客流的增加往往是单方向的,因此,必须组织均衡运输,严格执行旅客计划运输的有关规定。各车站、列车要密切配合,坚持验票进站、上车。严格控制列车超员率,列车严重超员时,列车长必须及时拍发电报,并注明超售客票的车站。对造成列车严重超员的站、车,要通报批评,对酿成严重后果的,要追究其单位领导责任。

3. 大力推进互联网等便民售票方式，加强客运组织。

按照强化市场营销的要求，解决旅客买票难的问题。大力推进互联网售票、电话订票、自动售票，降低购票成本。增设售票网点，组织流动售票，优先保证学生购票、候车、上车和行包托运，对乘车有计划的外出务工人员团体，铁路要优先安排运送。外出务工人员客流量大、方向集中的地区，可组织开行外出务工人员直达临时快车。

4. 调度指挥。

(1)各级客运调度要认真掌握客流变化，及时组织开行临客。跨三局及其以上的临客和直达临客的开行日期，一律由国铁集团客运调度命令公布，跨两局临客的开行日期由两局商定后报国铁集团，以国铁集团客运调度命令下达。

春节假期、暑期临客图内的直通临客的开行应提早 5～7 d 向国铁集团客运调度请令，图外的应提早 3 d 向国铁集团客运调度请令。

在执行春节假期、暑期临客运行图前后，如因客流大量积压确需提早或延长开行日期的直通临客，须报国铁集团审批后，由国铁集团客运调度下达命令执行。

加开图外直通临客由国铁集团客运调度组织有关局定点并下达命令，开行临客所影响的货物列车由调度日班计划定点，按正点统计，分界口货物列车停运事宜由国铁集团行车调度命令布置，提前或延期开行的直通临客与施工有抵触时各局要尽早做出妥善安排。

(2)春节假期、暑期，车底套用及临客车底交路较紧时，各级调度要严格按列车等级组织会让，提高列车正点运行水平。暑期若因水害等因素影响线路中断行车时，要及时向客运主管部门请示、汇报，处理好列车的停运、途中保留、折返或迂回事宜，尽快恢复列车运行秩序。

(3)春节假日期间客车停运较多，要及时加开货车，抢运货物，具体车次、时刻由调度日班计划确定。

(4)各级调度要经济合理地使用机车，协调掌握好跨局机车运用，确保机车供应。

三、临客运行组织

各铁路局集团公司应于春运前 4 个月，暑运前 3 个月，组织调查春运、暑运客流预测流量、流向，分析客流变化情况并于春运前 3 个月、暑运前 2 个月将春运、暑运客运量预测和直通临客开行方案报国铁集团。

春、暑运临客开行方案应根据客流需要与线路通过能力情况确定，直通临客和影响能力的管内临客开行方案由国铁集团确定，其他管内临客开行方案由各铁路局集团公司确定。

春、暑运前一个半至两个月，国铁集团组织有关铁路局集团公司编制春、暑运临客列车运行图，落实国铁集团确定直通临客运行方案。在铺画临客运行线时，基本图规定客车运行时刻原则上不得变动，严格遵守列车运行图规定的各项技术标准，尽量提高临客速度，各铁路局集团公司于春、暑运前 15 d 将临客时刻表报国铁集团。

开行直通临客时，各铁路局集团公司间分界口的停运货物列车原则上单线区段按 1∶1 停运，双线区段按 1∶1 或 1∶2 停运，铁路局集团公司间分界口停运货车对数由国铁集团确定。

直通临时快车编组，应比照图定直快列车编组辆数，管内临客列车编组由各铁路局集团公司确定。

四、机车和车辆运用

春节假期、暑期增开临客，应尽量使用客运或停运货车的内燃、电力机车担当，并贯彻先跨局客车后管内客车的机车担当原则，在暑运临客运行图中加以安排，严格掌握机车乘务员一次连续工作时间标准，采取相应措施防止图上和实际执行中出现“超劳”。

各铁路局集团公司应在春、暑运开始前组织力量，对运用机车进行技术状态检查，针对存在问题，安排计划，认真整修，确保投入春、暑运的机车质量良好。

使用货运机车担当临客牵引任务，原则上按货运机车交路接运，并应提前确定临客区间运行时分等技术标准。增开图外直通临客时，原则上按货运机车交路接运，在日班计划中布置。

车辆段应在暑运开始前，做好常用配件及易损配件的储备工作，保证春、暑运客车整备的需要，对临客车底要提前编组整备，由车辆段逐辆进行验收，凡因列车超员，造成车辆弹簧压死或走行部零件与车体发生顶抗、磨碰以及车钩钩差过限等危及行车安全时，列车长要会同车站及时采取疏散措施，消除后方准继续运行，以保证行车安全。

复习思考题

1. 铁路乘车证的种类、颜色有哪些？
2. 使用铁路乘车证的人员范围是如何要求的？
3. 铁路乘车证乘坐动车组列车有何规定？
4. 铁路乘车证使用的规定有哪些？
5. 铁路乘车证免费使用卧铺的条件有哪些？
6. 丢失铁路乘车证如何处理？
7. 违章使用铁路乘车证如何处理？
8. 客车车递铁路公文的范围如何？
9. 车递铁路公文属哪些性质者可以办理挂号？
10. 免费运输路用品的范围如何？
11. 目前参加国际铁路联运采用国际客价的国家有哪些？
12. 我国铁路的旅客联运站及国境站有哪些？
13. 国际铁路联运乘车票据有哪些？
14. 国际联运减价票及旅客随身携带品有哪些规定？
15. 国际联运的行李、包裹的范围有何规定？
16. 国际联运乘车票据如何查验？
17. 国际联运乘车票据有效期如何确定？
18. 国际联运行包的运送条件如何规定？
19. 册页票本的票皮、册页客票、卧铺票及补加费收据如何填发？
20. 国际联运的旅客票价、行包运价及运输杂费如何计算核收？

技能训练

1. 熟练掌握各种情况下的违章使用铁路乘车证的处理方法。

(1)2023 年 3 月 15 日，南宁开往北京西的 K22 次新型空调列车，到达黎塘站前验票发现软席车厢一旅客持用他人的硬席临时定期乘车证(公 YLb043082)，有效期为 3 月 14 日至6 月

13 日，有效区间为南宁至柳州，要求在来宾站下车。列车如何处理？

(2)2023 年 3 月 15 日武昌站一职工，持用 2 月 21 日至 5 月 20 日武昌至广州的硬席临时定期乘车证(公 YLb034572)，乘当日 T15 次(北京西至广州的新型空调车，武昌 21:10 开，长沙 0:28 到)，自武昌站已使用硬卧(9 车 5 号中铺)，列车运行至长沙站前，该职工提出换票，要求长沙站下车。列车如何处理？

(3)2023 年 3 月 15 日，石家庄站组织 T50 次(恩施至北京西)列车旅客出站，一旅客持有效期为 2 月 15 日安阳至石家庄的一次公用乘车证(YXb032186)，将 2 月份涂改为 3 月份。石家庄站如何处理？

(4)2023 年 2 月 1 日 K929 次列车(大连—佳木斯)在沈阳开车后发现一名铁路职工持 2013 年度沈阳至长春的定期通勤乘车证(YNd001758)，旅客自述到四平下车。如何进行违章处理？

2. 掌握国际联运旅客票价的计算方法。

试计算北京西经由南宁、凭祥至嘉林(河内市)联运客票(一等)、卧铺票(1/4)的票价。

注：(1)北京西—南宁 2 495 km。

(2)南宁—凭祥国境线 234 km(含凭祥站至国境线 14 km)。

(3)嘉林(河内市)—同登国境线 162 km(含同登站至国境线 5 km)。

(4)客票(一等)基础票价：161～170 km　9.13 SFR；221～240 km　12.19 SFR；2 401～2 600 km　60.31 SFR；2 601～2 800 km　63.14 SFR；客票票价指数系数：中铁 3.81；越铁 1.70。

(5)卧铺票(1/4)基础票价：161～170 km　4.02 SFR；221～240 km　7.17 SFR；2 401～2 600 km　28.46 SFR；2 601～2 800 km　32.67 SFR；卧铺票(1/4)票价指数系数：中铁：1.13；越铁：1.5。

(5)1 SFR=6.79 元人民币。

(6)在南宁换乘，乘坐的仍是中铁车厢。

3. 掌握国际联运行李运费的计算方法。

一旅客凭国际联运乘车票据托运行李一批 4 件，重 200 kg(每件 50 kg)，自北京至平壤，声明价格：每千克 20 元人民币。试计算运费、声明价格费。

注：(1)北京—丹东国境线 1 143 km。

(2)平壤—新义州国境线 227 km。

(3)行李基础运费：221～240 km　0.48 SFR/10 kg；1 101～1 200 km　1.73 SFR/10 kg。

(4)包裹基础运费：221～240 km　0.84 SFR/10 kg；1 101～1 200 km　2.76 SFR/10 kg。

(5)行包运费指数系数：中铁 1.77；朝铁 1.24。

(6)行包声明价格费率：221～300 km 声明价格：135.01～150.00 SFR，费率 0.14；1 101～1 200 km 声明价格：135.01～150.00 SFR，费率 0.54。

(7)1 SFR=6.79 元人民币。

项目五 运输事故的处理

项目描述

本项目主要是研究运输事故的处理问题，它包括旅客人身伤害事故的处理，行包损失的处理和线路中断的运输处理，以及处理运输事故的客运记录的编制与铁路电报的拍发。

项目学习目标

1. 知识目标

掌握旅客人身伤害事故的现场处理，证据收集，调查定责，赔偿结案等具体方法；掌握行包损失种类等级、报告勘查、记录编制、调查处理、责任划分、损失赔偿等具体规定；掌握线路中断对旅客、行包运输安排及票价、运费处理的具体做法；掌握客运记录、铁路电报的编制时机、要求、范围与方法。

2. 能力目标

懂得各种运输事故发生后的处理依据和善后处理方法，以及熟练处理运输事故的客运记录、铁路电报的编制与拍发。

3. 素质目标

提高"安全高于一切，责任重于泰山"的思想意识，培养预防为主，过细工作的严谨态度，明确安全、准确、及时、完整是我国铁路运输的基本原则。

项目所需配备

1. 参考资料：交通运输部《客规》、《国铁集团客规》、《铁路旅客人身伤害及携带品损失处理暂行办法》、《关于加强铁路旅客人身伤害及携带品损失调查处理工作的通知》、《铁路行李包裹损失处理规则》。

2. 所需票据、报表：铁路旅客人身伤害及携带品损失的有关表格，行包损失的处理有关表格，客运记录，铁路电报用纸，车站退款证明书等。

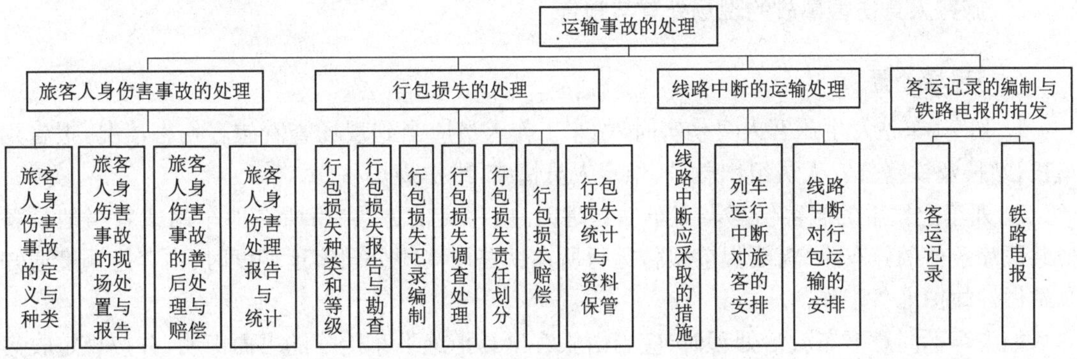

任务一　旅客人身伤害事故的处理

任务描述

旅客人身伤害事故的处理，是在理解各种运输事故发生后的处理依据和善后处理方法的基础上，能够对旅客人身伤害事故迅速有序地开展现场处理、证据收集、调查定责，并了解赔偿结案的办理程序。

任务导入

广州开往北京西的 Z××××次列车（广州客运段担当乘务），一旅客在长沙至岳阳间与另外两名旅客因争座位发生冲突而肢体受伤害，血流不止。

1. 列车上的工作人员应如何处理该起伤害事故？

2. 该受伤旅客向北京铁路法院提出诉讼，要求铁路赔偿，请分析该伤害事故应如何处理？

知识准备

一、旅客人身伤害事故的定义与种类

（一）旅客人身伤害事故的定义

凡持有有效乘车票据的旅客，经检票口进站验票[手工加剪或自动检票机打印（记录）标志]开始，至到达目的地出站检验乘车票据时止（中转和中途下车的旅客自出站至进站期间除外），在旅行中遭受到外来、剧烈、明显的意外伤害事故以及承运人等原因的过错，致使旅客人身受到伤害以至死亡、残疾或丧失身体机能者，均属旅客人身伤害事故。

（二）旅客人身伤害事故的种类

旅客人身伤害按其程度分为三种：

1. 轻伤：伤害程度不及重伤者。

2. 重伤：肢体残疾、容貌毁损，视觉、听觉丧失及器官功能丧失。具体参照司法部颁发的《人体重伤鉴定标准》。

3. 死亡。

二、旅客人身伤害事故的现场处置与报告

（一）现场处置

1. 列车、车站发生旅客人身伤害时，站车工作人员应当到现场查看旅客伤害情况，报告列车长、站长及铁路公安人员组织救护，稳定人员情绪，维护现场秩序。

2. 列车上发生的旅客伤害需交车站处理时，应移交前方县、市所在地车站或者当地具备公共医疗条件的停车站；需要提前报告运行所在铁路局集团公司客运调度时，由客运调度通知车站做好救护准备工作。

如旅客不同意下车救治处理时，应当由旅客出具拒绝下车治疗的书面声明，并按规定收集

两份及以上的证人证言。

3. 列车因旅客伤害严重需紧急停车处理或发生三人以上疑似食物中毒的，应当迅速报告运行所在铁路局集团公司客运调度。客运调度接到报告后立即根据列车长提出的要求，通知有关车站及值班主任（列车调度员）。需要紧急停车处理的，列车长还应报告本铁路局集团公司客运部。

4. 列车发现旅客在区间坠车时，应当立即停车处理，并通知就近车站或将受伤旅客移交就近车站。列车在区间停车需要防护时，按有关规定处理。

不具备停车条件或者延迟发现的，列车长应当报告运行所在铁路局集团公司客运调度，客运调度接到报告后立即通知值班主任，值班主任通知相关列车调度员和铁路公安局指挥中心，由列车调度员和铁路公安局指挥中心分别通知邻近车站及车站铁路公安派出所派人寻找。列车运行至前方停车站时，列车长应拍发电报，向发生地和列车担当铁路局集团公司主管部门报告。

在站内或区间线路上发现有坠车旅客时，发现或接到通知的车站应当迅速通报有关列车。有关列车接到通报后，应当立即调查。

发生列车应当按照规定收集相关证据材料和旅客携带物品，并向处理单位移交。

5. 车站对本站发生的及列车移交的伤害旅客，应当及时联系当地医疗急救机构或送就近医院抢救。

发生医疗费用时，应当根据对责任的初步判断，属于旅客自身责任或第三人责任的，由旅客或第三人支付医疗费用。

暂不能区分责任或者责任人不明、无力承担的，经处理站站长或者车务段段长批准，可用站进款垫付。动用站进款时，填写或补填“运输进款动支凭证”（财收—29），10 d 内由核算站或车务段财务拨款归还。

6. 受伤旅客经现场抢救无效死亡，或对站内、区间发现的旅客尸体，经医疗部门或公安部门确认死亡，公安机关现场勘查结束后，车站应当转送殡仪馆存放（在此之前，车站应将尸体转移至适当地点并派人看守），并尽快通知其家属。尸体存放原则上不超过 10 d。

死者身份不清且在地（市）级以上报纸刊登寻人启事后 10 d 仍无人认领的，应当根据铁路公安机关书面意见处理尸体；系不法侵害所致的，应当根据铁路公安机关书面意见并商死者家属意见处理尸体。

对死者的车票、衣物、随身携带物品等应当妥善保管，并于善后处理时一并转交其继承人；死者身份不明或者家属拒绝到站处理的，按无法交付的物品处理。

外国人在铁路站车死亡的按照《关于转发〈民政部、外交部、公安部关于外国人在华死亡后处理程序有关问题的实施意见〉的通知》（公法〔2008〕25 号）处理。

7. 发生旅客人身伤害，需要保护现场时，应当及时采取措施保护现场，禁止与救援、调查无关的人员进入。必要时，可请求地方政府协助。

8. 发生旅客人身伤害后，列车长、站长及铁路公安人员应当及时组织现场查验，全面搜集、梳理相关证据资料，检查旅客所持车票的票种、票号、发到站、车次、有效期及有效身份证件信息等，描绘现场旅客定位图，收集不少于两份同行人或见证人的证言及查验记录、现场照片、录像等其他相关证据，形成比较完整的证据链，能够证明发生的过程和原因，初步明确性质，并妥善保管。

旅客或第三人能够说明事件发生经过或责任的，应当由其出具书面材料，并签字确认。

证人应当具有完全民事行为能力，证人证言中应当记录证人的姓名、性别、年龄、地址、联系方式、有效身份证件信息等内容。有医务工作人员参加救治时，应当由其出具参与救治经过的证言。

证人、证言应当真实，能够反映发生的时间、地点、过程、原因和结果。

涉及违法犯罪的旅客人身伤害或死亡的，由铁路公安机关组织现场勘查。

9. 列车向车站移交伤害旅客时，列车应当编制客运记录和旅客携带物品清单一式两份，一份由列车存查，一份连同车票、证明材料、相关人的证词及其联系方式等资料一并移交。客运记录应载明日期、车次、旅客姓名、性别、年龄、国籍、民族、职业、单位、有效身份证件号码、联系方式、住址、车票种类、号码、发站、到站、车厢、席位、受伤地点、受伤原因、受伤部位、处理简况以及证据材料清单等内容。因时间来不及记明上述内容时，可在客运记录中简要记明日期、车次、下交原因，并必须在 3 d 内向处理单位补交有关材料。特殊情况来不及编制客运记录时，列车长或其指定的专人应随同伤害旅客下车办理交接。但动车组列车根据《动车组列车旅客运输管理暂行办法》(铁运〔2008〕128 号)第 40 条规定，客运乘务员不下车参与处理。涉及第三人时，应将第三人同时交站处理。

对已经控制的违法、犯罪嫌疑人，应当及时移交车站铁路公安派出所。

列车向车站移交伤害旅客时，车站不得拒绝接收。

10. 旅客在法定时限内索赔且能够证明伤害是在铁路旅客运输过程中发生的，受理单位应及时通知发生单位，并本着方便旅客的原则，移交旅客就医所在地车站或旅客发、到站处理，被移交站应当受理。发生单位应当在 10 d 内搜集并向处理单位移交相关证据材料。

(二)事故速报与报警

1. 事故速报。车站、列车发生旅客人身伤害时，可用电话向所在单位与上级主管部门报告概况；但发生重伤以上旅客人身伤害时，应在第一时间以短信方式向所属铁路局集团公司主管部门报告，随后向有关铁路局集团公司主管部门拍发速报，并逐级向上级主管部门和宣传部门报告。

报告(含速报)内容主要包括：

(1)发生日期、时间、车次、地点、车站、区间里程。

(2)伤亡旅客的姓名、性别、年龄、国籍、民族、职业、单位、有效身份证号码、联系方式、住址及车票种类、号码、发站、到站、车厢、席位等基本情况。

(3)发生经过、旅客伤亡及现场处理简况。

2. 报警。对下列情形造成的旅客人身伤害应当立即向铁路公安机关报警：

(1)杀人、抢劫、抢夺、强奸、爆炸、纵火、绑架、结伙斗殴、寻衅滋事、故意伤害、击打列车、故意损毁、移动站车设备等违法犯罪行为。

(2)因散布谣言，谎报险情、疫情、警情、扬言放火、爆炸、投放危险物质，或者非法阻拦行车、堵塞通道，引起公共秩序混乱。

(3)火灾、爆炸、中毒等治安灾害事故。

(4)精神异常者肇事肇祸、醉酒滋事行为。

(5)自然灾害。

(6)铁路设备、设施故障造成的事故。

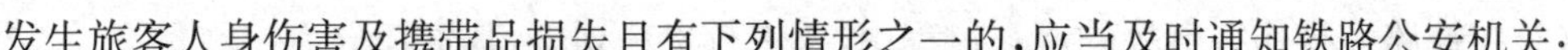

发生旅客人身伤害及携带品损失且有下列情形之一的，应当及时通知铁路公安机关：

(1)应当控制、约束违法犯罪嫌疑人和扣押相关涉案物品的。

(2)应当保护现场、维持秩序、协同救助的。

(3)应当由铁路公安机关介入调查，获取证据，查明原因的。

(4)引发治安纠纷或者酿成群体性事件并影响站车秩序，应当及时处置的。

(5)造成旅客死亡的。

三、旅客人身伤害事故的善后处理与赔偿

(一)善后处理

1. 成立善后处理工作组

发生旅客人身伤害后，发生地车站(车务段)或处理站(车务段)应当组织发生单位、车站铁路公安派出所及相关单位成立善后处理工作组。必要时，由发生地或处理站所在地铁路局集团公司组织。

善后处理工作组负责如下工作：

(1)办理受伤旅客就医、食宿等事宜。

(2)收集相关资料，建立案卷。案卷中应有：客运记录、证人证言、车票、医院证明、现场照片或图示、寻人启事以及铁路公安机关处理尸体意见等材料；铁路公安机关制作有现场勘验的笔录、法医鉴定结论的，在不影响案件办理的情况下，可以收集存入案卷。

(3)核实伤亡旅客身份，通知其家属或发布寻人启事。

(4)处理旅客遗留物品或死亡旅客遗体。

(5)向旅客或其继承人、代理人通报情况、协商处理善后事宜。

(6)其他与善后处理有关的事宜。

2. 开展调查并分析定责

(1)在铁路旅客运输过程中(自旅客进站检票时起至出站检票时止)发生的铁路旅客人身伤害及携带物品的损失，由发生地或处理站所在地的铁路安全监督管理办公室(客运专业管理部门)组织处理站或其上级主管部门、铁路公安派出所或其上级铁路公安机关、相关专业管理部门等开展调查工作，了解相关情况，确定责任主体，提出处理意见。

在铁路安全监督管理办公室组织调查过程中，相关单位或人员应当按要求及时提供相关证据资料。

旅客人身伤害及携带品损失可能涉及设施设备、列车运行等原因的，应当通知有关管理单位。被通知单位接到通知后，应当按要求在 5 d 内提交证据材料。

对下列情形造成的铁路旅客人身伤害及携带品损失的，依据有关法律法规由相关部门组织调查：

①因铁路交通事故造成铁路旅客人身伤害及携带品损失的，依据《铁路交通事故调查处理规则》由相关部门组织调查。

②属于铁路公安机关管理职责范围的，由铁路公安机关组织调查。

③旅客食品安全事故的调查处理，由铁路食品安全监督管理办公室负责，并依据有关法规规定程序执行。

(2)在铁路人身伤害事故的调查过程中，要进行责任划分，其责任分为：

①旅客自身责任。旅客违反铁路安全规定，不听从铁路工作人员引导、劝阻等违法违章行为或其他自身原因造成的伤害，属于旅客自身责任。

②铁路运输企业责任。由于铁路运输企业人员的职务行为和设施设备的原因等给旅客造成的伤害，属于铁路运输企业责任。

铁路运输企业责任分为客运部门责任和行车等其他部门责任。客运部门责任分为车站责任和列车责任。

有下列情形之一的，属于车站责任：

a. 旅客持票进站后或下车后出站前，因车站组织不当造成人身伤害的。

b. 车站引导标志缺失或不准确，误导旅客造成其人身伤害的。

c. 车站设施设备不良造成旅客人身伤害的。

d. 车站在停止检票后继续检票放行或检票放行时间不足，致使旅客抢上列车造成人身伤害的。

e. 车站组织不当造成旅客上车时发生人身伤害的。

f. 因车站客运工作人员违章作业、过失造成旅客人身伤害的。

g. 有理由认定属于车站责任的。

有下列情形之一的，属于列车责任：

a. 车门漏锁致使旅客坠车造成人身伤害的。

b. 列车工作人员过错致使旅客误下车、背门下车，在不办理乘降的车站(包括区间停车)下车、列车运行中开启车门造成人身伤害的。

c. 列车组织不当或列车工作人员违反作业标准，致使旅客乘降时造成人身伤害的。

d. 列车客运工作人员对设备管理不善造成旅客人身伤害的。

e. 列车客运工作人员违章作业、过失造成旅客人身伤害的。

f. 有理由认定属于列车责任的。

③第三人责任。由于旅客和铁路运输企业合同双方以外的人给旅客造成的伤害，属于第三人责任。

④不可抗力。在当时的条件下，人力所不能抵抗的破坏力，给旅客造成的伤害，如洪水、地震、战争、骚乱等。

不可抗力因素造成的旅客伤害，铁路运输企业不承担责任，但承运人负有举证责任。

⑤其他责任。非上述四种责任造成的旅客伤害，属于其他责任。

(3)通过调查分析，对旅客人身伤害应明确定责：

①在旅客人身伤害调查中，涉及旅客或第三人责任，且旅客、第三人或其代理人没有异议的，应当在有关调查报告中载明，并经其签字确认后作为善后处理的依据；旅客、第三人或其代理人不予认可的，可告知其协商解决或通过司法途径处理。

②铁路安全监督管理办公室在调查中，对涉及铁路运输企业责任的，应按发生原因，铁路运输企业及各部门职责等确定责任单位；两个以上单位都负有责任时，可以列两个以上单位的责任。

发生原因基本确定，但由于发生单位或相关设施设备管理部门未及时收集或未妥善保管相关证据资料，导致不能确定责任主体时，发生单位或相关设施设备管理部门应承担相应责任。

列车需将伤病旅客交站处理，调度部门因信息处置或安排停车不及时，车站因推诿或未及时联系医疗机构影响救治的，可将调度部门、车站与责任单位共同列为责任主体。

对责任划分有争议时，铁路安全监督管理办公室应将调查报告、案卷、处理意见等有关资料报发生、责任、处理单位共同的上级主管部门或其授权的主管部门裁决。

发现定性不准确或处理不符合规定的，上级主管部门可以责令重新审查或纠正。

确定铁路运输企业责任后，铁路安全监督管理办公室应当及时出具"铁路旅客人身伤害及携带品损失定责通知书"（表 5-1），交善后处理工作组，并于 10 d 内寄送责任单位及其上级主管部门。

表 5-1　铁路旅客及携带品损失定责通知书

No. ______

______局集团有限公司：

______站（段）：

关于______年______月______日发生______旅客人身伤害（携带品损失），经调查处理工作组研究，列______站（段）______责任。

特此通知。

××安全监管办公室（公章）

______年______月______日

注：本通知一式四份，一份交善后处理工作组，一份处理站（段）留存，寄送责任单位及其上级主管部门各一份。

（二）结案赔偿

1. 结案工作的开展

（1）发生旅客轻伤且经旅客或第三人同意现场调解、责任明确的，可由车站会同铁路公安派出所、发生单位、旅客、第三人等共同进行现场处理并结案。

（2）受伤旅客临床治疗结束或死亡旅客遗体处理完毕，工作组应当根据铁路安全监督管理办公室对责任确定情况，核实各项费用及授权委托书、亲属关系证明等有关证明后，涉及铁路运输企业责任的，尽快按有关法律规定与旅客或其继承人、代理人协商办理赔付。

（3）在铁路运输过程中发生旅客携带品损失时，旅客或其继承人、代理人应当向铁路运输企业提出可确认的证据，铁路运输企业经确认后，商谈赔偿了结。

2. 赔偿款额的确定

（1）医疗费用应根据实际产生或后续治疗需要，凭治疗医院单据或建议核定。旅客需转院治疗时，应与处理单位协商一致，并经治疗医院同意。

（2）残疾赔偿金应根据有关鉴定机构出具的旅客人体损伤残疾程度鉴定意见，或者根据旅客受伤程度，比照有关人体损伤残疾程度鉴定标准所对应的残疾等级，按照有关标准计算。责任旅客伤害经救治无效死亡的，应根据有关法律按照规定标准计算死亡赔偿金。

（3）在铁路旅客运送期间发生旅客携带品损失时，承运人有过错的，应当承担损害赔偿责任，旅客出具发票（或者其他有效证明）证明购买价格时，以扣除物品合理折旧、损耗后的净值赔偿或以处理单位所在地物价部门或价格评估机构确定的物品价值赔偿。

（4）处理旅客人身伤害事故的其他费用：包括现场勘验费、看尸抬尸埋尸费、验尸费、寻人启事费以及善后处理直接有关的交通费、护送费、住宿费、救济费等。所有发生的费用均须有发票、收据等列明金额的书面证明材料方能进行支付。

3. 编制处理协议书

(1)铁路旅客人身伤害办理赔付时,必须编制“铁路旅客人身伤害及携带品损失最终处理协议书”(表5-2),经各方确认,签字并加盖处理单位公章。

表5-2 铁路旅客人身伤害及携带品损失最终处理协议书

No. ______

一、旅客基本情况:

姓名:______ 身份证件号码:______

性别:______ 年龄:______ 职业:______ 电话:______

住址:______

二、车票情况:

号码:______ 日期:______

车次:______ 发站:______ 到站:______ 席位:______

三、发生情况:

日期、时间、车次:______

地点、车站、区间:______

四、旅客人身伤害及携带品损失发生经过、救治及善后处理简要情况:

______

______

______

______

五、处理意见:

______

______

______

六、协议人签字:

旅客签字:______ 处理单位(章)

代理人签字:______

身份证号码:______

联系电话:______

日期:____年____月____日

第三人签字:______

代理人签字:______

身份证号码:______

联系电话:______

日期:____年____月____日 ____年____月____日

发生(责任)单位代理人签字:______

职务:______

联系电话:______

日期:____年____月____日

注:本协议由处理单位填写,一式五份:一份报铁路局集团公司主管部门,一份转铁路局集团公司财务部门,处理单位、责任(发生)单位、旅客或家属各一份。

(2)旅客轻伤现场调解处理的以及旅客携带品损失的处理,也应编制"铁路旅客人身伤害及携带品损失最终处理协议书"。

4. 办理赔付与清算

(1)办理旅客人身伤害(携带品损失)赔付时,应依据法定顺位支付给旅客或其继承人。同时,处理单位应填写"铁路旅客人身伤害及携带品损失赔付通知书"(表5-3)通知旅客或继承人、代理人。旅客接到通知后,持本人有效身份证件及本通知于30 d内到处理站领取赔偿款额。如继承人、代理人领取时,应携带领取人有效身份证件以及旅客身份关系证明或授权委托书(以上证件或证明均需原件)。领取后,旅客或其继承人,代理人出具收据交处理单位。

表5-3　铁路旅客人身伤害及携带品损失赔付通知书

No. ______

________旅客: 对____________年__________月____________日所发生旅客人身伤害(携带品损失),依据有关法律规定,经当事各方共同协商同意,赔付旅客共计人民币____________元(大写____________)。 请您携带本通知和本人有效身份证件,于30日内到我站领取。如继承人、代理人领取时,请携带领取人有效身份证件以及与旅客身份关系证明或授权委托书(以上证件或证明均需原件)。 特此通知。 处理单位(章) _____年_____月_____日

联系人:______________　电话:______________　单位地址:______________________

(2)根据责任确定情况,处理旅客人身伤害所发生的赔偿金及其他费用,由责任单位承担,无法确定责任单位的,由发生单位承担。

(3)需向责任单位或发生单位转账的,由处理单位所属铁路局集团公司财务部门开具"转账通知书"(会凭7),连同"铁路旅客人身伤害及携带品损失最终处理协议书"转送责任单位或发生单位所属铁路局集团公司财务部门。

责任单位或发生单位所属铁路局集团公司财务部门应当在收到"转账通知书"等材料次日起30 d内将费用转拨至处理单位所属铁路局集团公司;超过30 d时,每超过1 d,按应付费用的0.5%支付滞纳金。

旅客人身伤害是旅客自身原因或第三方造成的,铁路运输企业在垫付相关费用后,可向旅客或第三方追偿。

四、旅客人身伤害处理报告与统计

(一)处理报告

旅客人身伤害处理完毕后,处理单位和发生单位应在3 d内逐级向所属铁路局集团公司客运主管部门报送"调查处理报告"。

(二)统计工作

铁路局集团公司应当在每月20日前汇总本铁路局集团公司上月处理的旅客人身伤害情

况，按要求填写“铁路旅客人身伤害统计表”(表 5-4)和“安全情况报告”(表 5-5)，报国铁集团客运部。

对旅客人身伤害事故的案卷，做到一案一卷，由处理单位保管，保存期为 5 年。

表 5-4　铁路旅客人身伤害统计表

责任	伤害种类			责任	主要原因							
	死亡	重伤	轻伤		挤伤	摔伤	砸伤	烧烫伤	跳车	石击列车	疾病	其他
铁路企业												
旅客自身												
第三人责任												
不可抗力												
其他												
人数合计												
赔偿金合计												

表 5-5　安全情况报告(格式)

旅客×××，性别，年龄，籍贯。××××年×月×日持××次××站—××站车票，列车运行至××线××—××间(或在××站)，××原因，在××处死亡(或重伤)。

任务二　行包损失的处理

任务描述

在了解行包损失种类等级的基础上，能够对行包损失事故进行报告勘查、编制记录，并能够根据规章规定开展调查处理，划分责任，能够对损失赔偿进行计算并填制相关票据。

任务导入

旅客 A 从桂林托运一批包裹 10 件重 260 kg 到齐齐哈尔，到站收货时发现有两件包裹破损，内装的物品全部破损，对于这种情况如何办理？

知识准备

为加强铁路行包安全管理，现对行包运输过程中发生的损失，所涉及的处理原则、程序和铁路内部责任划分等内容分述如下：

一、行包损失种类和等级

自铁路局集团公司、快运公司接收行包时起至将行包交付收货人时止，在该期间发生的灭失、短少或者损坏属于行包损失。

(一)行包损失种类

1. 火灾。

2. 被盗(有被盗痕迹)。

3. 丢失(全批未到或部分短少,没有被盗痕迹)。

4. 损坏(破裂、变形、部件破损、湿损、植物枯死、活动物死亡、变质、污染等)。

5. 其他损失。

(二)行包损失等级

1. 一级损失。行包损失款额(以下简称损失款额)50 000 元以上的;尖端保密物品、放射性物品、麻醉品及精神药品灭失。

2. 二级损失。损失款额 10 000 元以上未满 50 000 元的。

3. 三级损失。损失款额 500 元以上未满 10 000 元的。

4. 轻微损失。损失款额未满 500 元的。

行包运输过程中发生的未构成行包损失的办理差错,如误办理(违反营业办理限制、停限装命令)、误运送、误交付、票货分离等,按照有关规定程序处理。

二、行包损失报告与勘查

(一)行包损失报告

1. 车站发现行包损失时的报告

车站或快运公司营业部(以下简称营业部)发现行包损失的人员应保护现场,立即向行李值班员(或值班经理,下同)报告。接到报告后,行李值班员应组织有关行包损失处理人员(必要时会同车站公安人员)立即赶赴现场,进行行包损失勘查、拍照、清理、资料收集,拍发电报并编制客运记录。必要时通知托运人或收货人。

发生火灾、被盗或行包丢失等不明情况时,应及时向公安机关报告,并协助公安机关保护现场,开展现场勘查。

如在交接过程中,发现行包异常,车站应与营业部办理书面交接记录,必要时采取复磅或过安检仪查看等方法辨识。

快运公司营业网点办理承运上站的行包,以上站(或入库)交接为界,交接前由快运公司营业部负责;“门到门”到达配送的行包,以转场(转配送)交接为界,交接后由快运公司营业部负责。

2. 列车发现行包损失的报告

列车行李员发现,行包损失应采取措施防止损失扩大,必要时向列车长报告。接到报告后,列车长(必要时会同乘警)应及时赶赴现场,进行行包损失勘查、拍照、清理、资料收集,拍发电报,并编制客运记录交车站。

3. 行包损失的速报

行包损失可能达到一级损失时,发现单位应在 1 h 内逐级报告至铁路局集团公司或快运公司,并在 12 h 内向有关车站、直属站段、铁路局集团公司、快运公司(含快运分公司、营业部)和有关铁路公安局以电报(或系统电报)形式拍发“行包损失速报”,并抄送国铁集团货运部。

行包损失速报内容如下：

(1)损失种类。

(2)发现损失的时间、地点(车次)。

(3)发站、到站，办理种别，票据号码、品名、件数、保价或保价金额(金额前注明保价或保险字样)、承运日期。

(4)车种、车型、车号。

(5)损失概要。

(6)对有关单位协助处理的要求。

拍发速报时，在电文首部冠以“行包损失速报”字样，(1)～(6)项为各项代号。多批损失可合并拍发一份速报。速报需由发现单位主管人员或列车长审核签发。

(二)行包损失勘查

1. 行包损失按下列情况重点勘查并拍照。

(1)火灾

列车火灾：火灾发生时间、区间、编挂位置；车内行包装载现状、起火部位、四周行包烧损情况；初步了解起火原因，行李车人员出入情况。

仓库火灾：损失行包所处货区；着火时间、具体货位及周边自然现状；行包入库(区)时间和行包交接检查情况；初步了解起火原因，人员出入情况。未着火行包隔离、转移至安全区情况。

同时对火灾现场全貌、现存被烧货物拍照。

(2)被盗

列车上发现行包被盗：发现时间、区间、编挂位置；行李车状态、车门锁闭状态、行包装载现状、被盗行包现状、行李车人员出入情况。

仓库内发现行包被盗：查明行包入库(区)时间、班组、作业行李员、装卸人员及在库区的交接情况，被盗物品的品名、件数、价值、监控视频、安检截图、仓库的现场全貌情况等。

对外包装含货签全貌、包装损坏处或二次封口处和现存货物拍照。

(3)丢失

列车内发现行包丢失：发现时间、区间、编挂位置；行李车状态、车门锁闭状态、行包装载现状、行李车人员出入情况，相邻货位的行包到站。

仓库内发现行包丢失：行包卸车时间、行包入库(区)时间、卸车班组、行李员或装卸人员的交接情况、行包码放位置及相邻行包进出库情况，现存货物检斤情况，监控视频、安检截图情况等。

部分短少时，对外包装含货签全貌、包装损坏处拍照。

(4)损坏

破损行包的损坏程度、部位、数量、包装、衬垫、破口尺寸、堆码状态、安全标志粘贴情况等现状。

变质包裹位置及损失程度、数量，运到时限，票据记事栏相关内容及标记，品名、包装、堆码方式等。

污染行包损失程度、数量，车内污染物(源)名称、位置、面积、包装情况，污染物(源)与被污染行包距离，被污染行包的数量和程度。

同时，对损坏行包外包装(含货签)全貌、安全标志、破损及污(湿)处、开封后货物及内包装状态(含衬垫)、货物破损及污(湿)处拍照。

(5)其他损失

除上述四种情形以外的其他行包损失视具体情况进行勘查并拍照。

2. 行包损失勘查后对物件的鉴定

(1)行包损失鉴定组织：行包发生损失需要鉴定时，交付前到站营业部应组织客户和有关人员进行检查确认，必要时邀请有鉴定能力的第三方鉴定机构和责任单位共同进行鉴定。损失鉴定应在营业部现场就地进行，现场难以鉴定时，经与客户协商同意后，可以移至适当的场地进行鉴定。

(2)行包损失鉴定书的编制：损失行包鉴定时，应按批编制“行包损失鉴定书”(表 5-6)。“行包损失鉴定书”应加盖处理单位行包损失处理专用章或单位公章，参加人员应签字或盖章，第三方参加鉴定的，还需加盖鉴定单位的印章或附出具的行包损失鉴定报告。

表 5-6　行包损失鉴定书

________站(营业部)　　　　　　　　　　　　　　　　　　第______号

<table>
<tr><td colspan="5">一、编制于____年____月____日系补充__________站编第__________号行包损失记录
发站(营业部)__________，到站(营业部)__________，票据号码__________
品名:______发生__________情况的鉴定书</td></tr>
<tr><td rowspan="5">二、鉴定分析结论</td><td colspan="2">(1)行包的性质和价格</td><td colspan="2"></td></tr>
<tr><td colspan="2">(2)行包的损失程度和款额</td><td colspan="2"></td></tr>
<tr><td colspan="2">(3)损坏行包能否修理或者配换及所需费用，残留价值</td><td colspan="2"></td></tr>
<tr><td colspan="2">(4)损失行包是否适用于原来的用途或作他用，对其价值有无影响</td><td colspan="2"></td></tr>
<tr><td>(5)行包损坏的原因</td><td>甲：行包损失和包装的关系
乙：行包损失和行包性质的关系
丙：其他原因</td><td colspan="2"></td></tr>
<tr><td colspan="5">三、鉴定费用</td></tr>
<tr><td rowspan="2">四、参加鉴定人员职务及签章</td><td>鉴定单位</td><td>铁路</td><td>托运人或收货人</td><td>其他</td></tr>
<tr><td></td><td></td><td></td><td></td></tr>
</table>

本鉴定书一式三份：一份随行包损失记录送责任单位，一份交收货人，一份留鉴定站存查。

规格：A4 竖印(210 mm×297 mm)

营业部组织行包损失鉴定时应由营业部负责人、行包损失处理人员等两人以上参加鉴定。

鉴定所支出的费用(包括整理、化验等费用)，应在行包损失鉴定书中记明。属于客户责任的，由客户承担；属于承运人责任的，由快运公司承担。

三、行包损失记录编制

(一)记录的分类

1. 客运记录

客运记录是铁路内部记录行包现状的交接凭证，由行李员在发现行包异常的当日编制。

客运记录应根据现场勘查情况,如实记载异常行包的现状。手工编制客运记录时,填写字体要工整清晰,项目填写齐全,真实准确。通过系统编制客运记录时,项目填写齐全后应保存并打印。客运记录需编制人本人签字或盖章,其他参加检查的有关人员也应签字或盖章,同时注明其所属单位名称。

2. 行包记录

行包记录(表 5-7)是行包发生损失时交给客户的证明。凡是行包在铁路运输过程中发生损失时,营业部应在发现或接到客运记录的次日按批编制行包记录。行包超过运到期限 30 d 仍未到达时,也应编制行包记录。

表 5-7　行包记录

一、承运概况

办理行包类别________票号________于______年______月______日承运

发站(营业部)________发局(公司)________托运人________

到站(营业部)________到局(公司)________收货人________

到达日期______年______月______日,到达车次________,担当单位________

封印:施封单位________施封封号________

二、损失情况

项目	品名	件数	包装	重量		声明价格	托运人记载事项
				托运人	承运人		
票据原记载							
按照实际							
损失概况							

三、参加人签章

车站(营业部)负责人________编制人________其他人员________

收货人________

四、记录附件:________

五、交付行包,托收货人意见:________

年　　月　　日编制　　　　公司　　　　车站(营业部)(章)

注:收货人或托运人应在收到本记录的次日起一年内提出赔偿要求。

规格:A4 竖印(210 mm×297 mm)

行包记录分为货主页和存查页,通过系统打印生成。行包记录加盖行包损失处理专用章和带有编制人所属单位名称的人名章后生效,非系统打印或有涂改的行包记录无效。行包记录号码由系统自动生成。

行包记录货主页应在客户领取货物时交给客户。行包记录交给客户后,件数不足的行包补送齐全且未发生损失的,向客户补交时应收回行包记录货主页并结案。补交时发生损失的,应收回行包记录货主页,重新编制行包记录。

(二)行包记录编制要点

编制行包记录要如实记载行包损失现状,不得在记录中做损失责任的结论,记录各栏应逐项填写。记录编制要点是:

1. 火灾。货物存放(库区)的地点,周围情况,火源等,被烧物品的名称、数量、损失款额等情况。

2. 被盗。货物存放地点,包装(包括内包装)破损状态(破口尺寸、形状等),施封情况,以及短少物品的具体品名、数量(无法判明短少数量时,应记明现有数量),损失行包复秤重量。

3. 短少。包装损坏状态,短少货物的具体品名、数量(无法判明短少数量时,应记明现有数量或现状),复磅检斤后现有重量(或短少重量)。

4. 损坏。损坏货物件数、品名和数量;包装种类、破损情况,衬垫情况;物品的损坏程度,损坏部位、破口尺寸;打包带、铁丝、铁腰、封印、集装袋、专用箱、编码锁及安全标志等是否完整。

5. 污(湿)损。污(湿)染源名称,包装、内装货物污(湿)损程度、被污(湿)损货物名称、数量等。

6. 其他。票货分离注明票据来源、票据记载内容或货物来源,以及标记内容。对无标记的,应注明包装特征或具体货物名称、件数和重量。

四、行包损失调查处理

(一)调查处理的归属

1. 行包损失调查处理,一般应在到站营业部(中途终止运输的,为行包终止运输站营业部)办理,但发站营业部接收行包后装车前发生行包损失编制行包记录的,调查处理工作由发站营业部负责。

2. 到站卸车时,发现编制有客运记录的行包,应按照记载的内容,认真核对现货,情况相符时,不再编制客运记录,记录交营业部;情况不符时,应重新编制客运记录交营业部,原记录留存。营业部确认行包损失后,编制行包记录,并向有关单位开展调查。

3. 行包运输过程中发生火灾、活动物死亡、尖端保密物品、放射性物品、麻醉品及精神药品被盗丢失等行包损失,中途站(营业部)应积极处理;中途站不能处理的,应编制客运记录交到站,由到站营业部核对现货,再编制行包记录,进行调查处理。

(二)调查文档的建立

调查所需资料文档应使用相应设备录制电子文档,在系统内加载,主要包括以下内容:

1. 行包运输票据、站车交接凭证、电报、客运记录(通过系统编制的除外)、行包损失查复书等信息。

2. 行包发生被盗、丢失,行包运输票据未附物品清单时,车站检查的现有行包数量和包装特征的清单。

3. 分析责任所需要的现场勘查现状照片、物品现状照片、疑似被盗痕迹照片等。

4. 其他有关资料(可按需要后附),车辆技术状态检查记录、行包损失鉴定书等。

一辆行李车内多批行包发生损失时,上述资料应分别录制加载。

(三)调查处理的程序

1. 发生行包损失应按规定编制行包记录,同时以查复书形式对行包损失的原因和责任进行调查,行包损失查复书见表 5-8,必要时派人外出调查。但轻微损失的,也可不调查。

2. 车站、营业部、列车担当段接到调查材料后，按以下规定办理：

(1)自接到调查材料之日起车站为 3 个工作日、列车担当段为 8 个工作日内以查复书答复送查单位，抄知发站(营业部)、到站(营业部)及有关单位。

表 5-8　行包损失查复书

主送：__________________

抄送：__________________　　　　　　　　　　第______号

记　录 编制单位		记　录 编制日期		记　录 号　码	
办　理 行包类型		声　明 价　格		票据号码	
发　站 (营业部)		到　站 (营业部)		品　名	
损　失 等　级		损　失 种　类		损　失 款　额	

年　　　月　　　日第　　　号查复书接悉

________公司________车站(营业部)(章)

年　　月　　日

规格：A4 竖印(210 mm×297 mm)

(2)因情况复杂,受调查单位不能在上述规定期限内答复(包括要求暂缓赔偿的),需要延期时,应在3个工作日内提出理由,告知发站(营业部)、到站(营业部)及有关单位。但此项延期自收到记录之日起,最多不超过30 d。

(3)发现行包一级损失,发现单位应立即深入现场组织处理。涉及外单位责任时,自拍发行包损失速报之日起10 d内邀请有关铁路局集团公司、快运公司(或快运分公司)参加处理,召开分析会,做出会议纪要。但处理单位与责任单位通过协商,对行包损失的原因和责任意见一致,经双方同意可以不召开分析会。

有关单位接到行包损失速报后,应组织调查,并按处理单位通知的开会日期参加分析会,签署会议纪要。各单位间对损失责任划分意见一致时,由处理单位将会议纪要连同有关调查材料送相关单位;各单位间对损失责任划分意见有分歧时,应在会议纪要内阐明各自意见。

有关单位拒不参加分析会或中途擅离会议,不签署会议纪要的,对分析会确定的责任不得提出异议。

涉及客户责任和铁路以外其他部门(包括社会物流企业)责任时,由处理单位负责通知相关人员参加分析会,有关单位应积极配合。

五、行包损失责任划分

行包损失责任划分应以事实为依据,以国家法律、行政法规以及有关规章的规定为准绳,划清承运人与托运人、收货人之间的责任。并根据责任的大小,行包损失责任分为全部责任、主要责任、次要责任、同等责任。现将行包损失责任划分有关内容分述如下:

(一)责任划分的规定

1. 铁路与旅客、托运人、收货人责任的划分

行包从承运时起至交付时止,铁路担负安全运输的责任,如发生灭失、损坏、短少、变质、污染时,铁路应负责赔偿,并在规定的运到期限内运至到站。

由于下列原因造成的灭失或损坏,铁路不负责赔偿责任:

(1)不可抗力。如水害、风灾、冰雹、地震、泥石流等。

(2)物品本身的自然属性或合理损耗。如枯萎、死亡、水分蒸发而产生的减量,化学制品的老化干裂,放射性同位素和短寿命生物疫苗的失效等。

(3)包装方法或容器质量不良,但从外部又不能够观察发现或无规定的安全标志时。

(4)托运人自己押运的包裹(因铁路责任除外)。

(5)旅客和托运人、收货人违反铁路规章或其他自身的过错。

由于旅客和托运人、收货人的责任给铁路造成财产损失时,应负赔偿责任。

2. 铁路内部站、车等单位责任的划分

铁路运输行包过程中,涉及铁路内部的发送站、中转站、到达站及各次列车等单位,为了判明造成行包损失的责任者,以便追究赔偿责任,也必须进行责任划分,并根据不同情况,按下列规定划责:

(1)火灾。

①火灾责任与公安消防部门认定的起火原因为依据定责。

②有公安机关证明系外来人员引起的火灾,列该外来人员进入的车站或乘坐该次列车的列车担当段责任。

③因违规承运易燃、易爆危险品造成的,列发送营业部和发站同等责任。

④责任不清的，列发生铁路局集团公司责任。

(2)被盗、丢失。

①施封的行包施封良好，列发送营业部责任；封印失效、丢失、断开，不破坏封印即能打开包装，按交接规定列责。

②已有途中交接电报或客运记录，且现状与途中交接电报或客运记录记载内容相符，接收方可以不再拍发电报。如内容不符，交接时未提出异议又未拍发交接电报声明的，列接收方责任。

③行包外部包装损坏，按交接规定列责；多次损坏、多次证明的，列相关单位同等责任。

④行包卸车站发现，整体灭失或散落其中小件丢失，按交接规定列责。

⑤行包发生被盗、丢失，定责前公安机关破案，按破案结论定责。如系外来人员造成的行包被盗，列发生单位责任。

(3)损坏。

①因行包无包装或包装不符合包装标准发生损坏，列发送营业部责任。行包发生损坏，经鉴定不属于包装质量和行包性质原因时，按交接规定列责。

②违反行包装载规定，造成行包损坏，列装车站责任。

③行李车清扫不彻底造成的行包污染，列该次列车担当段责任。

④对污染源和被污染行包处理不当，造成损失扩大时，列处理不当单位责任。但列车对有污染源的行包在满仓情况下或污染源行包较多处理有难度时，列发站责任。

⑤因承运对温度、时间有特殊要求的包裹，造成包裹变质的，列发送营业部责任。

⑥超过运到期限，造成包裹变质的，列积压站责任；连续积压，列积压时间最长的车站责任。

(4)其他。

①行包发生损失，应按规定编制行包记录而未编制行包记录的，列应编制行包记录而未编制行包记录单位责任。

伪编行包记录，列编制单位责任。同一车内多批行包发生损失，编制两份以上行包记录，经查明其中一份属于伪编，则其余各份行包记录所涉及的行包损失列编制单位责任。

误编、迟编以及迟送查行包记录，列责任单位和记录编制单位同等责任。

②收到调查记录(包括查询文电)超过规定答复期限未答复的(除已查明责任者外)，列迟延答复单位责任。

③对误到的行包未按规定编制记录和及时处理，发生损失的，列卸车站责任。

④因交接不清，接收后发现的行包损失或办理差错，除能查明责任者外，列接收方责任。

⑤包装破损未整修继续运送，以致行包损失扩大的，列应整修而未整修的单位责任。

⑥违反行包运输组织原则和行包运输方案造成的行包损失，列装车站责任。

⑦违反办理限制、误装卸、票货分离、顶件运输、误交付等办理差错造成的行包损失，列责任单位责任。

⑧发生行包损失，处理单位未能在规定期限内处理完毕，列处理单位责任。

⑨因铁路行车原因造成的行包损失的按安全监察部门确定的责任单位列责。

⑩因行李车辆原因造成行包损失，列最近定检施修该车的车辆段所属铁路局集团公司责任。

⑪列车遇阻，列车未按规定处理车内行包，导致行包发生变质或损失，列该次列车担当段责任；因车站拒接导致行包发生变质或损坏损失，列拒接站责任。

⑫交接时，接收方不盖规定名章或印章不清无法确认，以及接收方应签收而未签收，或虽已签收，但对件数、包装等情况，站车双方有异议时，在开车后 3 h 内(如区间列车运行超过 3 h 无停站时为前方停车站)未拍发电报确认时，列接收方责任。

如列车停车站具备发报条件而拒绝给列车拍发电报时，列车后续电报继续有效，但应在电报内说明拒绝拍发电报的车站。拒绝拍发电报的车站负同等责任。

⑬列车到达终到站后，超过 1 h 不签收或虽未超过 1 h，而车底入库，行包未卸完，发生损失时，列终到站责任。

⑭由承运人委托其他物流企业接取送达时，按委托协议列责。

如上述列责的规定，未提及的情况，由处理单位提出定责意见，报上级主管单位审定。

对铁路过失责任造成的行包损失，要严格按照“损失原因不查清不放过、损失责任者得不到处理不放过、整改措施不落实不放过、教训不吸取不放过”的原则，认真组织分析，并向上级主管单位报告。其中一级损失的分析会由责任铁路局集团公司（快运公司）主持，并报告国铁集团货运部。分析会自责任明确之日起 10 d 内召开。

（二）定责分歧的仲裁

行包损失对处理单位定责意见有争议的，经一次往返查复不能取得一致时，争议单位应自接到“行包损失定责通知书”（以下简称“定责通知书”，见表 5-9）之日起 5 个工作日内提出裁定申请，并按下列规定办理。但同一车站的行包房和营业部间争议只能协商解决，不得上报仲裁。

表 5-9　行包损失定责通知书

第__________号

__________站（营业部、公司）：

关于__________站（营业部）____年____月____日编____________________号行包记录，由__________站（营业部）发到__________站（营业部）的行包，票号第_______号，品名_______，根据________________________规定，确定为损失，损失等级__________，由__________、__________、__________、__________负责。

依章列__________责任，占__________%；
__________责任，占_______%；
_______责任，占_______%；

定责依据：

_______公司_______站（营业部）
____年____月____日

抄送：________________
____
____

规格：A4 竖印（210 mm×297 mm）

1. 三级损失责任，争议单位应将申诉理由及定责建议上报主管铁路局集团公司（或主管快运分公司），协商后，由主管铁路局集团公司（或主管快运分公司）裁定。

2. 二级损失责任，争议单位应将申诉理由及定责建议上报主管铁路局集团公司（或通过快运分公司报快运公司），协商后，由主管铁路局集团公司（或快运公司）裁定。

3. 一级损失责任，争议单位应将申诉理由及定责建议上报主管铁路局集团公司（或通过快运分公司报快运公司），主管铁路局集团公司（或快运公司）应将定责意见，连同会议纪要等材料上报国铁集团裁定。

一级损失责任，国铁集团的裁定为最终裁定。二级、三级损失责任，主管铁路局集团公司（快运公司、分公司）协商后的裁定为最终裁定；若协商不能取得一致意见时，可报国铁集团裁定。

国铁集团、铁路局集团公司（或快运公司、分公司）将裁定意见以"定责通知书"形式下达，送主管铁路局集团公司、责任铁路局集团公司、责任单位、发站、到站、快运公司（快运分公司，营业部）及有关单位。

争议单位未在规定时间内提出裁定申请的，不得对裁定单位的定责意见提出异议。争议单位提出裁定申请，主管铁路局集团公司（或快运公司）应在 10 d 内提出裁定意见，未按时提出时，维持原来定责不变。

凡按规定权限定责的行包损失，责任单位必须尊重定责意见。

（三）特殊情况责任的确定

1. 被盗丢失行包损失赔偿后，公安机关破案证明是其他责任单位的时，按下列规定处理：

（1）未构成一级损失的，维持原来定责不变。

（2）构成一级损失的，原责任单位将原案卷和公安机关破案证明一并报主管铁路局集团公司（或快运公司）审核后，自原行包记录编制之日起 180 d 内，向新的责任单位填发定责通知书，转送上述材料。超过上述期限的，维持原来定责不变。

2. 行包发生的损失，凡属下列情形之一者，属非过失责任。非过失责任行包损失不纳入对单位及个人的考核。

（1）非承运人过失引起的仓库或列车火灾、爆炸。

（2）非承运人过失造成的行包湿损、污损。

（3）由于铁路行车原因造成的行包损失。

（4）因自然灾害超过运到期限造成的包裹腐坏。

（5）其他非承运人过失造成的但属于承运人负责赔偿的行包损失。

（四）划分责任的期限

1. 对承运人责任明确的行包损失处理，要坚持快速调查、准确定责。自行包损失发现（发生）之日起，对三级损失处理定责期限最长不得超过 10 d；对二级、一级损失处理定责期限最长不得超过 30 d；特殊情况定责期限可适当延长，但需以查复书形式向主管铁路局集团公司（或主管快运分公司）说明理由。

2. 定责单位自下达"行包损失赔偿通知书"（以下简称"赔通"，见表 5-10）之日起超过规定期限不定责的，系统将默认列本单位责任。

表 5-10　行包损失赔偿通知书

第__________号

主送：______________

关于___年___月___日由____________站（营业部）承运到____________站（营业部）托运人______________________，收货人____________________________票号____________号，品名______________，保价________________元，发生________________________行包损失，赔偿要求人于______年______月______日要求铁路赔偿________________元一案，于______年______月______日受理，经审定同意赔偿人民币元（大写）________________________。

请将上述赔款汇至：

开户银行：____

银行账号：____

收 款 人：____

收款人签字（签章）：____

抄送：________________

____

____

__________公司__________站（营业部）

___年___月___日

规格：A4 竖印（210 mm×297 mm）

六、行包损失赔偿

（一）赔偿申请的受理

1. 行包损失赔偿由快运公司负责。对客户提出的赔偿要求，营业部按相关规定受理。但在运输途中发生的火灾、行包变质、活动物死亡等情况就地处理时，经与客户协商同意，可由发现站营业部受理，并通知发、到站及营业部。

2. 对承运人责任明确的行包损失，赔偿要求人向到站或发站营业部提出赔偿要求时，到站或发站营业部均应受理。委托他人办理时，应出具委托书、委托人和被委托人的有效身份证明复印件和联系方式。

3. 受理赔偿要求时，应审核赔偿要求人（或被委托人，下同）的权利、有效期限、“赔偿要求书”（表 5-11）内容，以及规定的证明文件（行包记录货主页原件、有效身份证明以及行包损失有关的其他资料）。审核无误后，在赔偿要求书收据上加盖行包损失处理专用章，交给赔偿要求人。

表 5-11　赔偿要求书

第____________号

<table>
<tr><td>提赔单位名称或姓名</td><td colspan="4"></td></tr>
<tr><td>发站(营业部)</td><td></td><td>到站(营业部)</td><td colspan="2"></td></tr>
<tr><td>票　号</td><td></td><td>品名</td><td colspan="2"></td></tr>
<tr><td>损失数量</td><td colspan="4"></td></tr>
<tr><td>提赔款额</td><td></td><td>计算方法</td><td colspan="2"></td></tr>
<tr><td>行包记录编制站</td><td></td><td>记录号码</td><td colspan="2"></td></tr>
<tr><td rowspan="2">详细通信地址</td><td rowspan="2" colspan="2"></td><td>电话</td><td></td></tr>
<tr><td>邮编</td><td></td></tr>
<tr><td>开户银行名称及账号</td><td colspan="4">收款人：
收款银行：
收款账号：</td></tr>
<tr><td>附件名称</td><td></td><td>份数</td><td colspan="2"></td></tr>
<tr><td colspan="5">提赔单位：____(公章)
提赔人姓名及身份证号码：________________________________(名章)
委托人姓名及身份证号码：________________________________(名章)

____年____月____日　提出</td></tr>
</table>

赔偿要求书收据

第____________号

兹收到__________________于________年____月____日提出的__________________站(营业部)承运至__________________站(营业部)品名__________________，票号__________________，发生________行包损失的赔偿要求书一份。

附件：

__________公司__________站(营业部)(章)

年　　月　　日

规格：A4 竖印(210 mm×297 mm)

(二)赔偿标准的确定

赔偿款额的标准，应按《铁路法》、铁路行包保价运输等相关规定来确定。

1. 实际损失的赔偿

实际损失是指因灭失、短少、变质、污染、损坏导致行包实际价值的损失。按照实际损失赔偿时，对灭失、短少的行包按照其实际价值赔偿；对变质、污染、损坏降低价值的行包，可按照其受损前后实际价值的差额或者加工、修复费用赔偿。

2. 保价运输的赔偿

保价运输的行包在运输中发生损失，无论托运人在办理保价运输时，保价额是否与行包的实际价值相符，均应在保价额内按照损失部分的实际价值赔偿，实际损失超过保价额的部分不予赔偿。如果损失是因铁路运输企业的故意或重大过失造成的，不受保价金额的限制，按照实际损失赔偿。

行包灭失、损坏时的赔偿标准见表 5-12。

表 5-12　行包损失赔偿价格一览表

项目	保价物品	不保价物品	附记
全部灭失时	按照实际赔偿，但最高不超过保价额	按照实际损失赔偿，但最高不超过国铁集团所规定的赔偿限额（含包装每千克 15 元），但是铁路运输企业的故意或重大过失造成的，不受赔偿限额的规定限制	退还全部运费
部分灭失、损坏时	按实际损失的比例赔偿	按照实际损失赔偿，但最高不超过国铁集团所规定的赔偿限额。但是铁路运输企业的故意或重大过失造成的，不受赔偿限额的规定限制	退还灭失货件重量的运费
分件保价时	按所灭失的该件实际损失赔偿，最高不超过该件保价额		退还灭失货件重量的运费
证明声明价格超过实际价格时	按照实际价格赔偿		多交的保价费不退

(三)具体办赔的操作

1. 分级办理赔偿

(1)轻微损失的赔偿由受理营业部审核办理。赔偿要求人要求以现金支付赔偿的，可不提出赔偿要求书，由营业部下达“小额理赔审批表”(表 5-13)当日完成现金赔付；赔偿要求人要求通过银行转账的，应提出“赔偿要求书”，由受理营业部下达“赔通”，当日将赔偿材料报主管分公司，由分公司转账。

(2)三级损失的赔偿由受理营业部在受理当日，以查复书写明调查过程、损失款额、赔偿金额等上报主管分公司，抄送发站(营业部)、到站(营业部)及相关单位，由主管分公司审核办赔。

(3)二级、一级损失的赔偿，由受理单位在受理当日，以查复书写明调查过程、损失款额、赔偿金额等报主管分公司审核后，上报快运公司，抄送发站(营业部)、到站(营业部)及相关单位，由快运公司审核办赔。

表 5-13　小额理赔审批表

车站（营业部）：（行包损失专用章）　　　　编号：________

发站（营业部）	到站（营业部）	票号	件数	品名
包装	保价	重量	备注	
赔偿计算方法：				
理赔金额（元）	小写			
	大写			
	零壹贰叁肆伍陆柒捌玖拾佰仟万			
概况：				
提赔人：	身份证号：		电话：	
代领人：	身份证号：		电话：	
制表人：	付款人：		付款日期：　年　月　日	
主管领导意见： 签字：　日期：　年　月　日				

注：本表一式三份，一份交财务部门，一份交赔偿要求人，一份办赔单位留存。

规格：A4 竖印（210 mm×297 mm）

2. 赔偿单据填发

（1）办理赔偿单位应填发“赔通”或“小额理赔审批表”，并加盖行包损失处理专用章。“赔通”分为正本、副本，正本为领、付款凭证（交本单位财务部门付款用），副本为赔款通知（本单位财务部门清算用，赔偿要求人、发站及营业部、到站及营业部各一份）。“小额理赔审批表”一式三份（其中正本一份，副本两份）。正本为领、付款凭证（交赔偿要求人领款用），副本为赔款通知（一份赔偿要求人留存、一份受理单位留存）。

（2）轻微损失以现金方式赔偿的，由受理单位与赔偿要求人共同确认行包损失和赔偿金额，下达“小额理赔审批表”。“小额理赔审批表”须经主管负责人审核签字批准，并加盖行包损失处理专用章后，交由赔偿要求人签字确认。赔偿单位向赔偿要求人交付赔款后，将“小额理赔审批表”正本收回，作为财务报销单证资料。

(3)客户通过铁路客服系统网上或通过手机客户端提出的赔款要求，经受理营业部审核后，需将受理情况以“客户通知书”(表 5-14)通过铁路客服系统告知客户。下达“赔通”后，应将“赔通”加载至铁路客服系统，告知客户。

表 5-14　客户通知书

通知书类型__________　　　　第__________号

__________公司__________站(营业部)

______年____月____日

规格：A4 竖印(210 mm×297 mm)

(四)办理赔偿的期限

1. 一般情况办理赔偿的期限,自受理赔偿要求的次日起至填发“赔通”之日止为 2 个工作日。

2. 特殊情况下办理赔偿的最长期限:快运分公司不超过 5 个工作日,快运公司不超过 10 个工作日。但赔偿过程中涉及法律程序的除外。

3.“赔通”下达后,应在 2 个工作日内送财务部门,财务部门接到“赔通”后,应在 5 个工作日内支付赔款。

(五)赔偿纠纷的处理

1. 受理单位上报的赔偿资料,经审核确定不属于铁路责任时,快运分公司、快运公司应说明理由与根据,告知受理单位。受理单位以盖有行包损失处理专用章的函件答复赔偿要求人,同时将全部赔偿材料(赔偿要求书除外)复印留存后退还赔偿要求人,并告知有关单位。

2. 赔偿要求人向法院提起的诉讼案,按照国铁集团及所属企业法律纠纷案件处理的有关规定执行。法院调解或判决承运人责任生效后,由被告单位先行垫付铁路承担的款额。涉及被告单位以外铁路其他单位责任时,应根据法院调解或判决和《铁路行李、包裹损失处理规则》有关规定确定责任。

3. 赔偿后又找回的丢失、被盗、冒领、逾期等按灭失处理的行包,应迅速通知托运人和收货人领取,撤销一切赔偿手续,收回全部赔偿。如托运人或收货人不同意领取时,应按无法交付行包处理。如发现托运人或收货人有欺诈行为,不肯退回赔款或属第三方责任时,应通过行政或法律手段追索。

(六)赔偿款额的清算

1. 行包损失赔偿由快运公司按照国铁集团制定的《成本费用管理核算规程》的规定核算。

2. 行包营业窗口由铁路局集团公司代管的,行包损失赔偿工作比照《铁路行李、包裹损失处理规则》的规定办理。属营业部的办赔权限由行包房负责,属快运分公司的办赔权限由直属站段负责,属快运公司的办赔权限由铁路局集团公司负责。产生的行包损失赔款,由铁路局集团有限公司按月汇总,向铁路局集团公司所在地快运分公司清算。

七、行包损失统计与资料保管

(一)行包损失统计

1. 各单位对于行包损失的件数和赔款,应通过系统逐件统计。行包损失件数统计以一批作为一件。

2. 各单位应按月统计行包损失,于次月 5 日前由系统生成“行包损失统计报告”(表 5-15)。过失责任的行包损失单独统计,在“行包损失统计报告”表的“其中本单位责任”栏内画一斜线,分子表示过失责任,分母表示过失责任与非过失责任的合计数,无过失责任时,斜线可省略。

(二)行包损失资料保管

1. 行包损失一案一卷,整理清楚,登记入册,其保管材料应包括:行李票或包裹票、行包记录、损失物品清单、查询电报、行包损失查复书、行包损失鉴定书、赔偿要求书、行包损失赔偿通知书、行包损失定责通知书、小额理赔审批表等。

2. 行包损失调查和赔偿材料由处理单位自结案的次年 1 月 1 日起,保管 3 年。

表 5-15 行包损失统计报告

填报单位(章)： 年 月

类别		损失等级				损失种类					责任单位				保价情况		合计
		一级	二级	三级	轻微	火灾	被盗	丢失	损坏	其他	列车	车站	营业部	其他	保价	非保价	
1		2	3	4	5	6	7	8	9	10	11	12	13	14	15	16	17
行李	件数(件)																
	赔款(元)																
包裹	件数(件)																
	赔款(元)																
高铁快运	件数(件)																
	赔款(元)																
合计	件数(件)																
	赔款(元)																
其中本单位责任	件数(件)																
	赔款(元)																
损失概况																	

审核人： 填报人： 填报日期： 年 月 日

任务三　线路中断的运输处理

任务描述

在熟悉铁路发生线路中断后采取的应急措施的基础上，能够对因线路中断造成影响的旅客、行包进行妥善地运输安排，并懂得根据线路中断后旅客的不同选择办理旅客车票的退票和行包运费的退费手续。

任务导入

旅客A购买了宝鸡—徐州T××××次列车的硬座车票，列车开到郑州站前，因前方水害，线路中断，旅客要求返回洛阳站停止旅行，请问如何为该旅客办理返回洛阳的手续？返回洛阳站后，如何办理退票？

知识准备

一、线路中断应采取的措施

由于自然灾害、行车事故或者其他原因，致使线路中断，造成列车不能继续运行时，应采取下列应急措施：

1. 站车工作人员应将造成线路中断的灾害原因、事故概况、影响程度等情况调查了解清楚，并立即向上级报告，同时根据上级指示迅速采取措施，确保旅客和行包的安全。

2. 站车工作人员对掌握的灾害(事故)情况，应通过广播向旅客做好通报、解释、安抚工作，稳定旅客情绪，维护站车秩序。

3. 列车停运且不能在短时间内恢复运行时，站车应做好服务工作，解决旅客的困难，做好饮食供应工作，必要时，向地方政府报告请求援助。

4. 线路中断预计不能及时修复通车时，灾害(事故)发生局应向国务院铁路主管部门请求命令后向全路发出停办到达和经过中断区段客运业务的电报。同时，应设法疏解被阻旅客。

二、列车运行中断对旅客的安排

运行中断，列车不能继续运行时，应妥善安排被阻旅客，及时告知相关出行信息。

运行中断，旅客可以按照铁路运输企业的安排返回发站、中途站退票或绕道旅行，在车票发站，退还全部票款；在中途站，退还未乘区间票款。均不收取退票费。

铁路运输企业组织原列车绕道运输时，旅客原票不补不退，但中途下车铁路旅客运输合同即履行终止。绕道时旅客要求变座、变铺的(铁路运输企业造成的变更按铁路运输企业责任变座、变铺处理)，应补收变更区间票价差额，变更区间不足起码里程按起码里程计算。

由于运行中断影响旅行，旅客要求出具证明时，车站应开具文字证明。

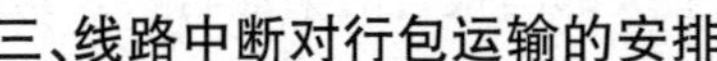

三、线路中断对行包运输的安排

1. 托运人要求对未装运或由中途运回发站的行包取消托运时，收回行李票、小件运单，在旅客页和报单页记事栏注明“线路中断、取消托运”，填写“车站退款证明书”，退还全部运费，并将收回的行李票、小件运单附在“车站退款证明书”报告页上报。

2. 已运至到站要求返回发站的行李，运费不退。在行李票报销页加盖“交付讫”戳，记事栏注明“线路中断，已运至到站的行李返回，运费不退”交旅客报销。

3. 在中途站领取时，收回行李票、小件运单，填写“车站退款证明书”，退还未运送部分的运费，不足起码里程按起码里程计算。在旅客页、报单页记事栏注明“线路中断，中途提取”附在“车站退款证明书”报告页上报。

4. 旅客在发站或中途站办理退票，而托运的行李已运至到站，要求将行李运回发站或中途站，运费不补不退。如要求将行李仍运至到站时，需另行支付全程或终止旅行站至到站两倍行李运费。

5. 包裹变更到站，补收(或退还)已收运费与发站至新到站的运费差额。不足起码里程按起码里程计算。在“客杂”(或车站退款证明书)记事栏注明“因××线路中断，变更到站”。

6. 鲜活包裹被阻，返回发站或变更到站按上述有关规定处理。要求承运人在中途处理时，退还已收运费与发站至处理站间(不足起码里程按起码里程计算)的运费差额和物品处理所得款。

7. 组织行包绕道运输时，应在行李票、小件运单记事栏注明“线路中断，绕道运输、被阻×日”并加盖站名戳，原车绕道时加盖列车行李员名章，到站根据实际运输里程加上被阻日数计算运到期限。

8. 线路中断后承运包裹，经铁路局集团公司批准，按实际径路计算运费。

任务四　客运记录的编制与铁路电报的拍发

任务描述

在理解客运记录的编制和铁路电报拍发时机、要求、范围，同时掌握其编制和拍发方法的基础上，能够应对各种不同的情况(如处理运输事故)熟练地编制客运记录、拍发铁路电报。

任务导入

由上海开往昆明的T××××次特快列车(昆明客段担当乘务)，运行至株洲时，软卧车厢燃轴不能修复，并在株洲站甩车处理。现有一名旅客持南昌至昆明的新空软座客普快卧(下铺)车票，票号A0001234，安排到了硬卧下铺乘坐，对于旅客车票的差价，如何编制客运记录？

知识准备

铁路旅客或行包运输过程中，会发生一些特殊情况和运输事故，站车均要编制客运记录和拍发铁路电报，作为特殊情况或运输事故的文字纪实和向上级部门报告的书面材料。为此，对客运记录与铁路电报分述如下：

一、客运记录

（一）客运记录的含义与作用

1. 客运记录的含义

客运记录是指在旅客或行李运输过程中因特殊情况，铁路运输企业与旅客之间需记载某种事项或车站与列车之间办理业务交接的纸质或电子凭证。

2. 客运记录的作用

(1)站车办理交接的依据。

(2)旅客发生意外伤害，介绍到与铁路有渊源关系的医院抢救治疗的证明。

(3)旅客至到站或有关站退款的凭证。

(4)作为编制行包记录的凭据。

(5)有关事件纪实的材料。

(6)其他情况需要说明的依据。

（二）客运记录编制要求

1. 据实编制，事项齐全，内容准确、具体、详细、齐全、完整，如实反映情况，不得虚构、假想、臆测、似是而非、含糊不清。

2. 记录措辞简明扼要、条理清楚、层次分明、述事完整、说明问题、目的明确、字体清晰、书写工整。

3. 记录词句不应出现命令、质问以及不尊重对方的语言。

4. 记录中涉及数据、名称、单位、病情、伤势等应尽量准确；涉及旅客车票时应有票种、票号、发到站；涉及行李票、小件运单时，除应有发到站、票号外，还应有旅客、单位、品名、数量、重量等，不得漏项。

5. 客运记录应有顺序编号，加盖编制人名章。客运记录一式两份，一份交接收人，另一份由接收人签字后自己留存，对留存的应装订成册，妥善保管，以备存查。

（三）客运记录编制范围

1. 列车的编制范围

(1)卧铺发售重号，列车应尽量安排同等席别的其他铺位，没有空位时，应编制客运记录交旅客，由到站退还卧铺票价。

(2)因铁路运输企业责任使旅客不能按票面记载的座别、铺别乘车时，列车应重新妥善安排。重新安排的座席、铺位低于原票等级时，列车长应编制客运记录交旅客，至到站退还票价差额。

(3)发生车票误售、误购，应退还票价时，列车应编制客运记录交旅客，作为乘车至正当到站并要求退还票价差额的凭证。

(4)旅客误乘列车或坐过了站，列车交前方停车站免费送回时应编制客运记录。

(5)旅客丢失车票，另行购票或补票后又找到原票时，列车长应编制客运记录交旅客，作为在到站出站前向到站要求退还后补票价的依据。

(6)对无票乘车而又拒绝补票的人,列车长可责令其下车并编制客运记录交县、市所在地车站处理(其到站近于上述到站时应交到站处理)。

(7)在列车上,旅客因病不能继续旅行,列车长应编制客运记录交中途有医疗条件的车站转送医院治疗。

(8)因铁路责任,致使旅客在中途站办理退票,退还票价差额时应编制客运记录。

(9)发现旅客携带国家禁止或限制运输的物品、危险品乘车,移交最近前方停车站或有关车站处理时应编制客运记录。

(10)旅客携带品超过规定范围(危险品除外),无钱或拒绝补交运费,移交旅客到站或换车站处理时应编制客运记录。

(11)向查找站或列车终到站转送旅客遗失品,与车站办理遗失物品交接手续时应编制客运记录。

(12)旅客在列车内发生因病死亡,移交县、市所在地车站处理时应编制客运记录。

(13)列车内发现无人护送的精神异常旅客,移交到站或换车站时应编制客运记录。

(14)因意外伤害(包括区间坠车),招致旅客伤亡,移交有关车站处理时应编制客运记录。

(15)发现违章使用铁路职工乘车证,上报铁路局集团公司收入部门处理时应编制客运记录。

(16)列车接到行李托运人要求在发站取消托运,将行李运回发站时应编制客运记录。

(17)列车接到发站行李变更运输(包括行李误运)电报时,应编制客运记录,连同行李和运输报单,交前方营业站或运至新到站(需中转时,移交前方中转站继续运送)。旅客在列车上要求变更时,同样办理。

(18)列车上发现装载的行李品名不符,或实际重量与票面记载的重量不符,移交到站或前方停车站处理时应编制客运记录。

(19)列车对已装运的无票运输行李,应编制客运记录,交到站处理。

(20)列车内发现旅客因误购、误售车票而误运行李时,如其托运的行李在本列车装运,应编制客运记录,交前方营业站或中转站向正当到站转运。

(21)行李在运输途中发生损失,移交到站处理时应编制客运记录。

(22)持挂失补车票乘车的旅客,经列车长确认该席位使用正常的,应编制客运记录交旅客至到站办理退票。

(23)其他应与车站办理的交接事项。

2. 车站的编制范围

(1)发生误售、误购车票,在中途站、原票到站发现,向正当站乘车并退还票价时。

(2)将旅客遗失物品向查找站转送时。

(3)旅客在车站发生意外伤害时。

(4)车站向铁路局集团公司收入部门寄送因违章乘车所查扣的铁路乘车票证时。

(5)行李票货分离,需补送行李或票据时。

(6)行李票货分离,部分按时到达交付,部分逾期时。

(7)行李装运后,旅客要求运回发站取消托运时。

(8)行李所在站接到行李变更运输的电报时。

(9)车站发现伪报品名的行李损坏其他行李时。

(10)在中途站、原票到站处理因误售、误购车票而误运的行李时。

(11)在发站或中途站,行李发生损失或需要说明物品现状时。

(12)行李未到,办理转运手续后,逾期到达时。

(四)部分客运记录实施电子化的规定

为提升非正常情况下列车服务质量,本着“以站保车”原则,充分发挥客运信息化系统优势,特对列车所编制的部分客运记录实施电子化,现将有关规定分述如下:

1. 列车部分客运记录电子化的范围

(1)因列车晚点,影响旅客接续行程时,列车不开具客运记录。由车站通过客票系统查询列车晚点运行信息后,为旅客办理相关改签、退票手续。

(2)列车遇旅客持“挂失补车票”乘车时,在旅客到站前,查验旅客席位情况后,使用站车交互系统终端“客运记录”功能的“挂失补”模块,选择席位使用情况,向客票系统发送席位使用情况的确认信息。旅客在列车上办理“挂失补”的,列车长仍需开具纸质客运记录,一份交旅客,一份随“车移报告”上交。

(3)因临时更换车体、空调故障等原因,旅客需到站退还票价差额或空调费时,列车使用站车交互系统终端“客运记录”功能的“席位调整”模块,选择席位使用情况,向客票系统发送确认退差信息。

(4)以下情况执行特殊规定:

①列车遇站车交互系统无信号、手持终端故障、登记失效时,应编制纸质客运记录,作为旅客到站办理退票的凭证。

②列车上旅客同时发生挂失补、退票价差、退空调费等情形时,分别按指定模块确认录入。

③同一车次途中更换乘务担当时,发生挂失补、退票价差、退空调费等情形时,列车长办理口头或书面交接,旅客到站前,由担当乘务的列车长录入确认信息。

2. 车站严格信息核验无误方能办理退票(退差)

(1)旅客到车站办理挂失补退票、退还差价、退还空调费以及晚点接续行程退票时,车站退票窗口自动通过客票系统查询电子客运记录或列车运行信息,经核查信息无误的,按规定予以处理。

(2)经系统核查无相应信息或无纸质客运记录的,车站应记录旅客身份信息、车票信息和联系电话。车站负责联系担当客运段或车站确认信息,涉及外铁路局集团公司担当列车或车站的,报所属铁路局集团公司客户服务中心,转担当铁路局集团公司客户服务中心协查确认。

(3)担当客运段或车站核查信息属实,应及时将信息反馈办理站(客户服务中心)。办理站应记录“核实事项、单位名称、经办人、职务、联系电话、办理日期”等信息,经办理站客运主管领导、经办人签字后,联系旅客予以处理。

(4)车站办理退票、退差后,客票系统生成客运记录(退票说明)(表 5-16、表 5-17),按规定上报。如未生成客运记录(退票说明)的,以列车开具的纸质客运记录或车站纸质核实记录为准,晚点信息以调度部门行车日志为准,并按规定上报。

表 5-16 客运记录(退票说明)样式之一

客运记录(退票说明)

车站：

售票处：

窗口号：　　年　月　日　　班次　　售票员　　第　页　共　页

<table>
<tr><td colspan="6">客运记录(序号)</td></tr>
<tr><td>类型：</td><td></td><td>客运记录录入时间：</td><td></td><td>办理时间：</td><td></td></tr>
<tr><td>所属客运段：</td><td></td><td>列车长：</td><td></td><td>手机号：</td><td></td></tr>
<tr><td>票号：</td><td></td><td>车次：</td><td></td><td>席位：</td><td></td></tr>
<tr><td>车票票价：</td><td></td><td>应退票价：</td><td colspan="3"></td></tr>
<tr><td>原因说明：</td><td></td><td>备注：</td><td colspan="3"></td></tr>
</table>

表 5-17 客运记录(退票说明)样式之二

客运记录(退票说明)

车站：

售票处：

窗口号：　　年　月　日　　班次　　售票员　　第　页　共　页

<table>
<tr><td rowspan="2">序号</td><td rowspan="2">业务类型</td><td colspan="11">办理车票信息</td><td colspan="9">原车票信息</td></tr>
<tr><td>票号</td><td>乘车日期</td><td>车次</td><td>发站</td><td>到站</td><td>席别</td><td>票种</td><td>车厢</td><td>座位号</td><td>原票价</td><td>应退票价</td><td>票号</td><td>乘车日期</td><td>车次</td><td>发站</td><td>到站</td><td>席别</td><td>票种</td><td>车厢</td><td>座位号</td></tr>
<tr><td rowspan="3"></td><td rowspan="3"></td><td></td><td></td><td></td><td></td><td></td><td></td><td></td><td></td><td></td><td></td><td></td><td></td><td></td><td></td><td></td><td></td><td></td><td></td><td></td><td></td></tr>
<tr><td rowspan="2">信息来源</td><td rowspan="2">电子</td><td>车次</td><td></td><td colspan="2">所属客运段</td><td colspan="4"></td><td>列车长</td><td colspan="2"></td><td>手机号</td><td colspan="2"></td><td colspan="2">信息录入时间</td><td colspan="2"></td></tr>
<tr><td>原因说明</td><td colspan="6"></td><td>备注</td><td colspan="6"></td><td colspan="2">车票办理时间</td><td colspan="2"></td></tr>
<tr><td rowspan="3"></td><td rowspan="3"></td><td></td><td></td><td></td><td></td><td></td><td></td><td></td><td></td><td></td><td></td><td></td><td></td><td></td><td></td><td></td><td></td><td></td><td></td><td></td><td></td></tr>
<tr><td rowspan="2">信息来源</td><td rowspan="2">电子</td><td>车次</td><td></td><td colspan="2">所属客运段</td><td colspan="4"></td><td>列车长</td><td colspan="2"></td><td>手机号</td><td colspan="2"></td><td colspan="2">信息录入时间</td><td colspan="2"></td></tr>
<tr><td>原因说明</td><td colspan="6"></td><td>备注</td><td colspan="6"></td><td colspan="2">车票办理时间</td><td colspan="2"></td></tr>
<tr><td rowspan="3"></td><td rowspan="3"></td><td></td><td></td><td></td><td></td><td></td><td></td><td></td><td></td><td></td><td></td><td></td><td></td><td></td><td></td><td></td><td></td><td></td><td></td><td></td><td></td></tr>
<tr><td rowspan="2">信息来源</td><td rowspan="2">电子</td><td>车次</td><td></td><td colspan="2">所属客运段</td><td colspan="4"></td><td>列车长</td><td colspan="2"></td><td>手机号</td><td colspan="2"></td><td colspan="2">信息录入时间</td><td colspan="2"></td></tr>
<tr><td>原因说明</td><td colspan="6"></td><td>备注</td><td colspan="6"></td><td colspan="2">车票办理时间</td><td colspan="2"></td></tr>
</table>

二、铁路电报

(一)铁路电报的含义与等级

1. 铁路电报的含义

铁路电报是处理生产业务的通信工具,是办理紧急事务的公文的表现形式。

2. 铁路电报的等级

铁路电报的等级按电报的性质和急缓程度分为以下七种:

(1)特提电报(TT),指特别紧急的命令、指示,处置重大突发事件等性质的电报。受理后即行办理,从受理到送达用户原则上不超过 2 h。

(2)特急电报(TJ),指非常紧急的命令、指示,处置较大突发事件等性质的电报。从受理到送达用户原则上不超过 4 h。

(3)加急急报(JJ),指紧急命令、指示,时间紧迫的会议通知、列车改点、变更到站和收货人、车辆甩挂、超限货物运行及行车设备施工、停用、开通、限速的电报以及其他时间紧迫的电报。从受理到送达用户原则上不超过 8 h。

(4)平急电报(PJ),指一般性命令、指示、会议通知等性质的电报。从受理到送达用户原则上不超过 24 h。

(5)限时电报(X),指限定时间到达的电报。根据需要与可能,由用户与电报所商定,在附注栏内填写送交收报单位的时间,如限时 8:30,应写"XS8:30"。

(6)列车电报(L),指处理列车业务,必须在列车到达以前或在列车到达当时送交用户的电报。

(7)国际联运电报(G 或 C),指处理国际铁路联运业务的电报,办理限时同特急电报。中朝报代码为 C,其他代码为 G。从受理到出国原则上不超过 4 h。

(二)铁路电报发报权限、范围和内容限制

1. 发报权限

国铁集团《铁路电报电话管理规则》规定,下列单位和人员有权制发电报:

(1)国铁集团及其机关各部门、各直属机构、驻外单位、控股公司。

(2)国铁集团所属单位,所属单位机关各部门、各直属机构、驻外单位、控股公司。

(3)铁路局集团公司所属站段或同级单位。

(4)站、段与运输有直接关系的生产部门(车站、折返段、救援列车、商检、货运营业部、列检所、公寓等)制发电报权限,由铁路局集团公司批准。

(5)执行列车乘务工作的负责人员,包括列车长、车辆乘务员、随车机械师、乘警长等。

(6)铁路公安系统各单位(公安局、公安处、公安派出所、乘警队等)

(7)执行公务的各级监察、稽查、审计人员。

2. 发报范围

(1)国铁集团(包括国铁集团机关各部门、各直属机构)发报范围不限。

(2)国铁集团所属单位可向国家铁路所属其他同级单位及所属站段发报,但不得发至全国各站段。

(3)铁路局集团公司所属站段(或同级单位)可向本铁路局集团公司或外铁路局集团公司同级单位发报,基层站段向所属车间、班组(工区)制发电报权限由铁路局集团公司规定。

(4)站段(或同级单位)所属机构可向本铁路局集团公司和外铁路局集团公司与其有直接工作关系的运输生产单位或其所属机构发报。

(5)担当列车乘务的负责人员(列车长、乘警长、车辆乘务员等工作人员)执勤时,根据工作需要,可向有关站段、车站、铁路局集团公司调度和公安部门发报。

(6)铁路公安系统各单位(公安局、公安处、公安派出所、乘警队等)根据工作需要可向有关单位发报。

(7)拍发给铁路乘务人员的电报,必须指定能够代其负责收转的铁路单位。

3. 电报内容限制

拍发电报时,电文涉及的事项必须是工作范围的内容,如遇下列情况,不准拍发电报。

(1)处理个人私事的电报。

(2)已经有文电的重复通知。

(3)由于工作不协调、互相申告(执行列车乘务工作的负责人,在列车运行中向上级领导汇报列车运行中发生的问题不在此限)的电报。

(4)不符合规定的电报版式或书写格式的电报。

(5)未签订服务协议的非铁路单位制发的电报。

(6)非铁路单位超出服务协议规定的业务范围的电报。

4. 使用铁路电报注意事项

拍发电报必须使用铁路电报纸。

编拟电报稿应使用规定的文字、符号、记号(即汉字及标点符号,汉语拼音字母,阿拉伯数字,规定有电报符号的记号和能用标准电码本译成四码的记号和字母),收电单位明确,电文通顺,文字力求简练,标点符号完整,字体清晰,并在原稿上填写拟稿人姓名和电话号码。

电报稿左上角应有收、抄报单位,右下角有发报单位本部门电报编号、日期,并应加盖公章、名章或签字。

(三)铁路客运业务电报的拍发范围

1. 列车业务电报拍发范围

旅客列车遇有下述情况时,列车长应拍发电报:

(1)因误售、误购车票而误运行李,行李又未在本列车装运,列车通知原到站向正当到站转运时。

(2)列车超员,通知有关部门和前方停车站采取控制客流措施时。

(3)列车行包满载,通知前方有关停车营业站停止装运行包时。

(4)遇有特殊情况,列车途中发生餐料不足,通知前方客运段补充餐料时。

(5)餐车电冰箱发生故障,通知前方客运段或车站协助加冰时。

(6)列车在中途站因车辆发生故障甩车或空调车发生故障不能修复,通知前方各停车站并汇报有关上级部门时。

(7)列车广播设备中途发生故障,通知前方广播工区派员前来处理时。

(8)专运等列车在中途站临时需要补燃料(煤、油等),通知前方有关部门补充时。

(9)列车运行中因发生意外伤害,招致旅客重伤或死亡,应立即向有关铁路局集团公司主管部门拍发速报时。

(10)列车发生或发现重大行包损失后,应立即向国铁集团和有关铁路局集团公司拍发速报时。

(11)站、车之间办理行李、包裹交接时,接受方未按规定签收,但双方对装卸的件数、包装等情况产生异议,向当事站拍发电报声明时。

(12)列车内发生运输收入现金、车票票据丢失、被盗和短少等事故,向铁路局集团公司收入部门和公安部门报案,通知有关单位协助查扣时。

(13)列车发生爆炸、火灾及重大刑事案件等突发事件,需迅速报告上级部门处理时。

(14)列车上发生旅客食物中毒,向所属铁路局集团公司和前方铁路疾控所报告时。

(15)遇其他紧急情况,需要迅速报告时。

2. 车站业务电报拍发范围

(1)发站发现少收票款时。

(2)到站发现少收票款时。

(3)线路中断列车停止运行后,向上级汇报时。

(4)因发生意外伤害,招致旅客重伤或死亡时。

(5)发生票货分离、票货不符,需查找下落时。

(6)发生票货分离、顶件运输,需声明纠正时。

(7)行包装运后,托运人要求变更到站时。

(8)行包装运后,托运人要求运回发站取消托运时。

(9)中途站发现行包中有国家禁止或限制运输的物品和危险品时。

(10)到站发现伪报一般货物品名时。

(11)到站发现重量不符,补收运费差额后,发电报通知发站和双方收入管理部门时。

(12)到站发现重量不符,需退还运费差额,发电报通知发站办理,并报告双方收入管理部门时。

(13)站、车对装卸的行包,因故未办理交接手续时。

(14)到站查询逾期未到的行包时。

(15)车站对查询逾期行包电报的复电时。

(16)发站向到站通报笨重货件装运及要求组织卸车的电报时。

(17)列车遇特殊情况在中途站或折返站借票时,列车长应与车站办理借票手续,出借票据的车站应发电报向双方铁路局集团公司收入部门及有关客运段报告借票情况时。

(四)列车业务电报的交接

1. 列车业务电报一般交有电报所的车站拍发。

2. 特殊情况可委托无电报所的车站代转。

3. 电报编制一式两份,一份交站,一份签收留存。

4. 电报发出后应设法向电报所索取发报的流水号。

(五)客运业务电报的拟稿要求

1. 明确主送、抄送单位

(1)主送——是指具体的受理单位或主办单位(不论单位大小,主要负责处理电文中事项的单位排列最前位)。

(2)抄送——是指知晓、协办、督促、备案、仲裁的单位(一般先上级后下级依次排列,列车电报抄送本段的排列最后)。

2. 拟编电文应掌握的方法

(1)电文应以报告、汇报的形式写出,禁止使用命令、指责、指示、质问的词句。

(2)电文的语句应本着实事求是的原则,做到具体准确,不应凭空猜想、似是而非、含糊不清。电文的数据、百分比、术语名称、尺寸规格、病情、伤势、姓名、单位、时间、地点、车次、区间、站名等应当准确。

(3)电文的语句,不应出现自我推断的语言,特别是关系到事件的性质、责任的,不可妄下结论,让收电单位及上级部门去判断。

(4)主送、抄送单位名称应准确,均应使用全称或者规范的简称、统称,不应出现错误或根本不存在某一单位的现象。

(5)电文叙述简练、层次分明、顺序清楚、目的明确。

(6)对突发事件,由于时间紧张,情况复杂,条件限制,一时无法做到完全、准确掌握情况,应在电文中声明:"详情正在调查,特此报告"字样。

(7)涉及乘警、乘检人员有关问题的事件,列车长应召集三乘一体会议,对拟出的电文进行商议,尽力取得一致意见,将看法不一致的语句修改为事件客观状况,并由三乘负责人共同签字再拍发。

实作技能

安全是铁路运输永恒的主题,事关广大旅客生命财产安全的头等大事,作为未来的铁路员工在校学习期间就要牢固树立"安全高于一切,责任重于泰山"的思想意识,并且严格培养自己履行岗位安全生产职责的高度自觉性、责任心和过细工作的严谨态度。在运输过程中一旦发生风险,要懂得处理运营事故的依据与方法。

(1)旅客运输发生人身伤害时,要以人为本,高度负责的精神来妥善处理。在处理过程中要以国家法律、法规为准绳,要保障旅客的基本权利。旅客在旅行安全方面的权利有:

①获得与车票等级相适应的服务并保障其旅行安全正点的权利。

②及时获得准确的服务信息和不正常运输的权利(知情权)。

③寻求并获得紧急情况下合理救助的权利。

④请求赔偿的权利。对运送期间发生的身体损害有权要求承运人赔偿。

为此,铁路承运人应承担下列对应的基本义务:

①运输安全义务。铁路运输企业应当保证旅客和货物运输的安全,做到列车正点到达。

②告知义务。承运人应当向旅客及时告知有关不能正常运输的重要事由和安全运输应当注意的事项。

③救助义务。承运人在运输过程中,应当尽力救助患有急病、分娩、遇险的旅客。

④损害赔偿义务。因铁路行车事故及其他运营事故造成人身伤亡的,铁路运输企业应当承担赔偿责任;如果人身伤亡是因不可抗力或者由于受害人自身的原因造成的,铁路运输企业不承担赔偿责任。

同时,自2013年1月1日起,废止《铁路旅客意外伤害强制保险条例》,以及删去《铁路运输安全保护条例》(中华人民共和国国务院第501号)第33条的规定,即:国家取消铁路旅客强制保险和责任旅客伤害限额赔偿(最高限额人民币15万元)的规定,发生铁路客伤按一般民事纠纷有关法律规定处理。对国家此举动要深刻认识其重大意义,它充分体现了以人为本的精神。虽然取消限额赔偿,铁路运输企业将会大幅度增加运营成本,但对铁路运输安全工作也有很大促进作用。

(2)对于铁路行包运输,应遵循安全、准确、及时、完整运输的基本原则。为加强行包运输管理,应严格贯彻预防为主,建立健全安全作业和检查制度。行包运输发生损失时,应及时处置,本着对托运人和收货人高度负责的精神,积极采取保护措施,尽量减少损失。对行包损失发生的原因和责任认定,应调查研究,查清事实,根据国家法律、行政法规及有关规定进行处理。对于承运人责任明确的行包损失,应先对外赔付,后划分铁路内部责任,做到主动、及时、真实、合理。

行包损失处理是铁路行包运输工作的重要组成部分,是很好的反面教材,可从中吸取深刻教训,提高安全意识,促进优质工作。为此,对铁路过失责任造成行包损失的,要严格按照"损失原因不查清不放过、损失责任者得不到处理不放过、整改措施不落实不放过、教训不吸取不放过"的原则,认真组织分析,并向上级主管单位报告。

作为未来行包损失处理工作者,应精通业务,勇于担当,在行政职权时,要坚持原则,秉公办事。同时,在行包运输工作中,应认真做到严格执行规章制度,卡控安全关键环节,提高行包作业质量,确保行包运输安全有序。

实作任务一　处理旅客发生意外伤害的技能

【案例 5-1】 2023 年 8 月 15 日,广州开往太原的某列车(太原客运段担当乘务),一旅客在长沙—岳阳间与另外两名旅客因争座位发生冲突受伤害,该受伤旅客向太原铁路法院提出诉讼,要求铁路赔偿。试分析,该伤害事故应如何处理为妥?

【解】 分析如下:

1. 该伤害事故的责任划分,应属于第三人责任。

2. 受伤害的旅客要求铁路先予赔偿的,铁路应给予支持,先行赔偿。因为旅客是弱势群体,铁路应执行代位赔偿。

3. 铁路应按法院调解或判决的赔偿额度赔付,如法院判决的赔偿额度较高,有异议时,可提出上诉。

4. 铁路赔付后即可取得向有关责任者——第三人追偿的权力。

5. 铁路有过错的,应当在能够防止或制止损害的范围内承担相应补充赔偿责任。

实作任务二　处理行包损失的技能

【案例 5-2】 2023 年 8 月 1 日,托运人长春仪器厂王岳在长春站托运包裹一批,品名:精密仪器,3 件共 65 kg,木箱包装,小件运单号:0000001,到站柳州,收货人:柳州工程机器厂张军,8 月 5 日过柳州站 Z5 次(南宁段担当乘务)卸车时短少一件 20 kg(该件声明价格 5 000 元),另以北京西发往包头的配件一箱(货签标记的小件运单号:0001234)顶替,进仓时发现即刻拍发声明电报,并将顶替货件编记录返回北京西站,8 月 7 日柳州站按缺件办理交付,经收货人判明缺件的内容物为工程机械检测仪一台,并编记录交收货人,同时拍发查询电报。查询未果,也已逾期 10 余天,于 8 月 24 日立案编制行包记录及填制行包损失查复书,进行调查。试问:柳州站如何编制有关的客运记录、业务电报、行包记录及行包损失查复书?

【解】 1. 拍发声明电报(图 5-1)。

铁路传真电报

签发　　　　　　　　核稿　　　　　　　　拟稿人：

电　话：

发报所	电报号码	等　级	受理日	时　分	受到日	时　分	值机员

主送：南宁客运段

抄送：沈阳、北京、呼和浩特局集团公司客运部，长春、北京西、包头站行包房

8月5日，过我站Z5次卸车件数正确，进仓核对发现长春站发往我站包裹一批，小件运单号：0000001，品名：精密仪器，3件65 kg，木箱包装，短少一件20 kg（该件声明价格5 000元），另以北京西站发往包头站配件一箱（货签标记的小件运单号：0001234）顶卸我站，特电声明。

柳州站行字(21)第51号

柳州站行包车间(印)

2023. 8. 5

受理　　　　　　　　检查　　　　　　　　总检

图5-1　声明电报

2. 编制记录返回顶替的货件（图5-2）。

南宁局集团公司　　　　客统一1

客运记录

第　079　号

记录事由：顶件运输，返回发站

北京西站行包房：

8月5日，过我站Z5次列车顶件卸下你站发往包头的配件一箱，货签标记的小件运单号：0001234，现编记录返回你站处理。

注：

1.站、车需要编制记录时均适用。

2.本记录不能作为乘车凭证。

柳州　站~~段~~　编制人员　印　(印)

站段　签收人员　(印)

2023年8月5日编制

图5-2　返回顶替货件的记录

3. 缺件交付,并编记录交收货人(图 5-3)。

南宁局集团有限公司

客统—1

客 运 记 录

第 83 号

记录事由:缺件交付

8月1日,长春站发往柳州站包裹一批,小件运单号:0000001,品名:精密仪器,3件65 kg,木箱包装,收货人:柳州工程机械厂张军,现该批货件实到2件45 kg,先行交付。因小件运单收回,特编此客运记录作为领取剩余1件包裹20 kg(该件包裹声明价格5 000元)的凭证。

注:

1.站、车需要编制记录时均适用。

2.本记录不能作为乘车凭证。

柳州 站~~段~~ 编制人员 印 (印)

站段 签收人员 (印)

2023年8月7日编制

图 5-3 交收货人的客运记录

4. 拍发查询电报(图 5-4)。

铁 路 传 真 电 报

签发: 核稿: 拟稿人:

电 话:

发报所名	电报号码	等 级	受理日	时 分	受到日	时 分	值机员

主送单位:长春站行包房

抄送单位:沈阳、北京、呼和浩特局集团公司客运部,北京西、包头站行包房,南宁客运段

8 月 5 日,过我站 Z5 次列车卸车发现,你发我到包裹一批,小件运单号:0000001,品名:精密仪器,3 件 65 kg,短少一件 20 kg(该件声明价格 5 000 元),另以北京西站发往包头站配件 1 箱顶替,我于 8 月 5 日发 51 号电报声明,少件的精密仪器系工程机械检测仪一台。请各有关站、段速查补送我站,以便交付。

柳州站行字(23)第 59 号

柳州站行包车间(印)

2023. 8. 7

第 页

图 5-4 查询电报

5. 查询未果，进行立案，编制行包记录(图 5-5)。

行包记录　　No：104

一、承运概况：

办理行包类别 包裹 票号 0000001 于 2023 年 8 月 1 日承运

发站(营业部) 长春 发局(公司) 沈阳 托运人 长春仪器厂王岳

到站(营业部) 柳州 到局(公司) 南宁 收货人 柳州工程机械厂张军

到达日期 2023 年 8 月 5 日，到达车次 Z5，担当单位 南宁客运段

封印：施封单位＿＿＿＿ 施封封号＿＿＿＿

二、损失情况

项目	品名	件数	包装	重量		声明价格	托运人记载事项
				托运人	承运人		
票据原记载	精密仪器	3	木箱		65	15 000	
按照实际	精密仪器	2	木箱		45	1 000	
损失概况	8 月 5 日过我站 Z5 次列车卸时短少 1 件，20 kg，该件声明价格 5 000 元，另以北京西站发往包头站配件 1 件(货签标记的小件运单号：0001234)顶替，所少货件至今未见补送。						

三、参加人签章

车站(营业部)负责人 ××(印) 编制人 ××(印) 其他人员 ××(印)

收货人 张军

四、记录附件：

五、交付行包，托收货人意见：要求按声明价格 5 000 元赔偿

2023 年 8 月 24 日编制　　南宁 公司 柳州 车站(营业部)(章)

注：收货人或托运人应在收到本记录的次日起一年内提出赔偿要求。

规格：A4 竖印(210 mm×297 mm)

图 5-5　编制的行包记录

6. 编制行包损失查复书，开展调查（图 5-6）。

行包损失查复书

主送：长春站行包房

抄送：沈阳、北京、呼和浩特局集团公司客运部，北京西、包头站行包房，南宁客运段　　第 123 号

记录编制单位	柳州站	记录编制日期	2023.8.24	记录号码	000104
办理行包类型	包裹	声明价格	15 000 元	票据号码	0000001
发站（营业部）	长春	到站（营业部）	柳州	品名	精密仪器
损失等级	三级	损失种类	丢失	损失款额	5 000 元

年　　月　　日第　　号查复书接悉

8 月 1 日你发我到包裹 1 批，3 件 65 kg，8 月 5 日过我站 Z5 次列车卸车时短少 1 件 20 kg，木箱包装，另以北京西发往包头的配件（货签标记的小件运单号：0001234）一件顶替，我于 8 月 5 日 51 号电声明，并于 8 月 7 日发 59 号电查询，对顶件的配件我已编 079 号记录返回北京西站。所欠货件至今未见补送，请你站速查装运情况，并复我。

南宁 公司 柳州站 车站（营业部）（章）

2023 年　8　月　24　日

规格：A4 竖印（210 mm×297 mm）

图 5-6　编制的行包损失查复书

实作任务三　处理线路中断运输的技能

【案例 5-3】 2023 年 9 月 15 日，旅客张三持柳州至兰州的硬座客普快通票一张，票号：A000001，自柳州站乘某次普快列车经郑州站换乘另一趟普快列车至兰州站，该旅客在柳州站还托运行李 2 件重 50 kg 至兰州站，行李票号：B000001（行李随旅客所乘列车装运），9 月 16 日，列车运行至西安站，因前方区间水害，列车不能继续运行。试问：

1. 旅客要求在列车停止运行站(西安站)终止旅行并提取行李,西安站应如何处理?

2. 旅客要求返回中途站(郑州站)于9月17日到达,停止旅行,但要求行李仍运至原到站(兰州站),郑州站应如何处理?

【解】 1. 处理依据

线路中断后,在停止旅行站(或中途站)退票时,退还未乘区间票款,未乘区间不足起码里程,按起码里程计算(如系铁路责任时退还全部票价)。

在中途站领取行包时,收回行李票、小件运单,退还已收运费与发站至领取站运费差额(发站至领取站间不足起码里程按起码里程计算)。

在发站(或中途站)停止旅行,要求行李仍运至原到站,补收全程(或终止旅行站至到站)的行李和包裹的运费差额。

2. 具体处理

(1)在西安站退还西安至兰州的硬座客票快票价及行李运费。

① 退还未乘区间票价

未乘区间:西安—兰州 676 km

退还硬座客普快票价:45.00 元

② 退还未运送区间的行李运费

未乘区间:西安—兰州 676 km

行李运价率:0.362 元/kg

50 kg 行李运费:0.362×50=18.10(元)

(2)在郑州站退还郑州至兰州的硬座客票快票价,但需补收郑州至兰州间的两倍行李运费。

①退还未乘区间票价

未乘区间:郑州—兰州 1 187 km

退还硬座客普快票价:71.50 元

②补收终止旅行站至到站两倍行李运费

未乘区间:郑州—兰州 1 187 km

行李运价率:0.582 元/kg

两倍 50 kg 行李运费:2×0.582×50=58.20(元)

3. 填写票据

(1)西安站填写的

①退票报告(图 5-7)

②退票报销凭证(图 5-8)

③车站退款证明书(图 5-9)

(2)郑州站填写的

①退票报告(略)

②退票报销凭证(略)

③客运杂费收据(图 5-10)

退票报告

西安 站：

退票日期	原客票									人数			原收				应收				核收退票费	净退款额	退票理由
	种别	座别	符号	票号	张数	发售时间	发站	经由	到站	全	半	孩	客票票价	加快票价	卧铺票价	空调票价	客票票价	加快票价	卧铺票价	空调票价			
9.16	客普快	硬		A000001	1	9.15	柳州	衡、郑	兰州	1			117.50	23.00			95.00	19.00			/	26.50	水害、线路中断
本页合计																							

站长　　印　　经办人　　印

总计	应退票价	核收退票费	净退款额	随缴附件	原客票	1张
	26.50	/	26.50		客运记录	

图 5-7　西安站填写的退票报告

A000000
柳　州站　K316　西　安站
Liuzhou　　　　Xian
2023年09月16日22:05开　16车013号
¥95.5元　新空调硬座
原票：柳州—兰州（退差）
仅供报销使用
1234567890********张某某
买票请到12306 发货请到95306
中国铁路祝您旅途愉快
10010000070519********JM

图 5-8　退票报销凭证

中国国家铁路集团有限公司　　**车站退款证明书**　　财收—16

西安局集团公司运输企业

西　安　车站　　填发日期　2023　年　9　月　16　日　　编号A032147

票据种类	票据号码	填发日期	发站	到站	车种车号	单位	名称及地址	
行李票	B000001	2023. 9. 15	柳州	兰州			开户银行及账号	

	品名	品名代码	实重	计重	运价号	票价运价	运费	建设基金	
原记载	行李		50	50			57. 70		
订正									
应退	行李		50	50			18. 10		
原记载									合计
									57. 70
订正									
应退									18. 10

记事：水害、线路中断，旅客在西安站终止旅行并提取行李，退还未运送区段运费。

退款金额（大写）　壹拾捌元壹角

上述退款已于　9　月　16　日以现金/支票　如数退讫

丙联已随　9　月中　日（旬）财收—8 报运输企业。

甲联：车站存查

填发人　印　　付款人　印　　审批人　印

图 5-9　西安站填写的车站退款证明书

丙

郑州局集团公司

客运运价杂费收据

2023年9月17日 (报告用)

<table>
<tr><td rowspan="4">原票据</td><td>种 别</td><td>日期</td><td>9.15</td><td colspan="3">月 日 时到达、通知、变更</td></tr>
<tr><td rowspan="3">行李票</td><td>号码</td><td>B000001</td><td colspan="3">月 日 时 交 付</td></tr>
<tr><td>发站</td><td>柳州</td><td colspan="3" rowspan="2">核收保管费 日</td></tr>
<tr><td>到站</td><td>兰州</td></tr>
<tr><td colspan="4" rowspan="2">核 收 区 间</td><td colspan="3">核 收 费 用</td><td rowspan="2">款额</td></tr>
<tr><td>种别</td><td>件数</td><td>重量</td></tr>
<tr><td colspan="4" rowspan="5">自 郑州 站
至 兰州 站
经由（ ）
席别 人数</td><td>两倍运费</td><td>2</td><td>50</td><td>58.20</td></tr>
<tr><td></td><td></td><td></td><td></td></tr>
<tr><td></td><td></td><td></td><td></td></tr>
<tr><td></td><td></td><td></td><td></td></tr>
<tr><td></td><td></td><td></td><td></td></tr>
<tr><td colspan="4"></td><td colspan="3">合 计</td><td>58.20</td></tr>
<tr><td>记事</td><td colspan="7">水害，线路中断，旅客在郑州站终止旅行，但要求行李仍运到原到站（兰州站），终止旅行站至到站两倍行李运费。</td></tr>
<tr><td colspan="8">郑州 站经办人 印 印</td></tr>
</table>

A000000

150毫米×130毫米

图 5-10 郑州站填写的客运杂费收据

实作任务四 编制客运记录与铁路电报的技能

(一)车站编制客运记录模拟题例

1. 车票误售误购，在中转站、原到站发现时所编的客运记录记录要点：

(1)注明旅客原误购车票的发到站、票号及实际正当到站的情况。

(2)若还有误运行李的，对误运行李所编制的客运记录应注明旅客姓名、误运行李的原到站、实际正当到站、票号、件数及重量等。

客运记录实例如图 5-11、图 5-12 所示。

哈尔滨局集团公司　　客统一1

客　运　记　录

第　001　号

记录事由：车票误售误购，乘车至正当到站

海伦站：

8月6日，在我站发现一名中转旅客王武持天津至海林硬座客普快通票，票号：A014567，系属误购，正当到站为海伦，特编记录附原票乘车至你站，并请按章处理。

注：

1.站、车需要编制记录时均适用。

2.本记录不能作为乘车凭证。

哈尔滨　站/~~段~~　编制人员　印　（印）

站/段　签收人员　（印）

2023年8月6日编制

图 5-11　车票误售误购的客运记录

2. 旅客在候车时遗留携带品进行转运的客运记录

记录要点：注明旅客遗失物品的品名、数量等情况，如是密码箱，则注明“系密码箱无法开启，内容物不明”等字样，并说明向何站转送归还失主。

转运有两种方式：一是，对小件物品可编制记录，交由列车长签收转送；二是，物件较大的，除编制记录外，并填写行包交接证，交由列车行李员签收，装入行李车转送。

哈尔滨局集团公司　　客统一1

客　运　记　录

第 002 号

记录事由：误购车票，以致误运行李，向正当到站转运

海伦站：

8月6日，我站发现旅客王武在天津站误购去海林车票，实际正当到站为海伦，并误运行李1件，重20 kg，行李票号：C012345，该旅客我站已编记录赴正当到站，现将在我站中转的该件行李转运你站，请按章处理。

注：

1.站、车需要编制记录时均适用。

2.本记录不能作为乘车凭证。

哈尔滨 站/段 编制人员 印 （印）

站/段 签收人员 （印）

2023年8月6日编制

图 5-12　误购车票，以致误运行李的客运记录

客运记录实例如图 5-13 所示。

(二)列车编制客运记录模拟题例

1. 车厢空调故障，到站退还未使用区段空调票价的记录

记录要点：注明旅客所持车票的票种、票号、发到站及未使用区段的情况。

客运记录实例如图 5-14 所示。

2. 移交精神异常旅客(无票的称为“精神异常人员”)的记录

记录要点：注明精神异常旅客其所持车票的票种、票号、发到站及发病症状。如能辨明其身份时，也应一并写明。

移交注意事项：根据精神异常旅客所持车票，确定移交站——交到站或换车站，不得交中途站；对无票的精神异常人员(即不能确认到站的)，交前方县市所在的车站。

南宁局集团公司　　客统一1

客 运 记 录

第 003 号

记录事由：转送旅客遗失物品

Z6次列车长转桂林北站：

8月27日，我站清理候车室时，发现旅客遗失物品：手提包一个，内装女式毛料黑色西装一套，男式新皮衣（棕色）一件，据你站来电话告知，失主旅客已与你站联系查找，现核对无误，特编记录由Z6次列车长携带转送你站，请按章处理。

注：

1.站、车需要编制记录时均适用。

2.本记录不能作为乘车凭证。

柳州 站/~~段~~ 编制人员 印 (印)

站/段 签收人员 (印)

2023年8月28日编制

图 5-13　转送旅客遗失物品的客运记录

客统—1

南宁局集团公司

客 运 记 录

第 004 号

记录事由：空调故障，到站退款

上海南站：

旅客王玉持南宁至上海南新空硬席客快速卧（下）车票，票号：A000123，乘我10号车厢，列车运行至鹰潭站，该车厢空调发生故障不能修复，致使鹰潭至上海南区段空调停用，现编记录请你站按章处理。

注：

1.站、车需要编制记录时均适用。

2.本记录不能作为乘车凭证。

南宁客运 ~~站~~ 段 编制人员 T78次列车长 （印）

站 段 签收人员 （印）

2023年8月1日编制

图 5-14 空调故障，到站退款的客运记录

客运记录实例如图 5-15 所示。

3. 移交意外伤害旅客的记录

记录要点：注明客伤身份（含姓名、性别、年龄、职业、单位、住址等），所持车票的票种、票号、发到站、所乘坐的席位，伤害的日期、车次、地点、原因、受伤部位、处理经过以及证据材料等内容。

南宁局集团公司　　　　客统一1

客　运　记　录

第　005　号

记录事由：移交精神异常旅客

株洲站：

8月1日，本次列车在衡阳开车后，车内发现一名无人护送的精神异常旅客，姓名、住址不详（或：据本人称，名叫×××，家住株洲市郊区大堂村），持永州至株洲的新空硬座客快票，票号：B012345，其发病症状时而爱哭爱笑、爱唱爱跳，特编记录交你站处理。

注：

1.站、车需要编制记录时均适用。

2.本记录不能作为乘车凭证。

南宁客运 ~~站~~ 段　编制人员　1558 次列车长　（印）

站 段　签收人员　（印）

2021年8月1日编制

图 5-15　移交精神异常旅客的客运记录

客运记录实例如图 5-16 所示。

4. 挂失补车票，席位使用正常的记录

记录要点：注明旅客姓名，购票时间证件，新车票（即办理挂失后补购的车票）票号及“席位使用正常，可办理退票”等字样。如旅客中途下车时，还应写明原因等内容。

客运记录实例如图 5-17 所示。

(三)车站编制业务电报模拟实例

1. 票款短收，让有关站车代为补收的电报

(1)主送：协助补收的车站或列车。

××局集团公司　　　　客统一1

客　运　记　录

第　006　号

记录事由：移交意外伤害旅客

南阳站：

×月×日×时×分，我车运行至鲁山—南台站间，窗外飞石击碎机后第13位YW600001号，前进方向右侧第二个车窗玻璃，碎片将乘坐3号下铺的重庆机械厂工人钱洪涛（男，46岁，持北京西至重庆新空硬席客普快卧下铺车票，票号：H000012）的左眼扎伤，伤势较重，我车已进行包扎止血，现编记录移交你站送医院救治，请按章处理。

附：旁证材料3份。

注：

1.站、车需要编制记录时均适用。

2.本记录不能作为乘车凭证。

××客运 ~~站~~ 段　编制人员　××××　值班列车长（印）

站 段　签收人员　　　　（印）

×年×月×日编制

图 5-16　移交意外伤害旅客的客运记录

(2)抄送:本铁路局集团公司收入部门及有关站(中途站、到站)。

(3)电文:

①说明少收票款的情况。

②请求补收并电复。

业务电报实例如图 5-18 所示。

2. 客伤事故速报的电报

(1)主送:本铁路局集团公司客运部。

如涉及行车事故还应主送发生单位及其所属业务主管部门和安监室;如涉及火灾、爆炸事故还应主送铁路公安局(处)和安监室。

(2)抄送:客伤死亡时,应抄送国铁集团客运部。

××局集团有限公司　　客统一1

客　运　记　录

第　007　号

记录事由：挂失补车票退票

××站：

兹有旅客×××，购票时所使用的有效身份证件号码：××……×，因原票丢失，后在车上办挂失补，新车票票号：A××××××，座位号：×车×号（或铺位号：×车×号×铺），乘车中席位使用正常，可办理退票（如中途下车时，并注明原因——该旅客因中转，在你站中途下车换车或该旅客因病，在你站中途下车治疗）。特编记录证实，请按章处理。

注：

1.站、车需要编制记录时均适用。

2.本记录不能作为乘车凭证。

××客运 ~~站~~ 段　编制人员　××××次列车长（印）

站 段　签收人员　　　　　　（印）

×年×月×日编制

图 5-17　挂失补车票退票的客运记录

如涉及行车事故还应抄送国铁集团安监局；如涉及火灾、爆炸事故还应抄送国铁集团铁路公安局、安监局；如系中间站还应抄送车务段。

(3)电文：按事故速报内容拟稿，即三个方面：①时间、地点；②客伤身份；③事故简况。

业务电报实例如图 5-19 所示。

3. 出借票据的电报

(1)主送：借票列车所属段收入科。

(2)抄送：有关铁路局集团公司及本铁路局集团公司收入部。

(3)电文：①借票原因；②借票列车车次、列车长姓名；③借票日期、票种、数量、号码等借票情况。

业务电报实例如图 5-20 所示。

铁 路 传 真 电 报

签发： 核稿： 拟稿人：

电 话：

发报所	电报号码	等 级	受理日	时 分	受到日	时 分	值机员

主送：衡阳站客运室转交8月8日过你站1628次列车长

抄送：郑州站、商丘站、南宁局集团公司收入部

8月8日，我站发售1628次（非空调列车）桂林至商丘的硬座客普快团体票一张，领队张少波等21人，代用票号：A006008，票价计算有误，应收合计：1 830.00元，而票据合计栏误为：1 738.50元，少收91.50元，请协助补收少收的票款，并将处理情况电告我站。

桂林站售字(23)第5号

桂林站售票车间（公章）

2023.8.8

受理 检查 总检

图5-18 桂林站拍发的电报

铁 路 传 真 电 报

签发： 核稿： 拟稿人：

电 话：

发报所	电报号码	等 级	受理日	时 分	受到日	时 分	值机员

主送：南宁局集团公司客运部

抄送：国铁集团客运部，南宁车务段

8月1日12:30，我站接收1627次列车移交的无人护送的精神异常旅客胡思，女，45岁，系黎塘城镇人，持郑州至黎塘硬座客普快车票，票号：A006007，正当客运值班员带领该旅客由二站台去客运室途中，乘人不备，跳入邻线3道，被通过的货车撞倒轧断双腿，驻站卫生所进行了包扎，并立即送往黎塘人民医院，经抢救无效死亡，特此电告。

黎塘站（公章）

2023.8.1

受理 检查 总检

图5-19 黎塘站拍发的电报

（四）列车编制业务电报模拟实例

1. 石击列车，造成客伤的电报

（1）主送：发生石击列车的就近车站、铁路公安所，车务段（中间站时）。

（2）抄送：有关铁路局集团公司客运部、铁路公安局（处）、安监室，本铁路局集团公司客运部、车辆部，所属车辆段、乘警队、本段。

（3）电文：①石击列车的时间、运行区间、被击的车厢、车窗等情况；②旅客伤害及物品损坏的情况；③客伤身份、所持车票的情况；④处理经过等。

业务电报实例如图5-21所示。

<table>
<tr><td colspan="8" align="center">铁 路 传 真 电 报</td></tr>
<tr><td colspan="3">签发：</td><td colspan="3">核稿：</td><td colspan="2">拟稿人：
电 话：</td></tr>
<tr><td>发报所</td><td>电报号码</td><td>等 级</td><td>受理日</td><td>时 分</td><td>受到日</td><td>时 分</td><td>值机员</td></tr>
<tr><td></td><td></td><td></td><td></td><td></td><td></td><td></td><td></td></tr>
<tr><td colspan="8">主送：南宁客运段收入科</td></tr>
<tr><td colspan="8">抄送：南宁、南昌局集团公司收入部</td></tr>
<tr><td colspan="8">由于“十一”黄金周客流剧增，车补量极大，1558/7次列车所带的票卷及代用票已使用完了，列车长王英于10月2日向我站售票车间提出借票，经我局集团公司收入部同意，现借出代用票4本(每本50组)，票号：A000001～A000200，特此电告。
南昌站售字(23)第11号
南昌站售票车间(公章)
2023.10.2</td></tr>
<tr><td colspan="3">受理</td><td colspan="3">检查</td><td colspan="2">总检</td></tr>
</table>

图 5-20 南昌站拍发的电报

<table>
<tr><td colspan="8" align="center">铁 路 传 真 电 报</td></tr>
<tr><td colspan="3">签发：</td><td colspan="3">核稿：</td><td colspan="2">拟稿人：
电 话：</td></tr>
<tr><td>发报所</td><td>电报号码</td><td>等 级</td><td>受理日</td><td>时 分</td><td>受到日</td><td>时 分</td><td>值机员</td></tr>
<tr><td></td><td></td><td></td><td></td><td></td><td></td><td></td><td></td></tr>
<tr><td colspan="8">主送：井陉、上安站并驻站铁路公安派出所、井陉车务段</td></tr>
<tr><td colspan="8">抄送：北京局集团公司客运部、安监室、公安局、石家庄铁路公安处、太原局集团公司客运部、车辆部、太原车辆段、乘警队、客运段</td></tr>
<tr><td colspan="8">9月7日16:18，列车运行至井陉～上安间，窗外飞石击碎机后第4位yz32623号前进方向右侧第6个车窗两层玻璃，并击中62号座旅客崔占春(男，32岁，住址：石家庄和平路32号，持太原至石家庄北站车票，票号：B069875)颅部，伤势较重，我车包扎后交石家庄北站处理，特电告知。
K××××次列车长(印)
×年9月7日于石家庄北站</td></tr>
<tr><td colspan="3">受理</td><td colspan="3">检查</td><td colspan="2">总检</td></tr>
</table>

图 5-21 石击列车，列车长拍发的电报

2. 通报旅客跳车的电报

(1)主送：旅客跳车区间的就近车站及铁路公安所。

(2)抄送：有关铁路局集团公司及本铁路局集团公司客运部、铁路公安局(处)，所属乘警队，本段。

(3)电文：①说明跳车的时间、地点及跳车情况；②具体要求——协助查找并处理。

业务电报实例如图 5-22 所示。

3. 代为补收车站少收票款的电报

(1)主送：少收票款的车站售票车间。

(2)抄送：有关铁路局集团公司及本铁路局集团公司收入部，少收票款车站收入检查室，本

段收入科。

(3)电文:①补收的款额;②填发的票据;③原票的处置。

业务电报实例如图 5-23 所示。

铁 路 传 真 电 报

签发: 核稿: 拟稿人:

电 话:

发报所	电报号码	等 级	受理日	时 分	受到日	时 分	值机员

主送:南京、镇江站长、铁路公安所长

抄送:上海、北京局集团公司客运部、铁路公安局,南京铁路公安处,北京乘警队、客运段

×月×日,T×××次南京站开车后约5分钟,一中年男性旅客从5号硬座车厢通气窗跳下,由于迟延发现,未能使用紧急制动阀停车,请上述车站及铁路公安所接电后协助查找并处理。有关记录、证据等材料待后补送。

T×××次列车长(印)

×年×月×日于无锡站

受理 检查 总检

图 5-22 旅客跳车,列车长拍发的电报

铁 路 传 真 电 报

签发: 核稿: 拟稿人:

电 话:

发报所	电报号码	等 级	受理日	时 分	受到日	时 分	值机员

主送:桂林站售票车间

抄送:南宁局集团公司收入部,桂林站收入检查室,南宁客运段收入科

你站售票车间售字(21)第5号电收悉,经查验车票,发现旅客张少波等21人,持你站发售的桂林至商丘非空调硬座客普快团体票,代用票号:A006008,短少款91.50元,我车以代用票B001234按章予以补收,原票收回随报告页上报,特此电复。

1628次列车长(印)

2023年8月9日于长沙站

受理 检查 总检

图 5-23 车站少收票款,列车长拍发的电报

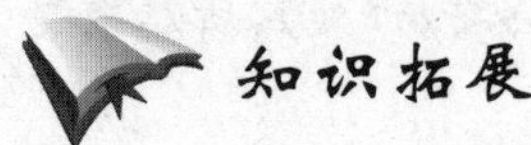

车站发生小孩、行李或作业车辆坠落股道时的应急处置

突发事件的应急处理

铁路旅客运输的突发事件是指在铁路旅客运输中突然发生、造成或可能造成人身、财物、行车及社会等方面的严重危害,需要采取应急处置措施予以应对的自然灾害、事故灾难,公共卫生事件和社会安全事件。

现对站车的防火防暴、卫生防疫、行车安全、旅客伤病、治安秩序、设备故障，自然灾害及其他情况等方面的突发事件应急处理分述如下：

车门故障的应急处置

一、防火防暴

(一)旅客列车发生火灾事故的应急处理

如火势不大，列车乘务员应立即用灭火器等器材将火扑灭。如不能控制火势时，应果断采取以下措施处理(俗称列车火灾应急处置"四十字")：

1. 立即停车。列车在运行中发生火灾时，乘务人员发现火情后，应冷静判断，火情如果能有效扑灭或控制，应立即设法灭火，如火势较大，情况严重，不停车不能扑灭时，应选择适当地点迅速使用紧急制动阀，迫使列车停车。防止因运行时的风力作用将火势扩大或蔓延。停车地点应避开桥梁、隧道，长大坡道等，并应避开生产、储存易燃易爆危险品的场所。

2. 疏散旅客。列车停车后，发生火情车厢的列车员和相邻车厢的列车员，应在积极扑灭火灾的同时，迅速将旅客疏散到安全地带。其他车厢乘务员迅速封锁车厢，严防旅客在列车运行中跳车、窜车发生意外事故。乘务员在疏散旅客的同时，立即向列车长、检车长、乘警长报告，并且要做好宣传、安抚工作，稳定旅客情绪，以免发生混乱。

3. 组织扑救。列车长、检车长和乘警长在接报火情后，应立即赶赴现场，同时要通过列车广播，通知全体乘务员坚守岗位，服从指挥。并立即组织、指挥列车防火组织人员、义务消防队和其他工作人员进行扑救。对于初期火情应当根据现场情况控制可燃物，用水或相应的灭火剂，消除火源，并应先准备好灭火器后，方可打开门窗灭火。

4. 切断火源。列车停车后，检车长和机车乘务员要迅速将起火车厢与列车分离，以切断火源，防止火势蔓延。

5. 设置防护。列车分解后，检车长和机车乘务员按《铁路技术管理规程》要求迅速设置防护，必要时可指派客运乘务员协助。

6. 报告救援。在疏散旅客、组织灭火的同时，列车长、检车长、机车乘务员要立即向列车调度员和相邻车站报告事故情况，报告内容要简明扼要，其中包括：车次、时间、地点、火势及人员伤亡情况。调度指挥部门应视情况迅速向当地政府、公安消防急救中心等部门请求支援。

7. 抢救伤员。在扑灭火灾、疏散旅客的同时，要积极抢救伤员，抢救时应本着"先救人后救物，先伤者后死者，先重伤后轻伤"的原则。并且列车乘务人员要发动和组织旅客开展自助互救活动。

8. 保护现场。在扑灭火灾时，要注意保护现场，不得擅自移动火场中的任何物品，对火灾痕迹和物证应采取有效措施，妥善保护。

9. 认真取证。乘警要及时了解事故详细情况，做好调查访问笔录，搜集相关证据。列车乘务员要配合乘警做好取证工作。

10. 协助查访。列车全体乘务人员应积极向公安机关提供线索，协助搞好现场调查，尽快查明事故原因，以利侦查定案、破案。

上述 10 条 40 个字是应急处理的要点，在突发事故发生时，可根据实际情况同步进行。

(二)在电气化区段列车发生火灾的应急处理

1. 电气化区段列车发生火灾时，应立即通知就近车站，并向列车调度员、电力调度员和接触网工区值班人员报告，并要求停电。在区间可联系检车长或机车司机用列车无线调度电话通知车站上报或直接报告列车调度员，并要求停电。

2. 在扑救距离接触网不足 4 m 燃着物时，用水和一般灭火器灭火必须停电；如使用沙土灭火时，距离接触网在 2 m 以上者，可在不停电情况下进行。

3. 车厢上部着火距离接触网不足 4 m，又不停电时，决不能喷射水流灭火。

4. 扑救火灾人员所站位置要距离接触网导线 2 m 以上，才能保证安全。

（三）列车上发现旅客携带危险品的应急处理

1. 为确保人身及列车的安全，严禁旅客携带危险品乘车，为此，列车乘务员应加强车内巡视，注意观察旅客携带品，采取“宣、看、嗅、摸、问、查”的方法查堵危险品。

2. 对列车上查出的危险品，应予以没收，由列车乘警出具罚没收据。

3. 查出的危险品由乘警妥善保管，对发令纸、鞭炮类的危险品，应立即浸水，对不明性质的严禁在车上试验，在列车最近前方停车站，交车站处理。

4. 车站设派出所的，由乘警按站车交接程序向派出所移交。

5. 车站未设有派出所的，由列车长编制客运记录，移交车站处理。

（四）列车上发现爆炸物的应急处理

1. 列车上发现爆炸物时，列车长、乘警长首先要组织力量把旅客疏散到距离爆炸物有一定安全距离的车厢。

2. 乘警长要设法判明爆炸物的性质，确定爆炸物的种类，并利用各种通信渠道将车上的情况报告铁路公安处（局）及就近沿线的车站公安派出所。同时，列车长也应及时向当地客运调度，有关铁路局集团公司及本铁路局集团公司主管部门和本段汇报。

3. 乘警长要立即采取防爆措施，可使用餐车上的灭火毯、石棉被或卧车上的毛毯浸湿进行覆盖，最大限度地降低爆炸概率，减少爆炸造成的损失和危害。

4. 乘警长确定爆炸物为随时可能发生爆炸的，应对列车实行紧急制动，迅速将旅客疏散到地面的安全区域。

5. 对有必要进行甩车处理的，事件发生地在本局管内时，列车长要及时向段汇报，由段上报铁路局集团公司决定是否甩车处理；事发地在外局辖区的，要及时向本铁路局集团公司及运行所在地铁路局集团公司汇报，决定是否甩车处理。

6. 列车长、乘警长要采取一切措施稳定旅客情绪，缩小知情面，控制事态，防止引发恐慌。

7. 乘警长要组织力量保护现场，并做好现场调查访问工作，尽快查明实施爆炸犯罪的嫌疑人，组织力量追捕。列车乘务员应积极做好协助配合工作。

8. 排爆人员和现场勘查人员到达后，乘警长要主动向其介绍发现和了解的情况，协助做好排爆和现场勘查工作，尽快消除隐患和侦察破案。

（五）车站发生火灾的应急处理

1. 车站发生火灾时，立即向上级报告，根据火势大小，拨打 119 火警电话，讲清时间、地点、燃烧物及火势情况，请求救援，并安排人员接应 119 消防车及消防人员以最快的速度进入火灾现场。车站领导、公安派出所负责人应立即赶到现场，成立临时指挥中心，实施统一指挥灭火工作。

2. 尽快组织旅客沿各消防通道疏散到安全地带，稳定旅客情绪，消除旅客恐慌心理，防止互相拥挤，踩踏伤人，做到有序疏散。

3. 关闭防火门，防火卷帘，关闭电源，切断火源，防止火势蔓延。

4. 车站立即组织人员进行扑救，灭火时要根据“先控制，后灭火；先重点，后一般；救人重于救火”的原则，迅速扑灭火灾。要根据火灾、物资的具体情况和燃烧物的性质，合理地选取灭火器材、消防栓等消防工具实施灭火方案。若火势较大，则迅速通知消防监控室启动消防联动设备，如消防泵，排烟风机等。

5. 设立安全防护区，对火灾事故现场的各门、各口派专人把守，防止旅客进入火灾区域取物，禁止无关人员穿行，确保旅客和工作人员的安全，维护现场秩序。

6. 车站客运员工要按照上级指示，积极组织救援，配合公安，消防部门做好有关工作。

7. 积极组织抢救伤员和被困人员，根据伤员情况，及时通知急救中心或有救治能力的医院抢救，确切掌握伤员，伤情等情况。

8. 在扑救火灾时，要采取多种措施做好宣传工作，稳定旅客情绪，维持好秩序，以免发生被盗、哄抢、混乱等情况，并注意保护好现场。售票处发生火灾时，售票员应保护好现金、票据，以免发生丢失。

9. 车站应协助有关部门调查访问火灾原因、旅客损失、责任人等情况，做好善后处理。

10. 配合公安部门收集当事人、目击人的旁证材料，并不少于两份，材料应用笔录形式，内容应包括：火情发生的时间，起火的初始点，火灾的原因、经过等。证人还应写明自己的姓名、单位、地址及联系电话等。

(六)车站发现可疑爆炸物品的应急处理

1. 车站客运工作人员发现站内可疑爆炸物品时，应立即报告车间与车站领导，以及车站铁路公安派出所。公安派出所设法判明爆炸物的性质，确定爆炸物的种类，并及时向上级公安部门汇报。

2. 公安派出所站警应对放置可疑爆炸物品的场所划出警戒线，客运工作人员要迅速将周围旅客疏散到安全地带。并且，对警戒范围派专人看守，不得让旅客靠近危险区。

3. 客运工作人员与站警要采取一切措施稳定旅客情绪，控制事态，防止引发恐慌。

4. 站警要立即采取防爆措施，使用灭火毯、石棉被进行覆盖，最大限度地降低爆炸概率，减少爆炸造成的损失和危害。

5. 站警要组织力量保护好现场，客运工作人员要予以协助，并积极为公安部门提供有关线索，做好调查工作，配合公安部门尽快查明实施爆炸犯罪的嫌疑人，尽早侦察破案。

6. 专业排爆人员和现场勘查人员到达后，站警要主动向其介绍发现和了解的情况，协助做好排爆和现场勘查工作，尽快消除隐患，恢复正常的客运工作。

二、卫生防疫

(一)列车上发生旅客食物中毒的应急处理

根据《铁路旅客运输管理规则》及原铁道部《关于印发〈铁路旅客人身伤害及携带品损失处理暂行办法〉的通知》(铁运〔2012〕319 号)规定：旅客列车或车站发生三人以上食物中毒时，列车长、客运主任应及时通知当地的铁路防疫部门(疾病预防控制所)。必要时还应报告公安部门，并做好现场保护工作。为此：

1. 列车上发现旅客食物中毒症状时,列车长应立即向当地客运调度、本段值班室及当地铁路疾控所报告;患者需要送医院抢救时,并且通知前方停车站。若涉及投毒事件的,还应报告铁路公安部门。报告内容包括:旅客发病的车次、时间、运行区段、中毒人数、危重患者数,主要症状、可能引起中毒的食物等。

2. 列车长做好客运记录,及时将危重病人移交车站,迅速送往当地有救治能力的医院进行抢救。

3. 稳定旅客情绪,封存可疑食物,保留呕吐物样品,停止销售可疑食物,追回出售的可疑食物,等待卫生监督人员到现场查验。

4. 调查发病原因及其餐饮食物,取得被取证人包括发病人在内的证明材料,多人发病时取证患者材料两份以上,同行人或周围旅客材料两份,有关工作人员材料一份。

5. 列车运行途中列车长根据掌握的情况及时向上级有关部门汇报,听取指示,开展工作;返乘后写出书面报告,连同有关材料一并上交。

(二)列车上突发公共卫生事件的应急处理

列车上发现有国家公布的传染病症状的旅客时,应根据情况,采取以下措施:

1. 列车长应立即向本单位值班室和当地客运调度报告。报告内容包括:车次、时间、运行地点、病人简况及主要症状,旅行目的站,病人所在车厢号等。

2. 列车长应利用软卧包房或乘务室,将病人或疑似病人隔离,同时控制患者原所在车厢旅客的流动。如旅客不服从列车工作人员安排,由公安人员配合劝导,强制安排在指定地点。

3. 卫生管理和防疫部门接到报告后,应立即通过电话或委派专业人员添乘列车,并按有关程序指导,处理疫情。列车工作人员应在卫生防疫部门的指导下开展应急处置工作,对患者应向规定的留验站办理移交工作。

4. 列车到达目的地后,由所在地铁路卫生防疫部门对全列车进行全面的消毒。

5. 组织密切接触病人的乘务人员,配合卫生防疫部门安排进行医学观察。

6. 各工种岗位要增强自我防范意识,各站段要督促职工做好自我防范,发现疑似病人时,工作人员必须佩戴口罩,身着防护服和高筒鞋,不近距离接触病人。发现本单位职工有疑似病人症状时,应立即停止其工作,送定点医院诊断,及时报告铁路局集团公司卫生防疫部门。

(三)车站发现有国家公布的传染病症状旅客的应急处理

1. 车站客运工作人员发现旅客中有国家公布的传染病症状的疑似病人时,要立即报告,同时向铁路局集团公司突发卫生公共事件应急领导小组办公室和上级主管部门汇报,并且将疑似病人带至车站设置的隔离地点。如疑似患者不服从工作人员安排,由公安人员配合劝导,强制带至指定位置。

2. 经医务人员判断为疑似病例的,车站应立即向铁路局集团公司突然卫生公共事件应急领导小组办公室及铁路疾控部门报告,并按规定通知定点医院,车站专门小组人员应着规定的防护装备,协助铁路疾控部门向定点医院办理疑似病人的移交工作。

3. 疑似患者隔离后,铁路疾控部门要对病人停留、经过的场所全面消毒,待疑似患者向定点医院移交后,对其隔离地点亦要进行消毒,消毒工作完毕由车站与消毒经办人员确认签字。

4. 密切接触疑似患者的车站工作人员,车站要设立专门地点安排隔离,配合铁路疾控部门进行医学观察,隔离解除,要遵循医务人员的意见和决定。

5. 整个程序处理完毕，车站要向铁路局集团公司突发卫生公共事件应急领导小组办公室和上级主管部门进行信息反馈。

三、行车安全

（一）旅客列车发生行车重大事故（撞车、颠覆、破坏等）致使旅客伤害的应急处理

1. 机车乘务人员（受伤、遇难时由其他人员，如车辆乘务员）和检车长负责并按《铁路技术管理规程》有关规定迅速设置防护。客运乘务人员根据检车长的需要，指派专人参与防护列车。

2. 机车乘务人员和列车长立即向列车调度报告事故情况，请求救援。

列车长应立即会同乘警、乘检和司机等人员查明事故概况，并在第一时间向所属段、所属铁路局集团公司客运调度和事故发生地铁路局集团公司客运调度汇报，请求救援。必要时，铁路局集团公司应迅速向当地政府、消防急救中心和驻军请求支援。

3. 发生重大行车事故致使旅客伤害，列车长应尽快组织全体休班乘务员、列车上的医务工作者、军政警干部组成抢救队，用可以抢救的一切手段抢救伤员，并动员旅客自救互救。

4. 旅客列车发生重大行车事故时，当班列车员应坚守岗位，在列车长的指挥下，协助乘警维持车内秩序，防止混乱。广播员在设备许可的情况下通过列车广播做好旅客安抚工作，稳定旅客情绪，并向旅客宣传看管好自己的财物，照顾好自己的小孩，防止不法分子趁乱作案。如需立即疏散的，应紧急组织疏散。

5. 旅客列车发生重大行车事故，由公安部门对事故区域设置警戒线，进行封锁，禁止与救援、调查无关人员进入事故现场。

列车长要组织列车工作人员配合公安部门保护现场，对伤亡旅客的车票、财物，还应会同乘警做好记录，移交处理站保管。

6. 餐车工作人员在列车长指挥下，组成伤员清查小组，逐车查明伤亡人员数量（含列车工作人员伤亡人数）及情况并向列车长汇报。

7. 列车长、乘警长通过调查，要向见证人、当事人、同行人等索取发现列车重大事故的书面证明材料。

8. 遇重大或灾害性事故，发生人员伤亡，机车、车辆破损，线路设施损坏，列车不能继续运行时，列车长要通过拍发事故速报等方式报告上级有关部门。

9. 发生重大事故中断行车时间较长或滞留在偏僻处，餐车工作人员要想方设法安排饮食、饮水，保障基本生活，稳定旅客情绪。

10. 列车乘务人员返乘回段退勤时，列车长应向段领导详细汇报发生列车重大事故的经过，伤亡人数，设备损坏，抢救、处理情况等。如段领导有要求，还应写出书面报告。

（二）旅客列车在隧道内停车的应急处理

1. 旅客列车因故障在隧道内停车时，列车长应与司机联系，了解停车位置和停车原因，准备采取相应的措施和对策。

2. 如因故障或其他原因，列车将在较长的时间内停留在隧道中时，列车长通知启动隧道内停车的应急处置方案。各车厢列车员要坚守岗位，劝阻旅客回到自己的车厢和席位上，制止旅客在车内来回走动，并加强本车厢的巡视，及时安抚旅客，防止发生旅客跳车、坠车或擅自下车等意外事件。

3. 列车广播应及时告知旅客：列车在隧道内临时停车的情况和注意事项，严禁车内旅客

吸烟和向车外抛弃杂物。

4. 列车乘务人员要立即将车厢照明灯打开,并注意车厢内严禁使用明火照明。

5. 空调列车,车辆乘务员要调整通风量,非空调列车,列车员应打开电风扇,保持车厢空气流通。列车工作人员应立即将取暖锅炉、茶炉和餐车炉火熄灭,保证隧道内的氧气供应。并且,严禁餐车、茶炉和取暖锅炉向车下倒煤渣、通炉灰以及抛垃圾、泼污水等。

6. 列车长、乘警应及时赶赴现场,加强全列车的巡视,维护车内秩序,加强治安管理。

7. 列车长应及时向本段值班室、当地客运调度和上级主管部门报告现场情况,并接受上级部门的指示,开展工作。

(三)旅客列车严重超员,发生车辆弹簧压死的应急处理

1. 列车严重超员,旅客上不了车时,列车长应主动与车站客运值班员联系,做好分流工作,动员旅客改乘和退票。

2. 列车严重超员,列车长要布置设立"安全门""瞭望哨",指派专人盯岗,注意旅客乘降情况,照顾流动工作人员和重点旅客上车,发现危及人身、行车安全时,采取果断措施,确保安全。

3. 列车严重超员,旅客拥堵在车门口及车厢连接处时,应加强宣传,向旅客讲清危害,防止旅客挤手、夹脚等意外事故发生。对旅客携带物品,也应做到不堵车门,不堵通道,在特殊情况下,两侧各有一个车门能开关,保证旅客方便乘降。

4. 列车严重超员,车辆弹簧下沉,有可能危及行车安全时,应由车辆乘务员确认车辆转向架、弹簧状态,发现车辆弹簧压死严禁开车。

列车长要与车站配合组织疏散旅客,再经车辆乘务员检查确认,车辆弹簧恢复正常后,在保证安全的情况下方可开车。

5. 列车严重超员,为确保乘车旅客安全和列车的正点运行,列车长应及时拍发严重超员的电报,以便上级有关部门和前方停车站采取措施,严格掌控客流。

(四)列车在中途站变更到发线或无站台处停车的应急处理

1. 列车进站准备停车之际,立岗的列车员察觉到列车未能进入固定线路而变更到发线时,应认真进行车门瞭望,确认站台方向,以免开错车门。

2. 若错开车门,即要重新锁闭,不要漏锁,严禁旅客从反面门上下车。

3. 列车停稳,列车员打开靠站台方向的车门,并在车门口立岗,组织旅客乘降,做好扶老携幼,保证旅客安全。

4. 遇列车停靠在无站台处时,列车员要确认邻线没有通过列车、没有危及人身安全的障碍物后,在有车站工作人员接车的一侧组织旅客上下车。

(五)车站遇到列车严重超员的应急处理

1. 车站接到列车严重超员的电报时,应立即采取措施停止发售该次列车硬座车票,但对有票额的软、硬卧及软座票可继续发售。

2. 列车进站要组织足够的人力,保证旅客乘降有序,并通过检票口控制或停止该次列车旅客进站上车(不含持软、硬卧及软座票的旅客)。

3. 列车严重超员,车辆弹簧压死,危及行车安全,不准开车,此时,车站应组织人员配合列车疏散车内旅客,经车辆乘务人员确认弹簧恢复正常后,保证安全的情况下,方可开车运行。

4. 车站加强接送车的安全防护,防止旅客扒车,开车后及时清理站台,对于购票未能上得去车的旅客，要动员其撤离站台，并将滞留旅客有秩序的引导返回候车室，做好解释工作，稳定旅客情绪。及时为旅客办理就近列车改签手续。同时售票处要开足窗口，备足现金，为不走的旅客办理退票工作，不收退票费。

(六)车站变更到发线接车或在无站台处停车的应急处理

1. 客运车间接到运转车间变更到发线接车的信息时，广播室要及时通知客运(含行包房)接车人员，并利用车站广播进一步提醒与告知。接车人员根据新进路的股道与站台调整接车方案。

2. 根据列车新进路停靠的站台，检票口掌握好放客时间，指定专人带队，引导旅客进站上车，并加强乘降组织，防止客流冲突。

3. 因变更接车进路，旅客上车需经过平交道时，应设专人防护，提醒旅客注意列车运行，确保安全。若列车准备停靠在无站台的路线时，应立即汇报客运主任，要组织更多的人力加强防护工作，注意线路旁有否障碍物，邻线有无列车运行，做好安全宣传，以免发生意外。

4. 站车密切配合，维护好先下后上的秩序，做到车门口不混乱，不拥堵，有序上下。特别是在无站台的情况下，要做好扶老携幼，协助搬运携带物品及登乘列车，对下车的旅客应及时撤离铁路线，引导出站，确保旅客安全乘降。

四、旅客伤病

(一)列车上发现精神异常旅客乘车的应急处理

1. 车站对有人护送的精神异常旅客乘车，应通知列车长、乘警，协助护送人员做好看护。如列车上发现无人护送的精神异常旅客，列车长应指派专人看护，乘警予以协助。

2. 精神异常旅客乘车，乘务员应及时向护送人员了解精神异常旅客发病状况，妥善安排精神异常旅客的座席(不可安排在靠窗口的座位上)。精神异常旅客就座的茶几上不要搁放瓶、罐、玻璃等器皿，也不要摆放水果刀等锐器，并向护送者交代乘车有关注意事项。如不让精神异常旅客单独行动，单独上厕所，夜间护送人员应交替休息，以免无人看护等。

对无人护送的精神异常旅客，应将其安排在靠乘务室一端的旅客座席处，同样要注意上述安全事项。并且动员周围的军警等旅客关注其动态，同时告知邻近车厢的列车员，注意安全，协助看护。

3. 对暴力型的精神异常旅客，若遇正在发作影响其他旅客人身安全时，列车长应同乘警立即对其采取制约措施，如使用约束带予以监护。

4. 对无人护送的精神异常旅客，列车长应编制客运记录与车站办理交接工作，根据精神病旅客所持车票，确定移交站，交到站或换车站，不得交中途站。

对无票的精神异常旅客，则移交前方县、市所在地车站处理。

(二)旅客在列车上发生急病等情况的应急处理

1. 旅客在列车上发生急病时，列车工作人员要立即向列车长报告，列车长作为列车第一管理者必须马上采取一切必要的措施组织抢救。

2. 在及时抢救病人的同时，要尽快了解旅客姓名、单位、地址、同行人等身份情况，列车长要掌握旅客发病原因和过程，做出详细记录，并做好随行人和周围旅客的旁证材料收集工作，索取的证据要实事求是，文字表述清楚、明确。

3. 由于列车医疗条件受到限制，对发生急病的旅客，如有必要，列车长应编制客运记录移交车站，送往当地医院继续抢救治疗。移交前，列车长应通过列车无线电话或其他通信工具通知接收站提前做好准备。

4. 遇有旅客因病情严重，必须临时停车抢救时，列车长通过司机的列车无线调度电话向列车调度员报告，请求临时停车，列车调度员接到报告后，应尽快确定临时停车站，并向司机（并转告列车长）和停车站下达准许临时停车的调度命令，有关站车接到命令后，应及时做好交接和救护等准备工作。

5. 旅客在车内发生急病或其他意外伤害，抢救无效死亡时，列车长和乘警应让参加抢救的医务人员写出死亡原因的诊断书，还应请目睹事情发生过程的旅客提供不少于两份的旁证材料，并收集有关物证，将尸体、车票和遗物连同列车长编制的客运记录移交县、市所在地的车站处理，如死亡旅客下车站近于上述车站时，应交旅客到站处理。

6. 孕妇旅客在车上要分娩时，应及汇报列车长，列车长会同乘警立即赶赴现场了解情况，通过列车广播寻找医生，做好接生救治、护理工作，并尽可能提供接生场所，为孕妇旅客创造良好的分娩条件，必要时，通过有效的联系方式告知当地客运调度和车站，做好救护准备。同时，列车长要做好相关材料及旅客携带物品的移交准备工作，编制客运记录移交分娩旅客的下车站或最近有医疗条件的停车站。

(三)车站发现精神异常旅客（或人员）的应急处理

1. 车站对有人护送的精神异常旅客乘车时，应通知列车长、乘警协助护送人员看护，防止发生意外。

2. 车站发现无人护送的精神异常旅客时，严禁进站乘车，通知其监护人领回，车票办理退票。

3. 对身份不明的精神异常人员，即无法联系其监护人的或列车移交的无票的精神异常人员，车站工作人员和铁路公安人员要确保其在站内的安全，同时，应礼貌的劝其出站，并告知其向当地救助站救助。对其中愿意接受救助但行动不便和不能表达自己意愿的精神异常人员，由车站公安派出所派民警护送至当地民政部门救助站。

4. 车站对列车移交的无人护送的精神异常旅客，由车站客运、公安共同负责妥善处理。如需继续乘车时，车站客运，公安共同派人护送至到站转地方处理，如无直通车时，送至第一个换车站，由换车站继续转送。

(四)车站对旅客人身伤害事故的应急处理

1. 车站发生的

(1)车站应会同铁路公安人员检查旅客伤害程度，及时采取抢救措施，伤势较重的应立即与120急救中心联系，送往医院救治。

(2)调查了解伤害旅客的姓名、性别、国籍、民族、年龄、职业、单位、地址、身份证件号码等情况。

(3)检查旅客所持车票的票种、票号、发站、到站、车次、有效期间和随身携带物品等，做好详细记录，并妥善保管。

(4)收集不少于两份的同行人，见证人的证明材料。收集证人证言，应当记录证人姓名、性别、年龄、地址、联系方式，身份证号码等内容。证言、证据应当准确、真实，并能够证明旅客伤害事故发生的过程和原因，为善后处理创造有利条件。

2. 列车移交的

(1)做好与列车办理人身伤害旅客、客运记录、车票、随身携带物品、旁证材料、事故有关材料等交接手续。

对列车来不及办理或手续不齐全的，要求列车派人下车与车站办理交接，并在 3 d 内向事故处理站补交有关材料。

(2)车站对列车移交的伤害旅客应立即送往医院救治。旅客人身伤害是旅客的自身责任或第三人责任造成的，医疗费用由旅客本人或第三人承担；责任人尚不明确或无力承担的，经处理站站长或车务段段长批准，可用站进款垫付，待责任明确后，向责任人追偿。

3. 区间坠车的

(1)车站客运值班员得知旅客在区间坠车的信息时，应立即报告主管领导和驻站公安人员赶赴现场，查看旅客伤害程度，及时采取抢救措施，并检查旅客车票、携带品等。

(2)车站应迅速通报有关列车的列车长，以便列车能及时展开调查，收集有关材料。

(3)车站应立即向本局及有关局主管部门拍发事故速报，但第一时间，应先用电话汇报事故概况。

五、治安秩序

(一)旅客在列车上发生纠纷以致斗殴的应急处理

1. 当旅客在车上发生口角纠纷时，列车乘务员应主动询问、了解情况，耐心疏导，化解矛盾，做好调解工作。

2. 列车乘务员劝解无效要迅速报告列车长、乘警，由他们出面劝说调解，防止事态发展扩大，维护车厢正常秩序。

3. 若纠纷恶化，发生动粗斗殴时，列车乘务员要奋不顾身进行阻拦，并动员周围旅客予以协助，隔开双方，平息斗殴。一旦造成人身伤害，列车红十字救护员应及时赶赴现场，进行包扎止血，并通过列车广播寻医找药，进一步救治。

4. 旅客发生斗殴致伤时，列车长应会同乘警立即介入调查，了解事情发生原因及经过，收集旁证材料和抢救医生写出的伤害程度的诊断书。

5. 对斗殴受伤害较为严重的旅客，需要移交车站抢救时，列车长应事先编制好客运记录(该记录应有乘警签字)，连同旁证材料、医生诊断书等，准备向前方有医疗条件的、有铁路公安派出所的停车站办理站车移交。对打人的肇事者由乘警按规定程序移交车站公安派出所处理。

(二)旅客列车发生治安恶性事件的应急处理

1. 列车发生治安恶性事件时，乘务员要尽快向列车长、乘警长报警。同时组织本车厢内旅客与犯罪分子进行周旋，寻找有利时机，制服歹徒。

2. 列车长，乘警长接到报警，要立即赶赴现场，并组织力量制服歹徒，如列车本身力量不足以制服歹徒时，由乘警长通过车站，预告前方大站铁路公安派出所组织警力，采取行动。同时，列车长、乘警长应立即向有关部门汇报事件概况。

3. 列车发生恶性治安事件时，不要惊慌失措，要稳定车内秩序，不给犯罪分子增加趁乱作案的机会，切忌任意使用紧急制动阀停车，避免使列车停在区间内孤立无援，给犯罪分子以逃跑之机。

如犯罪分子有行凶倾向时，本车厢乘务员快速将旅客疏散到临近车厢，并尽可能稳住犯罪分子，防止事态进一步恶化。

4. 乘务员要注意观察犯罪分子的体貌特征，若逃跑时，主动提供有价值的线索，协助公安人员侦破。

5. 若有人员受伤,列车红十字救护员应及时赶赴现场进行救治,并通过列车广播寻医找药。伤势较重的,列车长编制客运记录,移交前方有医疗条件的停车站救治。

6. 对事件过程中造成的人员伤害,财物损失,及时进行统计。收集周边旅客及工作人员的文字及影像等证据资料,以备日后事件调查处理使用。对制服的歹徒由乘警长按规定程序移交车站铁路公安派出所处理。

(三)车站发生聚众非法拦截列车、群体无票强行乘车事件的应急处理

1. 聚众非法拦截列车

(1)车站工作人员遇到聚众闹事并进入车站站台非法拦截列车的情况时,应立即报告车站领导和驻站公安派出所负责人,车站与派出所领导应组织力量采取措施,将闹事人员阻止在车下。

(2)车站工作人员要稳定闹事群体的情绪,不得与拦截列车人员发生正面冲突,以免扩大事态,维护车站的正常秩序。

(3)要迅速调查了解聚众拦截列车的原因和要求,及时向上级部门汇报。并且,加强政策宣传,做好解释劝离工作,设法平息拦截列车事件。

(4)对个别极其顽固的、不听从劝阻的寻衅滋事之人,由公安人员强制带离现场,依法处理。

2. 群体无票强行乘车

(1)车站工作人员发现群体无票人员,蓄意强行进站乘车时,应立即报告车站执勤民警和车站领导,事先做好防范工作。

(2)车站工作人员要认真履行职责,坚持凭票进站上车制度,并组织更多人力在检票口及各进站通道口严格查验车票,不得放行无票人员进入站台。

(3)通知列车,做好车门验票工作,防止无票人员上车。

(4)车站发现无票人员闹事时,要立即向公安机关和上级部门报告,在保证其他旅客安全的前提下,公安人员应采取果断措施,进行依法处理。

(5)车站工作人员发现群体上访人员,应立即报告值班的站领导和客运主任,会同站警稳定上访人员情绪,做好正面劝导,并设法掌握上访人员数量,上访地点、上访原因等情况,及时向上级汇报。如遇上访人员滋事,要配合站警依法处理。

六、设备故障

(一)旅客列车夜间运行中突然停电的应急处理

1. 列车员发现车厢突然停电,应立即报告"三长"(即列车长、检车长、乘警长)。检车长迅速赶赴现场,查明原因,排除故障,及时修复。列车长、乘警长也应及时到达现场,稳定旅客情绪,加强治安管理。

2. 停电车厢列车员应严格坚守岗位,封闭车门,加强巡视,做好宣传解释工作,劝阻旅客减少走动,照看好自己的财物和小孩,确保安全。

3. 遇到车厢突然停电,客运乘务员要求检车乘务员启动应急电源,打开应急灯。

4. 列车工作人员要密切注视停电车厢严禁使用蜡烛、煤油灯之类的明火照明,以免发生火灾。

5. 如遇列车大面积、长时间停电,列车长应向当地客运调度及本段值班室汇报,听取指示。

6. 发电车运行的机组发生故障,致使全列车停电,又不能立即修复时,检车长应决定启用发电车的备用机组，进行发电，保证供电。

7. 列车突然停电，启动应急电源供电时，餐车电源灯打至半开状态并停止使用电磁炉等灶具，保证列车应急电源正常使用。

8. 列车停电，排除故障，恢复照明后，列车乘务员应检查旅客、财物是否受到损害，对车内电器设备重新启动，注意有无异常，均应及时妥善处理。

(二)旅客列车空调发生故障的应急处理

1. 列车运行中车厢空调发生故障时，列车员应立即告知空调检车员迅速赶赴现场进行排障、抢修处理，并将情况告知列车长。

2. 空调故障车厢的列车员应坚守岗位，及时打开通风窗，保证车厢内空气流通，对旅客做好安抚工作，稳定旅客情绪。

3. 列车长接报后，应立即赶到现场，配合列车员向旅客做好解释工作，维护车内正常秩序。

4. 列车乘务员要加强服务工作，积极为旅客送水，保证饮水供应。

5. 车厢空调故障在运行过程中不能修复时，列车长应编制客运记录，交给旅客至到站退还未使用区间的空调票价。

6. 列车长返乘回段退勤时应将车厢空调故障情况书面汇报段值班室。

(三)车站夜间突然停电的应急处理

1. 车站夜间突然停电，客运工作人员应及时赶到候车室，进行口头宣传，稳定旅客恐慌情绪，让旅客就地看管好自己的携带物品，不要随便走动，防止发生混乱。

2. 客运工作人员要坚守岗位，严禁无票人员进入候车室，对购票旅客引导至候车区候车。检票口要采取其他照明方式，不准摸黑放行。

3. 车站夜间突然停电，应立即报告车间和车站领导，并通知车站公安派出所加强警力，防止坏人趁黑作案。同时以最快的速度通知车间电工或电力工区值班人员进行抢修。

4. 候车室及其他场所如设有应急灯的，应迅速打开。若停电时间较长或电路损坏严重，一时不能修复，应另采取其他照明，但严禁明火照明。

(四)车站客票系统出现故障的应急处理

车站客票系统故障分为停电故障和非停电故障。停电故障时由于供电系统发生故障使客票系统无法正常工作。非停电故障时由于病毒感染、非法入侵、网络通道等故障而引起的客票系统工作异常。

1. 停电故障

(1)停电后，要立即启动售票厅和售票窗口应急照明，如停电时间较长，应另采取其他照明。

(2)由于停电影响客票系统正常工作时，应及时向铁路局集团公司客票管理所汇报，同时以最快的速度通知车间电工或电力工区值班人员进行抢修。

(3)车站要密切与派出所民警联系，加强售票厅秩序的维护，对旅客做好宣传、解释和引导工作，防止售票窗口受到冲击。

(4)各售票窗口应备足代用票据，组织售票员以填写代用票的方式发售给旅客，由于手工填发，降低了售票速度，为此，车站应增加售票窗口和售票人员，尽量提高售票能力。

2. 非停电故障

(1)遇到客票系统数据维护失效、个别车次数据不准确等故障时，必须立即向站段客票应急领导小组报告。

(2)站段客票应急领导小组要根据实际情况判断应急响应的级别。当达到三级时应向铁路局集团公司客票应急领导小组报告,或者由站段相关部门处理。

(3)站段客票应急领导小组决定是否启动应急售票预案和应急售票,如需启动时,要严格按照正确步骤启动应急售票。

(4)做好窗口引导和广播宣传,提醒旅客认真核对车票,说明启动应急售票原因,稳定旅客情绪,防止旅客因不了解情况产生慌乱和投诉。

(5)故障排除后,详细记录故障发生和排除的过程,及时填写相应的台账资料。

七、自然灾害

(一)发生水灾、雪害、沙暴等自然灾害,旅客列车被阻的应急处理

1. 发生水灾、雪害、沙暴等自然灾害造成列车被阻不能继续运行时,列车长应迅速了解情况,并立即向所在铁路局集团公司、本铁路局集团公司的客运调度、客运部以及本段值班室报告灾害和列车的基本情况。

2. 遇自然灾害列车被阻时,列车长应立即召开“三乘”会议,视情况可邀请旅客代表参加,制定应急自救措施,做出具体分工安排。同时,列车长要保持与车站的联系,告知车站需要配合、支持的有关工作,并根据上级指示做好旅客疏散、安置和列车运行经路变化的组织工作。

3. 遇到自然灾害列车被迫停车在区间时,列车员要坚守岗位,锁闭车门,加强车厢巡视,未接到通知,禁止旅客下车,确保人身安全。

4. 列车要保证旅客饮食供应,餐营实行让利保本,严禁趁机加价。遇餐料、饮用水不足时,应提前与车站或当地客运调度联系补充餐料和饮用水,尽量满足旅客需求。

5. 自然灾害致使列车停止运行,站车应为被阻旅客的车票办理签注,作为免费返回发站、中途站办理退票、换乘或延长有效期间的凭证。

6. 遇自然灾害,根据调度命令列车变更径路绕道运行时,列车长对被阻旅客应编制客运记录与车站办理交接工作。

(二)车站对自然灾害造成旅客列车受阻的应急处理

1. 车站(车务段)领导接到自然灾害造成旅客列车受阻的信息,要立即到岗到位,组织员工参加救援工作,并将现场情况及时向铁路局集团公司客运调度、列车调度、上级主管部门汇报。主动和被阻旅客列车的列车长取得联系,了解困难,全力支持,积极配合列车工作。

2. 对受阻在区间的列车上旅客,车站要做好后勤供应保障工作,组织人员送水、送饭,与列车共同解决车上旅客的生活问题。协助列车做好解释、安抚、服务工作,取得旅客谅解,稳定旅客情绪。

对受阻在本站的列车,同样要做好旅客饮用水及食品供应工作,并与列车保持联系,协助列车做好旅客服务工作。

对滞留在车站未能上车的旅客,要提供良好的候车环境,维护好站内秩序。

3. 车站要根据客运调度发布的命令,及时做好旅客公告工作,将旅客列车运行情况告知旅客。

4. 受阻旅客列车在本站停留期间,要清理站内闲杂人员,封闭车站所有进入站台的通道,禁止闲杂人员进入站台,并组织驻站公安、干部职工对列车进行安全防护,防止发生意外情况。

5. 受阻列车在站停留期间，车站主要负责人及有关人员要坚守岗位，加强与列车长及上级的联系，根据现场情况和上级指示及时处理解决现场发生的问题。保证信息畅通，做到上情下达，下情上报。

6. 旅客列车受阻不能继续运行时，车站应按规定办理旅客退票、改签手续，并利用各种方式组织旅客中转换乘或根据上级指示组织列车绕道运行，做好一切善后处理工作。

八、其他情况

(一)列车运行中发现有人扒车、跳车的应急处理

1. 各车厢乘务员在列车启动运行出站前要做好四门瞭望工作，一旦发现有人扒车，应和颜悦色，以手势招呼，示意抓住扶手，消除其恐惧心理，并迅速搬动堵塞车门的物品，即刻开启车门，把人放入车厢。

2. 乘务员对扒车人进入车内后，应及时报告列车长，由列车长查明扒车原因，告知其扒车的危险性，并问明是否持有车票，对无票者办理补票手续。

3. 乘务员发现旅客(人员)在列车运行中跳车时，应立即使用紧急制动阀停车救助。列车长应会同乘警查明跳车原因，并收集旅客旁证(不少于两份)、物证及跳车人的携带物品和车票，详细编写客运记录，由列车长按规定交站处理。

4. 列车在运行中，遇有旅客(人员)跳车时，根据《铁路技术管理规程》有关规定，在不具备停车条件时，不得使用紧急制动阀迫使列车停车救助。同时，对某些地段或迟延发现的也不宜使用紧急制动阀停车。列车长应通过列车无线调度通信设备通知就近车站派人寻找处理。列车长应在前方停车站拍发电报，向发生地所属局和本局主管部门报告，并在 3 d 内向处理站补交客运记录、旁证(不少于两份)、物证、书证等有关材料，对跳车旅客遗留在车上的车票、物品等，也一并移交。旅客跳车当时未能发现，事后接到站方通报才知悉的，列车长也应按上述规定同样办理。

(二)旅客列车晚点，站车应急处理

1. 做好晚点通报工作

(1)列车晚点超过 1 h 时，铁路局集团公司调度所应将列车晚点情况向列车前方主要客运站、终到站和邻局通报。

通报内容：列车当前晚点时间、晚点原因。发生线路中断时，还应通报预计恢复通车(继续晚点)时间和列车退行、绕行、停运等调整列车运行方案信息。

(2)旅客列车晚点 1 h 以内的，车站依据调度阶段计划、旅客列车依据实际情况，向旅客通报晚点时间。列车晚点超过 30 min 的，站长和列车长应代表铁路向旅客道歉。向旅客通报时，站车广播每次间隔不超过 30 min，有条件的车站应提供实时电子显示、电话、语音系统查询。

2. 做好站车秩序维护

(1)车站派出所做好：

①全体民警要坚守工作岗位，加强站场治安管理，维护好车站秩序。

②组织警力积极做好宣传疏导工作，防止矛盾激化，防止聚众闹事。

③协助车站工作人员制止旅客横越股道、滞留站场、侵入站台安全线等行为，维护好旅客的安全。

(2)列车乘警做好：

①积极配合列车做好宣传解释和疏导工作，加强车厢巡视，及时掌握车厢内旅客动态。

②防范和控制旅客过激言行，及时化解矛盾，保证列车治安秩序良好。

③发生紧急情况时，迅速向上级公安机关汇报，并积极与驻站民警取得联系，请求协助。

3. 做好站车客运组织

发生旅客列车大面积晚点，动车组列车、直达特快列车晚点超过 30 min，其他旅客列车晚点时间超过 1 h，致使旅客滞留车站、列车上或旅客反映强烈时，站车应做好客运组织工作。

(1)车站要做到：

①客运值班人员立即将大面积列车晚点情况报告车站领导，站长应迅速启动预案，组织全体人员坚守岗位，维护好车站秩序，并将车站的滞留旅客和滞留列车情况向上级报告。

②对滞留旅客在站内大量集结时，要合理有序安排候车，对滞留在车站的列车要做好后勤保障。

③旅客列车受阻不能继续运行或停运时，车站应及时向旅客公告，并做好旅客的退票和改签工作。

(2)列车要做到：

①列车长应立即启动预案，组织全体乘务人员坚守岗位，为旅客做好解释、安抚、服务工作。

②加强广播宣传，稳定旅客情绪，做好餐饮供应，保障车厢照明、空调正常使用。

③当发现旅客对列车晚点有异常情况时，列车长应立即报告所在车站和上级有关部门，请求协助，妥善解决。

4. 做好晚点后续工作

(1)晚点终到列车

①站车工作人员要做好安抚工作，对晚点超过 2 h 并在 23:00 以后到达的列车，车站针对有特殊困难的重点旅客提供必要的帮助，解决旅客的实际困难。

②终到列车晚点，旅客不下车影响列车入库整备、检修或折返时，车站公安、客运人员要立即赶赴现场进行说服劝解，诚恳道歉，耐心细致地做好解释和相关法律法规的宣传工作，稳定情绪，化解怨气，取得旅客的理解与配合。对个别不听从劝导的，由公安人员依法将强占列车的旅客带离车厢。

(2)晚点折返列车

①对折返时间较短，乘降旅客较多，并且已经晚点的列车，客运调度要重点掌握，调整运行秩序，积极组织赶点。

②对晚点超过 1 h 以上，并需立即折返的列车，在到达折返站前，车站与公安派出所要增派人员接车，协助列车迅速组织旅客乘降，若遇强占列车拒绝下车的情况，则按上述晚点终到列车的方式处理。

(三)车站发生突发性客流猛涨的应急处理

1. 客流猛涨时，主管站领导必须亲自审批日班计划，增加售票窗口，掌握客流动态，严格执行先中转，后始发的旅客运输组织原则。

2. 候车能力紧张时，应提前做好对旅客的宣传工作，采取凭票限时分段进站候车措施，保证候车室的良好秩序。

3. 候车室在组织旅客检票时，始发站应联系列车长提前检票，中间站采取提前预检，检票时应打开足够的检票口，设专人维持候车秩序，防止检票口发生拥挤混乱。

4. 车站组织旅客乘降时，应配备足够的人力保证乘降秩序。进站流量大时，应在旅客进站天桥、地道等重点处所加强防护，并防止发生列车严重超员和弹簧压死的现象，发现列车严重超员时，配合列车工作人员疏散旅客并及时清理车门，防止旅客扒车，列车开出后，对未能上得了车的旅客动员其到售票厅办理车票改签或退票手续，并及时清理站台闲杂人员。

复习思考题

1. 试说明铁路旅客人身伤害事故的定义及种类？
2. 铁路旅客人身伤害事故的轻、重伤如何界定？
3. 铁路旅客发生人身伤害事故应如何处理？
4. 行包损失种类和等级如何划分？
5. 行包损失如何立案、调查及处理？
6. 试说明行包记录的编制要点？
7. 线路中断、列车停止运行，应采取哪些措施？
8. 线路中断、列车停止运行，对旅客运输应如何安排？
9. 线路中断、列车停止运行，对行包运输应如何安排？
10. 试说明客运记录的含义和作用？
11. 编制客运记录由哪些要求？
12. 拍发列车业务电报如何进行交接？
13. 客运业务电报在拟稿方面有哪些要求？

技能训练

1. 2023 年 6 月 10 日 1628 次列车于 22:25 到达衡阳站，进入 2 站台 3 道，车站组织下车旅客经过平交道出站时，因组织不当，被 2 道通过的货物列车撞倒轧断一条腿，造成客伤事故，车站即刻将伤员送往医院抢救。伤害旅客系衡阳机械厂工人，×××，男，40 岁，持南宁至衡阳的新空硬座客普快车票。于 8 月 1 日出院，经鉴定为 5 级伤残。双方通过协商，同意按有关法律法规处理赔偿问题。

试问：此客伤事故发生，衡阳站如何拍发客伤事故速报？如何编制客伤事故记录及铁路旅客人身伤害最终处理协议书？

设：2023 年城镇居民人均可支配收入为 29 000 元/年。

2. 2023 年 5 月 25 日，T25 次列车（北京段担当乘务）运行至淄博—潍坊间，由于行人抢道，列车紧急制动时货件倒塌，重物将 5 月 24 日北京第一制药厂李敏自北京托运至青岛站保价运输的药品（硫酸庆大霉素注射液）5 箱 75 kg，其中一箱 15 kg（该件声明价格 5 000 元）砸扁，经开箱检查药液全部流失，小件运单号：0085110，该批包裹 25 日运至青岛，当日通知收货人（青岛第一医院张新）6 月 1 日领取并要求赔偿。

试问 T25 次列车、青岛站应如何处理？按下列分别阐述：

(1)T25 次列车如何编制客运记录交青岛站?

(2)青岛站根据列车的客运记录如何编制行包记录?

(3)青岛站指导并审核收货人填写的赔偿要求书。

(4)青岛站如何填写行包损失赔偿通知书?

(5)青岛站计算退补款额并填写各种票据。

3. 一旅客持 2023 年 7 月 1 日西安至重庆 4937 次硬座客普快卧(下)的车票乘车,并在西安托运行李 2 件 50 kg 至重庆(行李随旅客所乘列车装运),列车运行至宝鸡站。因为:

(1)前方线路发生水害而中断,列车停止运行,旅客要求在宝鸡站退票并提取行李。

(2)前方线路发生行车事故而中断,列车停止运行,旅客要求在宝鸡站退票但行李仍运至重庆站。

对上述两种情况如何处理(包括处理依据,计算过程、票据填写等)?

4. 旅客受到人身伤害,送往协作医院(即与铁路有渊源关系的医院)救治时,车站应如何编制客运记录(有关内容自拟)?

5. 2023 年 8 月 1 日,1558 次到达柳州站,组织旅客出站时,发现一旅客持用柳州工务段张新的 2022 年度定期通勤乘车证,号码:DTa012345,乘车区间为柳州至来宾,但无工作证,经查系捡拾的乘车证贴上本人照片冒充铁路职工乘车,现对查扣的乘车证如何编制客运记录上报铁路局集团公司收入部?

6. 2023 年 3 月 23 日,K7486 次(沈阳北—山海关)列车,在大虎山站前列车员发现一旅客×××(男,兴城人,无职业),持沈阳北至兴城新空硬座客快速车票(票号:A002376),携带塑料布包裹的油漆(属危险品)一桶 5 kg。

试问:列车长应如何编制客运记录?

7. 2023 年 8 月 8 日,2473 次列车到达石家庄北站,共卸行包 156 件,共装行包 83 件,装卸行包件数相符,双方办理了站车交接签收手续,车开后,经核对发现济南站至石家庄北站行李 2 件 63 kg,票号:E006007,票货不符,少一件皮箱,多一件铺盖卷,该货件无货签,属顶件运输。

试问:石家庄北站如何拍发声明电报?

8. 2023 年 1 月 16 日,景德镇瓷器商店某人,于景德镇站托运至苏州站瓷器 5 箱,共重 125 kg,小件运单号:0001234,18 日在南京站中转时,发现其中 1 箱,25 kg 全部是香烟,另1 箱 30 kg,内夹带易燃品闪光粉 5 kg,该批包裹已被南京站扣留。

试问:南京站如何向发站拍发电报,让发站转告托运人前来南京站处理?

9. 2023 年 3 月 23 日,在茂名站 K1234/1231 次(南宁开往深圳东的列车,南宁客运段担当乘务)列车超员严重,硬座标记定员 928 人,现车内人数为 1 561 人,其中广州以远直通客流为 1 347 人。

试问:列车长如何拍发列车严重超员电报?

10. 2023 年 8 月 1 日 8:15,K334 次(石家庄客运段担当乘务)列车在横店站侧线通过时,因车厢晃动较大,致使 6 号车厢行李架上的物品坠落,击中 42 号座位旅客××,男,45 岁,武汉纺织厂工人,持武昌至石家庄新空硬座客快速车票,票号:A000001,该旅客头部受伤,伤势较重。

试问:列车长对客伤事故速报的电报如何拍发?

项目六　旅客运输计划及组织

项目描述

本项目主要讲述旅客运输计划的意义、种类及特点，客流的形成及分类，旅客列车分类及车次编定；客流的组成规律及主要特点，客流调查范围和方法，客运量预测及客流计划的编制；旅客列车重量、速度、运行区段和行车量的确定，旅客列车运行方案、时刻表和编组表的编制，旅客列车车底需要数的确定；票额分配计划及旅客输送日计划的编制，站车客流信息传报工作；客运调度的基本任务、责任及日常工作。

项目学习目标

1. 知识目标

客流的形成及分类，旅客列车的分类及车次的编定，旅客列车运行区段及行车量的确定，旅客列车方案图的编制原则及方法，客运调度的基本任务和责任及日常工作。乘车人数通知单和列车旅客密度表的填报方法。

2. 能力目标

掌握客流调查、客运量预测的方法和技能，会依据资料绘制客流图并确定旅客列车运行区段和开行对数；会根据旅客列车运行方案编制时刻表、编组表和车底需要数的计算；掌握旅客列车定员的计算方法，具备旅客输送日计划的编制、执行和考核的能力。

3. 素质目标

培养学生具有很强的时间观念和遵章守纪意识；严格遵守和执行铁路客运规章的有关规定；树立作业中的劳动态度、团队协作、协调沟通、大局观念和安全责任意识。

项目所需配备

1. 参考资料：交通运输部《客规》、《国铁集团客规》、《铁路客运运价规则》、《铁路旅客运输管理规则》、《客运规章汇编》、《铁路运输调度规则》、模拟数据资料等。

2. 所需票据、表报：客流调查登记表及统计表、硬座票额分配计划表、卧铺票额分配计划表、旅客输送日计划表、列车旅客密度表、乘车人数通知单、相关票据等。

3. 所需设备：彩色绘图笔、计算机、CAD 绘图软件。

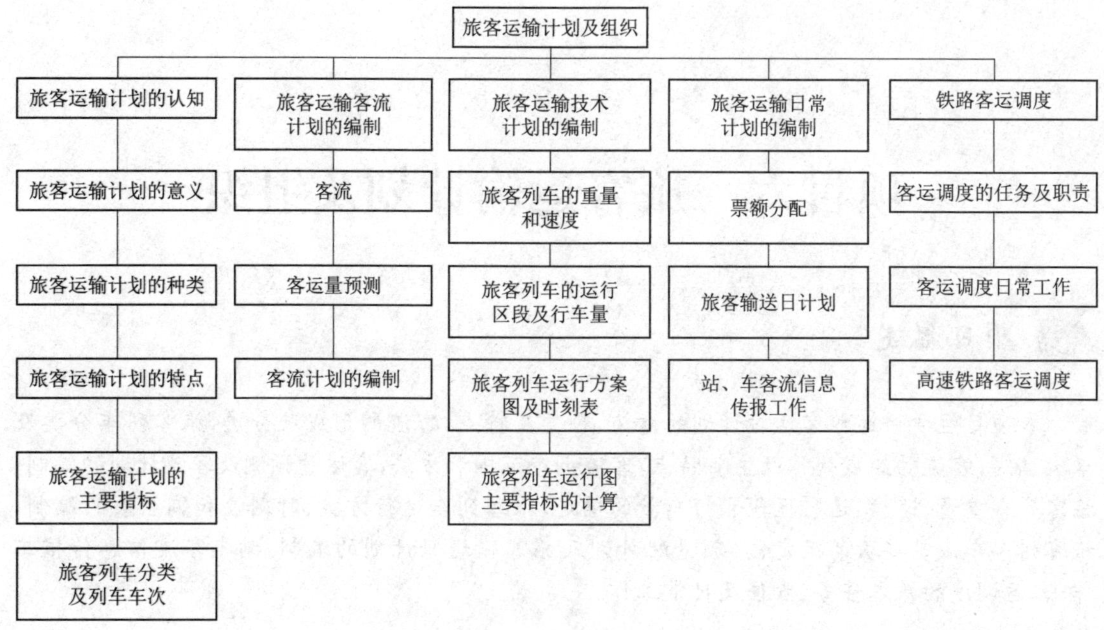

任务一　旅客运输计划的认知

任务描述

能够分清不同划分标准的旅客运输计划的类别，理解并懂得计算旅客运输计划中的重要指标，以此来指导和开展工作。

任务导入

在旅客运输计划的主要指标中，旅客发送量和旅客运送量有何区别？旅客周转量在计划指标中是怎样的一个指标？根据表 6-1 的数据，计算出旅客发送量、旅客运送量、旅客周转量、旅客平均行程和客运密度等计划指标。

表 6-1　旅客运输计划数据表

项别	运输数量(万人)	平均行程(km)
A 管内发	400	200
A 直通发	300	300
A 接入通过	200	400
A 接入到达	250	250

知识准备

一、旅客运输计划的意义

为了充分满足城乡广大人民群众在生产和生活上旅行的需要，不断提高客运服务质量，并保证经济合理地使用技术设备和运输能力,充分挖掘运输潜力,组织旅客均衡运输,就必须编制旅客运输计划。

旅客运输计划是铁路运输计划的主要内容之一,是整个国民经济计划的重要组成部分,它不仅是确定旅客列车对数和客运机车车辆需要数的基础,也是确定客运设备、客运机车车辆修造计划以及客运运营支出计划的重要依据,同时也是铁路旅客运输组织工作的前提,从而保证旅客安全、迅速、准确、便利、舒适地旅行。因此,质量良好地编制旅客运输计划有着重要的意义。

二、旅客运输计划的种类

旅客运输计划,根据执行期间的不同,可分为下列三种:

1. 长远计划

长远计划一般为 5 年、10 年或更长时期的规划,它是铁路旅客运输的发展计划,通常根据国民经济计划期间(如五年计划)进行编制,主要是规定旅客运输的发展方向、技术政策、速度、重量及有关的主要指标。

2. 年度计划

年度计划根据长远计划,结合年度具体情况编制,是旅客运输的任务计划。

它是确定旅客列车行车量和客运机车车辆需要量以及客运设备改建、扩建的主要依据。在年度计划中,一般还包括季度的分配数字。

3. 日常计划

日常计划是根据年度计划任务,考虑假期、季节及日常波动情况而编制的,是指导日常旅客运输的工作计划。在日常计划中,还根据各站所提报的日计划,按照各次旅客列车的运输能力,对各站、各区段的客流,进行统一平衡和调整,以保证旅客运输任务的完成和旅客列车容量的充分利用。

旅客运输计划,按其组织形式又可分为客流计划、技术计划、日常计划三种。

三、旅客运输计划的特点

旅客运输计划与货物运输计划相比较,具有以下特点:

(1)计划期内人们提出的旅行需要,运输部门不能拒绝,不能延期或提前,必须及时满足。

(2)旅客要求的乘车径路和到达地,不能像货流那样可以在全国范围内根据产销合理联系的原则进行调整。

(3)铁路输送旅客的能力及客运机车车辆的工作量决定于旅客运输计划的时间并不一致,从而增加了综合平衡的复杂性。

(4)作为铁路运输主要产品之一的旅客运输(即人的位移),对质量的要求比货物运输更高更严。

四、旅客运输计划的主要指标

(一)旅客发送人数(客运发送量)

一定时期内,车站、铁路局集团公司或全路发送的旅客人数,分别按直通、管内计算,然后加总。

$$A_{发}=A_{发}^{直通}+A_{发}^{管内}\quad (人) \tag{6-1}$$

式中 $A_{发}$——旅客发送人数；

$A_{发}^{直通}$，$A_{发}^{管内}$——直通、管内旅客发送量。

$$A_{发}^{全路}=\sum A_{发}^{站}\quad (人) \tag{6-2}$$

式中 $A_{发}^{全路}$——全路旅客发送人数；

$\sum A_{发}^{站}$——全路各站旅客发送人数总和。

旅客发送人数是国家规定的旅客运输计划指标，是考核铁路完成任务情况的主要指标。

(二)旅客运送人数(客运量)

一定时期内，铁路局集团公司运送的全部旅客人数。

$$A_{运}=A_{发}+A_{通过}^{接入}+A_{到达}^{接入}\quad (人) \tag{6-3}$$

式中 $A_{运}$——旅客运送人数；

$A_{通过}^{接入}$——接入通过的旅客人数；

$A_{到达}^{接入}$——接入到达的旅客人数。

就一个铁路局集团公司而言，$A_{发}$不能反映全部客运工作量，$A_{运}$才能反映总的旅客运输量。

(三)旅客周转量

一定时期内，铁路局集团公司或全路所完成的旅客人公里数。

$$\sum AL=A_{直通}\cdot L_{直通}+A_{管内}\cdot L_{管内}\quad (人\cdot km) \tag{6-4}$$

式中 $\sum AL$——旅客周转量；

$A_{直通}$，$A_{管内}$——直通、管内旅客运送人数；

$L_{直通}$，$L_{管内}$——直通、管内运输的旅客平均行程。

旅客周转量能较全面地反映铁路的情况是铁路客运工作中最重要的产品产量指标，也是各铁路局集团公司间分配客运收入，计算和分析运输成本和劳动生产率的依据。

(四)旅客平均行程

铁路运送的每一旅客的平均运输距离。

$$L_{平均}=\sum AL/A_{运}\quad (km) \tag{6-5}$$

式中 $L_{平均}$——平均行程。

(五)客运密度

一定时期内，某一区段、铁路局集团公司或全路平均每公里线路上所承担的旅客周转量。

$$\varepsilon_{客}^{区段}=AL_{区段}/L_{区段}\quad (人\cdot km/km) \tag{6-6}$$

式中 $AL_{区段}$——通过该区段的旅客周转量；

$L_{区段}$——该区段客运长度；

$\varepsilon_{客}^{区段}$——区段客运密度。

$$\varepsilon_{客}=\sum AL/L_{营业}\quad (人\cdot km/km) \tag{6-7}$$

式中 $\varepsilon_{客}$——铁路局集团公司或全路的客运密度；

$L_{营业}$——营业里程。

客运密度能较全面地反映线路客运能力的利用情况和表明铁路客运工作的强度。

五、旅客列车分类及列车车次

(一)旅客列车分类

对客流的不同需求和铁路线路等技术设备条件，铁路开行了不同种类、不同等级的列车。旅客列车分为动车组列车、直达特快旅客列车、特快旅客列车、快速旅客列车、普通旅客列车、通勤列车、临时旅客列车、旅游列车。除上述旅客列车外，旅客运输企业可根据旅客旅行的多元化需求，还可开行其他形式的旅客列车。

(二)旅客列车车次

1. 车次含义

全国有上千对各种不同种类、性质的旅客列车运行在全国各条线路上。为了便于旅客能区别各种旅客列车的性质和种类，同时，考虑到铁路行车部门组织列车运行和进行作业的需要，铁路部门把各种旅客列车按其性质、种类和运行方向用一定数字编定车次。所以，车次是某一列车的简明代号，它能表示：列车的种类——是客车还是货车，如系客车还可判明是直通的还是管内的；列车的等级——是快车还是慢车，如系快车还可区分是特快、快速、普快等；列车的去向——是上行还是下行，在我国以向首都北京、支线向干线或指定方向为上行，车次编定为双数，反之为下行，车次编定为单数。

2. 车次编定

目前采用的车次代码方案为：普通旅客快、慢列车由 4 位数字组成，其他列车由一位字母和 1～4 位数字组成，客车车次编定见表 6-2、表 6-3。

表 6-2　旅客列车车次表

列车种类	车次范围	备注
1. 高速动车组旅客列车	直通 G1～G4998	“G”读“高”，G4001～G4998 为临客预留
	管内 G5001～G9998	G9001～G9998 为临客预留
2. 城际动车组旅客列车	C1～C9998	“C”读“城”，C9001～C9998 为临客预留
3. 动车组旅客列车	直通 D1～D4998	“D”读“动”，D4001～D4998 为临客预留
	管内 D5001～D9998	D9001～D9998 为临客预留
4. 直达特快旅客列车	直通 Z1～Z4998	“Z”读“直”，Z4001～Z4998 为临客预留
	管内 Z5001～Z9998	Z9001～Z9998 为临客预留
5. 特快旅客列车	直通 T1～T3998	“T”读“特”，T3001～T3998 为临客预留
	管内 T4001～T9998	T4001～T4998 为临客预留

列车种类		车次范围	备注
6. 快速旅客列车		直通 K1～K4998	“K”读“快”，K4001～K4998 为临客预留
		管内 K5001～T9998	K5001～T6998 为临客预留
7. 普通旅客列车	普通旅客快车	直通 1001～3998	3001～3998 为临客预留
		管内 4001～5998	—
	普通旅客慢车	直通 6001～6198	—
		管内 6201～7598	—
8. 通勤列车		7601～8998	—
9. 临时旅客列车		直通 L1～L6998	“L”读“临”
		管内 L7001～L9998	
10. 旅游列车(120km/h)		直通 Y1～Y498	“Y”读“游”
		管内 Y501～Y998	

表 6-3　各铁路局集团公司管内普通旅客列车车次范围表

序号	铁路局集团公司名	普通旅客快车	普通旅客慢车	序号	铁路局集团公司名	普通旅客快车	普通旅客慢车
1	哈尔滨局集团公司	4001～4200	6201～6300	10	上海局集团公司	5051～5200	7101～7200
2	沈阳局集团公司	4201～4400	6301～6400	11	南昌局集团公司	5201～5300	7201～7250
3	北京局集团公司	4401～4600	6401～6800	12	广州局集团公司	5301～5500	7251～7300
4	太原局集团公司	4601～4650	6801～6850	13	南宁局集团公司	5501～5550	7301～7350
5	呼和浩特局集团公司	4651～4700	6851～6900	14	成都局集团公司	5551～5650	7351～7450
6	郑州局集团公司	4701～4800	6901～6950	15	昆明局集团公司	5651～5700	7451～7500
7	武汉局集团公司	4801～4900	6951～7000	16	兰州局集团公司	5701～5800	7501～7550
8	西安局集团公司	4901～5000	7001～7050	17	乌鲁木齐局集团公司	5801～5900	7551～7580
9	济南局集团公司	5001～5050	7051～7100	18	青藏集团公司	5901～5998	7581～7598

任务二　旅客运输客流计划的编制

任务描述

在了解客流的形成及分类，理解旅客列车的分类及车次编定的基础上，掌握客流调查、客运量预测的方法和技能，会依据资料绘制客流图。

任务导入

已知预测客运量如下：

(1)A 站发送到达 B 站 3 461 人，C 站 1 061 人，D 站 801 人，E 站 589 人；

(2)B 站发送到达 A 站 1 299 人，C 站 2 917 人，D 站 1 865 人，E 站 1 097 人；

(3)C 站发送到达 A 站 951 人，B 站 396 人，D 站 3 404 人，E 站 1 936 人；

(4)D 站发送到达 A 站 1 445 人，B 站 1 355 人，C 站 1 076 人，E 站 4 759 人；

(5)E 站发送到达 A 站 2 116 人，B 站 2 022 人，C 站 1 476 人，D 站 2 599 人。

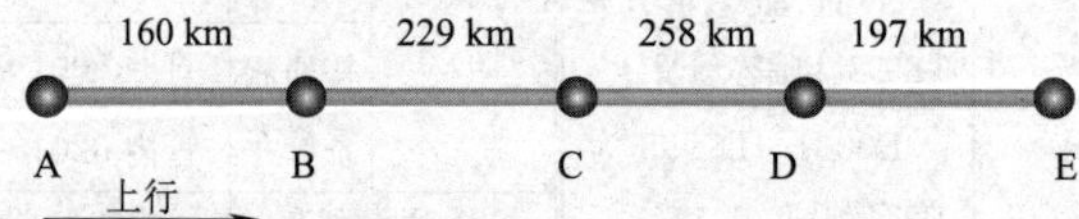

要求 1：编制管内客流斜表。

要求 2：绘制管内客流图。

知识准备

一、客流

1. 客流的形成

客流是指铁路某一方向上、一定时间内旅客的流量和流向，它由旅客运输的数量、行程和

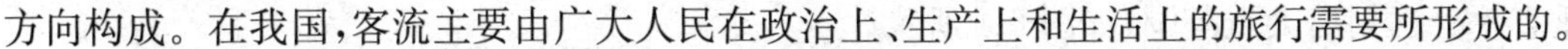

方向构成。在我国，客流主要由广大人民在政治上、生产上和生活上的旅行需要所形成的。

2. 客流的分类

铁路为了合理地组织旅客运输和确定旅客列车的运行区段和种类，按旅客的乘车距离和铁路局集团公司管辖范围，一般将客流分为以下两种：

(1)直通客流，指旅客乘车距离跨及两个及其以上铁路局集团公司的。

(2)管内客流，指旅客乘车距离在一个铁路局集团公司范围以内的。

3. 客流的特点

我国铁路客流具有客流波动性大、客流分布不平衡等特点。

二、客运量预测

客运量预测是编制旅客运输计划不可缺少的前期步骤。预测方法根据资料来源基本上可以分为客流调查和统计分析两大类。各种预测方法无论其是否同类，都不是互相排斥的，而是可以结合运用、互相验证、互为补充的。

(一)客流调查

客流是运输组织工作的基础，是编制旅客运输计划的依据，而摸清客流又是一项比较复杂的工作，因为大部分客流是基于个人旅行需要而自然形成的，但它又受一系列社会因素的影响。因此，客流调查以影响客流发展与变化的主要因素为对象。同时，要确切地掌握一定时期的客流数量和客流变化规律。

1. 影响客流变化的主要因素

(1)社会政治、经济、文化的发展变化。

(2)国家或地区一定时期内方针政策的变化。

(3)生产力布局的变化，经济区的开发，地方工业及乡镇企业的兴办和发展。

(4)人口的自然增长。

(5)人文、民俗及国家和地区性的大型团体活动。

(6)现有铁路的技术改造，新线的修建，客流吸引范围的扩大或缩小。

(7)各种交通运输工具的发展和分工情况。

(8)不同交通工具客运票价的变化。

(9)自然灾害和季节、气候变化。

(10)旅游业的发展变化。

这些因素对铁路旅客运输量的增减变化影响极为显著。例如，城市人口的增加，广大人民群众物质文化生活水平的提高，铁路客运设备的不断改善和方便旅客乘车旅行等，都会引起客流的急剧增长。

必须指出，上述各种因素的变化，都是国民经济计划在该地区的具体体现。因此，调查、分析和运用这些资料时，首先应该研究国民经济计划的发展趋势，领会党和国家在一定时期制定经济计划的原则精神和在各地区进行经济建设的方针意图。以此作根据，再进行具体资料的分析，才有可能使客流调查工作做得更好，更符合客观实际。

2. 客流调查的范围

客流调查的范围，是铁路沿线的吸引区。吸引区分直接吸引区和间接吸引区两种。直接吸引区是指车站所在地及其附近地区被车站直接吸引的城市和居民点的总区域。这个区域可用垂直平分法划出大致范围，如图 6-1 所示。

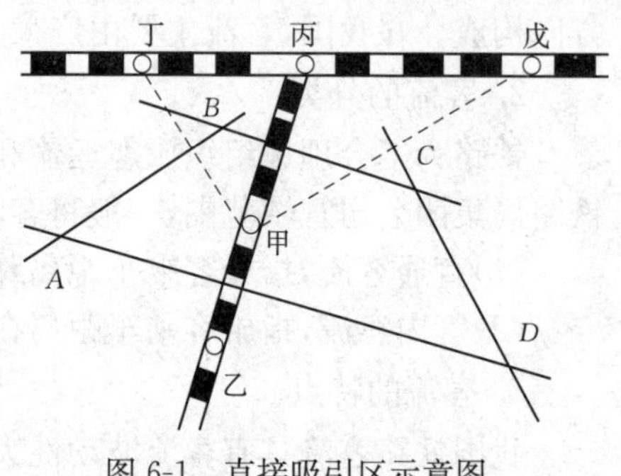

图 6-1　直接吸引区示意图

甲站的几何吸引范围是 ABCD 实线包围的地区。

其求法为先划出甲乙和甲丙的垂直平分线，然后划出甲丁的垂直平分线与其相交于 A、B 两点，再划出甲戊的垂直平分线与其相交于 C、D 两点。A 点与甲、乙、丁三站的距离相等，B 点与甲、丙、丁三站的距离相等，D 点与甲、乙、戊三站的距离相等，C 点与甲、丙、戊三站距离相等。所以几何图形 ABCD 内各点都距甲站较近，可作为甲站的吸引范围。同时还必须考虑许多具体条件，如地形、地貌、交通条件、运输费用、在途时间等进行分析、修正，才能最后确定吸引区的边界。

间接吸引区是指车站直接吸引范围以外，由其他交通工具的联系而被间接吸引的较远地区的城市和居民点的总体区域。一般按最短通路原则划定。

3. 客流调查的方法

客流调查分为综合调查、节假日调查和日常调查三种。

(1)综合调查

综合调查一般每两年进行一次。调查的目的是摸清车站吸引区的政治、经济、文化和人民生活情况，了解影响铁路客运量增长变化的各种因素以及对客运工作客观要求，作为制定长期规划、年度计划及改进客运设备的主要依据和日常客运组织工作的基础。

调查内容有：

①吸引地区的一般情况。地区的自然条件(位置、地形、气候等)；行政区域的划分；城市、农村人口的分布和增长情况；工矿企业、机关学校的分布和发展情况；工矿企业生产水平及与外地在供销上的联系；农业生产和劳动力的安排及有组织的或自发的劳动力外出情况；文教、卫生事业的发展和名胜古迹、医院、疗养院的分布。

②直接影响客流的各项因素。吸引地区的总人数；工矿企业、机关、学校等单位的人员及家属人数，休假制度及利用铁路旅行的情况；疗养、休养处所的开放时间、床位及其周转时间；吸引范围内名胜古迹、游览胜地及历年各月的旅游人数；历年特殊客流及大批人员运输情况(应分出主要到发区段)。

③各种交通运输工具的分工情况。吸引范围内现有交通运输方式的运输能力，历年的运量及比例，客流在时间上的变化情况以及今后的发展；各种交通运输工具的运行线路，与铁路旅客列车运行时间的配合情况。

④铁路旅客运输资料。按运输类别的旅客发送、中转及到达人数，使用铁路乘车证人数，客流月间、季度的波动情况及原因；历年客流变化及到达各区段的客流量；分直通、管内的旅客列车对数、运行区段、时间及平时和客运量最大时的运能与运量的适应情况；其他与编制客流计划、组织旅客运输有关的资料。

在调查方法上，采取点面结合的方法，一方面从计委和统计部门搜集计划和历年统计资料，一方面到基层单位或社会做实际调查，经过反复核实，就可以获得较为可靠的调查资料。然后对调查内容分科目制表并按客流分析说明汇编成车站年度客流资料。

(2)节假日调查

节假日调查主要是对清明节、劳动节、端午节、国庆节、中秋节、元旦、春节这七大节日和暑期客流进行调查。前六个节日主要是管内客流增长较大，一般在节日运输前1个月左右进行，春节、暑期运输的客流调查应在春节、暑期运输前3～4个月进行。

节假日客流调查的目的是安排好节日旅客运输方案以及做好各项组织工作，其中包括制定节假日期间临时旅客列车开行方案，编制节日旅客运输计划和售票、服务组织工作等。

调查的主要内容：

①重点工矿企业、政府机关团体的休假制度、社会经济活动及外地人员乘坐火车的流量和流向。

②学生客流重点调查本地区大中专学校数量，在校学生和外地学生人数，乘坐火车的流量和流向，放假和开学日期。

③民工流重点调查产生地的农业人口数量、乡镇企业发展情况和剩余劳动力数量及外出劳动力分布地区和数量；接纳地区用工部门、劳务市场已经或预计接纳的用工数量；中转站应建立健全新产业工人旅客的流量、流向资料台账，加强分析和预测。

④其他交通运输工具与铁路衔接运能、运量的变化情况。

调查的方法可采取登门调查、函调和召集会议等方式。

将调查的资料汇总编制出节假日客流调查统计表，见表6-4。

表6-4　中国铁路××局集团公司××站工矿、企业、机关、学校节假日客流调查统计表

<table>
<tr><td colspan="2">所属部门　　　　　局
（公司）　　　　　单位名称</td></tr>
<tr><td colspan="2">地址：　　　　区
（县）　　　　路　　　　巷（弄）　　　　号</td></tr>
<tr><td colspan="2">联系人科室：　　　　姓名：　　　　电话：</td></tr>
<tr><td colspan="2">全厂（校）人数：　　　　人其中职工（教职工）　　　　人（学生）　　　　享受探亲假职工
人（师生）　　　　人</td></tr>
<tr><td colspan="2">发薪日期：　　　　日，厂（校）休日星期　　　　春节假期自　　月　　日至　　月　　日止
（包括调休）</td></tr>
<tr><td rowspan="5">××年春节在
××乘坐
交通工具</td><td>乘坐火车往××方向　　　　人，往××方向　　　　人，往××方向　　　　人，小计　　　　人</td></tr>
<tr><td>乘长途汽车往××方向　　　　人，往××方向　　　　人，往××方向　　　　人，小计　　　　人</td></tr>
<tr><td>乘内河轮船往××方向　　　　人，往××方向　　　　人，往××方向　　　　人，小计　　　　人</td></tr>
<tr><td>乘火车××站转乘海轮往××方向　　　　人，往××方向　　　　人，小计　　　　人</td></tr>
<tr><td>现有临时工使用××年×月底的　往××方向　　人
往××方向　　人　　小计　　　　人</td></tr>
<tr><td>对铁路客运服
务工作和车次
时间等方面的
意见、要求</td><td></td></tr>
</table>

填表单位　　　　填表人科室　　　　姓名　　　　电话

(3)日常调查

车站客运计划人员应经常注意车站内和吸引地区客流情况,随时了解、掌握旅客流量、流向的变化,找出客流受季节、气候等因素影响的规律,分析客流增减数量、变化原因和延续时间等。在调查中,特别要了解旅客的旅行目的、到达地点、返回日期及掌握市郊、周末、集市贸易、旅游、会议等方面的旅行动态。这种调查,对于编制日常旅客运输计划和安排运输工作,将起到较大作用。

调查内容可根据日常客流发生的特殊变化情况来确定。

调查的方法,可深入售票处、候车室及列车等旅客密集的场所采用"听、看、问"或制定统一的调查登记表(表 6-5)发给旅客填写。

表 6-5　日常客流调查登记表

各位旅客:

为了搞好客流调查,有计划地组织旅客运输,更好地为广大旅客服务,请您协助在以下调查内容画"○"或填写:

一、本人职业:工人、农民、军人、师生、商业、机关干部、(其他:________)

二、旅行目的:出差、开会、学习、参观、采购、游览、就医、探亲、(其他:________)

三、建议或要求:________________

____

____

四、本人单位:________________

祝您旅途愉快!

××局集团公司××站

年　　月

客流的调查工作,是由各站组织专门人员来进行的,在调查中必须紧紧依靠地方政府的领导和有关部门的密切配合,成立调查小组,实行分工负责,分片包干。

(二)统计分析方法在客运量预测中的应用

1. 统计资料来源

(1)各级客运部门掌握的日常统计资料

车站根据各次旅客列车上下车的统计资料,按日、旬、月分别车次、去向统计发送旅客及中转旅客的客流量。铁路局集团公司根据车站报告可以掌握各次列车座席利用率,有计划地组织日常运输;根据统计资料的汇总比较,可以分析客流变化的规律,作为确定计划客流的参考。为此,要求车站和客运(列车)段积累以下客流资料。

①三等以上车站积累的客流资料有:元旦、春节、清明、五一、端午、暑期、十一、中秋等节日运输期间(春节前后各 20 d,元旦、清明、五一、端午、十一、中秋前后各 5 d)分别方向的管内和直通列车运能(包括临客);管内、直通分区段上车人数以及到达、中转人数;按日、旬、月,分线别、车次、区段的上车人数以及分车次的中转、到达人数;团体旅客人数、旅行目的和发到站。

持铁路乘车证的上下车人数按上述要求单独统计。

②其他车站按日、旬、月积累日常和节假日旅客上下车人数。

③客运(列车)段和列车积累、分析所担当列车在各停车站的上下车人数,直通旅客快车的运能(软、硬卧和硬座),规定各区段的旅客密度人数。

(2)由统计部门编制的客流统计资料

车站和车务段根据售出客票记录，分直通、管内编制售出客票报告(月报)、退票报告(月报)及代用票、市郊定期票据(包括乘降所上车票据)一起报铁路局集团公司统计部门。再由统计部门根据各站的售出客票报告、退票报告和局间交换资料(输入和通过客流)编制下列有关报表：

①始发旅客人数及票价合计统计表——客报—1。该表是统计实际客流的重要资料，反映各客运营业站(乘降所)、铁路运输企业和省级行政区划以及计划单列市的始发旅客人数情况。各站发送的直通、管内客流情况。

②旅客运输量及平均行程统计表——客报—2。该表根据本铁路运输企业旅客发送资料和各铁路运输企业间交换资料编制，反映始发旅客人数在各铁路运输企业分运输种别旅客周转量及平均行程的完成情况。

③分界站旅客输出输入及通过量统计表——客报—3。该表反映铁路运输企业间输出、输入和通过旅客人数。

④区段旅客运输密度统计表——客报—4。该表反映铁路营业线上各区段的旅客运输密度。根据本铁路运输企业发送资料和交换资料，按管内、直通分上、下行方向编制。

⑤距离别始发旅客运输量统计表——客报—5。该表按照运行距离别，分席别反映始发旅客人数和始发全程旅客周转量，作为了解和研究旅客行程情况的依据。

2. 各种预测方法

(1)固定比例法(乘车系数法)

$$y=Y/N \tag{6-8}$$

式中　y——乘车系数；

Y——铁路客运发送量；

N——吸引地区居民人数。

例如，某年某站吸引地区的居民人数为40万人，而铁路客运发送量为24万人，则

$$y=Y/N=24\text{万人}/40\text{万人}=0.6$$

y是随着客观形势的发展不断变化的，所以必须分析研究各项因素对y的影响程度，从而确定计划期的y。如上例中，计划期$y_{计}$为0.65，计划期吸引区的居民人数为43万人，则计划客运发送量为

$$Y_{计}=N_{计}\cdot y_{计}=43\text{万人}\times 0.65=27.95\text{万人}$$

(2)动态关系法(比例增减法)

按照各种因素的影响，推定铁路客运发送量的增长百分数。例如，某站客运发送量最近三年的增长率为9%、10%、13%，分析计划年度各项因素预计发展情况，加以研究确定计划年度的增长百分数。某站历年增长客流的基本原因是吸引区经济建设的迅速发展。车站附近中学的建立，一批工厂的兴办，在计划期间内还将有几座大工厂投产、兴建，确定计划年度的增长百分数为15%。如上年度客运发送量完成24万人，则计划年度客运发送量应为27.6万人，其计算公式如下：

$$Y_{计}=Y(1+\beta)=24\text{万人}\times(1+15\%)=27.6\text{万人}$$

式中　$Y_{计}$——计划年度客运发送量；

Y——上年度客运发送量；

β——计划年度增长百分数。

(3)时间序列法(趋势外延法)

将过去的历史资料和数据,按时间顺序排列起来的一组数字序列,如历年某局或全路的客运发送量。

其特点是假定预测的客运发送量过去的变化趋势会同样延续到未来,因而可以通过对过去的时间序列数据推算出事物的变化趋势,做出预测,这种方法多适用于短期预测。同时应消除偶然性因素的影响。

预测公式为

$$Y_{计}=a+bt \tag{6-9}$$

式中 t——年序数;

a,b——参数。

设一次移动平均数为 M_t^1,二次移动平均数为 M_t^2,取平均时距为($n=3$),则

$$a=2M_t^1-M_t^2 \tag{6-10}$$

$$b=M_t^1-M_t^2 \tag{6-11}$$

M_t^1、M_t^2 可按下列方法求解:

设各年的实际客运量为 X_{01}、X_{02}、…、X_{14},则

$$M_{t(03)}^1=\frac{X_{01}+X_{02}+X_{03}}{3} \tag{6-12}$$

$$M_{t(04)}^1=\frac{X_{02}+X_{03}+X_{04}}{3} \tag{6-13}$$

$$M_{t(05)}^1=\frac{X_{03}+X_{04}+X_{05}}{3} \tag{6-14}$$

$$\vdots$$

二次移动平均数 M_t^2 不过是一次移动平均数 M_t^1 的再一次移动平均而已,即

$$M_{t(05)}^2=\frac{M_{t(03)}^1+M_{t(04)}^1+M_{t(05)}^1}{3} \tag{6-15}$$

$$M_{t(06)}^2=\frac{M_{t(04)}^1+M_{t(05)}^1+M_{t(06)}^1}{3} \tag{6-16}$$

(4)回归分析法(相关因素法)

回归分析法是在定性研究的基础上,对实际调查的定量资料进行分析,找出事物发展的内部影响因素,确定出自变量与因变量以及它们之间的相互关系,形成一个回归方程,利用它来进行预测。

铁路客运发送量的基本影响因素有人口、国民平均收入等,如根据近几年统计资料的分析,它们互相间具有线性关系。

现设客运发送量为因变量 Y,人口为自变量 x_1,国民平均收入为自变量 x_2,其函数关系式为

$$Y=f(x_1,x_2)$$

二元线性回归方程为

$$Y=a+b_1x_1+b_2x_2 \tag{6-17}$$

为简化计算,将人口与客运发送量相比,求出乘车系数,使二元线性回归方程简化为一元线性回归方程,即

$$y=a+bx \tag{6-18}$$

式中　y——乘车系数(因变量);

x——国民平均收入(自变量);

a,b——回归参数。

将预测的乘车系数求出后,只要知道人口数,即可求得预测的客运发送量。

三、客流计划的编制

客流计划是旅客运输计划的重要组成部分,既是实现旅客运输计划的技术计划,又是旅客运输能力的分配计划和旅客运输组织的工作计划。

客流调查只是为编制客流计划提供了一定的原始资料,还必须对调查数据进行科学分析,研究客流在各个时期与社会政治、经济、文化发展的关系。此外,还应参考历年来实际客流和增长率及综合社会调查,加以科学推算。

客流计划的编制分为三个阶段:下达任务,准备资料;铁路局集团公司编制客流图和客流计划;国铁集团汇总直通客流图,编制客流计划。

(一)下达任务,准备资料

在编制新运行图确定旅客列车开行方案前,一般首先要编制客流计划。由国铁集团指定用某月份(称客流月)的客流统计资料,于客流月前下达编制客流计划和客流图任务,同时公布全路直通客流区段(管内客流区段由铁路局集团公司自定)。这里所说的客流区段,它不同于列车运行区段和机车牵引区段,而是指客流的到达区段,其长度按客流密度的变化情况而定。凡各大城市之间,客流密度大致相同的地点,衔接几个铁路方向的大型客运站,各铁路局集团公司间的分界站,都是划分客流区段的始发和终到站。在同一客流区段内各站间有不同的客流密度时,区段客流密度应按其中最大值计算,如图 6-2 所示,其区段客流密度应为 360 人。

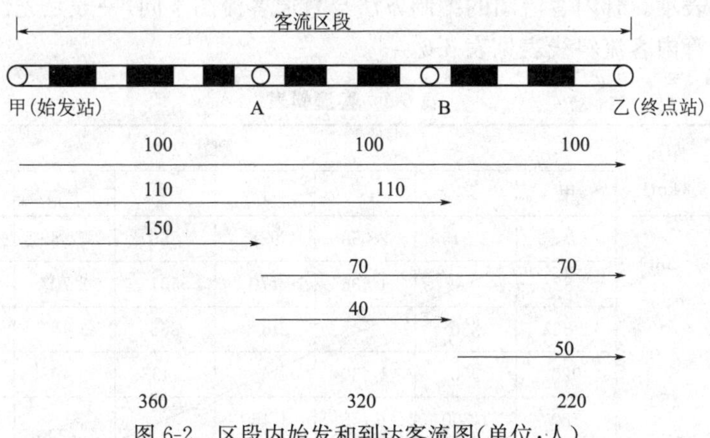

图 6-2　区段内始发和到达客流图(单位:人)

(二)铁路局集团公司编制客流图和客流计划

各个铁路局集团公司的统计部门按《铁路旅客运输统计规则》的要求,提出客流月的直通、管内分区段的发送旅客流向统计资料。客运部门根据分区段的旅客流向资料,按日平均数编制客流图。

客流图或称客流区段图,是旅客由发送地至到达地所经过的客流区段的图解表示。编制客流图的目的,主要是为编制运行图,提供确定旅客列车对数和运行区段所需的计划客流量。

经常编制客流图,可以积累各个时期各铁路线客流的流向和流量变化情况,掌握客流变化规律,以便提供日常和节假日客流组织办法。客流图按客流性质,可分为直通、管内客流图。

1. 直通客流图

直通客流图是由一个铁路局集团公司所属各客流区段产生的客流,经过一个或几个铁路局集团公司间分界站到达全路各铁路局集团公司的各客流区段的客流图解表示。每个铁路局集团公司都有一条或几条铁路线作为编制客流图时的起始、终到或通过区段,每条铁路线根据客流密度的不同,又可分为一个或几个直通客流区段。各直通客流区段的直通客流都是由三部分组成,即:

(1)输出客流:是由本局各直通客流区段内产生通过局间分界站交到外局的客流。

(2)输入客流:是由全路各铁路局集团公司的各直通客流区段内产生的直通客流,通过本局分界站到达本局各直通客流区段内的客流。

(3)通过客流:是由本局的一个局间分界站接入到另一个局间分界站交到外局的客流。各铁路局集团公司和全路的直通客流图,只编制直通输出客流,如图 6-3 所示。

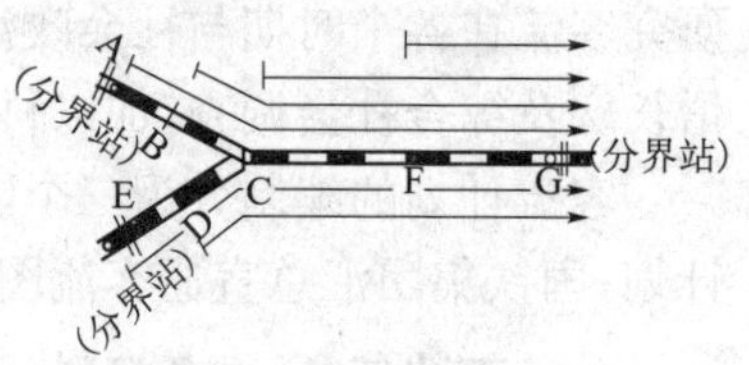

图 6-3　直通输出客流图

直通客流图的编制,是根据统计中心提供的各直通客流区段产生的输出客流量和流向,分线别、客流区段别进行编制。将各个直流客流区段产生的直通输出客流量按区段顺序,填入各客流区段,即是本区段产生的直通输出客流加通过本区段的客流,这样,最后一个客流区段的直通客流量也就是本线所产生的直通输出客流量。

2. 管内客流图

管内客流图是由一个铁路局集团公司各管内客流区段产生,而又在本局管内各客流区段消失的客流图解表示。管内客流图的编制方法与直通客流图不同,一般是先作客流斜线表,后编管内客流图。管内客流斜线表见表 6-6。

表 6-6　客流斜表

发站	距离(km)	到站							
		甲	乙	丙	丁	戊	上行	下行	总计
甲			3 545	2 050	938	856	7 389	—	7 389
	250								
乙		3 823		1 436	770	501	2 707	3 823	6 530
	263								
丙		1 823	830		2 622	865	3 487	2 653	6 140
	350								
丁		920	900	1 430		2 493	2 493	3 250	5 743
	450								
戊		780	1 300	1 170	1 460		—	4 710	4 710
上行		—	3 545	3 486	4 330	4 715			16 076
下行		7 346	3 030	2 600	1 460	—			14 436
总计		7 346	6 575	6 086	5 790	4 715	16 076	14 436	30 512

它将各大站及客流区段的发到旅客人数显示于表上。表内左边一列站名为发站,上边一行站名为到站。将发站发送的客流量按到站分列在同一行的相应栏内,表示出管内客流的流量和流向。表中斜线以上为上行,斜线以下为下行。

为使管内客流斜线表所表示的客流计划更为明显、清晰，而且便于计算旅客运输指标和确定旅客列车行驶区段与行车量，可将斜线表上的各项数字按一定的格式，用图案的形式绘制出管内客流图。同时，为了便于识别，在客流图上，对于由不同车站发送的客流，可用不同颜色或符号表示，如图 6-4 所示。

图 6-4 中，甲站上行日均发送 7 389 人，则甲乙区段上行客流密度为 7 389 人，而乙丙区段因到达乙站 3 545 人，则乙丙区段的客流密度为 7 389－3 545＝3 844(人)，丙丁区段因到达丙站 2 050 人，则其客流密度为 3 844－2 050＝1 794(人)，丁戊区段因到达丁站 938 人，则其客流密度为 1 794－938＝856(人)，该 856 人通过丁戊区段后到达戊站。同理从乙站发送上行旅客为 2 707 人，到丙站 1 436 人，到丁站 770 人，到戊站 501 人，各区段客流密度如图 6-4 所示。乙丙为 2 707 人，丙丁为 1 271 人，丁戊为 501 人。根据各站的发送和到达累计各区段客流密度如下：

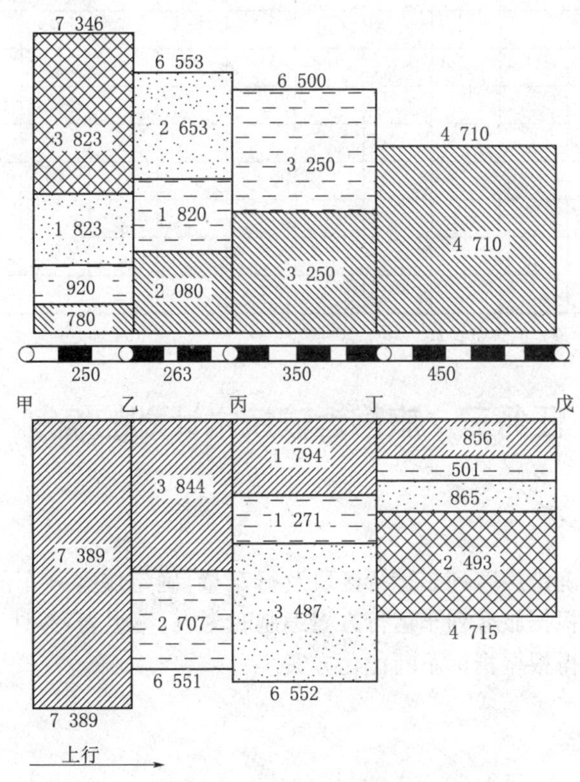

图 6-4　管内客流图

甲乙为 7 389 人，乙丙为 6 551 人，丙丁为 6 552 人，丁戊为 4 715 人。

下行编制方法同理。

(三)国铁集团汇总

各铁路局集团公司编好直通、管内客流图后，国铁集团组织各铁路局集团公司将所编制的输出直通客流图资料进行交换，并汇总在按局别的全国铁路直通客流图上。各铁路局集团公司根据交换的资料，计算出直通客流区段的客流密度，连同管内一起，汇总在全国铁路区段客流密度图上。然后，各铁路局集团公司结合客流调查和统计资料，利用各种预测方法推算出计划期内客流可能的增长率或绝对数，据以编制全部客流计划。最后把计划客流密度与现行运行图规定的旅客列车能力进行比较(表 6-7)，即可提出编制新的客车运行图所需的资料。

表 6-7　运行图旅客密度与客车能力比较表

局集团有限公司　　　　　　　　　　　　　　　　　　　　　　　　年　　月　　日

线路区段	方向	年　月份			年至　年计划			现行旅客列车能力				密度与能力比较			
		旅客密度	其　中		旅客密度	其　中		对数	总字员	其中：直通客车		与　月份		与　年	
			直通	管内		直通	管内			对数	定员	总计	直通	总计	直通
	上														
	下														
	上														
	下														
	上														
	下														
	上														
	下														
	上														
	下														
	上														
	下														

注：列车定员，按编组表中规定的定员计算。

任务三　旅客运输技术计划的编制

任务描述

依据客流图，懂得确定旅客列车运行区段及行车量，确定旅客列车的合理开车范围，会编制旅客列车方案图，会根据旅客列车运行方案编制时刻表、编组表，并计算车底需要数，会计算方案图的各项指标，懂得根据指标不断优化方案。

任务导入

根据本项目任务二绘制的客流图，完成以下任务：

1. 确定列车运行区段。
2. 根据设定的列车占比，计算各个区段的行车量。
3. 确定列车的合理开车范围，绘制旅客列车运行方案图。
4. 根据方案图编制列车时刻表和编组表。
5. 进行方案图各项指标的计算，优化方案图。

知识准备

旅客运输技术计划是保证质量良好地完成旅客运输任务，合理使用机车车辆和其他技术设备的具体生产计划。铁路是以列车方式进行运输生产活动的。为了完成旅客运输计划，必须将流向、流量、流程、流时各异的旅客组织到不同种类、不同发到站、不同到发时刻的旅客列车中去，才能安全、迅速、准确、便利、舒适地输送旅客到达目的地，并使客运技术设备得到经济、合理地运用。因此，旅客运输技术计划，是铁路旅客运输服务工作的重要组成部分。

旅客运输技术计划应以客流计划为依据，着重解决以下问题：

(1)合理地选择旅客列车的重量与速度。

(2)恰当地确定各种旅客列车的运行区段和行车量。

(3)正确地编制旅客列车运行图、时刻表和列车编组表。

(4)经济合理地确定客运机车、车辆的需要数。

旅客运输技术计划的编制，是一项复杂而细致的系统工程，主要是在国铁集团和铁路局集团公司两级机构中进行。需要在国铁集团和铁路局集团公司的统一领导下，在客运和其他各部门密切配合，共同努力下才能编制出质量较高的旅客运输技术计划。

一、旅客列车的重量和速度

选择合理的旅客列车重量和速度，是旅客运输组织工作的一个重要问题。它决定着旅客列车编成的大小及旅客在旅途中的时间消耗，直接影响为旅客服务的质量和客运技术设备的使用效率。选择旅客列车重量和速度的方法为：

1. 拟定设计的直通速度

在牵引种类和机车功率一定的条件下，列车重量愈大，运行速度则愈低。确定旅客列车重量时，应以提高直通速度为主，还应考虑旅客站台和站线的有效长，并按列车的种类和等级，参照现行技术标准，分别拟定其设计直通速度。

$$v_{设直}=\frac{L_{方向}}{\sum t_{区段}+\sum t_{技站}} \tag{6-19}$$

式中　$v_{设直}$——设计直通速度；

$L_{方向}$——列车在该方向上所行驶的距离；

$\sum t_{技站}$——列车在客运技术作业站的停站时分总和；

$\sum t_{区段}$——列车在各区段内旅行时间的总和，其值为

$$\sum t_{区段}=\sum t_{运行}+\sum t_{停站}+\sum t_{加减}+\sum t_{慢行} \tag{6-20}$$

其中　$\sum t_{运行}$——区间运行时分总和，

$\sum t_{停站}$——列车在区段内停站时分总和，

$\sum t_{加减}$——起停车附加时分(一般不包括技术作业站)，

$\sum t_{慢行}$——慢行时分总和。

2. 修正直通速度

对初步拟定设计的直通速度，再按照旅客列车在始发站、终到站的发车及到达时刻对旅客是否方便的条件加以审查及修正。为方便旅客，直通旅客列车自始发站发车的最佳时刻在19:00之后，但不迟于0:00，到达终点站的最佳时刻则宜在7:00—14:00之间，如图6-5所示。

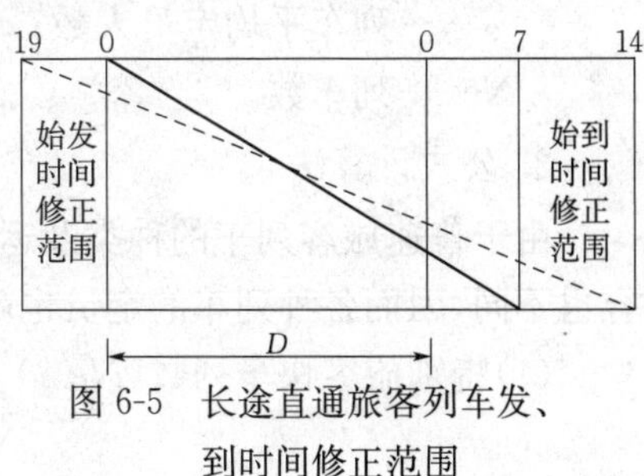

图6-5　长途直通旅客列车发、到时间修正范围

据此来修正直通速度，使之规定在以下范围之内：

$$\frac{L_{方向}}{19+24D}\leqslant v_{修直}\leqslant\frac{L_{方向}}{7+24D} \tag{6-21}$$

式中 $v_{修直}$——修正直通速度；

D——途中过夜天数；

$19+24D$——列车在旅途中时间的最大值；

$7+24D$——列车在旅途中时间的最小值。

3. 确定列车重量和编组数

根据修正后的直通速度，通过牵引计算可求出列车重量理论上的允许值，再根据线路和站台的长度、加挂预留吨位、区段通过能力等因素分别列车种类和等级，最后确定列车重量和编组辆数。目前，我国对旅客列车重量标准和编组辆数规定为：快车 800～1 000 t，15～20 辆；普速旅客列车最大编组一般不超过 20 辆。高速动车组列车一般编组辆数为 8 辆或 16 辆，8 辆一组的动车组列车也有采用重联方式形成 16 辆编组的动车组列车。

二、旅客列车的运行区段及行车量

旅客列车的运行区段和行车量，基本上取决于客流计划。“按流开车”是确定旅客列车运行区段和行车量的基本原则。

在我国，铁路旅客列车的开行必须服从国家的政治、经济、文化、科技、国防的需要，加强首都与各直辖市和各省、自治区首府之间，以及各省、市、自治区主要城市之间，重点工矿之间，边疆、沿海和内地之间，城市和农村之间的联系。旅客列车的开行，必须符合大量客流的需要，同时还要有利于铁路技术设备的合理运用。

根据客流计划所绘制的客流图（图 6-5），从图中不仅能很清楚地看出旅客的流量、流向，而且可以看出客流发生和消失的地点，这就给划分直通和管内旅客列车运行区段，确定列车种类及行车量的工作提供了有利的条件。

旅客列车对数确定是否合理，是衡量运行图编制质量的重要标志。列车对数定多了，浪费运能，定少了，造成旅客拥挤，所以正确地确定列车对数是一项很重要的工作。

普速旅客列车行车量可按下式计算：

1. 概算法

$$N=A/\alpha(列) \tag{6-22}$$

式中 A——总客流量（日均计划）；

α——列车平均定员人数；

N——列车数。

2. 公式计算法

由于普速旅客列车的种类及运行距离不同，其所能吸引的客流量不同，要求的列车编组内容也不同，因而各种列车的定员也就不同，所以对各种旅客列车应分别确定其列数。

(1)特别旅客快车列数（$N_{特快}$）

$$N_{特快}=AK_{特快}/\alpha_{特快}\quad(列) \tag{6-23}$$

式中 $K_{特快}$——乘特快旅客列车旅客的百分数；

$\alpha_{特快}$——特快旅客列车定员。

(2)旅客快车列数($N_{快}$)

$$N_{快}=(A-\alpha_{特快}N_{特快})K_{快}/\alpha_{快} \quad (列) \tag{6-24}$$

式中　$K_{快}$——乘快车旅客的百分数(除特快外);

$\alpha_{快}$——快车旅客列车定员。

(3)普通旅客慢车列数($N_{慢}$)

$$N_{慢}=(A-\alpha_{特快}N_{特快}-\alpha_{快}N_{快})/\alpha_{慢} \quad (列) \tag{6-25}$$

式中　$\alpha_{慢}$——普通旅客慢车定员。

确定各种旅客列车的行车量,除按上述方法进行计算外,还应考虑:

(1)通过概算或公式计算出的列车总数和各类列车数,往往出现不足一列的尾数,对此一般不予进整,而是采用加挂车辆或调整车型以扩大客车定员或采取超员运输办法解决。

(2)对于不足每日开行一列的长途直通旅客列车或国际旅客列车可采用定期(如每周两次)或隔日开行的方式,以合理地运用铁路机车车辆和通过能力。

(3)如直通旅客快车在运行全程个别区段定员有余,为充分利用运能而不影响旅客服务质量,可采取在定员有余区段适当增加列车停站次数,以吸收部分管内客流,或在超员区段加挂回转车,缩减列车基本编组辆数,在超员区段再编挂上。

在实际工作中,按现行运行图开行的客车对数,根据客流计划,进行确定。

直通旅客列车由各铁路局集团公司根据直通客流(由始发局到终到局),符合下列条件时报国铁集团开行:

(1)跨两局的列车直通客流不少于600人。

(2)跨三局的列车直通客流不少于500人。

(3)跨四局以上的列车直通客流不少于400人。

管内旅客列车输送沿途变动的客流,其行车量要与客流密度相适应,由各铁路局集团公司确定后报国铁集团备案。

三、旅客列车运行方案图及时刻表

全路旅客列车运行图的编制工作,应贯彻集中领导和群众路线相结合的原则,对跨三局的直通旅客列车,应在国铁集团的统一领导下由各铁路局集团公司派人到国铁集团集中编制。跨两局的直通旅客列车,由两局协商编制。管内旅客列车,则由铁路局集团公司组织编制。因为对跨局的直通旅客列车,不仅要考虑某一整个方向,而且还要与有关方向互相联系起来通盘考虑,全面安排。因此,各铁路局集团公司都必须在国铁集团的集中领导和统一规划下进行编制工作。

旅客列车运行图的具体编制工作,分两个阶段进行:

第一阶段,铺画旅客列车运行方案图(简称“客车方案”)。客车方案图是列车运行图的骨架,它用小时格运行图铺画,在图上只表示始发站、终点站、分界站及其他主要站的到开时刻,如图6-6所示。

第二阶段,铺画具有详细时刻的旅客列车运行图(简称“详图”)。详图铺画上的技术问题由“行车组织课程”研究解决。

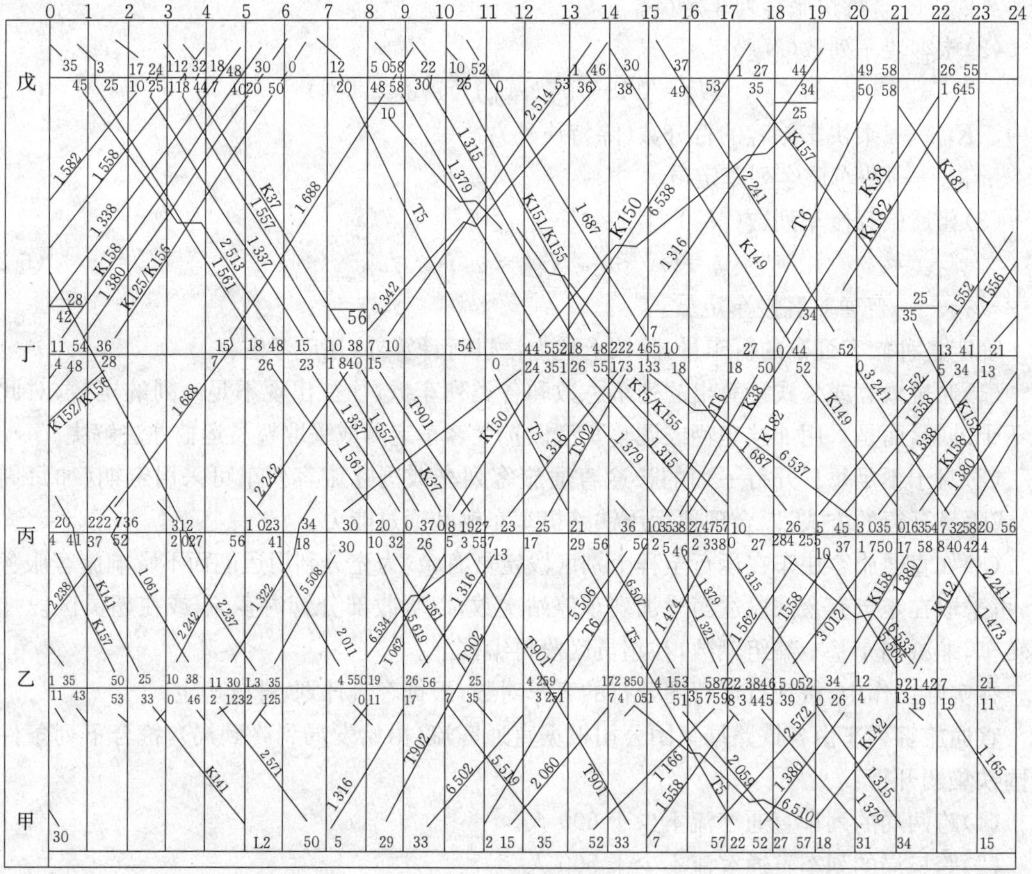

图 6-6 客车方案图

(一)客车方案图的编制原则

旅客列车运行方案所要解决的是每一方向旅客列车在运行图上的整体布局问题,它不仅对整个列车运行图的布局起着决定的作用,而且对列车运行图的编制质量也有直接影响。为此,编制客车方案时应遵守以下原则:

1. 提高列车的直通速度

旅客列车的直通速度是衡量铁路工作水平的标准之一,它对国内、国际都有影响。特别是快车的直通速度,关系到国家的声誉,具有政治和经济上的意义。提高直通速度的技术组织措施是减少停站次数,压缩停站时间,加速技术作业过程,延长客运机车牵引交路。对管内旅客列车,开行对数较多的区段,亦可采取分段服务的办法以提高直通速度,如图 6-7 所示。

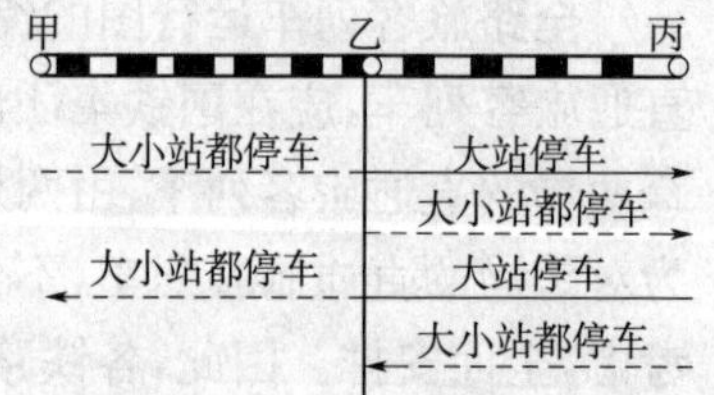

图 6-7 管内列车分段服务示意图

2. 方便旅客旅行

安排旅客列车运行时,必须把便利旅客旅行放在重要位置,作为编制客车方案图的基本出发点之一。为此,首先应规定适宜的列车始发、终到和通过主要停车站的时刻,如直通快车在始发站的发车时刻最好规定在晚间,但一般不得迟于 0:00,而到达终点站的时刻最好规定在早晨,一般不要早于7:00前。如有两对以上直通快车时,应考虑其间隔均衡,一般安排在早晚各1列,但早晨发车,对住在市郊的旅客不大方便。直通列车通过沿途各大站的时刻亦应力求方便旅客,若不能完全满足此项要求,则只能权衡轻重,尽可能予以照顾。

管内旅客列车以运送短途旅客为主,一般运行距离较短,故以白天运行为宜。在管内列车较多的区段不可能均在白天运行时,个别列车亦可在夜间运行,但始发时刻不宜过晚,到达时刻不宜过早。由于在乘坐管内列车的旅客中,有很多需要当天往返,为满足其需要,列车在折返站的到达与出发时刻之间,应有适当的间隔,以保证旅客有一定的活动时间。

其次,在联结几个铁路方向的大型客运站应尽量缩短旅客中转换乘的停留时间,使各方向旅客列车到发时刻有良好的衔接。如确有困难时,应照顾主要的中转直通客流方向,如图6-8所示。

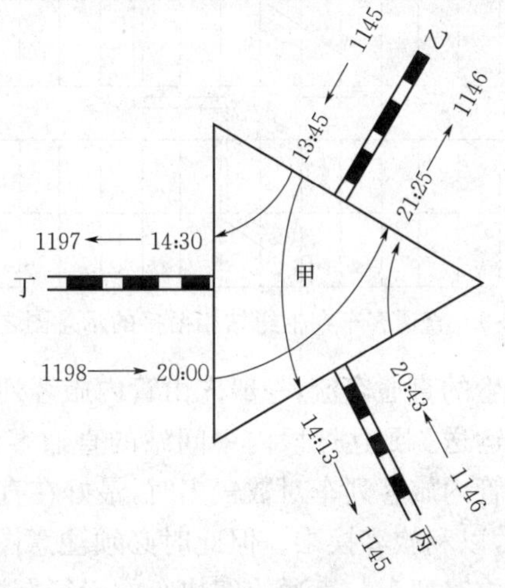

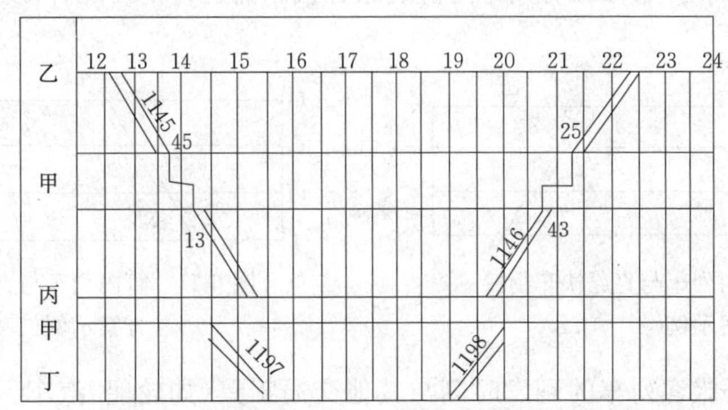

图6-8　直通客车在枢纽站相衔接的示意图之一

甲枢纽联结三个铁路方向,其中乙—丙间有较大的直通客流,规定开行1145/1146次直通旅客快车。因此,乙—丙间在甲站一般不产生中转直通客流,但乙—丁、丙—丁间在甲站都有一定数量的中转直通客流。为减少这些中转直通旅客在甲站换乘的停留时间,应使从丁方向开到甲站的1198次列车的到达时刻与由甲站分别开往乙、丙方向的1146、1145次列车的出发时刻相配合。同样,由甲站开往丁方向的1197次列车的出发时刻,应分别与由乙、丙方向到达甲站的1145/1146次列车的到达时刻相衔接。如果这样做有困难,乙—丁方向的中转直通客流又较大时,可使1197次列车在甲站的出发时刻以照顾与乙方向1145次列车到达时刻相衔接为主。

又如图6-9所示,由戊到丁及由丙到甲的直通旅客列车经过乙站时,如果由戊方向来的不少旅客是去甲方向的，这些旅客需要在乙站换车。因此，当铺画戊站到丁站的列车时，必须考虑该列车到达乙站的时刻要比丙站到甲站的旅客列车到达乙站的时刻早 1 h 左右，以便旅客在乙站换车。

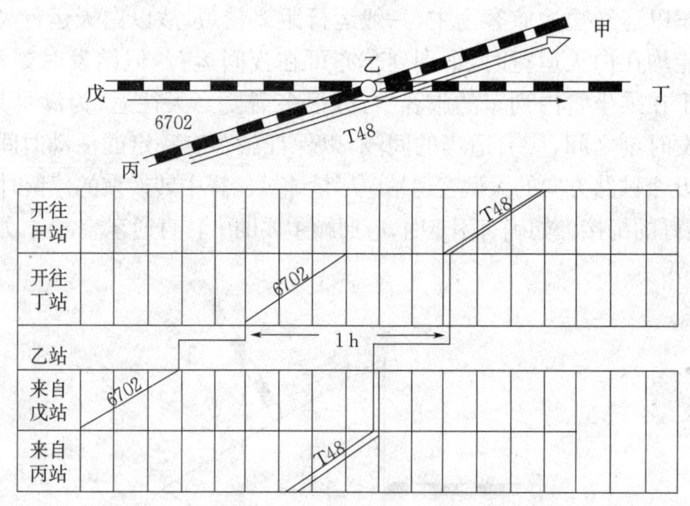

图 6-9　直通客车在枢纽站相衔接的示意图之二

其三，区段内各中间站产生的直通客流，一般先由管内旅客列车运送到直通旅客快车停车站，然后再转由直通旅客快车运送。到达区段内中间站的直通客流则反之。为了减少这部分旅客在换乘站的停留时间，在管内旅客列车对数较多时，最好在直通旅客快车经过较大车站前后，各开行一次管内旅客列车，以利旅客换乘。但此时必须注意图上客车的均衡性(图 6-10)。当管内旅客列车较少时，管内旅客列车与直通旅客快车的运行衔接配合，以照顾主要客流为原则(图 6-11)。

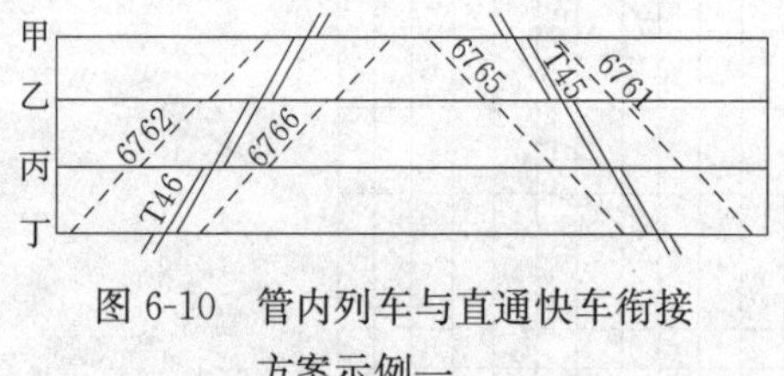

图 6-10　管内列车与直通快车衔接方案示例一

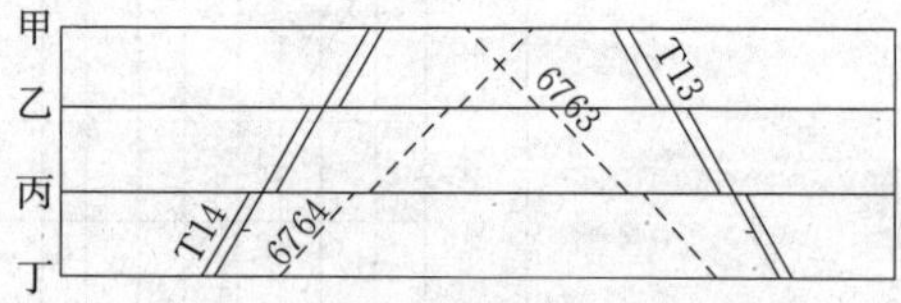

图 6-11　管内列车与直通快车衔接方案示例二

同时，还应保证旅客列车的到发时刻与其他交通工具(如轮船、汽车、飞机等)互相衔接。这种衔接包括组织联运及缩短旅客由这种运输方式换乘到另一种运输方式的等待时间。这样，不仅可以方便需要换乘其他交通工具的旅客，而且对报纸、邮件的传递也有重要意义。

3. 客货兼顾，全面安排

旅客列车与货物列车在单线和双线区段内均在同一正线上运行，彼此之间势必发生关系。

如旅客列车运行线能适当照顾货物列车的运行，则可以减少额外扣除时间，节省线路通过能力，缩短机车折返停留时间和减少货物列车等会待避时间，从而加速机车车辆周转。从图 6-12所示的两种情况就能看出旅客列车对货物列车的影响。图 6-12(a)与(b)比较，由于适当移动了 T31 次客车的运行线，使额外扣除时间减少，货物列车和机车折返停留时间缩短，既提高了通过能力，又加速了机车周转。而旅客列车运行线的适当移动在实际上往往也是可以做到的。并且要尽量减少不合理的货物列车待避和停会旅客列车的次数，还要不使旅客列车待避和停会货物列车。同时在客货列车交会或货物列车待避旅客列车时，保证旅客和行车安全。

在单线区段，货物列车与旅客列车交会时，应使货物列车先到停车，旅客列车后到先开或通过，不应使旅客列车停会货物列车，如图 6-13 所示。

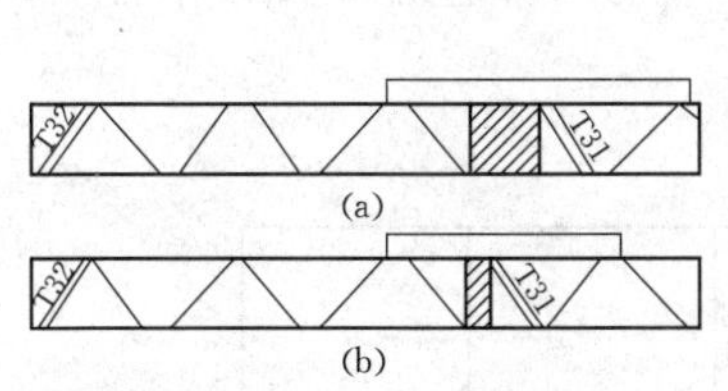

图 6-12　客车与货车运行关系示例

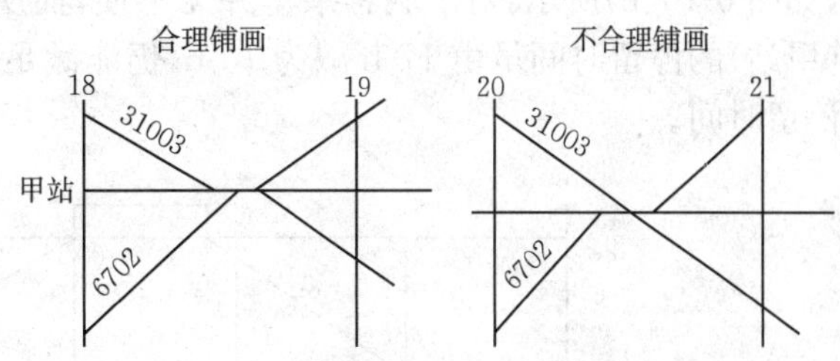

图 6-13　单线区段客车与货车会车示例

在双线区段，同方向运行的两列旅客列车的间隔时间，要为货物列车待避的地点创造条件，最好是使货物列车在有技术作业的中间站或技术站上待避旅客列车，如图 6-14 所示。

4. 保证旅客列车运行与客运站技术作业过程的协调

大家都希望旅客列车在大城市有比较合适的到发时刻，这就可能出现密集到达或出发的情况，有些衔接几个方向的大型客运站，由于受设备条件的限制，往往在列车密集到发期间，产生敌对进路的交叉干扰。因此，要求旅客列车密集到发的间隔时间应与车站技术作业过程相协调，否则将不能保证车站正常接发列车，造成客运站作业的困难和设备的利用紧张状态，这种情况应尽量避免。

如图 6-15 所示，图上的虚线表示旅客列车运行与车站技术作业过程不协调的情况。

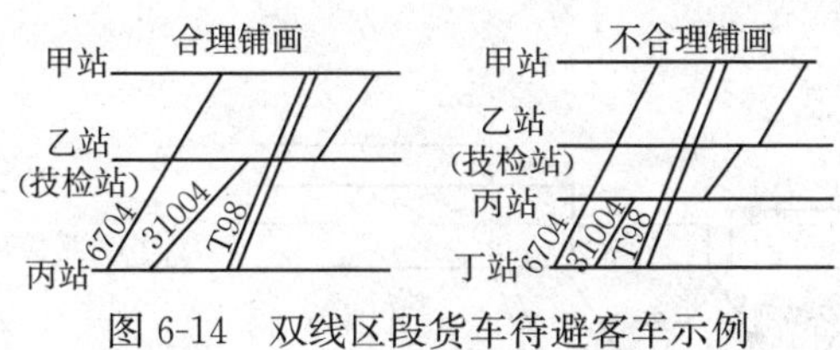

图 6-14　双线区段货车待避客车示例

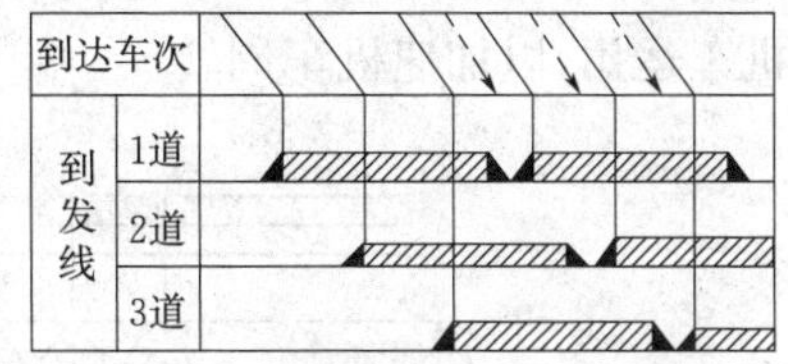

图 6-15　客车到达间隔与客运站技术作业相协调示例

为了保证在列车密集到发时刻内，车站不间断地办理接发列车作业，两列间的最小间隔时间，必须满足下列条件：

$$I_{客}=T_{占}/n_{到发}=(t_{到}+t_{停}+t_{发})/n_{到发}\quad(\text{min})\tag{6-26}$$

式中　$I_{客}$——旅客列车间隔时间，min；

$n_{到发}$——为办理旅客列车的到发线数目；

$T_{占}$——旅客列车占用线路时间，min；

$t_{停}$——列车停站延续时间，min；

$t_{到}$——准备进路必要的时间和列车通过进站距离的时间，min；

$t_{发}$——从列车出发时刻开始至该线路全部腾空为止的时间，min。

同时，大型客运站一般按方向设置候车室，因此，同方向旅客列车的始发间隔时间，应考虑旅客站舍的负担，以免造成站内拥塞。

5. 经济、合理地使用客运机车车辆

旅客列车运行方案安排得好，可以减少车底需要组数，使客车得到更经济的使用，机车也得到节省。

由图 6-16(a)可见，6721/6722 次需要 5 组车底周转，但如将 6722 次改在 20:00 由乙站始发，如图 6-16(b)所示，对于旅客乘车并无不便，而所需车底可减为 4 组。此时客车底在配属站(甲站)的停留时间虽由 17 h 减为 10 h，仍能满足需要，车底在折返站(乙站)亦有 6 h 的折返停留时间。

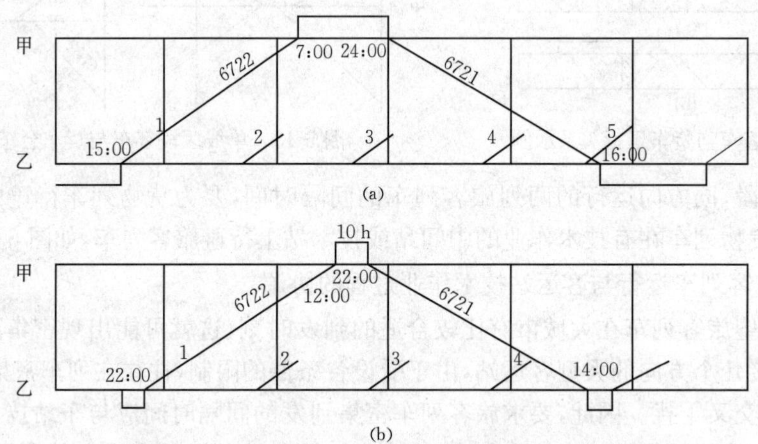

图 6-16　旅客列车到发时刻与车底周转的关系

旅客列车运行方案图对客运机车运用也有很大关系，如图 6-17 所示，通过适当调整列车的到发时刻，即可使运用机车由 4 台减为 3 台。因此，在编制方案图时，也应同时考虑各区段的客运机车运用，以加速机车周转。

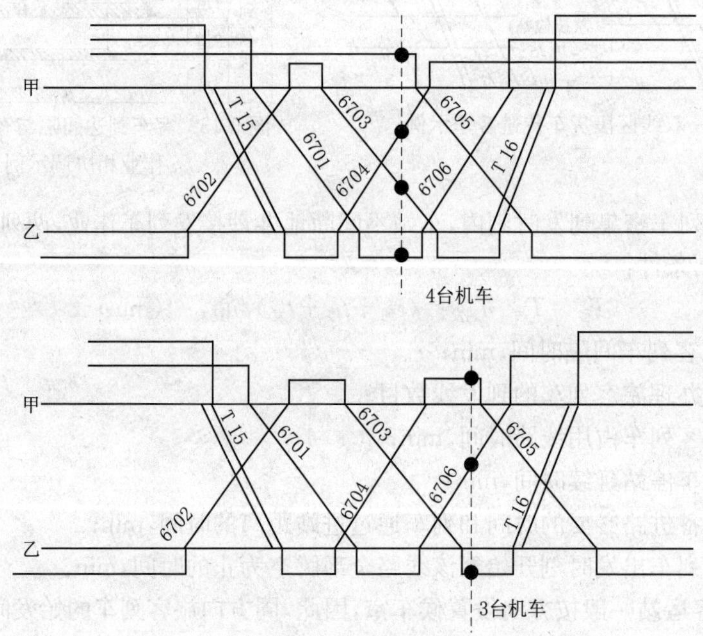

图 6-17　旅客列车运行线与机车交路的关系

编制客车方案图要求同时实现上述各项原则往往是有困难的。例如,为要选择旅客列车始发、终到的合适时刻,就需要增加使用的车底数;各方向列车始发、终到的时刻合适,却往往不能配合大客运站的客流衔接等。在这种情况下,就必须根据具体情况,采取措施,通过协商,解决主要矛盾,这样才能不断提高客车方案的编制质量。

(二)客车方案图的编制方法

在具体编制方案时,不管是直通还是管内方案,大多数情况下,都是在上一届方案的基础上进行的,应做到:分析现行列车运行图的执行情况和存在问题,总结过去的实践经验,提出进一步挖掘潜力、提高效率、改进工作的措施;各铁路局集团公司应为编制方案提供必要的资料,如列车的区间运行时分、慢行时分、停站时分及起停车附加时分等,其中,区间运行时分由机务部门提供,慢行时分由工务部门提供,各次列车在各区段内的停车站和停站时分由客运部门提供,将上述时分填制专门的表格(表 6-8),与其他编图资料,一并报国铁集团审查;根据批准的对数和运行区段,按照先国际、后国内,先直通、后管内,先快车、后慢车的顺序进行编制。

表 6-8　某线旅客列车区段运行停站时分标准表

		列车 区段 列车		
		运行时分		
		停站时分		
		起停车附加时分		
		慢行时分		
		计		
		运行时分		
		停站时分		
		起停车附加时分		
		慢行时分		
		计		
		运行时分		
		停站时分		
		起停车附加时分		
		慢行时分		
		计		

动车组列车运行方案图的编制：视客流情况，编制日常图、周末图和高峰图三种方案，安排列车开行。同时，在图中既可增开，又可重联部分动车组列车，进行灵活调整。

在小时格上具体铺画旅客列车方案运行线的一般方法如下：

(1)国际联运旅客快车，从国境站开始按照联运旅客列车时刻表会议决定的时刻向国内铺画。

(2)直通旅客快车，除根据原方案调整范围不大的以外，对必须翻架子的和新增加的直通旅客快车，一般是先确定合理开车范围，并从中选择几个开行方案，进行技术、经济比较，取其中最优方案，而后从列车始发站开始，向终点站顺序地铺画。如终点站的到达时刻不太合适，再作小范围的上下调整。

根据方便旅客旅行的原则，直通旅客快车可规定为不晚于零点开，不早于7:00到。按这个条件，每一对车都有其合理开车范围。这个合理开车范围因始发、终到城市之间列车运行时间的不同而不同。有的列车只有一个合理开车范围，有的列车可以有两个合理开车范围，如图6-18、图6-19所示。

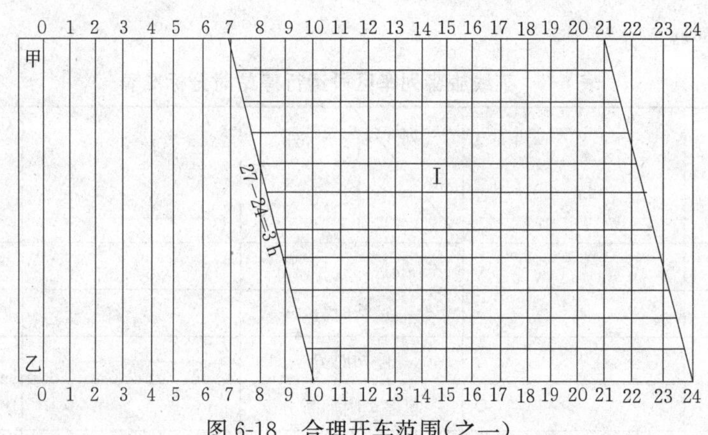

图6-18 合理开车范围(之一)

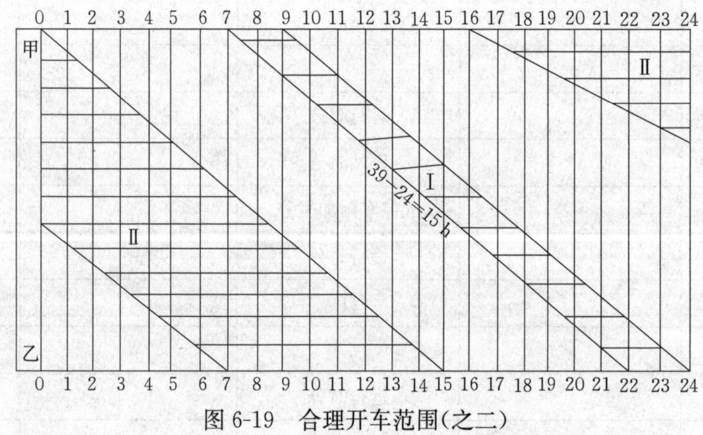

图6-19 合理开车范围(之二)

设直通快车的单程运行时间为$T=x+24D$，则其合理开车范围t可用下列分析式确定：

当$0+24D\leqslant T<7+24D$时，$t=7\sim(24-x)$；

当$7+24D\leqslant T\leqslant 17+24D$时，$t=\begin{cases}7\sim(24-x)\\(24-x+7)\sim 24\end{cases}$；

当 $17+24D<T\leqslant 24+24D$ 时，$t=(24-x+7)\sim 24$。

根据上述分析式，可根据不同的单程运行时间，确定其相对应的合理开车范围，为了计算方便，现用整小时数举例，见表 6-9。

表 6-9 合理开车范围

T	合理开车范围	T	合理开车范围
$0+24D$	7～24	$13+24D$	7～11 18～24
$1+24D$	7～23	$14+24D$	7～10 17～24
$2+24D$	7～22	$15+24D$	7～9 16～24
$3+24D$	7～21	$16+24D$	7～8 15～24
$4+24D$	7～20	$17+24D$	7 14～24
$5+24D$	7～19	$18+24D$	13～24
$6+24D$	7～18	$19+24D$	12～24
$7+24D$	7～17 24	$20+24D$	11～24
$8+24D$	7～16 23～24	$21+24D$	10～24
$9+24D$	7～15 22～24	$22+24D$	9～24
$10+24D$	7～14 21～24	$23+24D$	8～24
$11+24D$	7～13 20～24	$24+24D$	7～24
$12+24D$	7～12 19～24		

再根据表 6-9 的计算结果，直通快车的合理开车范围与单程运行时间的相互关系，又可归纳为表 6-10。

表 6-10 单程运行时间与合理开车范围关系

项目		单程运行时间(h)		
		$0+24D\leqslant T<7+24D$	$7+24D\leqslant T\leqslant 17+24D$	$17+24D<T\leqslant 24+24D$
合理开车范围	个数	1 个 (7:00—24:00)	2 个 (7:00—17:00) (14:00—24:00)	1 个 (7:00—24:00)
	比例关系	反比例	一个成反比例 另一个成正比例	正比例

从表 6-9 中可看出，单程运行时间为 $0+24D\leqslant T<7+24D$ 及单程运行时为 $17+24D<T\leqslant 24+24D$ 的直通列车，在铺画客车方案时，难度较大。因其合理开车范围小且只有一个，调整的余地不大。单程运行时间为 $7+24D\leqslant T\leqslant 17+24D$ 的直通快车，在铺画客车方案时，比较容易，因其有两个合理开车范围，活动余地比较大。

(3)从指定的某方向的一端或中间部分开始铺画。这一方法，主要是为了解决某些关键问题才采用的。例如，为加速客车周转，缩短客车车底在外段的停留时间，可以从旅客列车的到达站开始，同时铺画上下行列车。又如，为解决旅客列车在主要站的接续，可以从接续站开始铺画。再如，为提高线路通过能力，可以从“卡脖子”区段向两端铺画。

在铺画各种旅客列车运行方案时，应注意区段内会车或越行地点的设备条件，考虑列车会让附加的时分。附加时分随单线、双线及信、联、闭设备的条件而有所不同。一般来说，停车会让附加 10～12 min，待避附加 30～40 min，如图 6-20 所示。

同时，应尽量避免直通快车在每天 18:00 前的一段时间内通过局间分界站(俗称不要“封口”)。这段时间，随分界站邻接两区间运转时分不同而不同，一般为 15 min 左右。因为这段时间，往往有大量货物列车由分界口排出，容易造成旅客列车晚点，如图 6-21 所示。

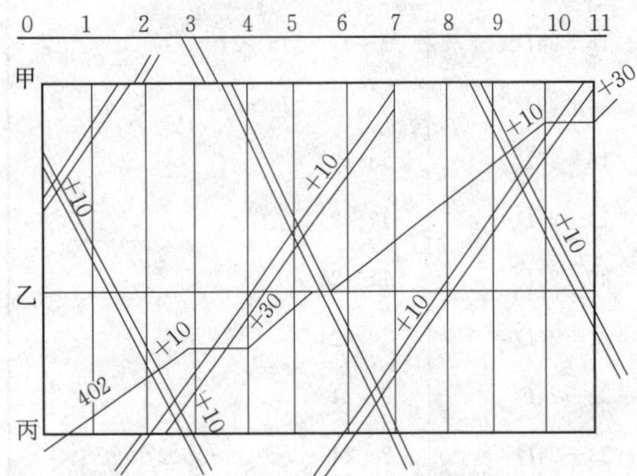

图 6-20　旅客列车会让额外增加的时间示意

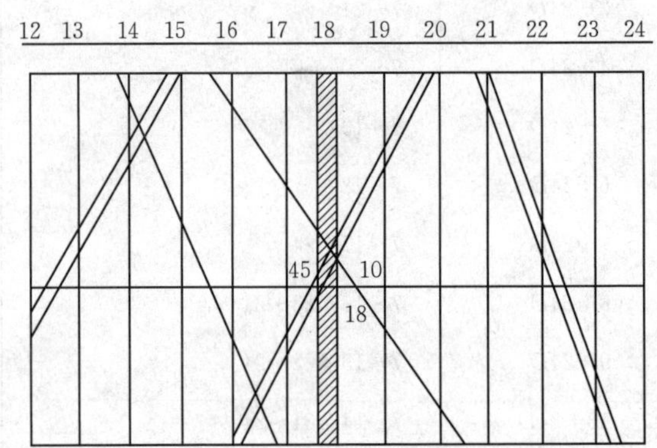

图 6-21　直通快车通过分界站的时间

直通客车方案图是整个方案图的基础，一经确定后，局间分界站的到发时刻原则上不许变动，必要时铁路局集团公司可适当调整本局管内的运行线。各铁路局集团公司根据直通客车方案编制管内客车方案后，即可具体铺画旅客列车详图。

当旅客列车运行图确定后，为保证列车运行图的严肃性、维护铁路的声誉、方便旅客，列车运行图不得随意变动，如必须变动时，应符合下列条件，但变更直通旅客列车运行时刻，必须报国铁集团批准：

①旅客流量发生较大幅度增减或流向发生变化而需增减客车对数时。

②技术设备发生变化时，如开通新线、双线、三线、四线和双线、三线、四线插入段，增加会让站，采用自动闭塞、调度集中或其他先进设备，提高线路允许速度等。

③工作条件发生变化时；如改变旅客列车重量标准和机车交路，调整列检布局等。

(三)旅客列车时刻表的编制

旅客列车运行图编完以后，应根据运行图规定的车次、运行区段、停车地点、到发时分以及列车编组等事项编制旅客列车时刻表。利用表格形式，把运行图的主要事项反映出来。旅客列车时刻表的格式见表 6-11。

旅客列车时刻表编制的说明：

(1)时刻表的编制采用 24 h 制，列车在 24:00(即夜间 12:00)出发时为 0:00，到达时为 24:00。

(2)列车的始发、终点站均以该站的字头、字尾或省、市的简称来表示，并在开往栏内注明该列车的终点站站名。

表 6-11　旅客列车时刻表

丙	甲	甲	丙	甲	开往	申	庚	丑	寅	戊
6537 普客	1379 普快	1315 普快	K149 快速	T5 特快	车次 站名 车次	T6 特快	K150 快速	1316 普快	1380 普快	6538 普客
∨ 8:10	8:50 58	9:22 30	14:30 38	7:12 20	戊	58 20:50	17:01 16:53	44 18:34	30 5:20	—— 18:25
14:22 33	12:45 51	13:18 26	18:44 52	10:54 11:00	丁	27 17:18	52 12:43	24 14:17	54 0:48	14 12:02
20:30 ——	15:35 46	16:47 17:00	21:16 ——	13:21 29	丙	10 15:02	10:08 ∧	23 11:13	22:07 21:58	7:30 ∧
	17:38 45	18:52 19:00		…	乙	…		26 9:17	12 20:04	
	20:31 ——	21:34 ——		17:22 ——	甲	11:02 ∧		7:05 ∧	17:52 ∧	

(3)列车的到、开时刻，凡站名左边的均为下行列车，应由上向下看；凡站名右边的均为上行列车，应由下向上看。如缩减版面，表中一个时刻，除终到站外，均为开车时刻。

(4)为使时刻表简明起见，有关内容可用符号表示。

常用符号的含义如下：

"…"或"↓""↑"表示列车在该车站通过；

"＝"表示列车不经过此站；

"∨""∧"表示列车的始发站；

"—"表示列车的终点站；

"※"或"(站名)"表示旅客乘降所。

(四)旅客列车编组表的编制

在实行新运行图时，旅客列车编组表由铁路局集团公司根据客流性质、机车类型、列车重量、速度、车站到发线有效长度等因素确定，由国铁集团批准并以铁总令公布执行。

旅客列车编组表规定了该次列车编挂的车种、辆数、顺序及车底周转图等内容，其格式见表 6-12。

表 6-12　旅客列车编组表

上海—广州 快速K47/K48次	车乘辆务	顺序	沪开	1	2	3	4	5	6	7	8	9	10	11	12	13	14	15	16	17	18			计	
			广开	18	17	16	15	14	13	12	11	10	9	8	7	6	5	4	3	2	1				
	广州车客辆运段担任	车种		XL	YZ	YZ	YZ	YZ	YZ	GA	RW	YW	YW	YW	YW	YW	YW	YW	YW	KD	UZ			18	18
		定员			118	118	118	118	112		36	60	66	66	66	66	66	60						1 070	
		吨数		43	46	46	46	46	46	48	45	48	48	48	48	48	48	48	48	63	48			861	
		附注							办			广							宿						
		上海 广州		1　2　3 12:46 16:19 K48　K47 11:10　17:52　11:10 株洲、向塘调向																					

旅客列车编组表编制方法如下：

1. 列车发到站、车次栏

列车的发到站先填下行发站，后填下行到站，对改变运行方向的列车(即一对列车 4 个及其以上车次时)，先填担当乘务工作的铁路局集团公司的始发站。

列车性质按照动车、特快、快速、普快、普客等分别填写。

车次一律先填下行后填上行，一对列车有 4 个及其以上车次时，车次的填写必须和列车的发到站相对应。

2. 担当乘务栏

担当乘务的车辆、客运(列车)段，如名称相同，可只填写一个。

3. 车底编组栏

列车中车厢顺序号的编定，凡北京站和上海站始发的各次特、直快列车车厢顺序号均小号在前，大号在后(北京、上海间始发和到达的列车以北京站规定顺序为准)。非北京站和上海站到发的各次特、直快列车车厢顺序号，均以担当局始发站的发车方向为准，小号在前，大号在后，两个局担当的列车由有关铁路局集团公司事先商定后报国铁集团。但对途中某个站由于车场进路关系必须调头运行的列车，为便于确认，须在编组顺序项注明发站。

车种按统一的汉语拼音标记，定员按该种车辆的标记定员数填写，吨数填写该种车的总重，并根据车辆的用途、附属设备及其他说明，在附注项内注明“宿”“茶”“广”“办”“具”“隔”“欠”“回”“空”“普”“高”“控”等字样。

4. 车底周转图栏

车底周转图，表示需用车底组数和始发、终到时刻，并由此计算车底在始发站和终点站的停留时间。

周转图上填写的始发站名顺序须和填写列车种类车次的始发终到站栏相同。不得上下颠倒。一般先填下行始发站名，运行线从担当局的始发站开始画，始发和终到时间填在车站中心线与运行线相交的钝角上。

(五)车底需要组数及客车需要辆数的计算

为正确地计算客车需要辆数，在编制客车方案的同时，应编制旅客列车编组表，并绘制客车车底周转图，以确定各次列车的车底需要组数，根据车底编成数即可求得车辆数。

客车底需要组数的计算方法有两种：

1. 图解法

这种方法是根据客车方案图绘制客车车底周转图，从周转图上直接查得需要的车底数。一种是从周转图上的箭头直接查出，如图 6-22(a)所示。一种是在周转图的任何一部分截取，截取线和运行线或车底停留线的交点数，如图 6-22(b)所示。

2. 分析计算法

这种方法是分析一定到站和一定种类列车的车底周转时间，计算在该周转时间内发出的某种旅客列车的总数。

车底周转时间是自始发站出发时起至下次再由始发站出发时止，车底所经过的时间。

其公式如下：

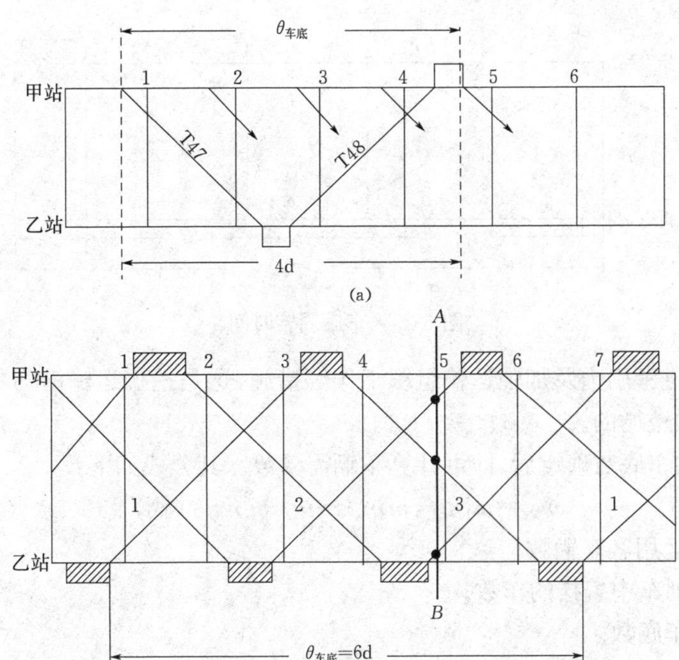

图 6-22　旅客列车车底周转图

$$T_{车底}=\sum t=t_1+t_2+t_3+t_4 \quad (\mathrm{h}) \tag{6-27}$$

式中　$T_{车底}$——车底周转时间,h;

t_1——车底自发站至折返站所走行的时间,h;

t_2——在折返站的停留时间,h;

t_3——从折返站返回发站的走行时间,h;

t_4——在始发站的停留时间。

车底周转时间除以 24,即得车底的周转天数($\theta_{车底}$)。

$$\theta_{车底}=T_{车底}/24 \quad (\mathrm{d}) \tag{6-28}$$

设某到站某种旅客列车的车底周转时间为 $\theta_{车底}$,在一个周转时间内平均每天发出的列车数为 K,则该到站该种旅客列车的车底需要数($n_{车底}$)为

$$n_{车底}=\theta_{车底}\cdot K \quad (组) \tag{6-29}$$

由于 $K=N/\theta_{车底}$,上式也可写成

$$n_{车底}=\theta_{车底}\cdot N/\theta_{车底}=N \tag{6-30}$$

式中　N——车底周转时间内发出的该到站该种旅客列车总数。

公式表明,一定到站和种类的旅客列车车底需要数等于车底周转时间内发出的该到站该种旅客列车总数,如图 6-23 所示。车底周转时间为 5 d,每天开行 1 列,该次列车共需 5 组车底。

由此可见,车底数是由车底周转天数和平均每天发出列车数决定的。因此,节省车底的途径有两方面——压缩 $\theta_{车底}$,或缩小 K 值。必须根据具体情况做具体分析。缩小 K 值是有条件的,必须客流小,可以隔日开行或数日开行才行。缩减车底需要数可采取压缩站停时间,提高

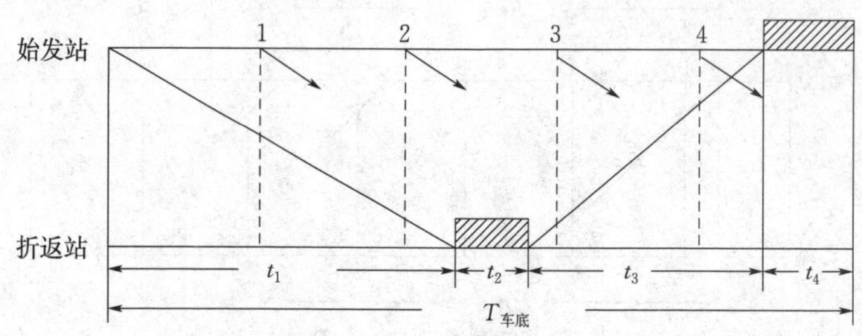

图 6-23　车底周转时间

技术速度，采用先进牵引力及加强运输组织工作等措施，这是挖掘运输潜力的有效途径，也是编制技术计划必须遵循的。

各区段需要的车底数确定后，即可计算车辆需要数。其公式如下：

$$m_{运}=m_1n_1+m_2n_2+\cdots+m_nn_n \quad (辆) \tag{6-31}$$

式中　$m_{运}$——运用客车辆数；

$m_1,m_2,\cdots,m_n$——列车中编挂的车数；

$n_1,n_2,\cdots,n_n$——车底数。

以运用客车为基础，对于某车辆段配属车辆时，需用下列公式计算客车总数：

$$m_{总}=m_{运}\times(1+\gamma) \quad (辆) \tag{6-32}$$

式中　$m_{总}$——配属车辆段的客车总数；

γ——检修、备用车所占运用客车的百分数。

四、旅客列车运行图主要指标的计算

旅客列车运行图编制完毕后，为了检查、分析和评价旅客列车运行图的编制质量，应计算运行图的数量指标和质量指标。

1. 数量指标

(1)运输能力，指运行图规定的全路、铁路局集团公司在一定时期内(日、月、年)始发和运行的各种旅客列车的总定员数，即

$$A_{总}=A_{直}+A_{管} \quad (人) \tag{6-33}$$

式中　$A_{总}$——各种旅客列车的总定员数；

$A_{直},A_{管}$——直通、管内等旅客列车的定员数。

运输能力是考核铁路完成国家规定的旅客运输任务情况的指标之一，运输能力的大小，反映一个铁路局集团公司和全路的客运工作量。

(2)列车对数，指全路、铁路局集团公司由各站始发列车的总和，应分别直通、管内列车统计并加总计算，即

$$n_{总}=n_{直}+n_{管} \quad (对) \tag{6-34}$$

式中　$n_{总}$——各种旅客列车开行的总对数；

$n_{直},n_{管}$——直通、管内等旅客列车的开行对数。

列车对数是旅客列车运行图中很重要的指标，因为运输能力必须由相应的列车对数来保证，列车对数的多少在一定意义上表示运输能力的大小。

(3)列车公里，指全路、铁路局集团公司由各站始发的列车和其运行距离乘积的总和，即

$$nL=n_{直}L_{直}+n_{管}L_{管} \tag{6-35}$$

式中 nL——列车公里；

$n_{直}L_{直}$，$n_{管}L_{管}$——直通、管内等客车的列车公里。

$$n_{直}L_{直}=n_{直1}L_{直1}+n_{直2}L_{直2}+\cdots+n_{直n}L_{直n} \tag{6-36}$$

式中 $n_{直1}$，$n_{直2}$，…，$n_{直n}$——各种不同运行区段的直通列车数；

$L_{直1}$，$L_{直2}$，…，$L_{直n}$——各种不同运行区段的里程数。

管内客车的列车公里可按直通客车列车公里同理求得。

在有几种牵引方式时，还应对内燃、电力牵引等分别计算列车公里。

列车公里是表示全路或各铁路局集团公司客运机车车辆工作量的指标。在客运机车车辆类型、数量一定的条件下，列车公里愈大，表明客运机车车辆的运用效率愈高。

(4)车底在配属站的停留时间，指车底在列车由折返站返回到达配属站之时起，至车底下一次由配属站出发之时止的全部时间，即

$$t_{配站}^{客}=t_{到}^{客}+t_{送}^{客}+t_{作}^{客}+t_{取}^{客}+t_{发}^{客}+t_{等}^{客} \quad (\text{h}) \tag{6-37}$$

式中 $t_{配站}^{客}$——车底在配属站停留时间，h；

$t_{到}^{客}$，$t_{发}^{客}$，$t_{等}^{客}$——列车在配属站的到达作业、出发作业、等待出发的时间，h；

$t_{送}^{客}$，$t_{取}^{客}$——向客车配属段调送、调取车底的时间，h；

$t_{作}^{客}$——车底在配属段的作业时间，h。

有些管内旅客列车车底到达配属站后不送配属段时，则上述公式将简化。

(5)车底在折返站的停留时间，指车底在列车中从到达折返站时起，至车底在列车中从折返站出发返回之时止的全部时间。

车底在折返站的停留时间所包含的各项因素和计算公式与上述配属站停留时间相同，只不过是各项因素的内容繁简和时间长短有所不同而已，故不另列。

(6)旅客列车停站次数、平均停站时分、平均停站距离，该三项数值应分别不同列车种类进行统计，其计算公式如下：

$$n_{停}^{总}=\sum n_{停} \quad (次) \tag{6-38}$$

式中 $n_{停}^{总}$——停站总次数；

$\sum n_{停}$——停站次数总和。

$$t_{停}^{平均}=\frac{\sum t_{停}}{\sum n_{停}} \quad (\text{min}) \tag{6-39}$$

式中 $t_{停}^{平均}$——平均停站时分，min；

$\sum t_{停}$——停站时分总和。

$$L_{停}^{平均}=\frac{\sum L_{运}}{\sum n_{停}} \quad (\text{km}) \tag{6-40}$$

式中 $L_{停}^{平均}$——平均停站距离；

$\sum L_{运}$——运行距离总和。

2. 质量指标

(1)旅客列车直通速度，指旅客列车平均每小时所运行的公里数，应将直通、管内旅客列车

二项分别计算，即

旅客列车直通速度

$$v_{直}=L/(\sum t_{运行}+\sum t_{停站}+\sum t_{起停}+\sum t_{慢行})\quad (km/h) \tag{6-41}$$

铁路局集团公司旅客列车平均直通速度

$$v_{直}^{局}=\sum nL/(\sum nt_{运行}+\sum nt_{停站}+\sum nt_{起停}+\sum nt_{慢行})\quad (km/h) \tag{6-42}$$

式中 L——旅客列车运行距离；

$\sum nL$——旅客列车公里总和；

$t_{运行},t_{停站},t_{起停},t_{慢}$——旅客列车的运行时分、停站时分、起停附加分和慢行时分。

旅客列车的直通速度愈大愈好，提高直通速度的途径主要是压缩旅客列车在途运行、停站、起停附加和慢行时间。

(2)旅客列车技术速度，指不包括停站时分在内的旅客列车平均每小时的运行公里数，应和直通速度一样分别直通、管内旅客列车进行计算，即

旅客列车技术速度

$$v_{技}=L/(\sum t_{运行}+\sum t_{起停}+\sum t_{慢行})\quad (km/h) \tag{6-43}$$

铁路局集团公司旅客列车平均技术速度

$$v_{技}^{局}=\sum nL/(\sum nt_{运行}+\sum nt_{起停}+\sum nt_{慢行})\quad (km/h) \tag{6-44}$$

旅客列车的技术速度愈大愈好。提高旅客列车技术速度的主要途径是压缩列车在各区间的运行时间，加强运输组织工作和调度指挥水平。

(3)直通速度系数，指直通速度和技术速度的比值，即

$$\beta=v_{直}/v_{技} \tag{6-45}$$

从上述对直通速度和技术速度的分析说明可知，在一般情况下，列车的直通速度总是小于技术速度的，即速度系数小于1。但应当通过加强运输组织工作来缩小两者之间的差距，比值愈接近1，说明旅客运输效率愈高。

(4)列车车底日车公里，指某一车底或平均每一车底在一昼夜内所运行的公里数，即

$$S_{车底}=2L/\theta_{车底}\quad [km/(车底\cdot d)] \tag{6-46}$$

$$S_{车底}=\sum NL/\sum N_{车底}\quad [km/(车底\cdot d)] \tag{6-47}$$

式中 $S_{车底}$——列车车底日车公里；

L——列车运行区段里程；

$\theta_{车底}$——车底周转天数；

$\sum NL$——全部车底运行公里总和；

$\sum N_{车底}$——车底总数。

列车车底日车公里是表示全路或各铁路局集团公司客车车底运用的工作量指标。列车车底日车公里和车底的全程运行里程成正比，和车底周转天数或车底数成反比，即无论是一个车底的车底日车公里，还是全部运用车底的平均日车公里，当车底周转愈慢或运用车底总数愈多时，车底日车公里就愈低，表明车底的运用效率就愈低，反之，车底周转愈快或运用车底总数愈少时，车底日车公里就愈高，表明车底的运用效率愈高。因此，加速车底周转和压缩运用车底总数是提高列车车底公里的重要途径。

任务四　旅客运输日常计划的编制

任务描述

能够运用票额分配的相关策略指导日常旅客运输组织工作，掌握旅客列车定员的计算方法，懂得编制旅客输送日计划，并按照日计划执行和推进每日客运组织工作，会根据实际执行情况对日计划进行考核。

任务导入

假如你是××车站客运计划员，现在要做车站的日计划，请完成以下任务：

1. 计划的编制需要考虑哪些因素的影响？
2. 编制计划的内容包括哪些方面？
3. 计划的编制和执行流程是怎样的？
4. 计划执行完成后，如何考核计划制订的质量？

知识准备

旅客运输日常计划是旅客运输计划的组成部分，它是为保证计划年度任务的完成而编制的。由于旅客运输在节假日、季节及日常时有波动，为指导日常运输工作、保证合理运用技术设备和及时输送旅客，必须编制旅客运输日常计划。

同时就铁路旅客列车本身而言，个别列车可能始发、运行晚点，临时加挂车辆或加开列车，车底中车辆定期检修或临时故障等等，都会影响到发线的使用、机车交路及旅客乘车组织工作的变更。所有这些，也需要通过日常计划由客运调度进行组织调整，使站车互相配合，组织好均衡运输以提高客运服务质量。

一、票额分配

票额分配是以列车定员为基础，是旅客运输能力分配计划的实际体现，也是旅客运输计划的重要组成部分。它能为售票作业、客运组织、列车乘务的优质服务创造良好条件。

票额分配是一项复杂而细致的工作，只有合理地分配票额，才能正确地、科学地提高和加强旅客运输计划的质量，均衡运送旅客。票额分配计划于每次新运行图实行前编制。票额分配计划实行后，还要根据运行图的调整及客流变化情况每年定期进行调整。直通旅客列车的票额分配方案由国铁集团与有关铁路局集团公司共同编制（跨三局以上的旅客列车由国铁集团负责，跨两个铁路局集团公司的旅客列车由两局协商解决）；管内旅客列车由铁路局集团公司组织编制。

1. 票额分配依据

(1)指定月份的管内和直通客流图及主要站间旅客交流表等资料。

(2)列车的旅客密度表资料，应分别整理软卧、硬卧和硬座数字，并分析列车虚糜和超员情况。

(3)主要站分别车次、区段的上车人数和分车次的下车人数。

2. 票额分配原则

(1)首先满足始发局(站)到达最后一个区段长途旅客的需要。

(2)适当分配给中途局(站),特别是对省会、直辖市、自治区政府所在地(包括铁路局集团公司所在地)和旅行集中地的车站应予以照顾。

(3)最后一个铁路局集团公司原则上不分配,各停车站可根据上、下车规律数组织售票。

3. 列车定员的计算

(1)列车软座、卧铺定员

软座和软卧车定员均按标记定员计算;硬卧车定员(宿营车除外)为硬卧车厢标记定员的总和减去机班便乘铺位(3 个)。

(2)列车硬座定员

①列车硬座标记定员为各硬座车厢标记定员的总和,其计算公式为

$$A_{标记}=\sum\alpha_{标记}\quad(人)\tag{6-48}$$

式中 $A_{标记}$——列车硬座标记定员;

$\alpha_{标记}$——硬座车厢标记定员,如代用客车,定员采取换算:棚车代用客车时,每吨按 1.5 人;软卧车代用软座车时,每一下铺按 3 人计算;硬卧车代用硬座车时,每一下铺按 4 人计算,不再加超员率,上、中铺禁止出售,中铺吊起固定。

②列车硬座实际定员为硬座车厢标记定员的总和减去其他用途占用的座位,其计算公式为

$$A_{实际}=A_{标记}-10\quad(人)\tag{6-49}$$

式中 $A_{实际}$——列车硬座实际定员;

10——其他用途占用座位(供办公、售货等用,如新型车的标记定员不包含办公席在内者,则不减 10,其实际定员即为标记定员)。

③列车硬座超成定员为列车硬座实际定员与列车实际定员乘以规定超员率之和,其计算公式为

$$A_{超成}=A_{实}(1+K_{超成})\quad(人)\tag{6-50}$$

式中 $A_{超成}$——列车硬座超成定员;

$K_{超成}$——国铁集团规定的超员率(代用车辆除外,不再加超员率)。

在保证安全、正点和服务质量的前提下,允许非全程对号列车硬座车厢超员运输:特别旅客快车始发不超员,途中准超员 20%;直通旅客快车始发不超员,途中准超员 30%;直通旅客列车始发准超员 10%,途中准超员 40%;管内旅客列车准超员限度比照上述同等级列车执行,但下列情形严禁超员:

a. 时速 300 km 及以上动车组列车不得超员。

b. 时速 200~250 km 动车组列车商务座、特等、一等座不得超员,CRH2C 型动车组列车和 CRH380A 型动车组列车不得超员。

c. 根据《旅游列车开行管理办法》《青藏线格拉段旅客运输规定(暂行)》《铁路旅客列车渡海运输组织管理办法(暂行)》的规定,旅游列车、青藏线格拉段和渡海运输时不得超员。

4. 票额分配方法

(1)硬座票额

认真贯彻先中转、后始发,保证重点的运输原则。做到长、短途列车合理分工,确保长途旅

客乘坐长途车、短途旅客乘坐短途车。

①硬座票额的分配数量以列车硬座实际定员为基础，按各等级列车规定的超员率分配，优质优价列车不得超员。为防止非优质优价全程对号列车虚糜，在始发站（或指定中途站）每个硬座车厢增加 10 个无座号。

②直通快车票额按列车限售区段分配，首先保证始发站至终到站或限售区段以远长途客流的需要，途中各停车站的票额按限售区段以远客流量依次分配。途中各停车站分配的票额由始发站套用，途中站不再套用短途票额。限售区段以远各站如有下车规律数量，可按规律数分配。

(2)软、硬卧铺，软座票额

软、硬卧铺票额，首先考虑列车始发站长途旅客的需要，同时根据列车沿途车站客流情况适当兼顾中途站。对途中省、市、自治区，铁路局集团公司所在地和较大城市所在站，适当分配一定数量的票额。

①软、硬卧铺，软座票额的分配数量为软、硬卧车，软座车的标记定员。

②根据长、短途列车合理分工的运输组织原则，首先满足始发长途客流的需要，中间站凡有同方向、同终到站的始发快车时，所经过的列车要严格掌握，根据沿途客流情况分配少量票额。

③列车夜间运行途中，开车时刻超过零点的车站原则上不分配软、硬卧和软座票额。列车运行到最后一昼夜前的车站如有长途旅客下车时，可根据下车规律数分配一定数量的票额。

④软、硬卧铺的限售区段，原则上比照硬座限售区段办，如不能满足长途客流需要时，必须延长限售区段。中途站对第二天白天到达终点站的列车，必须限售到终点站，以减少因白天运行不易利用造成的空费。列车运行第一个白天的中间站，分配预留的票额要尽量减少，以避免始发站到预留站全部是白天，不利套用。单程白天运行的列车，软卧可代用软座。硬卧应尽量发售卧铺，减少代用。

⑤在不浪费运能的情况下，要尽可能保证党和国家机要交通使用卧铺的需要。在分配新运行图票额前，有关铁路局集团公司要事先与机要部门联系，共同协商机要占用票额事宜，并报国铁集团审批。

票额分配方案确定后，以表格形式公布执行，见表 6-13、表 6-14。

表 6-13　______年新图直通旅客列车票额限售区段

序号	新图车次	旧图车次	运行区段	限售区段

表 6-14　_____次列车票额分配方案

软卧　　辆　　定员：　　　　　硬卧　　辆　　定员：　　　　　硬座　　辆　　定员：

_____开机次：　　　　　　　担当：　　　　　　　　运行区间：　　—

车号	1	2	3	4	5	6	7	8	9	10	11	12	13	14	15	16	17	18	19		计
车种																					
定员(上)																					
定员(下)																					
附注																					

站名	到达时刻	发车时刻	软卧			软座			硬卧			硬座		
			数量	车位	铺号	数量	车位	座号	数量	车位	组号	数量	车位	座号
合　计														

备注：

______线

车次	分配		软卧			硬卧			附注
			数量	车位	铺号	数量	车位	铺号	
次软卧定员	宿营车	乘务员							
		列车发售							
	机务便乘								
硬卧辆数									
定员									

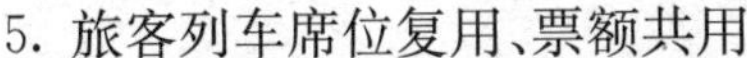

5. 旅客列车席位复用、票额共用

(1)席位复用。席位复用是指对客票系统席位售出后,再次生成从售到站至原限售站的新席位,使列车能力再次利用。席位复用分为一次复用和全程复用。一次复用是指对席位复用一次后产生的新席位不再复用。全程复用是指对列车运行区间中的剩余区段进行多次复用。席位复用规则:席位复用时间一般由各铁路局集团公司负责设置。其中,普通车在车票售出后30 min;动车组列车在车票售出后5 min。

(2)票额共用。票额共用是指在"公用"用途票额,允许被列车运行径路前方多个车站使用,旅客根据需要选择乘车站购票,并按票面指定乘车站乘车。客票系统对票额共用设定共用策略规则:

①"通售"用途票额的共用策略规则为开车前20 d。

②"公用"用途票额的共用策略规则如下:

普速旅客车每个铁路局集团公司最后一个站开车前1 440 min,其他铁路局集团公司可以共用;每个铁路局集团公司第一个站开车前360 min,本铁路局集团公司可以共用。

动车组列车每个铁路局集团公司最后一个站开车前30 min,其他铁路局集团公司可以共用;每个铁路局集团公司第一个站开车前30 min,本铁路局集团公司可以共用。

(3)实行票额共用、席位复用的列车,列车只能在通过票额共用、席位复用区段后,列车方可按有关规定办理补有席位的车票。

(4)列车票额共用和席位复用两种方式可共同并存。

(5)席位复用和票额共用参数设定。席位复用和票额共用相关参数的设定由铁路局集团公司客票管理所进行。其中,票额共用可一种类型列车设定一条参数,也可分车次、分席别分别设定相关参数,共用时间的参数均以分钟为单位。

席位复用和票额共用这两种售票组织方式突破了原有列车票额分配相关固定的限制,对减少列车席位虚靡、提高票额利用率和满足旅客出行需求具有重要意义。然而,在实际售票组织过程中难于把握的是如何最合理的设定票额共用时间,过早地实行票额共用,可能致使过多票额被中途站发售,使始发站票额不足,导致长票短卖,不利于效益最大化;过晚地票额共用,中途站旅客购票需求可能得不到及时满足,而始发站却票额过剩,列车席位出现虚靡。在两种极端情况下票额共用时间是容易确定的:其一为列车运能特别紧张,此时票额共用可缩至最短时间;其二为列车运能特别充足,此时可始终实行预售期内票额全程共用。但在更多情况下,需动态优化票额共用策略,才能既保证始发站旅客的出行需求,又尽可能多的将剩余票额供中途站发售。

6. 席位集中管理

为进一步提高直通旅客列车席位的全程利用率,铁路部门对所有直通旅客列车的席位实行由始发局集中管理的措施。

(1)席位集中管理是指旅客列车的所有席位均存放在一个铁路局集团公司(一般为始发局),并由始发局负责全程管理的一种售票组织方式。

(2)2006年客票系统5.0版本升级后,系统实现了对席位集中管理的支持。2007年动车组列车上线运行后,客票系统对动车组列车实行始发局集中管理。2008年继动车组列车之后,对直达列车、青藏列车和港九列车实行了席位集中管理。2009年铁路部门对全路客座率低于60%的列车实行席位集中管理,以提高该部分列车的全程客座率。2010年对全部直通旅客列车实行席位集中管理。

(3)列车始发局按照旅客列车票额分配计划,在客票系统中编制列车全程基本计划,无座席位由始发局按车厢足额编入基本计划,并按照以下定上、满足沿途预售需求的原则,将一定数量无座席自预售之日全程共用或分配至沿途站。沿途站可向始发局提出无座席需求,始发局应根据客流情况予以调整。列车终到局可根据列车客流情况对本局无座席数量进行临时调整。

(4)列车担当局可根据客流情况,按照列车效益最大化原则向始发局提出票额调整建议。

(5)实行列车席位集中管理后,列车沿途局在客票系统中对该列车除"晚点、改点、调整以远站、停售、不可售到、命令扣票和改晚点调令删除"可进行操作外,其余调度命令的操作均由始发局进行执行。

(6)列车沿途局在编发列车停运、定员变化、加挂甩车、票额站间调整、车站临时停办客运业务的调度命令时应抄送列车始发局,由始发局进行操作。

二、旅客输送日计划

为了严格掌握旅客列车的乘车人数,及时调整各站票额数字,对发送和中转旅客人数较多的车站,应在票额分配计划的基础上,再根据客流变化情况,编制旅客输送日计划,以确定各次旅客列车的次日乘车人数。因此,旅客输送日计划,实质上就是车站根据客流变化情况而编制的旅客乘车组织计划。

旅客输送日计划必须从全局出发,按照长短途列车合理分工的原则进行编制,特别要注意运输能力在时间上和空间上的均衡使用。同时,通过计划来指导售票和其他服务的组织工作。为此,三等及其以上或客流量较大的车站要设专职客运计划员(三等以下的车站未设客运计划员的,应由客运值班员负责),根据各次列车运输能力的使用情况及票额分配计划,在客运副站长(或客运主任)领导下进行编制。

(一)编制旅客输送日计划的主要依据

(1)各次旅客列车的票额分配计划。

(2)近日来各次旅客列车上车人数和中转换乘旅客的实绩及其规律数。

(3)临时加开旅客列车及固定列车变更编组情况。

(4)节假日与平时客流差异情况及其规律。

(5)近几天内天气情况及过去天气变化对客流影响的规律。

(6)团体旅客预约乘车和到达本站的团体情况(对后者应调查其回程日期和拟乘车次)。

(7)各次列车预售车票数量。

(8)其他因素对客流的影响。

(二)旅客输送日计划内容

旅客输送日计划包括分线别(方向别)的旅客列车车次、运行区间、开车时刻,分线别的管内、直通区段,分车次(分区段)的各席别票额,中转人数,车辆的甩挂计划(运能调整扩编、减编情况),分车次实际上车人数及合计数,每趟车的计划兑现率,全站日计划兑现率、下车人数,客运调度(票管所)调整票额数,审核签字和客运调度(票管所)审批命令号等。旅客运输日计划格式见表 6-15。

表 6-15　旅客输送日计划

铁路局集团公司：

车站：　　　　日期　　　　天气：　　　　班次：　　　　计划员：　　　　审批命令号：　　　　签字：

方向	车次	运行区间	发点	图定运能					扩编					减编					中转				增加运能					上车情况											下车数
				硬座	软座	硬卧	软卧	小计	硬座	软座	硬卧	软卧	小计	硬座	软座	硬卧	软卧	小计	硬座	软座	硬卧	软卧	硬座	软座	硬卧	软卧	小计	无座	计划数	管内合计	直通	座席发送人数	中转	公免	上车人数	其中	其中	兑现率	
方向合计																																							
方向合计																																							
方向合计																																							
总合计																																							

(三)旅客输送日计划编制、审批与执行

1. 日计划的编制

车站旅客输送日计划,按 0:00—24:00 编制,分别管内、直通列车,分车次并按客流区段进行,时间以列车的开车时间为准,车站的发送、中转及持铁路乘车证旅客都要统一纳入日计划。

对有票额分配计划的列车,按固定票额分配计划,限售区段及有关客运调度(票管所)命令来编制;对无票额分配计划的列车,按平日上车规律数来编制。同时考虑影响客流变化的各种因素,遇到有客流发生变化时,车站应将变化数量及其流向向上报客运调度(票管所),必要时提出加挂车辆或加开临客的请求。

节假日计划与正常日计划的编制方法有所不同。正常日计划主要根据日常的运输能力来调整和均衡地安排旅客运输工作,而节假日运输时间集中,客流量大,波动性也大,且常为单方向客流,在图定运能满足不了需求时,需请求增开临客和加挂车辆来弥补图定列车运输能力不足,满足旅客的需求。运力和组织工作的安排仅靠铁路本身是不行的,必须得到地方政府及有关部门的协助,收集有关资料综合平衡,共同来确定旅客运输计划和组织工作,以保证节假日旅客运输任务的完成。

旅客输送日计划的编制,除了客运计划员要积极努力,充分发挥高度的负责精神和科学态度之外,还要与客运值班员、售票员和客运员等密切合作,广泛听取他们的意见,以提高计划质量。

2. 日计划的审批

旅客输送日计划编制完毕,经客运副站长(或客运主任)审查,如无调整需求的,则不必每日上报审批,有调整需求的,则及时上报铁路局集团公司客运调度(票管所),进行调整后予以批准实施。

客运调度(票管所)根据各大站(车务段)的日计划提报数,加上小站的上车规律数,较全面地算出各次列车在各客流区段内的客流密度,从而可以看出某次列车超员或虚糜的情况,本着始发站照顾中间站、大站照顾小站的原则进行调整。这样使各站之间、各次列车之间的旅客人数得到合理的分配,以提高客车使用效率。其调整方法是:

(1)直通旅客列车的日计划主要按照国铁集团定的票额分配计划审批。遇有长途客流发生变化时,车站将变化数量及其流向报告铁路局集团公司客运调度(票管所),由铁路局集团公司客运调度(票管所)在本局管内进行调整。如局管内调整不过来时,则需采取增大超员率(但必须经国铁集团批准)或加挂车辆的方法解决。

(2)管内旅客列车日计划的调整方法。大站日计划报铁路局集团公司客运调度(票管所),小站日计划报车务段,由车务段汇总后再报铁路局集团公司客运调度(票管所),铁路局集团公司客运调度(票管所)根据管内下车规律的定量和系数求得各区段密度,然后将各区段能力和密度比较作数字平衡。

经过客运调度(票管所)平衡调整后的旅客输送日计划,以调度命令的方式于前一天下达给各大站、车务段执行。

3. 日计划的执行

客运计划员接到铁路局集团公司客运调度(票管所)批准的旅客输送日计划,应将预售及预订团体旅客人数和中转签证的规律数从调整后的计划人数中减去,即可得出本站次日可以

发售的票额，再由客运计划员下达给售票处进行发售。

同时，在日计划的执行中，还应注意处理好以下几个问题：

(1)长短途列车的分工和中转换乘优先。长途列车必须组织长途旅客乘坐，如果发售短途票必然积压长途旅客，给长途旅客带来很多困难。换乘优先是指在同等条件下，换乘旅客优先于始发旅客乘车。

(2)大站照顾小站，始发照顾中途。大站是指特、一、二等站，这些车站客流量大，停站列车多，分配票额多，有的还有始发列车，客流便于组织调整。中间小站停站列车少，有的一昼夜内只有1～2趟列车停站。如大站不按计划票额发售或超售，不照顾中间小站，则小站就无法组织旅客上车。始发站与中途站的关系也如此，始发站必须根据计划票额发售，不得超区段，否则将造成中途站旅客买好了票上不了车，使列车"吊客晚点"，打乱列车运行秩序。

(3)满足一般，保证重点。一般来说，首长、外宾、华侨、记者、机要人员、老弱病残和其他有特殊困难的旅客，应较一般旅客优先安排，在票额紧张，运能不足时，更应根据具体情况，实事求是地处理好。

(4)严格掌控"热门车"，有计划地组织"冷门车"。某些列车由于运行点好，旅客乘车方便，就形成了热门车，反之某些列车就成为冷门车。为此，必须有计划地组织，把"热门车"的票额掌握得严一些，对"冷门车"则加强组织。大站应组织客流乘坐"冷门车"，因大城市市内交通比较方便，而且同方向行驶的旅客列车停靠次数也较多。让小站旅客乘坐"热门车"，这就更能满足不同旅客的需要。

客运计划员对日计划及票额分配执行情况应经常督促检查。为了分析旅客运输日计划的编制质量，车站应对每一车次统计其实际上车人数，并和旅客输送日计划相核对，从而查明超员或不满员情况。通过经常的统计分析，积累资料，就能逐步提高计划编制的质量。

4. 日计划的考核

车站旅客输送日计划编制质量的高低，主要是通过对兑现率进行考核。根据国铁集团的要求，每趟列车计划兑现率与日计划兑现率，都要分别达到95%以上。

(1)每趟列车兑现率

每趟列车兑现率，应根据实际大小分别求算，其计算公式为

实际大于计划时

$$\gamma=[1-(A_{实际}-A_{计划})/A_{计划}]\times 100\% \tag{6-51}$$

式中　$A_{实际}$，$A_{计划}$——每趟列车实际、计划上车人数；

γ——每趟列车计划兑现率。

实际小于计划时

$$\gamma=(A_{实际}/A_{计划})\times 100\% \tag{6-52}$$

(2)日计划兑现率

日计划兑现率，可根据全天各次列车兑现率加总平均求得，其计算公式为

$$\alpha=\sum\gamma/N \tag{6-53}$$

式中　α——日计划兑现率；

$\sum\gamma$——每趟列车兑现率的总和；

N——列车趟数。

三、站、车客流信息传报工作

站、车客流信息传报工作是指办理客运业务的车站按规定区段或停车站正确、及时地向旅客列车提报确切的乘车人数，同时，旅客列车如遇客流高峰，造成严重超员时，列车长应及时向有关车站拍发超员电报的相互通报工作。

建立站、车客流信息传报制度，是合理组织旅客乘车、控制列车严重超员、弥补列车虚糜，实现旅客计划运输的主要措施之一。站、车客流信息传报工作和车站旅客输送日计划的结合，可使客运调度（票管所）及时了解和掌握各次列车的旅客密度，使始发站和中间停车站的客流得到及时输送，列车前方停车站能有预见性地组织旅客乘车，以保证旅客的均衡运输。

通过站、车客流信息传报，还可为列车提供良好的服务条件，对车站合理地组织售票，维护站、车秩序，保证旅客列车安全正点运行起着重要作用。

乘车人数通知单（客统—3）简称"一单"，格式见表 6-16。

1. 乘车人数通知单用途

（1）乘车人数通知单是车站统计各次列车上车人数，积累客流资料的原始记录。

（2）乘车人数通知单是列车编制列车旅客密度表的依据。

（3）乘车人数通知单是车站考核日计划兑现率，检查售票、签票执行日计划情况的依据。

2. 乘车通知单填报方法

（1）凡办理客运业务的停车站都必须按到站或规定的区段，正确地统计旅客上车人数，做到真实可靠，正确率达到 95%以上，并及时向列车提交"乘车人数通知单"。

（2）现行的乘车人数通知单，是将乘车人数通知单、剩余席位通知单、席位预留通知单和席位发售通知单，整合在一起的一种复合型的乘车人数通知单。

（3）乘车人数通知单包括主表和附表，主表显示统计数字，附表显示列车席位发售情况，作为列车补票的依据。

（4）对于动车组列车，乘车人数通知单的"软卧"栏改为"一等座"，"软座"改为"二等座"，重联动车组列车，车站可以分车厢打印乘车人数通知单。

表 6-16 乘车人数通知单（客统—3）

主表

车站：　　　　日期：　　　　××—××站　　　　××次列车　　　　发车时间：

站名	硬座人数	软座人数	硬卧人数	软卧人数	无座人数	乘车证		中转人数	售出累计	剩余硬卧	剩余软卧	剩余硬座	剩余软座
						卧铺	其他						
合计													

附表

车号	卧别	铺位号	1	2	3	4	5	6	7	8	9	10
	软卧	0										
		10										
		20										
		30										
	硬卧	0上										
		中										
		下										
		10上										
		中										
		下										
		0上										
		下										

已售：* 站名(站名表示下车站，不显示站名表示售到站为终到站)

剩余：站名(站名表示限售站)

调票：/站名(站名表示票额调入站，不允许列车补票)

/站名/(站名表示票额调入站，允许列车补票)

车次进款(元)： 计划员： 车长签收：

(5)"乘车人数通知单"是通过站车客运信息无线交互系统进行传递。使用之初，车站需设专人做好乘车人数通知单的信息发送工作，至少在列车开车前 5 min，点击客票系统计划管理模块"乘车人数通知单"中"打印"按钮，统计该列车在本站的售票情况及剩余席位，客票系统才能将信息发送给指定的列车移动终端。执行上述操作后车站不得继续发售该次列车的车票。遇有列车晚点，车站还应在客票系统中做"晚点"调度命令。随着该项技术的发展，于 2010 年下半年开始，客票系统逐步实现根据列车时刻自动于列车开车前 5 min 向列车发送相关的信息。2012 年 5 月电子通知单完全取代了纸质通知单，这大大减轻了站、车工作人员的劳动强度，提高了旅客运输组织的准确率和效率。

列车运行中，当车站发送相关信息时，列车移动终端便能自动接收。如果当时未能接收到信息，可能该区间信号不好，可间隔一段时间再登录查看。

列车乘务人员接收信息后，可进行列车补票、查验车票真伪等工作。

列车到达本次终点站后，列车乘务人员须注销身份，退出系统，并关闭手持设备。

任务五 铁路客运调度

任务描述

在了解客运调度的基本任务、责任及日常工作的基础上，懂得客运岗位群之间、行车岗位群和客运岗位群之间的作业联动,懂得作业联控。

任务导入

当动车组列车在运行区间发生故障无法移动时,应如何在客运调度的组织下开展列车的故障处置?请整理出不同岗位的作业内容,并分析各岗位作业的相互联系。

知识准备

铁路客运调度工作是铁路旅客运输的重要组成部分。加强客运调度工作,对保证旅客列车按运行图行车、加强旅客运输组织、强化客运管理、提高服务质量、组织完成全路旅客、行包运输任务,起着重要作用。

各级客运调度是铁路日常工作的组织者、指挥者,在同级客运主管部门领导下,按客运主管部门的指令行使职权,实行分级管理、统一调度,其组织系统如图 6-24 所示。凡与旅客运输有关的人员必须服从客运调度的统一指挥,坚持下级服从上级的原则,严格执行工作请示、汇报制度。

国铁集团运输调度指挥中心 → 铁路局集团公司调度所

图 6-24　铁路调度组织系统

一、客运调度的任务及职责

(一)客运调度的基本任务

(1)认真贯彻上级命令和指示,严格执行各项规章制度。

(2)掌握和统一调度客车,及时调整运能。

(3)挖掘运输潜力,提高运输效率,经济合理地使用客车和客运设备。

(4)组织客运有关部门紧密配合,协同动作,搞好路内外协作,安全、迅速、准确、便利地运送旅客和行包,使铁路更好地为旅客服务。

(二)客运调度的职责范围

1. 国铁集团客运调度

(1)督促检查各铁路局集团公司客运调度工作完成情况。

(2)掌握全路客车配属及各铁路局集团公司客车运用情况;调用各铁路局集团公司的客车;组织掌握路用车的跨局使用。

(3)掌握全路客流变化情况,根据需要临时调整运能;提出处理旅客列车的停运、加开和变更编组方案,组织各铁路局集团公司有计划地、均衡地输送旅客;分析各铁路局集团公司、主要站客流波动及旅客列车超员情况。

(4)加强计划运输、控制列车严重超员;防止全程对号列车虚糜,掌握特、直快列车的利用和交口情况。

(5)掌握国际旅客列车和直通旅客快车的运行情况;遇有晚点时,组织有关局采取措施,恢复正点运行。

(6)遇有灾害或事故中断行车时,及时请示汇报;处理跨局旅客快车的停运、加开、折返、保留和变更径路等事宜。

(7)组织掌握外宾、华侨、港澳台同胞和国际联运旅客的运输。

(8)组织掌握专包及重点任务的挂车计划,并掌握运行情况。

(9)有计划地组织掌握春运、暑运临客开行及其他节假日大批团体旅客和行包的运输;组织掌握新老兵及有关军事运输工作。

(10)收取各铁路局集团公司客运表报有关资料、站车的好坏典型事例和旅客、行包运输安全等情况。

(11)处理日常客运工作中有关事宜。

(12)有计划地组织各级客运调度人员深入现场调查研究,了解客运工作情况,召开各种专题会议、解决有关问题。

(13)在特殊情况下,报客运主管部门批准后下达特、直快列车在不停车站临时停车的命令。

2. 铁路局集团公司客运调度

(1)监督检查各站、段客运工作完成情况。

(2)编制、审批日班计划,根据客流需要,及时调整运能,组织掌握管内旅客列车的停运、加开和加挂车辆,并检查执行情况。

(3)加强计划运输,控制列车严重超员,防止全程对号列车虚糜,收报特、直快列车交口人数。

(4)监督组织旅客列车按运行图安全正点运行,努力使晚点列车恢复正点;在特殊情况下,报客运主管部门批准后下达局管内的旅客列车临时停车的命令。

(5)有计划地组织掌握春运、暑运临客开行及其他节假日大批团体旅客和行包的运输;组织掌握新老兵及有关军事运输工作。

(6)认真掌握客车设备及动态;调用各段的客车;组织好出入厂、段客车的回送;及时收报、核对客车编组、备用车、检修车及运用客车外出情况。

(7)铁路局集团公司管内发生重大、大事故或自然灾害中行车时,及时汇报有关领导,采取措施,并提出有关客车停运、加开、折返、保留、变更径路等方案。

(8)收取站、车旅客伤亡、火灾等事故概况,并及时报告上级客运调度和有关领导。

(9)加强与邻局联系,正确及时交换调度命令,认真核对分界站客车出入、留轴、挂车情况,掌握跨局客车运行情况。

(10)及时转发国铁集团(铁路局集团公司)客运调度命令,对站、段发布有关客运工作的调度命令,并检查执行情况。

(11)及时正确收集客运工作概况并上报;按日、按月积累各项资料、节日客流分析。

(12)深入车站和添乘旅客列车调查研究、检查指导,不断改进客运工作,提高调度指挥水平。

二、客运调度日常工作

客运调度日常工作的重点是正确组织旅客及行包的输送,经济合理地使用客车,监督旅客列车按运行图行车及进行日常工作的分析。

1. 正确组织旅客及行包运输

各级客运调度是旅客和行包运输工作的指挥者,在日常工作中应分别做好以下工作:

(1)国铁集团客运调度。经常分析各铁路局集团公司、主要站发送旅客人数的波动情况,并及时提出决策意见;经常检查各铁路局集团公司直通旅客、行包的运送情况,掌握旅客列车编组调整及车辆调拨;对节假日和大批旅客、行包的运送,做到有计划地安排车辆和加开临时旅客列车。

(2)铁路局集团公司客运调度。按日、旬、月对局管内的发送旅客及行包波动情况,做好分析、总结工作;向国铁集团汇报三局以上的旅客列车利用情况,并提出修改意见;协商处理跨两局的旅客列车的利用情况并报国铁集团备案;处理局管内旅客列车的停运、加开或增、减车辆,对停运、增开的旅客列车应向国铁集团报告;对大批管内旅客、行包的输送(包括节假日)应采取组织分批乘坐正常旅客列车,加开临时客车和增加车辆,套用客车底等办法。

督促检查各站做好计划运输工作;严格按批准的票额或规律数售票,如客流发生变化,应调整票额和运能,下达到各站执行;对始发、终到时刻适宜、客流集中的列车应重点掌握;按日、旬、月对自局管内发送旅客人数及行包波动情况做好分析、总结工作;并报国铁集团客调;掌握日常及节假日旅客和行包变化,制定旅客和行包输送日计划,组织各站按计划均衡输送;及时安排支农、抢险救灾和团体旅客、行包的输送计划,并进行登记和报告国铁集团。

铁路局集团公司客运调度掌握客运情况及区段客流密度、客流量统计所运用的表报,见表6-17、表6-18。

2. 经济合理地使用客车

客车和货车不一样,它不属于全国性统一调拨,而是固定地配属给各局的有关车辆段,并由其负责日常维修保养。因此,各铁路局集团公司客运调度都应组织好本局配属客车的使用,掌握客车动态。

(1)建立专门的表报,用以了解和掌握客车运用情况,分析旅客列车晚点原因等,并辅以车牌及客车动态提示板,用以掌握车辆动态。

(2)随时掌握各次列车人数的波动情况,根据乘车人数和区段密度,及时发布调度命令,调整“全国旅客列车编组表”规定的编组,增减或换挂车辆。本局管内旅客列车凭调度命令,由铁路局集团公司自行处理,跨及两局的旅客列车,由两局协商以调度命令办理。跨及两局以上的旅客列车及直通快车在自局管内增挂车辆时,如不影响列车正点及原编组顺序,以调度命令自行办理,跨局增挂车辆时,除国际列车、软卧车及公务车外,一般与有关局取得联系后,亦凭调度命令办理。

(3)铁路局集团公司客运调度应根据客运量自行调剂客车使用,解决不了时,及时报告国铁集团联系借用或调拨外局客车。借用外局客车,使用后应及时派检车人员送回,并认真办理交接手续,中途不得扣留使用,以严肃调度纪律。国铁集团调拨车辆时,接车局应派检车人员接车,保证车内设备完整。

3. 监督旅客列车按运行图行车

旅客列车如果运行晚点,不仅打乱整个运行图,而且给旅客带来不便。因此,客运调度在监督旅客列车按运行图运行的日常指挥、组织工作中,应做好下列工作:

(1)了解和掌握旅客列车运行情况,摸规律,抓关键列车、车站,发现问题及时解决。

(2)对始发的旅客列车,应及时检查客车底的整备及取送情况,督促车站及时取送;检查机车交路,了解机车运用和整备情况,发现问题,及时通过有关部门联系解决;检查和督促车站安全迅速地组织旅客乘降及行包装卸工作,保证旅客列车正点始发。

(3)加强与邻局的联系,遇接入晚点旅客列车时,及时与行车调度员联系,调整列车运行,并事先了解列车行包件数,以便组织前方有关站提前做好卸车准备,及时采取措施恢复列车正点运行。

表 6-17　××局集团有限公司客运情况表

年　　月　　日　　星期　　气候　　　　值班调度员______日班______夜班______

日期 \ 项目 \ 地区	局管内旅客及行包运送情况									
	上车总人数	其中发送人数及中转人数						下车总人数	行李件数	包裹件数
		直通	管内	市郊	小计	中转				
当　日										
月累计										

站名 \ 项目	主要站客流及行包情况							临时情况			
	上车总人数	其中			下车总人数	发送行包		车次	区段	人数	附注
		发送	中转			行李件数	包裹件数				

各线区段客流密度情况								
线别	区段	列数	上行			下行		
			定员	实际	%	定员	实际	%

中转旅客流量、流向	线别 \ 去向						合计
	合计						
	合计						

预售票额	站名 \ 线别						合计
	合计						

列车运行情况	时间	始发			运行		
		列数	正点	%	列数	正点	%
	18:00～18:00						
	18:00～16:00						

记事	

表 6-18　硬座区段统计表(　次列车)

日期	星期	始发区段							中转区段							团体		合计上车
1																/		
2																/		
3																/		
10																/		
上旬计																		
11																/		
12																/		
13																/		
20																/		
中旬计																		
21																/		
22																/		
30																		
31																		
下旬计																		
月　计																		

监督旅客列车按运行图行车是各级客运调度的重要职责。国铁集团客运调度应加强对国际联运列车和重点布置的临时旅客列车运行情况的掌握;应每日收录各局旅客列车运行情况,并进行全面分析,找出主要晚点原因,提出改进意见。

铁路局集团公司客运调度应收录旅客列车运行情况,进行全面分析,找出主要晚点原因,向上级领导汇报并提出改进意见;应随时收录旅客列车运行情况,对国际联运旅客列车始发及运行情况每3 h向国铁集团汇报一次。

检查旅客列车编组和取送情况,停靠站台、车辆技术检查和整备状态、机车出段准备情况以及旅客、行包情况,保证旅客列车正点始发;对晚点列车,及时组织旅客迅速乘降和行包的快速装卸,联系站、车工作人员在安全的基础上,加速作业,压缩列车停站时间,恢复列车正点运行。

4. 客运调度工作的分析

为了提高客运工作计划质量,改进客运组织工作,国铁集团、铁路局集团公司的客运调度工作必须建立、健全各种表报和客流分析制度,认真考核客运组织工作情况,系统地对客运工作进行分析研究。分析工作由各级主任客运调度负责,分析的主要内容包括:

(1)旅客列车晚点分析。

(2)客流的波动规律。

(3)客车运用及检修车的完成情况。

考核客运调度工作的主要指标有外局车平均停留时间、座席利用率、客车日车公里等。

5. 客运调度报告制度

为准确掌握客运工作情况，及时处理发生的问题，站、车、铁路局集团公司客运调度必须加强报告制度，除按规定上报的有关资料外，凡发生下列情况时，必须及时逐级向客运调度报告：

(1)发生自然灾害和行车重大、较大事故中断行车时。

(2)发生旅客、路内客运职工伤亡事故时。

(3)车站和旅客列车发生火情、火灾时。

(4)因机车、车辆发生事故造成甩车、长时间修理造成始发和运行晚点时。

(5)由于站、车设备损坏或其他原因造成人员伤亡时。

(6)车站和列车票款、票据被抢、被盗时。

(7)进京上访人员乘车时。

(8)站、车之间发生纠纷或其他原因影响旅客列车严重晚点时。

(9)站、车发生意外情况，工作人员不能正常作业时。

(10)其他需要及时上报的有关客运工作事项。

三、高速铁路客运调度

高速铁路的调度指挥以基本列车运行图作为基础，以调度日常计划为保证，通过高速铁路各相关工种调度员实现日常运输组织工作。以下以铁路调度所为例，介绍隶属于高速铁路客运调度管理的高速铁路计划调度与客服调度的主要职能。

1. 高速铁路计划调度

(1)列车开行计划编制

调度日计划是高速铁路日常运输组织工作的基础，包括列车开行计划和综合维修计划。日计划是 0:00—24:00 一日内的运输工作计划。

高速铁路计划调度根据以下资料编制列车开行计划。

①基本列车运行图(包括分号列车运行图)。

②国铁集团及铁路局集团公司客运部关于加开、停运、专运等的文件、电报及调度命令。

③动车组运用(车型、组数)、检修计划及回送申请。

④月度施工计划(含临时文电批复的)及主管业务部提报的施工计划、路用列车开行、设备维修作业计划申请等。

高速铁路列车开行计划以铁路局集团公司高速铁路计划命令的形式发布，内容包括：

①各站列车开行车次。

②临时定点列车始发站、终到站及沿途客运业务停站发、到时分，股道运用计划。

③开行列车所对应的车组(型号、重联)、动车组车底运用方案及库内保洁计划、路用列车开行计划等。

④重点事项。高速铁路计划命令中每组交路的实际担当车底号来自各铁路局集团公司动车组调度(包括本局及担当的外局)上传交换的信息。

(2)动车组列车调整

① 临时有计划加开、停运、定员变化或变更客运业停站时。

a. 铁路局集团公司客运、车辆、机务部门确定方案，于客票预售期前 2 d(加开或对已发售客票不影响时，需在列车开行前 2 d)向铁路局集团公司调度所计调度台提出申请。

b. 铁路局集团公司调度所计划调度台审核后，向有关单位发布调度命令，并抄送铁路局集团公司客运部(客票管理所)、调度台；跨铁路局集团公司调度所时，须经国铁集团高速铁路计划调度台与客运部门协商 同意后以调度命令批准。

②遇突发情况需临时加开、停运、定员变化、途中折返、变更客运业务停站时。

a. 铁路局集团公司调度所根据运输需要，协商相关部门确定方案，由计划调度台向铁路局集团公司客运部(客票管理所)和客运段发布调度命令，并抄送动车调度台、客运调度台。

b. 动车调度台依据计划调度台的调度命令向相关动车基地(段)、机务段发布动车组车底运用调度命令。

c. 涉及反编组、席别顺位变化等影响旅客乘降组织的，客运调度台还应转发至相关车站。

d. 跨铁路局集团公司调度所时，须经国铁集团计划调度台以调度命令批准。

③ 变更车底。

a. 动车基地(段)向铁路局集团公司调度所动车调度台提出申请。

b. 动车调度台审核并与计划调度台协商后，向动车基地(段)、机务段等单位发布调度命令，并抄送客运调度台；客运调度台负责转发至相关客运段和客票管理所，涉及反编组、席别顺位变化等影响旅客乘降组织的，客运调度台还应转发至相关车站。

c. 跨铁路局集团公司调度所或使用外属动车组担当交路时，须经国铁集团动车调度台批准。

④ 动车组列车的回送。

a. 动车组回送经路、运行条件有特定要求时，相关专业部门以电文形式明确。

b. 铁路局集团公司调度所动车调度台根据动车基地(段)、造修单位提交的书面回送申请，依据相关电文、检修计划、运用交路调整及检修方案，审核后提交值班副主任批准(跨铁路局集团公司调度所回送时向国铁集团申请)，计划调度台负责纳入日计划。

c. 调度管辖权管理的动车组在担当区段内运用交路调整、检修(故障时)调整产生的空载运行来不及纳入日计划时，经动车调度台确认、值班副主任审核后，由列车调度台发布调度命令。

d. 跨铁路局集团公司调度所时，动车调度台向国铁集团动车调度台申请，国铁集团动车调度台审核(无动力回送时须经机车调度台会签)，交国铁集团行车调度台发布调度命令。沿途各调度所值班(副)主任根据国铁集团调度命令组织相关工种调度纳入日计划交接。

⑤ 试验列车的开行。

a. 试验单位根据有关文电，会同相关部门确定方案，向铁路局集团公司调度所值班副主任提出申请，涉及跨铁路局集团公司调度所试验列车开行时由铁路局集团公司调度所值班副主任向国铁集团行车调度台提出申请。

b. 国铁集团行车调度台根据试验单位或铁路局集团公司调度所提报申请，经领导批准后，发布跨铁路局集团公司调度所试验列车运行命令。

c. 铁路局集团公司调度所管辖范围内开行试验列车时，铁路局集团公司调度所值班副主任根据有关文电及试验单位提报的申请，报调度所副主任批准后，交计划调度台纳入日计划。

2. 高速铁路客服调度

高速铁路客服调度归属客运调度管理，主要职责为与站、车联系并进行客服应急处置，具体包括以下内容：

①与列车长进行信息联系，及时掌握旅客在列车运行途中的突发事件及服务需求，联系行车调度协商并执行必要的列车运行调整方案，监督列车在区间及车站的重点组织，联系并监督车站进行必要的应急处置工作。

②如遇启用热备车，通知并监督车站组织旅客换乘。

③与列车长进行信息联系，及时掌握列车计划外的上水、吸污需求，联系并监督车站及时组织作业。

④其他客服应急处置工作。

实作技能

旅客运输计划是保证经济合理地使用铁路旅客运输的技术设备和运输能力，充分挖掘运输潜力，组织旅客均衡运输的基础，也是确定客运设备、客运机车车辆修造计划以及客运运营支出计划的重要依据，同时也是铁路旅客运输组织工作的前提。因此，合理完善的计划，既能对客运工作开展做好指导和引领，更有利于提高旅客运输组织工作的效率。通过以下的实作技能训练，客运工作人员应做到：

1. 具有很强的时间观念和遵章守纪的意识。旅客运输计划是对未来工作的一个统筹推进，在具体工作落实中，客流计划是计划的第一步，根据预测的客流量，确定客流图，在此基础上制定技术计划，确定客车的运行方案，由此得出客运设备的运用，具体落实到日常计划中，指导售票和日常客流组织工作。因此，客运工作人员要有很强的时间观念、遵章守纪，以计划为引领开展工作，具体做到：工作前有计划，工作中按计划推进，工作后对计划进行总结，不断完善后面周期的计划，确保客运组织工作的有序和高效。

2. 具备团队协作、协调沟通的合作意识。旅客运输计划涉及旅客运输技术设备的运用、机车车辆的修造计划，更是客运各个岗位开展工作指导和引领，计划的执行需要在多单位、多岗位之间沟通协调，更需要客运岗工作人员有团队协作意识，各岗位间形成合力，切实落实计划，高效完成各项工作。

3. 培养大局意识。旅客运输计划的编制，是一个统筹多系统、多单位、多岗位的工作的过程，需要统筹和兼顾，这就要求计划的制定者站在全局的角度，细化各项指标计划的制定，合理安排各项工作。计划的制定，一方面需要制定者要有全局观和大局意识，确保计划的全面和合理；另一方面，通过制定计划，有助于计划制定者站在全局的角度思考和考虑问题，促进其大局意识的养成和加强。

4. 具有安全责任意识。铁路是一个联动的大系统，任何一个环节的纰漏，都有可能影响铁路的行车安全，导致安全责任事故的发生。在制定计划时，无论是客流计划、技术计划还是日计划，都应该客观、细致，将计划做细做实，防患未然，确保旅客运输的安全。

实作任务一　预测客运量的技能

【案例 6-1】　用时间序列法(趋势外延法)预测客运发送量。

根据下列铁路客运发送量(Y)的动态数列，见表 6-19，其趋势近乎直线，预计今后的铁路客运发送量仍将保持线性的增长趋势。试预测第 16 年的客运发送量。

表 6-19　客运量动态数列表

年份	Y（百万人次）	M_t^1（$n=3$）	M_t^2（$n=3$）	a	b	$Y_{计}$	$\frac{Y_{计}-Y}{Y}$
01	552						
02	612						
03	648	604					
04	660	640					
05	696	668	637	699	31		
06	705	687	665	709	22	730	+0.035
07	787	729	695	763	34	731	−0.071
08	807	766	727	805	39	797	−0.012
09	856	817	771	863	46	844	−0.014
10	912	858	814	902	44	909	−0.003
11	942	903	859	947	44	946	+0.004
12	989	948	903	993	45	991	+0.002
13	1 049	993	948	1 038	45	1 038	−0.01
14	1 123	1 054	998	1 110	56	1 083	−0.036

【解】　用时间序列法预测的公式为

$$Y_{计}=a+bt$$

式中　t——年序数；

a,b——参数。

设一次移动平均数为 M_t^1，二次移动平均数为 M_t^2，取平均时距为($n=3$)，则

$$a=2M_t^1-M_t^2$$

$$b=M_t^1-M_t^2$$

M_t^1、M_t^2 可按下列方法求解：

设各年的实际客运量为 X_{01}、X_{02}、…、X_{14}，则

$$M_t^1(03)=(X_{01}+X_{02}+X_{03})/3$$

$$M_t^1(04)=(X_{02}+X_{03}+X_{04})/3$$

$$M_t^1(05)=(X_{03}+X_{04}+X_{05})/3$$

$$\vdots$$

二次移动平均数 M_t^2，不过是一次移动平均数 M_t^1 的再一次移动平均而已，即

$$M_t^2(05)=[M_t^1(03)+M_t^1(04)+M_t^1(05)]/3$$

以此类推，并将计算数据填入表中。

预测第 16 年客运发送量为

$$Y_{计(14+t)}=1\ 110+56t$$

因为 $t=2$，则

$$Y_{计(16)}=1\ 110+56\times2=1\ 222(百万人)$$

【案例 6-2】　用回归分析法(相关因素法)预测客运发送量。

【解】　某地区国民平均收入及乘车系数的数据见表 6-20。

表 6-20　某地区国民平均收入和乘车系数资料

年　份	国民平均收入(元/人)	乘车系数		
		客运发送量(万人)	人口(万人)	系　数
1	201	1 301.3	3 402	0.383
2	221	1 586.9	3 470	0.457
3	244	1 794.9	3 538	0.507
4	274	1 922.4	3 613	0.532
5	310	2 041.3	3 684	0.554
6	317	2 123.7	3 733	0.569
7	338.5	2 278.6	3 806	0.599

根据表 6-19 数据用最小二乘法求出 a、b 参数，列表计算见表 6-21。

表 6-21　回归直线方程计算表

年　份	x 国民平均收入(元/人)	y 乘车系数	x^2	y^2	xy
1	201	0.383	40 401	0.146 69	76.983
2	221	0.457	48 841	0.208 85	100.997
3	244	0.507	59 536	0.257 05	123.708
4	274	0.532	75 076	0.283 02	145.768
5	310	0.554	96 100	0.306 92	171.74
6	317	0.569	100 489	0.323 76	180.373
7	338.5	0.599	114 582	0.358 8	202.762
$\sum$	1 905.5	3.601	535 025	1.885 09	1 002.331
$n=7$　$\bar{x}=272.214$　$\bar{y}=0.514$					

用最小二乘法求出

$$a=\bar{y}-b\bar{x} \tag{1}$$

$$b=\frac{\sum xy-\frac{\sum x \cdot \sum y}{n}}{\sum x^2-\frac{(\sum x)^2}{n}} \tag{2}$$

将上述有关数据代入(2)式，得

$$b=\frac{1\ 002.331-\frac{1\ 905.5\times 3.601}{7}}{535\ 025-\frac{1\ 905.5^2}{7}}=0.001\ 35$$

代入(1)式，得

$$a=0.514-0.001\ 35\times 272.214=0.147$$

回归方程如下：

$$y=0.147+0.001\ 35x$$

根据上式，只要有计划年度的人口和国民平均收入数据，即可求得预测的客运发送量。

实作任务二　确定旅客列车数量的技能

【案例 6-3】 现以某线路最大客流方向的总客流计划所绘制的客流图（图 6-25）为例，确定旅客列车运行区段，计算各种旅客列车数。

【解】 从图 6-25 中不仅能很清楚、直观地看出各方向上各客流区段旅客的流量、流向，而且可以看出客流大量发生、消失和变化较大的地点，这就为划分各种旅客列车运行区段、确定列车种类、计算开行对数的工作提供了有利的条件。

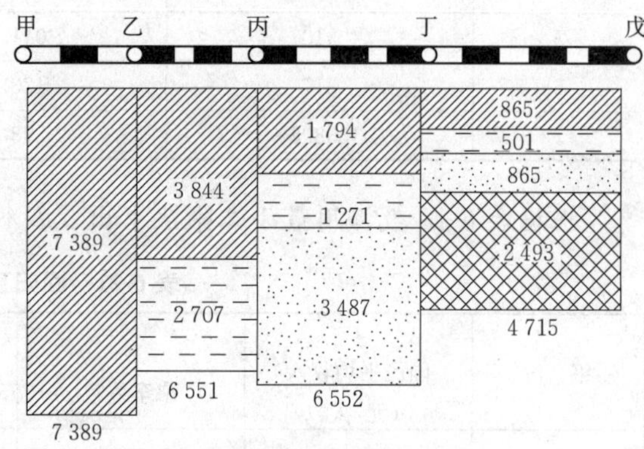

图 6-25　最大客流方向客流图

1. 首先确定区段客流量：

甲—戊区段　4 715（人）

甲—丁区段　6 552－4 715＝1 837（人）

甲—乙区段　7 389－6 552＝837（人）

2. 确定列车运行区段

根据甲戊线上客流显著变化的地点为乙、丁、戊三站，则可按照甲—戊、甲—丁、甲—乙间的不同客流密度，确定旅客列车运行区段。

3. 计算各种旅客列车数

根据客流的性质及其旅行距离的不同确定旅客列车编组。假设甲—戊区段需要用特别快车输送的客流占总客流的 40%，用快车输送的客流占剩余客流的 60%，其余客流以普通旅客慢车输送。各种旅客列车的容量：特快为 800 人或 900 人，快车为 900 人或 1 000 人，普通旅客慢车为 1 050 人或 1 150 人。

(1)甲—戊区段

$$N_{特快}=AK_{特快}/a_{特快}=(4\ 715\times 40\%)/900=2(列\cdots\cdots余\ 86\ 人)$$

$$N_{快}=(A-a_{特快}N_{特快})K_{快}/a_{快}=[(4\ 715-900\times 2)\times 60\%]/900=2(列\cdots\cdots欠\ 51\ 人)$$

$$N_{慢}=(A-a_{特快}N_{特快}-a_{快}N_{快})/a_{慢}=(4\ 715-900\times 2-900\times 2)/1\ 150=1(列\cdots\cdots欠\ 35\ 人)$$

(2)甲—丁区段

设 $K_{特快}$ 为 40%，$K_{快}$ 为剩余客流的 30%。

$$N_{特快}=(1\ 837\times 40\%)/800=1(列\cdots\cdots欠\ 65\ 人)$$

由于用快车输送的客流占剩余客流的 30%，按此比例求算出的快车客流仅有（1 837－800）×30%＝311（人），不够开行一列快车的条件。所以，决定甲—丁区段不开行快车，而剩余客流由普通旅客慢车进行输送。

$$N_{慢}=(1\ 837-800)/1\ 050=1(列\cdots\cdots欠\ 13\ 人)$$

(3)甲—乙区段

由于甲—乙区段运行距离不长，同时客流不算太大，需要用特快车输送的客流比重也不多，为此，可组织开行普通旅客慢车来进行输送。

$$N_{慢}=837/1\ 050=1(列\cdots\cdots欠213人)$$

所欠 213 人的客流，可采取减少旅客列车的编成辆数，以免虚糜。

甲—戊区段上总的行车量见表 6-22。

表 6-22　甲—戊区段客车行车量

列车行驶区段	各区段行车量			合　计	输送能力(人)
	特别快车	旅客快车	普通旅客列车		
甲—戊	2	2	1	5	4 750
甲—丁	1		1	2	1 850
甲—乙			1	1	1 050
合计	3	2	3	8	7 650

实作任务三　判明乘车人数通知单的技能

【案例 6-4】　表 6-23 为一张 T6 次列车(南宁—北京西)南宁站乘车人数通知单附表。请判明乘车人数通知单(附表)上所记载的铺位发售与剩余情况：

(1)已售至终点站的铺位(注明车号、铺位号)。

(2)剩余铺位及可补卧区间(注明车号、铺位号、区间)。

表 6-23　南宁站乘车人数通知单附表

车号及卧别	铺位号	1	2	3	4	5	6	7	8	9	10
08 软卧	0	*	北京西	*	北京西	*桂林	*桂林	*桂林	桂林	*柳州	柳州
	10	*柳州	*柳州	*柳州	*柳州	*柳州	柳州	*柳州	*柳州	*柳州	*柳州
	20	*郑州	*	北京西	北京西	*郑州	/永州/	*	*	*长沙	*武昌
	30	*郑州	*长沙	*武昌	*石家庄	*	*长沙				
09 硬卧	0 上	*永州	*衡阳	*桂林	*桂林	*桂林	*桂林	/长沙	*	北京西	*
	中	*衡阳	*衡阳	*桂林	*桂林	*桂林	*桂林	/武昌/	*	*郑州	
	下	*衡阳	*衡阳	*桂林	*桂林	*桂林	*桂林		*郑州		*郑州
	10 上	*		*柳州	*柳州	*柳州	*柳州	*柳州	*柳州	*柳州	*柳州
	中	*郑州	*	*柳州	*柳州	*柳州	*柳州	*柳州	*柳州	柳州	*柳州
	下	*武昌	*	*柳州	*柳州	*柳州	*柳州	*柳州	*柳州	*柳州	*柳州

计划员：　　　　　　　　　　　　　　　　列车长签收：×××

【解】　(1)已售至终点站(北京西)的铺位(注明车号、铺位号)

8 车：1 号下铺、3 号下铺、22 号上铺、27 号下铺、28 号上铺、35 号下铺。

9 车：8 号上铺、8 号中铺、10 号上铺、11 号上铺、12 号中铺、12 号下铺。

(2)剩余铺位及可补卧区间(注明车号、铺位号、区间)

8 车 2 号上铺空，可补南宁站至北京西站；

8 车 4 号上铺空，可补南宁站至北京西站；

8 车 8 号上铺空，可补南宁站至桂林站；

8 车 10 号上铺空，可补南宁站至柳州站；

8 车 16 号上铺空，可补南宁站至柳州站；

8 车 23 号下铺空，可补南宁站至北京西站；

8 车 24 号上铺空，可补南宁站至北京西站；

8 车 26 号上铺空，可补南宁站至永州站；

9 车 7 号中铺空，可补南宁站至武昌站；

9 车 9 号上铺空，可补南宁站至北京西站；

9 车 19 号中铺空，可补南宁站至柳州站。

实作任务四　计算旅客列车定员的技能

【案例 6-5】 1137 次直通旅客快车编组 16 辆，其中：硬座 7 辆(定员 116 的 5 辆，108 的 1 辆，122 的 1 辆)，硬卧 4 辆(定员均为 60，但其中 2 辆代用硬座)，软卧 1 辆(定员 32)，行李车、餐车、宿营车、隔离车各 1 辆。试确定该列车的硬座标记定员、实际定员、始发定员及途中超成定员。

【解】 (1)硬座标记定员

$$A_{标记}=116\times5+108\times1+122\times1+\frac{60}{3}\times4\times2=810+160=970(人)$$

(2)硬座实际定员

$$A_{实际}=(810-10)+160=960(人)$$

(3)因为直快列车始发不准超员，按 $A_{实际}$ 计算。

所以列车始发定员

$$A_{始发定员}=A_{实际}=960(人)$$

(4)因为直快列车途中允许超员 30%。

所以途中超成定员

$$A_{超成}=(810-10)\times(1+30\%)+160=1\,200(人)$$

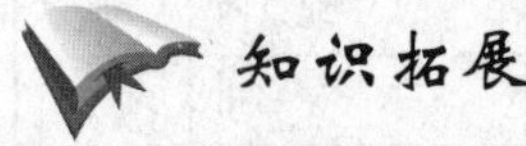

知识拓展

一、优化旅客列车编组结构

旅客列车的编组是由旅客乘坐的车辆及非旅客乘坐的服务性车辆组成的。旅客乘坐的车辆包括硬座车、软座车、硬卧车、软卧车；服务性的车辆包括餐车、行李车、邮政车以及用于长途旅客列车包乘组休息而编挂的宿营车。

我国长途旅客列车的编组基本上是七车式，即由硬座车、硬卧车、软卧车、宿营车、餐车、行李车、邮政车组成。短途旅客列车的编组以四车式为主，一般挂有硬座车、餐车、行李车、邮政车。根据运输市场需求的变化，可对这种固定编组的方法进行适当的调整。

1. 调整列车编组结构

(1)减挂餐车

在过去的列车编组中，餐车是长途旅客列车的主要组成部分，它为旅客和列车乘务员的就餐提供了方便。随着列车运行速度的不断提高，很多列车尤其是“夕发朝至”列车，全程运行时间不在供餐时间内，或途中只有一次供餐。在类似这样的列车上编挂餐车，既浪费了运输能力，又无法取得理想的餐车经营效益。这些列车完全可以甩掉餐车，推广袋装、盒装食品和用快餐供应解决旅客用餐问题。

(2)调整座、卧车的比例

中、短途旅客列车以挂座车为主，不挂或少挂卧车；长途旅客列车，可适当多挂卧车或开行全程卧铺列车。对白天开行的城际旅客列车，可整列编组座车，而对夜间运行的旅客列车则整列编组卧席车。

(3)调整行李车的编挂数量及开行行包专列

调查显示，运输距离在 200 km 以内的行包运量很小，大部分短途行包均由公路运输了，因此，短途旅客列车上可以不挂行李车。反之，对于行包运输能力紧张的线路方向，还可以增加行李车的编组辆数或者开行行包专列。凡有稳定、大宗行包货源的车站，运量达每日开行一列，每列不少于 300 t 时，均可申请开行行包专列。行包专列可由行李车、YZ_{21} 型客车或 P_{65} 型车辆编组而成，整列装载行李包裹等小件物品，固定发到站、发到时刻、车辆编组和运行路径，按照旅客列车组织管理，可由物流企业承包经营。行包专列的开行，发挥了铁路在小件零散货运市场中、长距离、全天候、安全正点等方面的优势。

(4)使用新型车辆

我国从 1953 年起开始自行设计制造 21 型客车，这是我国第一代主型客车。1956 年又陆续研制生产出各种 22 型客车。多年以来，22 型客车以其自重轻、车内宽敞、定员较多成为我国铁路客运的第二代主型客车。1967 年我国开始生产 25 型客车，这种客车构造速度较高，采用了空气调节、荧光灯照明、低磨耗低噪声的风挡及橡胶风挡、单元式铝合金大车窗、新型转向架等技术，有了更好的舒适性和安全性。25 型车的结构更为合理，性能更加完善，更能适应目前旅客尤其是经济发达地区旅客的乘车需求。25 型客车成为我国第三代主型客车。

1989 年，25 型空调双层客车在上海—南京间首次投入运营。该车硬座车定员 186 席，比 25 型硬座车多 58 席，软座车 110 席，比 25 型软座车多 30 席；双层客车客室分上、下两层，两端为单层(即中层)，中层设置乘务员室和厕所及其他辅助室，上、下层与中层之间设有扶梯。此外，还研制生产了中长途双层卧铺车。实践证明：双层客车是解决中、短途客运的极为有效方式，并可收到较好的经济效益和社会效益。大力发展双层客车，完全符合我国的国情和路情。

目前我国现已停止生产 22 型客车，大批量使用 25 型客车。22 型客车与 25 型客车定员的比较见表 6-24。

表 6-24　22 型客车与 25 型客车定员的比较表

车型	车种			
	硬座	软座	硬卧	软卧
22 型	118	64	60	32
25 型	128	68	66	36
25 型双层	186	110	80	50

2. 优化车底使用

在客运车辆不足、库线能力普遍紧张的情况下，积极挖掘车底使用潜力，最大限度地组织车底套用、车底外段立折和加挂回转车，是优化车底使用、提高客运车辆利用率的有效措施。

(1)组织车底套用

客车车底套用能实现一组车底多次运行，既节省了车底组数，又可实现不进整备所作业，节省库线。

例如，A—B间每日开行T21/T22次旅客列车，由图6-26(a)可知，需4组车底。B—C间每日开行K11/K12次旅客列车，由图6-26(b)可知，需2组车底。这两对车的开行共需6组车底才能满足需要。如组织两对列车的车底套用，共需5组车底，即可以节省1组车底，如图6-27所示。

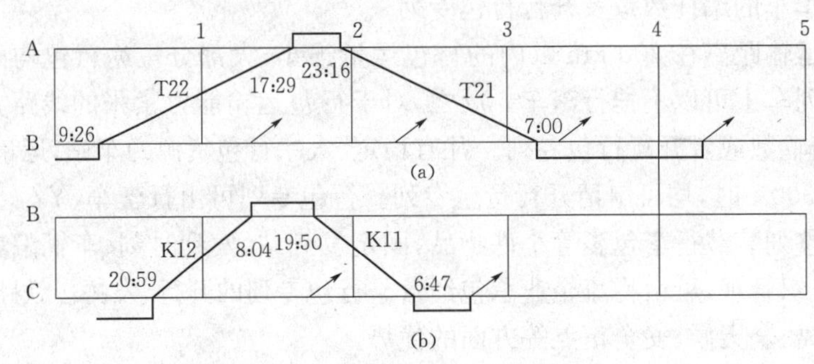

图6-26　车底分用示意图

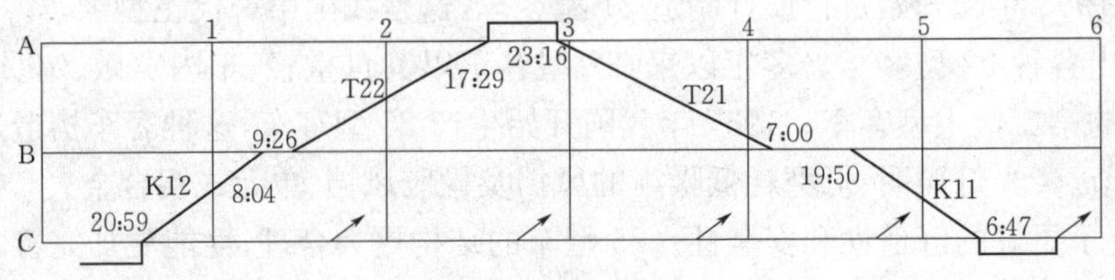

图6-27　车底套用示意图

(2)组织车底立折

车底立折也叫车底立即折返，是指在列车运行图中规定列车在折返站的停留时间在3 h以内，车底在折返站不进库，只在站线上进行有关的作业。

组织外段客车车底立折主要是为缓解大型客运站和整备所能力紧张的状况而采用的措施。有一些枢纽地区客运站，限制能力的不是车站到发线，而是客车整备所。

组织车底立折后可获得如下效益：

①提高车底利用率，加快车底周转，节省车底需要数。

②减少车底进出库占用咽喉道岔的时间，提高了咽喉道岔的通过能力。

③节省了客车整备所线路的数量。

组织车底立折，除对运输组织要求更为严谨及编制运行图时限制条件增加而质量要求更高外，还应注意以下几方面的问题：

①车底在车站到发线上要进行旅客上下、行包装卸及简单的整备作业，一般需要2～2.5 h。

②因立折车底较非立折车底占用到发线的时间要长，客运站到发线要有一定的后备能力。

③客运站到发线应具备立折车底进行立折作业所必需的设施，如检修、整备、上水、上餐料以及进行简单洗刷作业的设备。

(3)组织加挂回转车

回转车是指在旅客列车运行全程中,只在某一固定区段加挂一辆或几辆客车。组织旅客列车加挂回转车主要是为解决某些区段客流的需要和充分利用技术设备、运行线可能条件所采取的扩能措施,具有和扩大旅客列车编组同样的效果。

根据需要,回转车可以由一辆或几辆客车组成,车种既可一样也可不一样,回转车组可大于也可小于基本车组。

回转车的甩挂可采用多种形式,甩挂站可以是始发站、终到站,也可以是途中站,但甩挂站都必须具有牵出线、调车机车等调车设备。

加挂回转车的主要形式有:

①始发站 A 挂,随基本车组运行到途中站 B 甩;返程时,在途中站 B 挂回始发站,如图 6-28(a)所示。

②途中站 B 挂,随基本车组运行至终点站 D;返程时,在途中站 B 甩,如图 6-28(b)所示。

③途中站 B 挂,随基本组运行至前方途中站 C 甩;返程时,在途中站 C 挂,随基本组运行至 B 甩,如图 6-28(c)所示。

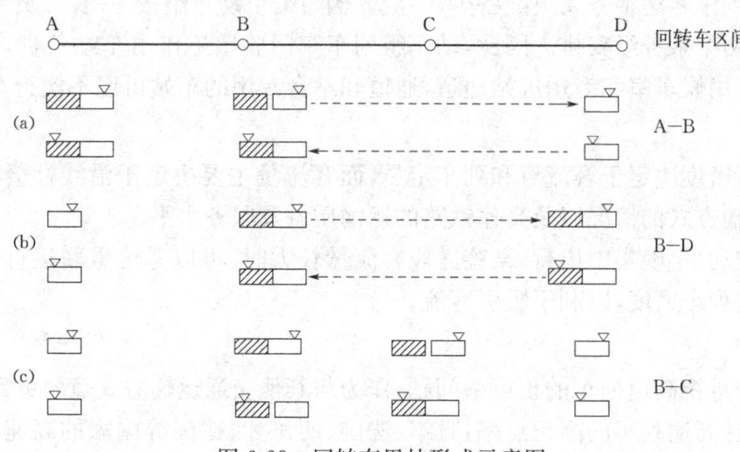

图 6-28　回转车甩挂形式示意图

二、高速铁路旅客运输组织

(一)高速铁路运输组织的特点

1. 高速度

速度是高速铁路主要技术水平的标志,但旅客最关心的是旅行速度,而不是最高运行速度。要达到高速度就应具备以下条件:

(1)线路的限速地段不能过多。

(2)列车牵引性能要好,加减速快,起停车附加时间短。

(3)高速铁路的行车组织工作,尤其是列车运行图的铺画,要在保证旅客出行便利的前提下,优化列车停站安排,采用错站停靠的办法,尽可能提高旅行速度。

(4)列车停站时间短,一般停站时间在 1～2 min(列车会让时除外,导致目前我国高速动车组会让车的主要原因是:存在一条高速铁路线路上有多种速度要求不同车型的动车组列车混跑情况)。但停站时间短同时带来对旅客乘降组织的难度,特别是在个别大客流中间站,旅客大上、大下给乘降组织提出很高要求。为加快旅客乘降速度,目前高速铁路车站大都采取动车组列车一个车厢有前后车门的,按前门下后门上;一个车厢只有一个车门的,按先下后上的旅客乘降组织措施,提高旅客乘降效率和组织秩序。

另外,由于动车组列车无行李车编挂,旅客随身行李无法办理托运手续,虽然铁路对旅客携带品重量、体积有严格规定,但由于铁路无法为旅客提供相应的有效解决方法,旅客携带超大超重物品乘高速动车组列车的现象较为多。旅客携带超大超重物品进站上车,对乘降速度和时间带来一定影响。

(5)列车停靠站要准确对位,车站要在列车到达前组织好旅客按车厢位置等候。为确保动车组列车按规定位置停车,车站应根据动车组列车长度分别在站台两端指定位置设置动车组列车停车指示牌。其中 8 辆短编组动车组列车的停车位置应根据旅客从候车室到达站台或从站台进入出站通道最近走行距离进行设置。同时,为方便对旅客在站台候车、乘降的组织,车站应在站台地面设置相应的动车组列车车厢号位置的站台地标,组织旅客在规定位置排队候车,有序乘降,并利用站台显示屏显示当前列车车厢位置和其他车厢方位。

(6)动车组列车客运乘务人员配备少,一般 8 辆短编组动车组按"一长二员"标准配备。动车组重联时,按两个乘务组安排。因此,动车组列车车门验票工作由车站负责,有条件的车站可设置动车组专用候车室和专用进站通道,通道和站台专用的车站可以不实行车门验票。

2. 高密度

列车的开行密度决定于客流量和列车定员,而客流量主要决定于沿线社会和经济发展水平,其他交通运输方式的情况以及高速铁路的运输质量及服务水平。

由于客流波动,早晚集中出行,某些区段客流量较大时,可以考虑重联运行但非高峰时段也要保证一定的列车密度,以利于吸引客流。

3. 高正点率

各国都十分重视高速列车的正点率问题,作为与其他交通运输方式竞争的重要手段,并采取有效措施,保持高速列车的高正点率,日本、法国、西班牙、德国等国家的高速列车正点率都保持较高水平,其中,日本自 1964 年新干线开通运营以来列车的平均晚点时间不到 1 min。

同时,各国对列车晚点均制定相应补偿规定,西班牙高速列车晚点超过 5 min 退还旅客的全额票款;日本晚点超过 2 h 退还旅客的加快费;法国高速铁路承诺,当列车晚点超过 30 min,按票价的 30%以交通券方式进行补偿;德国规定,列车晚点 1 h 可获相当于票面价值 20%的现金赔偿,晚点 2 h 可获相当于票面价值 50%的现金赔偿。

我国在科技创新的驱动下,全面掌握了复杂路网条件下高速动车组列车高密度跨线运输调度技术,列车正点率世界领先。我国动车组列车规定晚点 1 h 及以上,且正逢用餐时间,由车站或列车免费为旅客供餐。

因此高正点率也是高速铁路运输组织的一大特点,高正点率的具体措施有:

(1)区间通过能力的利用率不应太高,列车运行图的铺画要为调度调整预留一定的弹性,甚至要铺画一定数量的备用线,供晚点列车使用。

(2)在调度指挥上采取晚点列车不引起连锁反应,更不能使正点列车也跟着晚点的调度指挥原则。

我国高速铁路成功的运输组织经验可以总结为:

(1)采用了客货列车分时运行或多种速度等级旅客列车运行的运营方式,但要注意合理的速差。

(2)减少换乘是吸引旅客的重要手段之一。

(3)灵活多样的高速列车编组和定员。

(4)在大中型客站,保证足够数量的列车停靠。

(5)高速动车组列车的上座率随着高速铁路运营管理不断加强和完善而逐年上升。

(6)快捷、简明、方便、流畅的旅客流线和相对固定使用的站台、站线。

(7)完善的旅客导向系统,极大地方便了旅客的出行。

(8)车站和列车上均配备和提供先进的服务设施和设备,舒适的候车和乘车环境。

(二)高速铁路客运产品定位与设计

任何一个产品从规划设计到投入生产,都要经历市场调查、分析、预测、产品设计定位等许多环节,只有把每一个影响产品成功销售的工作做到位,才能保证产品上市后能有一个好的销售前景或得到用户的认可和拥护。高速铁路旅客运输的产品是旅客的位移。因此在产品投入生产之前,我们首先需要进行市场调查、分析与预测。

1. 动车组客运产品市场定位

(1)动车组列车客流的特点

高速铁路动车组的顾客对象多数以商务旅客为主,旅游旅客是第二主要客户。同时,随着高速铁路的发展,还将随之产生一批通勤客流,即居住地与工作城市在 1 h 以内车程的客流。

(2)动车组列车目标市场定位

从上面的分析可以看出,动车组客流应以商务、公务客流为主,旅客的年龄构成以中青年为主,旅客的身份以管理人员和技术人员为主。

客流结构表明高速铁路客流对时间和效率的关注较高,对乘车的舒适度要求高,因此动车组列车的旅行时间与其他运输方式相比要有足够的竞争力。

2. 高速铁路客运产品设计

高速铁路旅客运输应紧密结合市场需要,设计高效的运输产品,包括列车开行方案、列车运行图和种类丰富的客票。

(1)高速铁路旅客列车开行方案设计

旅客列车开行方案是以客运量为基础,以客流性质、特点和规律为依据,科学合理地安排包括旅客列车开行等级、种类、起止点、数量、经由线路、编组内容、停站方案、列车客座利用率、车底运用等内容,从客流到列车流的组织方案。

(2)影响列车开行方案的因素

①铁路基本技术设施条件。

②方案本身应该满足的技术条件和指标。

(3)客车开行方案设计目标

①符合旅客出行规律,最大限度地方便旅客,提高服务频率,减少等待时间,尽可能地减少换乘,提高列车上座率。

②充分利用运输能力,合理利用动车组,控制列车超员。

(4)我国高速铁路旅客列车开行特点

①等级和席位种类丰富。在我国广袤的土地上，每天有种类丰富的动车组列车供选择，包括G字头、D字头和C字头列车及部分Z字头动力集中型列车等。我国高速铁路旅客列车能够适应各种复杂气候和环境，有时速160 km、200～250 km和300～350 km三种速度等级，设有一等座、二等座、特等座、商务座车厢和适宜长途旅行的卧铺动车组。

②列车密度大。我国高速铁路采用高密度、公交化的开行方式，始发、运行、到达平均正点率分别达到99%、98%、97%以上。

③编组灵活。我国高速铁路动车组列车的编组以基本编组(8辆)、长编组(16辆)两种类型为主，其中两列8辆基本编组的动车组可重联运行。根据不同客流区段和时段的运输需求，灵活采用不同的编组形式。在编组数量方面，和谐号系列动车组为8辆编组或16辆编组；复兴号系列动车组以8辆编组为主；城际及市域动车组以4辆编组为主。

(5)客流预测与列车开行方案一体化设计

在对客流进行预测分析的基础上，利用先进的客车开行方案模拟系统，设计出既符合旅客运输需求，又能实现运能与运量最佳匹配的客车开行方案。

(6)列车运行图设计

列车运行图是铁路运输工作的基础性技术文件，是铁路日常组织列车运行的依据，是组织全路与运输有关员工协调动作的基础，列车运行图也是铁路运输产品的重要表现形式。因此编制适应运输市场的需要列车运行图对于铁路市场营销有重要意义。

复习思考题

1. 旅客运输计划按执行期限不同分哪几种?
2. 旅客运输计划指标有哪些?
3. 旅客运输计划的编制依据是什么?
4. 什么叫客流? 客流是如何分类的?
5. 客流的构成要素有哪些?
6. 试说明旅客列车的分类及其车次编定的情况?
7. 影响客流变化的主要因素有哪些?
8. 什么是车站进行客流调查的直接吸引区和间接吸引区? 如何确定?
9. 客流调查有哪些方法?
10. 什么是客运量预测? 预测方法有哪几种?
11. 什么是客流区段? 客流区段如何确定?
12. 什么是客流图? 为什么要编制客流图? 客流图分哪几种?
13. 如何合理地选择旅客列车的重量与速度?
14. 旅客列车的运行区段和行车量是怎样确定的?
15. 如何确定旅客列车车底需要数? 如何绘制车底周转图?
16. 旅客列车运行图的主要指标有哪些?
17. 什么是票额分配? 票额分配如何进行?

18. 旅客输送日计划编制的依据是什么？如何考核旅客输送日计划的兑现率？

19. 客统—3、客统—4 有何作用？

20. 客运调度的日常工作有哪些？

21. 高速铁路运输组织的特点？

22. 动车组列车客运产品定位与设计是怎样进行的？

23. 优化旅客列车编组结构有哪些措施？

24. 从运输组织的角度如何提高旅客列车速度？

技能训练

1. K651 次从配属站(桂林站)于第一天 13:15 开出，于第二天 13:23 到达折返站(成都东站)，并于当日 15:21 折返 K652 次至第三天 16:50 到达配属站(桂林站)，于第四天 13:15 再由配属站(桂林站)开出。注：该列车每日开行。

试问：(1)用图解法绘制出车底需要数？

(2)用分析法计算出车底需要数？

2. 根据以下客流图，试确定旅客列车的行驶区段及计算行车量的客流量。

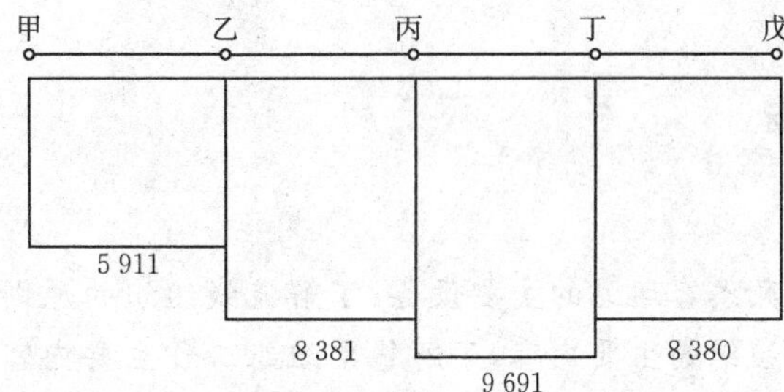

3. 某次直快旅客列车编组 16 辆，其中：硬座 7 辆(定员 116 的 4 辆，108 的 2 辆，122 的 1 辆)，硬卧 4 辆(定员均为 60，但其中 1 辆代用硬座)，软卧 1 辆(定员 32)，行李车、餐车、宿营车、隔离车各 1 辆。试确定该列车的硬座标记定员，实际定员、始发定员及途中超成定员。

4. 铺画客车方案图时，应遵守低等级待避高等级旅客列车的原则，在单线区段一般待避附加时分为 30～40 min。

试问：(1)安排何种车站待避为宜？为什么？

(2)对所需附加时分，试绘图分析？

项目七　站车工作组织

项目描述

客运站是铁路旅客运输的基本生产单位，是客流集散的场所，旅客列车在此到发及作业，一系列旅行手续在此办理。客运站是城市的大门，是城市建设的有机组成部分，也是反映一个城市形象的窗口。因此，客运站的工作水平影响到旅客、铁路及城市三方面。

旅客的旅行生活大部分时间是在列车运行中度过的，而旅客列车乘务工作主要是使旅客安全、准确、便利、舒适地到达目的地。

旅客选择铁路出行方式后，购票、进站、候车、上车及在旅途中列车上休息等过程中，购票是否便利、车厢环境是否舒适等服务工作的好坏，直接影响到旅客对以后再次出行方式的选择。

项目学习目标

1. 知识目标

了解客运站的作业，熟悉客运站的主要设备；了解流线组织的原则，熟悉客运站的流线组织方法；了解客运站工作组织的主要内容，了解售票组织工作主要内容；了解客运站服务工作的主要内容，了解各项服务工作的作业内容和质量标准，了解乘降组织工作的主要流程。

2. 能力目标

能够熟练完成客运站的各项作业内容，清楚主要设备的功能及布置要求；熟练运用流线疏解的方法，完成旅客、行包、交通车辆的流线组织；掌握计算机售退票程序，熟练办理预售和预订车票业务；掌握各项服务工作的作业程序、应达到的标准及乘降组织工作的基本流程。

3. 素质目标

具备爱岗敬业、吃苦耐劳的基本素质；具备团队合作、沟通协调的团队精神；培养认真细致、精益求精的工匠精神；培养遵章守纪、一丝不苟的安全意识。

项目所需配备

1. 参考资料：《铁路客运运价规则》《铁路客运运价里程表》《铁路旅客票价表》《全国旅客列车时刻表》《全国铁路营业站示意图》《铁路旅客车站建筑设计规范》《铁路旅客运输服务质量规范》《铁路旅客列车客运作业标准》等。

2. 所需票据、表报：红、蓝色车票样本若干；“售票交款单”“客票售出登记表”“票据整理报告”等。

3. 所需设备：安装了铁路客票发售和预定系统软件的计算机、制票机、二代身份证识读器、火车票学生优惠卡识读器、POS机、储票柜、保险柜、计算器、多功能验钞机、双向对讲扩音机，列车移动补票机，各种旅客列车车辆模型等。

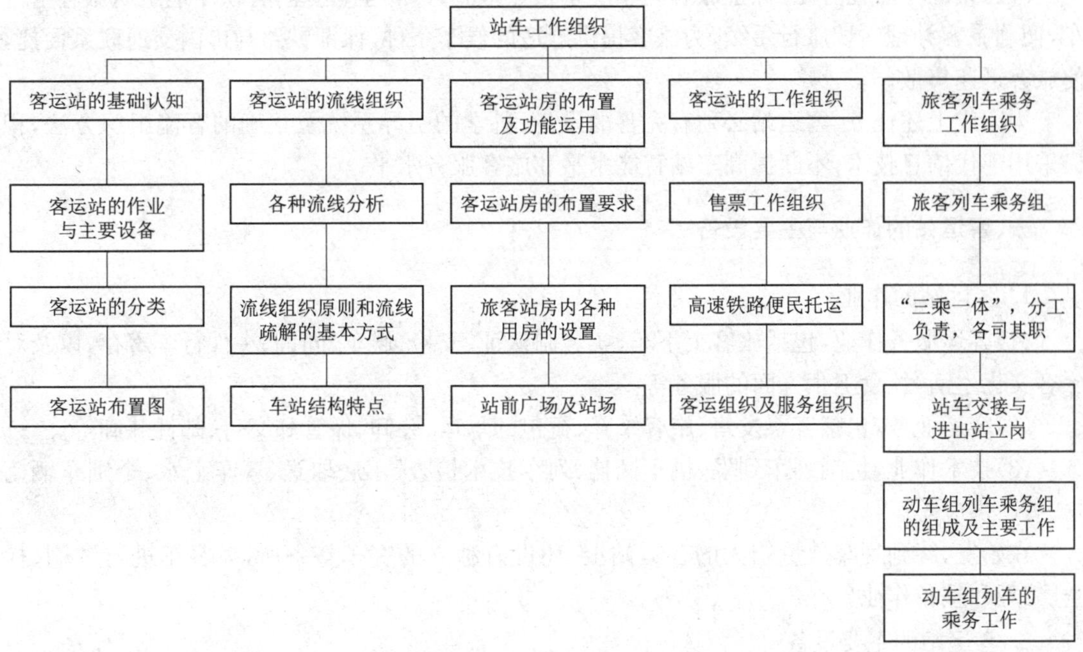

任务一　客运站的基础认知

任务描述

了解铁路客运站的作业内容，能够熟练完成客运站的各项作业内容，熟悉客运站的主要设备，清楚主要设备的功用及布置要求。

任务导入

选取你熟悉的一个铁路客运车站，完成以下任务：

1. 该车站办理哪些作业？
2. 车站内有哪些设备？

知识准备

客运站是指专门或主要办理大量客运业务的车站，是为铁路旅客提供乘降功能的场所。纵观国内外铁路的发展史，铁路客运站从功能、规模到建筑形态的演变，都取决于旅客运输需求和交通方式的发展变化。铁路客运站建筑随着所在国家和地区的经济和铁路的发展而发展，体现出明显的时代特征和地域风格。到目前为止，铁路车站具有很大的开放性，它已开始超越单纯的铁路客运站的含义，发展成为综合交通的节点或枢纽，而且铁路客运站不再是单一运输工具的载体,它已成为联系公路、水路、航空、铁路的纽带,集多种交通工具于一身的客运枢纽站。在城市规划中,客运站一般作为城市建筑的重要景观,站前设置大面积的广场和建筑物。

客运站的主要任务是:保证旅客列车安全正点地到开,安全、迅速、有秩序地组织旅客上下车,便利旅客办理一切旅行手续,为旅客提供舒适的候车条件,保证铁路与市内交通联系便捷,使旅客迅速集散。

为完成上述任务,客运站必须有完善的设备、科学的引导系统及正确的客流组织方法,积极采用现代信息技术,不断提高车站智能水平和旅客服务水平。

一、客运站的作业与主要设备

1. 客运站的作业

(1)客运服务作业,包括旅客上下车、实名制认证、安检、候车、问询、小件行李寄存,以及对旅客文化生活、饮食卫生方面的服务等。

(2)客运业务,包括客票发售、旅客乘降、行包的承运、装卸、保管和交付、邮件装卸等。

(3)技术作业,包括列车到发、机车摘挂、列车技术检查、车底取送、客车上水、个别车辆摘挂、餐车供应等。

在始发、终到列车数量较大的客运站上,还设有独立的客车整备所,对客车进行洗刷、检查、修理和整备作业。

2. 客运站的主要设备

客运站由站房、站场及站前广场组成。

(1)站房。站房是客运站的主体,包括为旅客服务的各种用房,运营管理工作所需的各种技术办公用房及办理行包、邮件用房。

(2)站场。站场是进行客运技术作业的场所,包括线路(到发线、机走线、机待线、车辆停留线)、站台、雨棚、跨线设备等。

(3)站前广场。站前广场是客运站与城市联系的"纽带",它包括车行道、停车场和旅客活动地带等。

二、客运站的分类

目前,我国铁路大小车站共有九千多个。按照运输业务的性质分为货运站、客运站、客货混合站等。其中客运站的分类与等级,有多种划分方法,每种方法对旅客车站的规划设计与建设都有其特定的内涵。从铁路客运站的基本功能出发,可按基本用途、客运量大小等不同方法进行划分。

1. 按基本用途划分

(1)长途旅客车站,主要用于办理长途旅客列车,如国际、国内旅客特别快车,直通旅客快车,管内旅客快车的始发、终到和通过作业,输送各大、中城市间的客流。按需要也可办理少量的市郊旅客列车作业,如北京站、北京西站、上海站、天津站、汉口站等。

(2)短途旅客车站,主要办理管内或少量的直通旅客列车始发、终到和通过作业。

(3)旅游旅客车站,设在游览地点,主要办理旅游列车的始发终到作业,其运量主要发生在旅游季节，如八达岭站和五台山站。

(4)国境(口岸)站，设在国家边境上，主要办理国际旅客列车的通过、换装和联检作业。因这类车站不仅是国际(出入境)旅客大量集散的车站，通常按客货混合站设置，如丹东站、满洲里站和阿拉山口站等。

按基本用途划分旅客车站的类别，主要是根据该站旅客的旅行需求划分。不同的旅客群体，对旅客车站的运输设备和各项服务设施的需求有不同的特点。

2. 按客运量和技术作业量大小，并考虑在铁路网上的地位等条件划分

按此种方法划分，可将客运站分为特等站、一等站、二等站，三等以下客运站通常为客货混合站。

三、客运站布置图

客运站布置图分为通过式、尽端式和混合式三种。

1. 通过式客运站

通过式客运站(图 7-1)的旅客列车到发线均为贯通线，站房设在正线一侧，基本站台与中间站台用地道或天桥等跨线设备相连，客运站与客车整备所、机务段纵列配置。

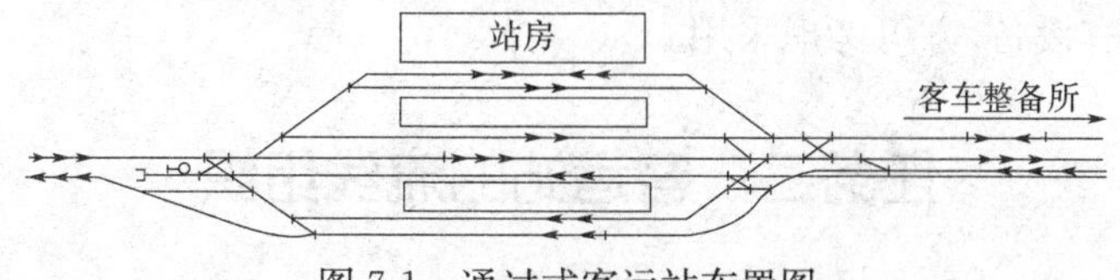

图 7-1　通过式客运站布置图

通过式客运站的优点是：车站有两个咽喉区，能分别办理接发车作业，减少了旅客列车到发与车底取送、机车出入段的交叉干扰，因此通过能力大；通过的旅客列车不必改变运行方向；到发线可供各种列车使用，机动灵活，互换性大；便于组织旅客进出站和行包搬运，流线交叉干扰少，故新建客运站一般应优先采用通过式图形。它的缺点是：进站线路穿过城市与城市交通道路交叉干扰大，一般不易深入市区；由于有两个咽喉，站坪较尽端式布置长。

2. 尽头式客运站

尽头式客运站(图 7-2)的旅客列车到发线均为尽头线，站房设在到发线一端或一侧，中间站台用分配站台连接，机务段和客车整备所与客运站纵列布置。

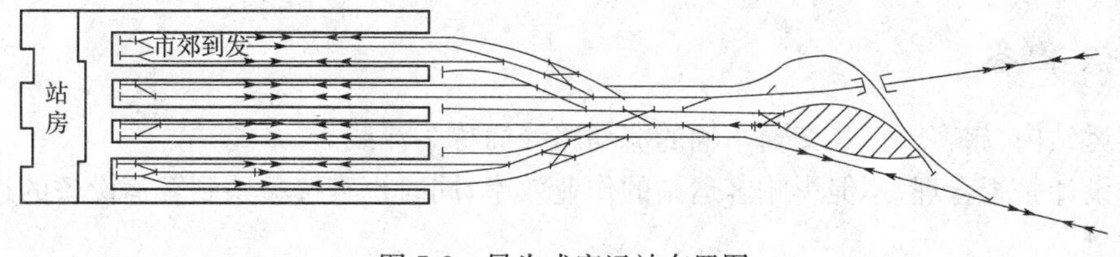

图 7-2　尽头式客运站布置图

尽头式客运站的优点是：由于只有一个咽喉，进站线路与城市道路交叉干扰少，所以车站比较容易深入市区，旅客乘车方便；站坪较短，占地少，旅客出入站可不跨越线路。它的缺点较多，主要有：车站作业集中在一端咽喉区进行，交叉干扰大，通过能力小；对通过的列车要变更运行方向，作业不方便；列车接入尽端线时，进站速度低，占用咽喉时间长；旅客进出站和行包

搬运均需通过分配站台,交叉严重,走行距离也较长。当列车密集到发时,上述缺点尤为严重。

因此,一般新建客运站不宜采用,仅以始发、终到列车为主的客运站或采用通过式图形将引起巨大工程、当地条件不允许时,方可采用。

3. 混合式客运站

混合式客运站(图 7-3)的特点是一部分线路为通过式,另一部分线路为尽头式,通过式线路供接发长途旅客列车用,尽端式线路供接发市郊列车用。

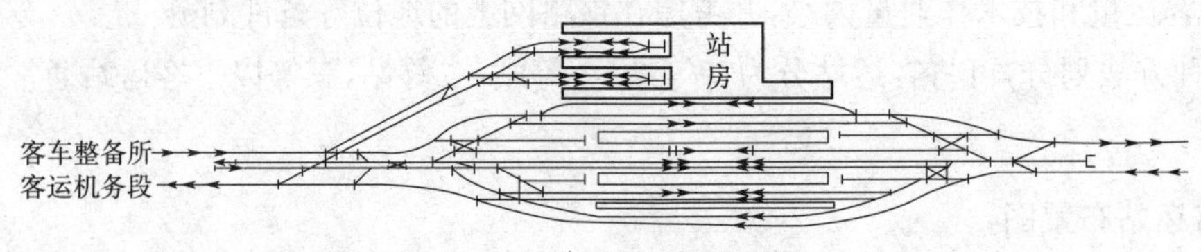

图 7-3　混合式客运站布置图

这种布置图的优点是当某个方向的市郊列车对数较多时,设置部分尽端线路,可节省投资和用地;市郊旅客进出站便捷且与长途旅客流线分开,互不干扰。缺点是到发线使用不灵活,利用率低;由于市郊列车到发线单独设置,在进出站咽喉区产生了长途与市郊旅客列车到发交叉,尤其是二者共用一个整备所时,其交叉尤为严重,因此,此种布置图仅在改建或扩建客运站时为了充分利用既有设备,方可考虑采用。

任务二　客运站的流线组织

任务描述

了解客运站的流线组织原则,能熟练运用客运站的流线组织方法完成旅客、行包、交通车辆的流线组织。

任务导入

选取熟悉的一个客运车站,完成以下任务:

1. 绘制该车站的旅客、行包和交通车辆流线图。
2. 结合流线组织原则,分析现有流线组织工作中存在的问题,提出优化建议。

知识准备

在客运站内,旅客、行包、交通车辆的流动路线简称为流线。

流线设计是否合理,不但影响客运站的作业效率,同时也直接关系到客运设备的运用及旅客服务质量。

一、各种流线分析

流线按流动方向不同,可分为进站、出站和按乘流线;按实体不同,可分为旅客流线(简称人流)、行包流线(简称货流)、车辆流线(简称车流),如图 7-4 和图 7-5 所示。

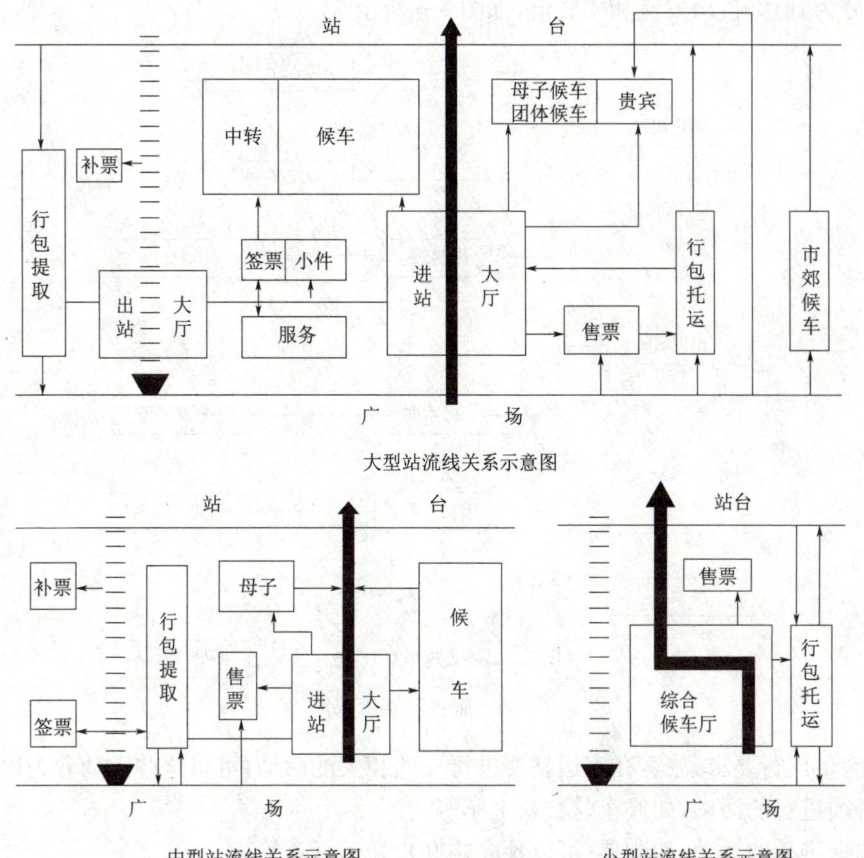

图 7-4　普速铁路大、中、小型站流线关系图

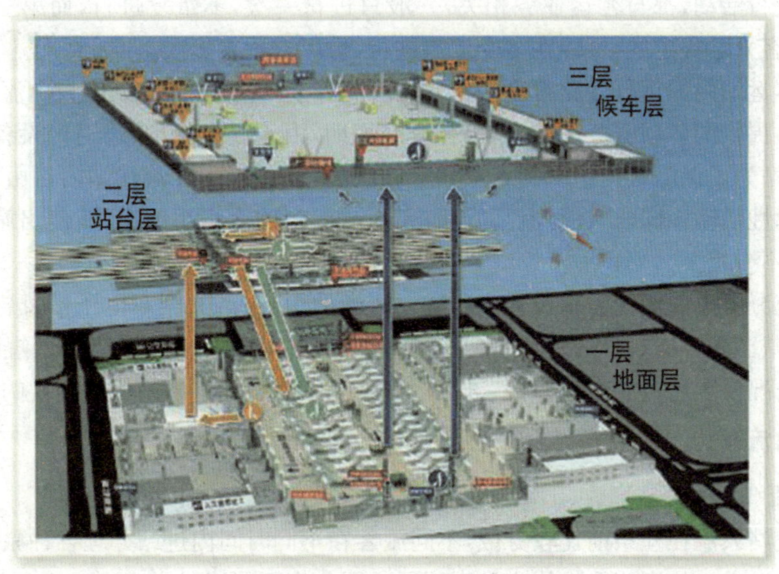

图 7-5　高速铁路车站流线关系图

不同种类流线的流动径路与其在客运站的活动有关。根据旅客在客运站的活动目的，旅

客流线可分为到达流、出发流和中转流，如图 7-6 所示。

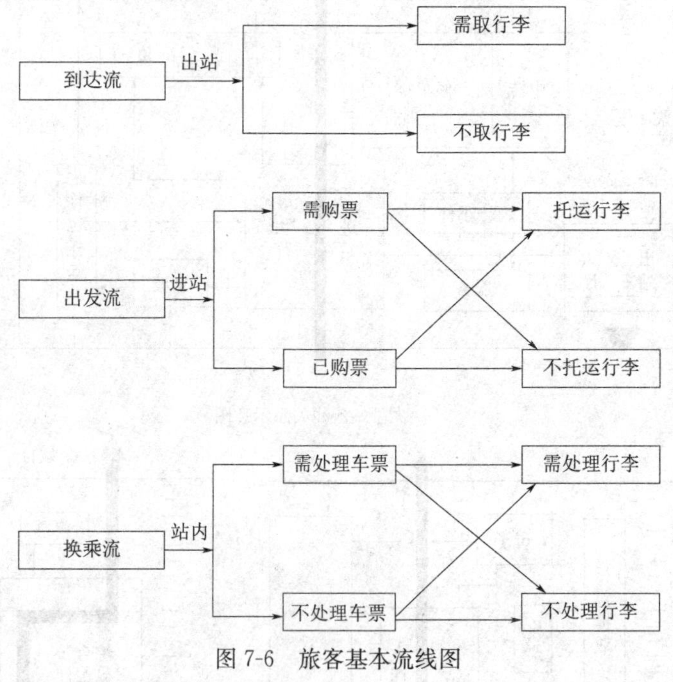

图 7-6　旅客基本流线图

为了满足出行要求，旅客在客运站要进行一些相关的活动，可将这些活动分为以下三类：

(1)必须进行的活动，如候车、检票、上车等。

(2)选择进行的活动，如购票(可以预先购好)、托运行李等。

(3)辅助性的活动，如购物、就餐、休闲、咨询等。

前两类旅行活动，都与客运业务相关，一般只进行一次，不重复进行，而第三类辅助性活动，则是由旅客自己决定的，可以在多个地点进行，也可以进行多次。

客流在客运站内的运行径路很多。在非客流高峰期，允许客流在站内自由流动，以便更好地享受客运站提供的各项服务；在春运等客流高峰期，由于候车场地、通道等设备设施能力严重不足，客运站为了保障客运组织的安全、顺畅、快捷，往往限制客流在站内自由流动，以减少不必要的辅助性活动。同时，在客流高峰期，还通过一定的客运组织措施，使出站流线和进站流线分开、互不干扰。

车站应充分考虑各流线需求设置全程醒目清晰的引导标志、列车电子信息告示牌和清晰的地面标识，减少旅客寻找目的地和站台上寻找车厢门的时间，使旅客能以最短的时间上车，并根据客流情况设置适量的自动售检票设备，减少乘客购票和进出站排队等候的时间。

(一)进站流线

1. 旅客流线

车站的进站人流在检票前比较分散，不同旅客在不同时间内进站办理各种旅行手续，并在不同地点候车。进站旅客流线按旅客类型不同又可分为不同流线。

(1)普通旅客流线。这是进站人流中的主要流线，人数最多，候车时间较长。多数客流进站的流程是：站外→问讯→购票→托运行李→候车→检票→站台(跨线设备)上车。部分已预购车票的旅客和不托运行李的旅客,可直接实名制验证及安检后进站候车。

(2)特殊旅客流线。特殊旅客包括母婴及老、弱、病、残旅客,其流程顺序与普通旅客相同,考虑其特殊性,在中型以上站房均另设母婴候车室和专门检票口,保证他们优先、就近进站上车。此外,对团体旅客,在大的客运站也应另设候车室,最好与普遍旅客流线分开以免延长进站时间。

(3)贵宾流线。在贵宾来往频繁的客运站,为保证贵宾的安全和便利,应设贵宾室。除设专用通道连通基本站台外,还应设置汽车直接驶入基本站台上车的通道。他们的出、入流线应与普通旅客流线分开。在个别情况下,为举行仪式,贵宾室要连通站房大厅。

车站要按规定对旅客进行实名制查验。票证人不一致或无法出示有效身份证件原件的旅客,车站应引导旅客到自助办证机处办理临时身份证明后,方可进站乘车。

安检设备的设置应适应客流量和站场条件,确保秩序良好,通道顺畅。

在进站旅客流线中,如旅客事先通过互联网或手机客户端买好了电子客票,或事先托运好行李,就可在临开车前持购票时所使用的有效身份证件进入候车室或直接上车。这样既简化了旅客进站手续,又减少了客流交叉,减少站内旅客最高聚集人数,有利于客运站的客运组织工作。

2. 行包流线

发送行包流程:托运→过磅→保管→搬运→装车。这条流线应与到达行包流线分开。

中转行包流线,根据中转车次衔接情况、中转作业量的大小和有无中转行包库房等情况的不同,有时行包到达后暂时存放在站台上并在相应的站台上直接换装,在某些情况下则需预先搬运至发送仓库或中转行包仓库,再按发送行包处理。

行包托运处要接近售票房和候车室,与停车场要有方便的通道联系。大型客运站应设专门的行包地道,将客流与行包流完全分开。

(二)出站流线

1. 旅客流线

出站旅客流线的特点是人流集中、密度大、走行速度快。在平面布置上应考虑通畅便利,使出站旅客迅速出站,并在站前广场迅速疏散。

出站旅客流线比进站旅客流线简单,旅客办理手续少,使用站房时间短。一般情况下,普通、中转旅客均在一个出站口出站。

2. 行包流线

到达行包的作业流程顺序是:卸车→搬运→保管→提取。这条流线应尽量与发送行包流分开。行包提取处应靠近旅客出口,大型客运站应设置专用行包地道。

(三)中转换乘流线

已买好联程票的旅客需通过出站通道出站后,随普通旅客再次实名制验证,重新进入相应的候车区域进站上车。高速铁路车站站内外客流的组织,由于城市规模和综合枢纽站内各种交通方式的引入条件、衔接和疏解方案等不同而不尽相同。为方便旅客换乘,缩短换乘走行距离,减少安检、进站等中间环节,解决换乘费时耗力等困难,有些车站改造布局设有换乘区域,可直接通过换乘出站闸机预检进入中转换乘候车区,再通过检票口上站台乘车,缩短了旅客中转换乘的路程,最大限度地节省了换乘时间。

(四)车辆流线

车辆流线是指站前广场上的公共交通车辆流线,出租汽车、小汽车流线,邮政、行包专用车辆流线及非机动车辆等流线。在站前广场上应合理组织各种车辆的交通流程，妥善规划各种车辆停靠位置和场所，使各种车辆流线交叉干扰最少，使旅客、行包、邮件迅速、安全的疏散。

二、流线组织原则和流线疏解的基本方式

（一）流线组织原则

（1）各种流线避免互相交叉干扰。即尽量将到、发客流分开，将长途与短途客流分开，将客流与行包、邮政流分开，将到达行包与发送行包流线分开。在职工较多的车站还应考虑将职工出入口与旅客出入口分开。

（2）最大限度地缩短旅客走行距离，避免流线迂回。首先应缩短多数旅客的进站流线，尽量把站房入口与检票入口之间的距离缩短；其次，也要给其他活动程序不同的旅客，创造灵活条件，以便他们都可能按照自己的程序以较短的路线进站。

（二）流线疏解的基本方式

（1）在平面上错开流线，即在同一平面上，站房及各种客运设备的布局使各种流线在同一平面左右错开自成系统，达到疏解的目的。为配合站前广场的车流组织通常将进站客流安排在站房的右侧，出站客流安排在站房的左侧。这种方式适用于中、小型或单层的客运站，如图 7-7(a)所示。

（2）在空间上错开流线，即进出站流线在空间上错开，进站客流走上层，出站客流走下层，达到疏解目的。这种方式适用于大型双层客运站，如图 7-7(b)所示。

（3）在平面和空间上同时错开流线，即流线既在平面上错开又在空间上错开。如图 7-7(c)所示。进站客流由站房右侧下层入站，经扶梯上层候车，然后经天桥或高架交通厅（检票厅）检票上车。出站客流经地道由站房左侧下层出站。这种方式不但流线明显分开，而且流线距离也缩短，适合于大型双层客运站。特大客运站北京、上海等站则采用这种方式达到疏解流线的目的。

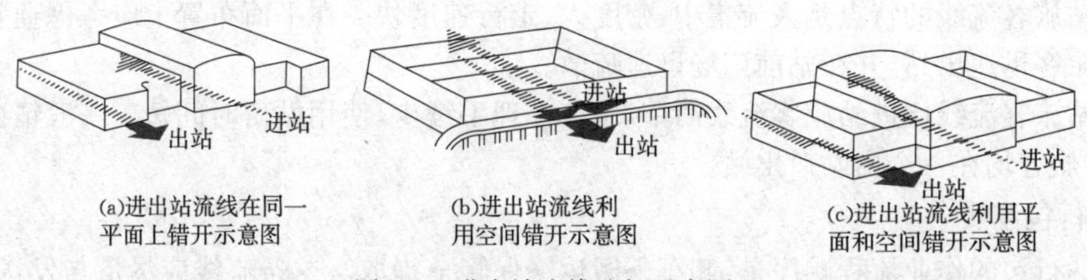

(a)进出站流线在同一平面上错开示意图　(b)进出站流线利用空间错开示意图　(c)进出站流线利用平面和空间错开示意图

图 7-7　进出站流线疏解示意图

（4）目前我国新建高速铁路车站与民航、城市轨道交通、公交、出租车等多种交通方式紧密衔接的一体化综合交通枢纽，实现了旅客“零换乘”，采用“上进下出”或“下进下出”相结合的流线设计方式，与地面大型商业综合楼连为一体。

任务三　客运站房的布置及功能运用

任务描述

了解铁路客运车站客运站房的布置条件，能够结合实际工作分析各种站房、站前广场和站场的功能。

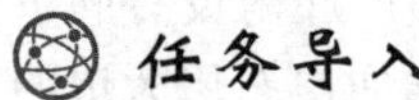

任务导入

选取一个熟悉的高速铁路车站，绘制该车站的平面布置图，布置图应包括站房、站前广场及站场，并分析它们各自的功能运用。

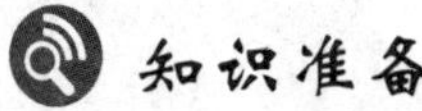

知识准备

一、客运站房的布置要求

站房是直接为旅客服务的房舍，是城市的大门。它的布置是否合理，对提高服务质量，保证车站有良好秩序，提高车站运输能力是十分重要的。因此，站房必须满足下列要求：

(1)旅客站房的位置要和城市规划及市内交通网密切配合。通过式客运站，旅客站房一般设在线路靠居民区一侧；尽端式客运站，旅客站房一般设于站台线尽端。站房与站前广场及城市交通工具停车点之间，应有便捷、安全的通路。

(2)各种流线应保证畅通无阻、行程便捷，避免交叉干扰，使旅客、行包和各种车辆在站安全、迅速地集散和通行。

(3)站房建筑的平面应按旅客的需要设置，便利旅客办理各种旅行手续，便于车站工作人员组织旅客上下车。

(4)根据客流量的大小，尽可能使到达与始发客流、短途与长途客流分开。在站房内站台上应将行包、邮件的搬运与旅客上下车的通路分开。

(5)站房应力求适用、经济、美观，并显示出城市的建筑风格和地理环境的特点。要求有良好的通风和采光条件，良好的取暖设备和可靠的空调设备。

(6)要考虑未来客流发展，留有发展余地，使站房扩建后仍然是一个协调的整体。

二、旅客站房内各种用房的设置

旅客站房所具有的房舍及其设置，应根据站房等级、类型、服务于旅客的种类，车站工作量及工作性质等因素确定。大、中型站房一般具有三类房屋：

客运用房——由候车部分(各种候车室)、营业部分(售票厅、行包房、小件物品寄存处、问事处、服务处等)、交通联系部分(广厅、通廊、过厅等)组成。

技术办公用房——运转室、站长室、办公室、会议室、公安室、信号楼等。

职工生活用房——为职工生活服务的各种用房。

客运用房的各种房室及其设置条件如下：

1. 广厅

广厅分进站广厅和出站广厅两种。进站广厅又可分为营业广厅和分配广厅。广厅起着通过和分配人流的作用，也称为交通大厅。

(1)营业广厅。中、小型客运站在进站广厅内设有售票处，有时将行包房、问事处也设在里面。它是客运站的通道，也是旅客办理旅行手续的地点。

(2)分配广厅。在大型客运站为了同时分配各旅客列车的旅客上车，在去往站台前即行分开，可在站台线上空设置分配广厅(即高架候车室)，通往各站台都有出入口，分配客流极为方便，如图 7-8 二层(15)所示。

(3)出站广厅。一般设在大型客运站,是旅客出站的必经之地。在出站广厅内设有问事处、补票处、旅客服务处,为出站旅客服务。中、小型客运站可不设出站广厅,而由站房旁边的检票口直接出站。也有的大型客运站只设一个中央厅,供进出站旅客共用。广厅的一侧设置城市至站房及广厅到站台的入口。广厅的另一侧设置由站台至广厅及站房至城市的出口。广厅的中央部分办理旅客业务,供到达和出发旅客共用。

2. 候车室

候车室是旅客候车、休息、排队进站的场所。候车室要为旅客候车创造舒适的环境,有良好的通风、采光、采暖、防暑、休息等设备,与其他站房的主要出入口有密切的联系,并尽可能靠近站台,减少旅客检票上车的行程。候车室的面积除特殊规定者外,一般根据一昼夜内在候车室旅客最高集结量,按每一旅客占用 1.1～1.2 m^2 计算。

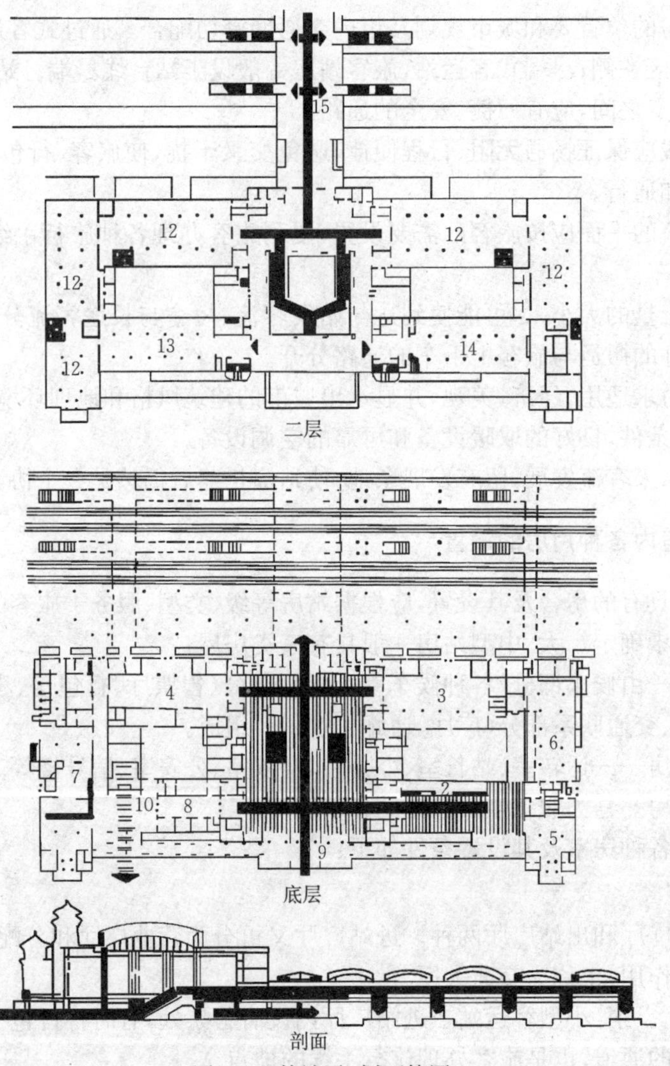

图 7-8　某站平、剖面简图

1—进站枢纽广厅;2—售票厅;3—团体候车室;4—国际列车候车室;5—市郊候车室;6—发送行包房;7—到达行包房;8—小件寄存处;9—主要入口;10—出口厅;11—贵宾室;12—普通候车室;13—中转候车室;14—餐厅;15—高架进站交通厅

候车室根据候车、营业、交通联系三部分的不同组合分成三种：

(1)综合候车室。将与旅客关系最密切的候车、营业、交通联系三部分组织在一个空间中形成具有综合功能的候车室。其优点是使用机动灵活，利用率高。但当客流较大时，候车秩序乱，影响服务质量。

(2)候车、营业、交通联系三部分分开。以交通联系部分为枢纽，将候车、营业部分联通形成按旅客方向、性质或列车种类分别设置，如普通候车室、母婴候车室、软席候车室、贵宾候车室等。这种候车室，候车条件好，便于组织客流，服务质量高。

(3)候车、营业、交通联系三部分既分又联的布置形式。将候车部分与交通联系部分集中设置，将旅客活动较频繁的营业部分单独设置，并设于进站通路的两侧。这种候车室旅客候车安静、方便，但候车旅客多时各种旅客互相干扰、秩序紊乱。

新建高速铁路车站均设集中候车区，旅客可视范围内应有客运工作人员，特大、大型车站设有值班站长，及时巡视、解答旅客咨询，妥善处置异常情况。候车区具备车票改签功能，贵宾候车区按规定配备专职服务员以及验票终端等服务设备，提供免费小食品、饮品、报刊等服务。

3. 行包房

行包房包括行包的托运、提取处和行包仓库两部分。行包房的位置应与旅客托运、提取行包的流线密切结合，尽量减少与客流、车流的交叉干扰，并与客运用房、站台、广场取得有机联系，与跨线设备及运输方式取得密切配合。行包房的布置形式有下列几种：

(1)设一个行包房兼办行包的托运和提取业务。这种布置的优点是对行包仓库的利用、管理人员的安排和行包的搬运等方便灵活。缺点是托运、提取流线易发生干扰，行包业务容易产生差错。

根据行包房位置不同又可分为下列几种形式：

①行包房设在旅客进出站流线之间，如图 7-9(a)所示。

②行包房设在站房左侧或右侧，如图 7-9(b)、图 7-9(c)所示。

(2)分别设置发送和到达行包房，设于站房的左侧或右侧，如图 7-9(d)所示。这种布置能方便进出站旅客托运和领取，又可避免行包流线与旅客流线彼此影响，但与一个行包房相比对行包仓库的利用及管理人员的安排均不够灵活。

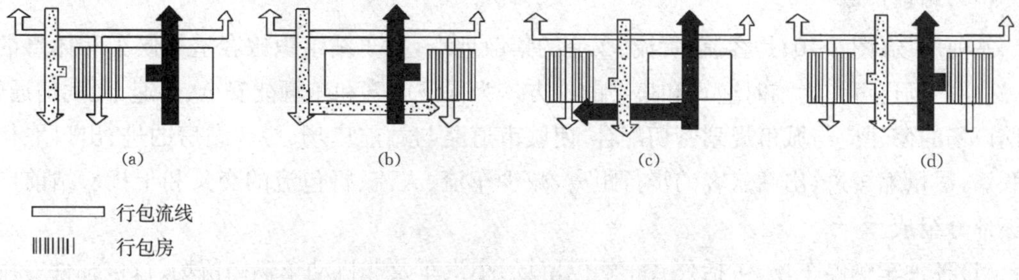

图 7-9　行包房在站房中的位置

高速铁路快运作业场地满足集散分拣、装卸作业、物品和集装容器暂存等作业要求，其位置可方便、快捷地进出车站和站台。高速铁路快运物品经指定通道进出车站和站台。

4. 售票处(厅)

售票处的位置及布置方式应根据客运站的性质、规模及旅客进站办理作业的程序等因素决定。中、小型客运站的售票处设在广厅内进站口一侧,这样可使进、出站旅客不发生交叉。大型客运站的售票处应设在进站流线的前端,直通站前广场和广厅,与候车室要联系方便。在站房之外另设售票处时必须通过走廊与站房连接,减少旅客的露天行程。

售票窗口配备桌椅、计算机、制票机、购票信息单打印机、居民身份证阅读器、双向对讲器、窗口屏、保险柜、验钞机等售票设备及具有录像、拾音、录音功能的监控设备,发售学生优惠票、优待票的窗口配备火车票学生优惠卡、残疾军人证的优惠卡识读器,退票、改签窗口配备二维码扫描仪、印台及 POS 机。

5. 问询处

问询处是解答旅客疑问询的处所,如旅客列车发到时刻、购票、托运、提取行包手续等问题。三等以上车站应设置专门的问询处。其位置应在站内较明显的地方,并靠近售票处。在客流比较集中的大站可设几个问询处或设电视、电话问询设备及电子信息显示系统。

多数车站设有自动查询系统。自动查询系统包括自动查询机(触摸式或键盘式)、计算机及网络等现代化的设备,多设置在售票大厅、进站厅附近旅客比较集中的地点,为旅客提供列车、票价、席位、服务设施、站区环境等相关信息,以减轻问询处人工服务的压力。

6. 小件物品寄存处

寄存处是旅客暂时存放携带品和小件行李的场所。小型客运站可将小件存处附设在问事处或行包房内。大、中型客运站应单独设置,其位置最好能供进出站旅客共用,如客流量大的车站可在进站大厅、出站口附近分设几处,方便旅客就近存取。

有些车站设有自助式的旅客物品寄存系统,方便旅客快捷存放小件物品。寄存系统采用钱币识别、控制、计算机网络和接口技术实现旅客自助寄存功能。集成管理平台通过接口对寄存识别进行远程监控。

三、站前广场及站场

(一)站前广场

站前广场(图 7-10)是客流、货流、车流的集散地点,是车站组织旅客室外候车和休息的场所,站前广场还可作为临时迎宾和集会的地方。为保证旅客和车辆能安全、迅速、便利地通行,站前广场的修建应与城市规划密切配合,使城市道路与站前广场、旅客站房的进、出口取得有机联系,尽量缩短进、出站旅客的步行距离,减少车流、人流、行包流的交叉和干扰。站前广场由三部分组成。

(1)各种车辆停车场,包括公共车辆停留场、小汽车及非机动车辆停留场、行包邮件专用车停留场。

(2)旅客活动地带,包括人行通道、交通安全岛、乘降岛和旅客活动平台。

(3)旅客服务设施,包括旅馆、餐饮店、商店、邮局、汽车站、厕所等。

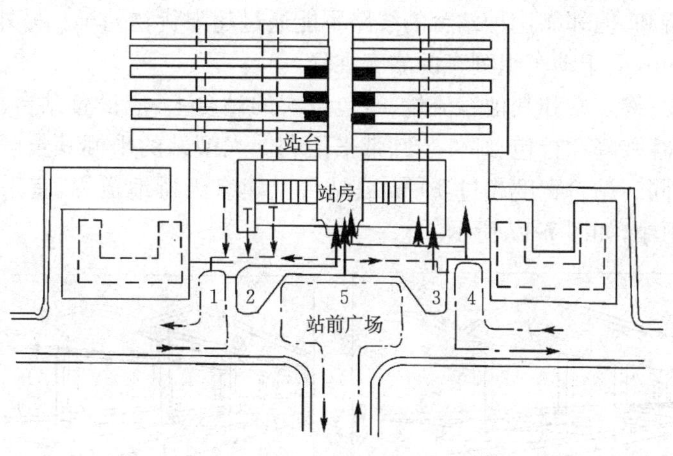

图 7-10　某站广场

1—公共汽车站；2、3—地铁站；4—无轨电车站；5—小汽车场

(二)站　　场

客运站站场内应设有各种用途的线路、站台和跨越设备(天桥、地道、平过道)、风雨棚及给水设备。

1. 旅客列车到发线

旅客列车到发线应设置在站台两侧，并在相邻两个旅客站台之间布置两股旅客列车到发线，如图 7-11 所示。

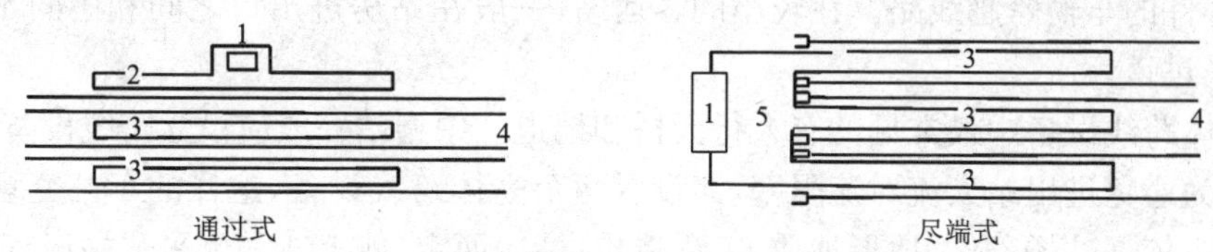

图 7-11　到发线的布置

1—站房；2—基本站台；3—中间站台；4—到发线；5—分配站台

中间站旅客列车到发线的进路，一般应按方向别固定线路。客车始发、终点站应按列车固定进路。这样的安排，既便利旅客的乘降，也便于客运(站、车)作业。

客运站除旅客列车到发线外，还应设有货物列车运行线、机车走行线、客车停留线等。

2. 旅客站台及雨棚

为保证旅客安全，便利上、下车，提高旅客乘降速度，缩短行包、邮件的装卸时间，提高客运站的通过能力，在办理旅客乘降的车站均应设置旅客站台。旅客站台的数量与位置应与旅客列车到发线的数量相适应，随着客运站类型不同而有所不同。当客运站为通过式时，应设基本站台和中间站台；当客运站为尽端式时应设分配站台和中间站台。

旅客站台应硬面化，以保证雨季也能正常使用。按站台与线路钢轨顶面的高差值，可分为三种：低站台高差为 300 mm，设在邻靠正线及通过超限货物列车到发线的旅客站台；高站台高差为 1 100 mm，站台平面和旅客车厢车底平面相同，便于旅客乘降和行包装卸，但不能通过超限货物列车，也不能通过高速列车，这种站台设在特等站停靠旅客列车到发线的旅客站台；一般站台高差为 500 mm，站台平面和客车车厢最低的阶梯踏板大致等高，这种站台也较便于旅客乘降和行包装卸，但邻靠这种站台的线路不能通过超限货物列车。另外，高速铁路车站站台高差为 1 250 mm，适于动车组列车的旅客乘降。

在客车的始发、终点站和其他客流量、行包量大的站台上，应设置站台雨棚。雨棚用于遮阳和避风雨，给旅客乘降和行包、邮件装卸带来便利。大型站的雨棚其长度、宽度应分别与站台的长度、宽度相同。站台宽度超过 10 m 或站台上建有天桥地道等，宜采用双柱雨棚，其他站台可采用单柱雨棚，如图 7-12 所示。

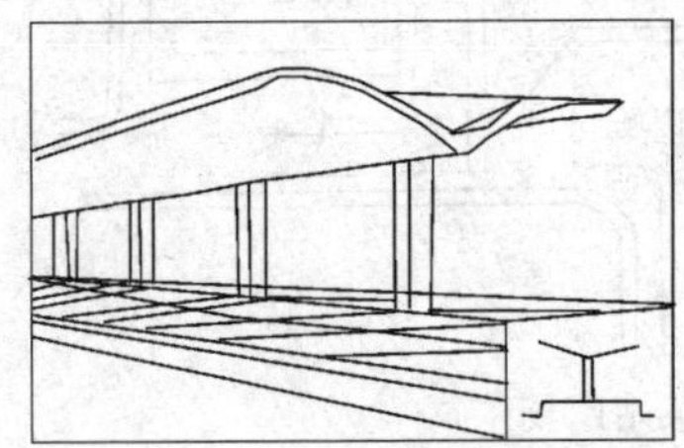

图 7-12　站台雨棚形式

三等以上车站的站台上根据需要可设售货亭、洗脸池和卫生设施。

3. 跨线设备

跨线设备是站房与站台之间或站台与站台之间来往的道路。它对于保证旅客及工作人员安全、便利的通行，保证行包、邮件安全便利的运送，提高通过能力起着重要的作用。跨线设备按其与站内线路交叉关系可分为平过道及立体跨线设备。

(1)平过道是最简便的跨线设备。在通过式车站，站台端部的坡底一般设置平过道，供运送行包和邮件的车辆跨越线路。在较小的客运站，一般在站房进出口之间和中间站台适中的地方设置平过道。

(2)立体跨线设备中最常见的有人行天桥和地道。中型站一般应设立跨线设备，大型以上的客运站，为避免进出站人流对流阻塞，需设置两个立体跨线设备，这样的车站究竟建造天桥还是地道，应依据站场条件、地形地质、工程造价、站房而定(侧上式和侧平式站房宜造天桥、侧下式站房宜造地道)。一般来说，车站建有两个立体跨线设备，一个天桥(进站)、一个地道(出站)为宜。

4. 给水设备

旅客列车始发站、技术作业站和折返站应设有客车给水设备。客车给水设备包括水井、水栓和胶管。每两股旅客列车到发线之间应设置一组水井，每组水井的数量同列车编组相同，即主要干线不少于 20 个，其他干线不少于 18 个，一般线路不少于 16 个。水栓应设置为双头的，便于同时给两列车上水。上水胶管的长度一般为 25 m(一辆车厢长度)为宜。客车给水站的分布距离以 150～200 km 为宜。

给水站根据给水方案配备给水人员，作业前，应检查携带备品(吸污阀钥匙、口笛、记录仪、吸污手套、安全帽、头灯、电台)齐全，按指定线路提前到达指定位置接送车，横越股道前申请上道并执行眼看手比口呼，列车进站前立岗接车、列车停稳后申请作业，满水空污作业后收管，交叉互检中确认注水口吸污阀状态。作业完毕后，列车开车前回到安全位置汇报安全和作业信息，列车开车后下道前执行眼看手比口呼。

任务四 客运站的工作组织

任务描述

熟悉售票组织工作作业操作流程，会熟练开展计算机售退票作业，快速准确办理预售和预订车票业务，完成票据请领、保管、交接和结账，懂得填报售出客票旬、月报表，统计和积累售票资料；了解客运站服务工作的主要内容，能够按照作业标准和程序开展客运站各项服务工作的作业程序。

任务导入

1. 按照规范的计算机售票作业流程，完成指定车票的发售、退票和改签业务。
2. 按照规范的客运服务作业流程，完成客运站客运外勤服务作业。

知识准备

客运站工作组织，包括售票、行包运送以及客运服务工作。由于客运站的设备、条件、工作量及客流性质各有不同，因此，具体的组织方法应根据实际情况来确定。

一、售票工作组织

(一)售票方式与售票技术的发展

售票工作组织是客运站工作组织的重要组成部分。它的具体任务是正确和迅速地为旅客办理售票、退票、改签、变更到站等车票业务，提供适应客流量的售票窗口和自动售(取)票机数量。

1. 售票方式的发展

中国铁路积极推进"高铁网＋互联网"双网融合，旅客既可以在互联网上登录12306网站或通过自助语音电话95105105购、订票，也可以在铁路车站的人工售票窗口、自动售票机、火车票代售处购买车票。购票时可选择现金、银行卡、微信、支付宝等不同方式支付票款。售票方式从单一的窗口售票方式，发展为电话订票、互联网购票、自动售票机购票等多种售票方式；从非实名制购票到实名制购票；从只能使用现金购票到可以使用多种支付方式购票；从旅客丢失车票只能另行购票到电子客票；从车票只能在购票地或票面发站改签、退票到开车后车票仍可以通过互联网改签，真正体现了以旅客为中心的发展理念，更多关注于怎样更好地为旅客服务。

2. 售票技术的发展

纵观铁路客票系统的发展历程，就是计算机技术和网络通信技术在铁路售票领域应用的发展过程。"客票发售和预订系统"是国家"九五"科技攻关计划重中之重项目，曾获2000年国家科技进步一等奖和国家"九五"科技攻关计划优秀成果奖。该项目自1996年启动以来，经过1.0、2.0、3.0、4.0、5.0、5.1、5.2版的研制和国铁集团、地区中心、车站三级系统的建设，已建成包括国铁集团客票中心、铁路局集团公司客票管理所、车站售票系统的全国联网统一售票系统，实现了计算机联网售票。

2011年6月12日起，京津城际率先试行铁路12306网络售票，标志着我国铁路售票进入互联网售票时代，为京沪高速铁路实行网络售票试水。6 月 30 日，京沪高速铁路开通实行网络售票。2011 年 9 月 30 日起，所有动车组列车实行网络售票。2011 年 12 月 24 日起，所有旅客列车实行网络售票、火车票预订查询。

12306 是全国铁路统一客服电话号码，12306 网站提供旅客列车时刻表、余票、票价、正晚点、规章制度等客运信息查询，办理网络购票、网络改签、候补购票、变更到站、网络退票等业务。为进一步方便旅客，提升购票体验，自 2021 年 1 月 1 日起，12306 网站售票服务时间由每日的 6:00—23:30 改为每日 5:00—23:30；12306 网站退票业务办理时间调整为全天 24 h，同时退票截止时间由开车前 25 min 调整至车票发站开车前。12306 网站不断进行技术升级，旅客购票难的局面得到很大改观。

(二)车站售票处及其工作要求

1. 车站售票处设置的必要性

目前虽大部分乘客可以通过互联网自助解决票务问题，但仍有部分乘客需要到车站售票处完成所需业务，例如改签、退票及一些特殊情况车票的处理。因此车站仍设有售票处，有些城市还设有市内售票所、车票代售点和临时售票处，解决重大节假日期间突然增大的客流票务需求。

2. 车站售票处的工作要求

车站售票组织工作需根据车站客流及最早最晚办理客运业务列车到达时刻，合理确定售票时间和停售时间，并在售票处醒目位置公布；开窗时间不晚于本站首趟列车开车前 30 min，关窗时间不早于本站最后一趟列车办理客运业务后 20 min。工作时间内，暂停售票时设有提示，用餐或交接班时间实行暂停售票。及时补充自动售(取)票机票据、零钞和凭条，及时处理设备故障等异常状况。妥善保管票据、现金，确保票面完整、清晰。票据填写规范，内容准确、无涂改，按规定加盖站名戳和人名章。

(三)计算机售票

售票员接班后，先开 UPS 电源、制票机，再开显示器和主机。在制票机初始化完毕后输入工号和密码(口令)，并仔细核对票卷当前票号和计算机屏幕显示票号是否一致。确认输入班次是否正确(应特别注意在本班中途退出系统后再登录时，班次不能进错)。计算机售票具体操作如下：

1. 键盘使用

(1)快捷键用途

具体见表 7-1。

(2)光标移动键定义

“←”光标左移；“↑”光标上移；“→”光标右移；“↓”光标下移；“PgUp”上翻一屏；“PgDn”下翻一屏。

(3)字母键、数字键和其他功能键的使用与键盘一般操作相同。

表 7-1　快捷键用途

票　种	快捷键	票　种	快捷键
售普通票	Alt+S	售动车组票	Alt+D
始发签证	Alt+Z	同席孩票	Alt+H

续上表

票　　种	快捷键	票　　种	快捷键
售优惠票	Ctrl+U	进站补票	Ctrl+B
输入日期	F1	输入车次	F2
输入发站	F3	输入到站(换乘站)	F4
输入票种票额	F5	输入终到站(补票事由)	F6
输入席别	F7	收款	F8
光标切换	F9	选择用途	F11
余票查询	F12	合同制票	Alt+Y
日期输入	Alt+Q	交易显示	Alt+M
废票处理	Alt+F	印票	Alt+N
取票	Alt+R	客票取消	Alt+E
席位显示	Ctrl+M	日历显示	Ctrl+N
制票机重初始化	Alt+V+2	排票	Alt+V+6
查看制票机票号	Alt+V+3	制票压单处理	Alt+V+G
读磁	Ctrl+Q	应急换票	Alt+V+I

2. 车票发售步骤

(1)登录客票系统

启动客票系统后，系统弹出登录界面，售票员输入本人工号并回车后，系统会在姓名栏内显示该工号对应的售票员姓名，并将光标停留在密码栏。售票员输入密码并回车后进入即可进行班次选择功能。

售票员首次登录客票系统时，密码可自我选择，并需要连续两次输入，客票系统会自动记住该密码。售票员可以在售票、退票、结账等操作模块中对本人密码进行修改。如本人遗忘密码，则可通过客票管理所对密码进行初始化后，重新进行确定。

班次选择功能中有“白班”和“夜班”两个选项。选择“白班”，售票账款的记账日期为当日，选择“夜班”，售票账款的记账日期为次日；班次功能选择将决定本班售票的缴款、结账的统计日期，售票员在选择时应特别注意。

(2)相关辅助设备初始化

售票员正式选择班次后，系统开始自动对相关售票辅助设备进行初始化，需要初始化的辅助设备有制票机、火车票学生优惠卡识别器、POS 机、二代身份证识别器等。在对制票机进行初始化时，制票机还将自动核对票号，并将制票机内的第一张票卷推出，售票员应仔细核对该张车票的印刷号与电脑显示屏上提示的“下一票号”是否一致。如票号不一致时，要立即查明原因，并在值班员配合下调整票号。初始化完成后即进入售票界面。

安装了 POS 机的售票窗口，在进入售票界面后，售票员要在 POS 机上签到，售票员签到工号与售票系统工号必须保持一致，POS 机签到密码必须与 POS 机工号一致，否则不能进行交易。

(3)售票程序主界面介绍

售票主界面上部位窗口标题栏,主要提示当天售票处、窗口号、功能模块、取票用途、班次及记账日期信息。窗口标题栏下方为售票信息输入区,售票员根据旅客要求在此输入售票日期、车次、到站、票种和张数等信息。界面中部为当前所提取车票的信息,状态行表示车票的制票情况。提取到屏幕上的车票应及时制票或取消。界面的下方又分为收款信息区和功能按钮区,收款信息区主要提示应收款、代售点的客票销售服务费等。功能按钮区有确认购票、取消、刷卡等功能按钮,如图 7-13 所示。

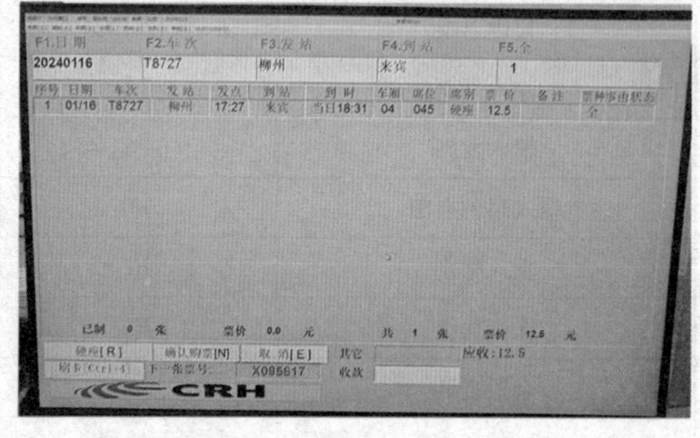

图 7-13　售票主界面

(4)发售车票流程

①发售普通车票基本流程:进入主界面→选择用途→选择乘车日期→输入车次→输入发站→输入到站→输入票种张数→选择席别→取票→收款→印票。

发售过程中对各功能的选择一般都可以通过“功能菜单”或快捷键两种方式实现。需输入发到站站名时,一般可能采用输入相应到站的序号(显示有车次的到站列表时)、车站的电报码或车站的拼音码进行确认和选择。

车站的拼音码:两个字车站为第一字拼音首字母+第二站拼音头两个字母;三个字车站为每个字拼音首字母,三个以上汉字车站为第一、第二和最后一个汉字的拼音首字母。

输入席别并回车后,系统会按照以上指定信息从票库提取车票到屏幕上。

②发票同席孩票。旅客购买卧铺票,如果有同行儿童需同时购买儿童优惠票时(非儿童单独使用卧铺情况),可向旅客发售该卧铺车厢的无座小孩票,该车票被称为同席孩票,但这种情况必须是成人的卧铺票尚未制票时,进行操作。

发售同席孩票的基本流程:先按操作流程完成成人卧铺的取票操作,且卧铺票已在显示屏上显示→按 F9 将光标切换到已取得的卧铺席位上→按热键 Alt+H 或通过菜单选择同席孩票→取票→收款→印票。

(5)输入票款金额

①售票员将车票取到售票界面后,如旅客选择现金支付,售票员在右下角收款框内输入受到旅客的票款,按回车键确认,可显示找补金额。

②如旅客选择银行卡支付,则向旅客取得银行卡,并按 Ctrl+4 弹出支付界面。

a. 先选择 POS 类型(POS 机所属银行——收单行,即窗口是什么银行 POS 机就选择什么银行),通过↑、↓键选择,按回车键确认。

b. 选择卡类型,卡类型默认选择“银行卡”,通过↑、↓键选择,按回车键确认。

c. 按【扣款】按钮,向 POS 机发送扣款指令,POS 机界面上提示【刷卡】,等待刷卡操作(扣款金额由售票系统自动读取所取得车票金额,无须人工输入)。

d. 在 POS 机上操作,售票员向旅客取得银行卡并刷卡,期间需要旅客输入银行卡密码。

e. 银行扣款成功后,POS 机打印两联“消费单”,第一联为商户存根交由旅客签字,售票员收回并核对旅客签字,以备车站进行留存,第二联为客户存根(持卡人存根),为旅客持有。

f. 单据打印完成后售票系统会弹出提示界面，点击【确定】按钮，返回支付界面。

g. 在支付界面中按【返回】按钮，售票程序开始制票，制票完成后售票员将车票、银行卡及客户存根交给旅客，刷卡购票交易完成。

若以上步骤执行到第 e 步就终止，即扣款成功(POS 机上打印出消费单)。但售票程序提示扣款失败时，如果旅客要求不进行购票或不进行刷卡改用现金购票时，售票员需将此笔扣款在 POS 机上进行撤销操作。

(6)结账流程

售票员当班结束时需进行结账操作，并填写相应的交款单，按交班单位规定项目，准确填写相关交款面额、张数、银行卡金额、其他款项后进行汇总，交班。

①操作方法。通过“交班”菜单“结账退出”项进入界面。

基本流程：填写币别数量→填写银行卡、储值卡款项→填写其他款项→汇总→交班。

②POS 机结账规定。每班次结束时，必须对 POS 机进行本班次的结算对账，否则下一班次的售票员无法进行交易。

(7)作废票操作

①遇已印出车票信息不全、票卷印刷票号与制票机号不一致、旅客当场发现误售误购车票等情况时，售票员应立即进行作废票处理。

②废票要求。窗口进行废票操作时，须在规定的废票时间内进行(目前客票系统大致将全路各联网售票车站的作废票操作时间定在车票售出内 30 min；窗口作废必须是同一操作员在同一窗口、同一班次内进行)。如超过规定时间，且该张车站符合其他作废票规定时，可通过结账模块中进行后台作废票操作。

③操作方法。作废票的基本流程：通过热键或主菜单进入主界面→输入作废票票号→还原票面→核对票面→选择作废票理由→作废，如图 7-14、图 7-15 所示。

电子支付车票会提示收单银行和卡号，需要旅客刷卡退款。售票员在点击【作废】按钮后，弹出提示框要求刷卡退款，点击【确认】按钮，向 POS 机发起退款指令。售票员在 POS 机上用支付时的银行卡刷卡，确认金额后按 POS 机的【确认】键，并提示旅客在小键盘上输入密码，POS 机即向银行发起退款请求。

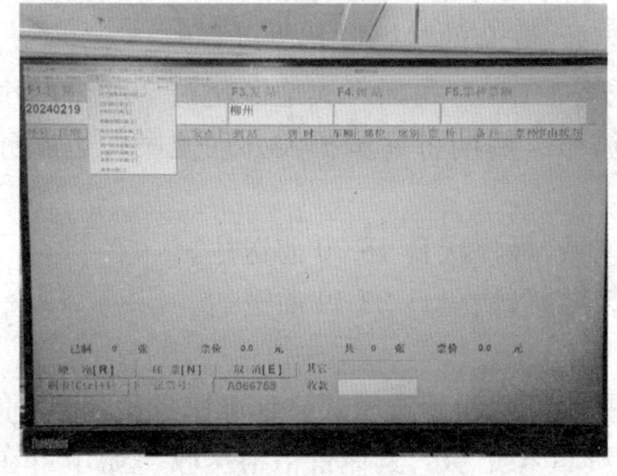

图 7-14　车票作废菜单

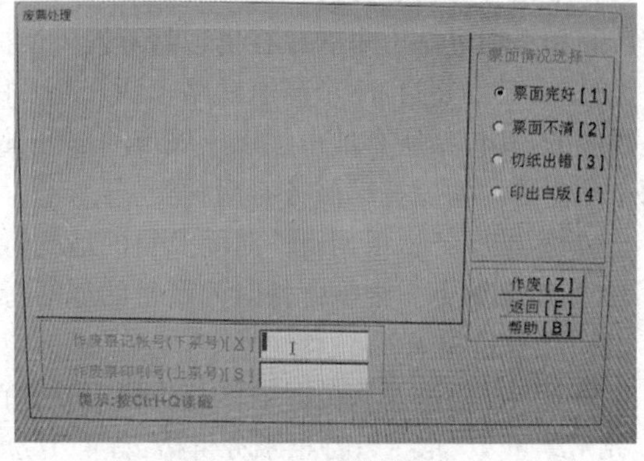

图 7-15　车票作废界面

(8)空白票处理

①基本概念。当制票机内下一张票号大于计算机票号(记账票号)时，需要做空白票处理，

系统记录空白票存根。

②操作方法。空白票处理基本流程:通过主菜单进入“空白票处理”主界面→输入白票印刷号(当前票卷号)→确认,如图 7-16 所示。

核对调整后制票机票号与计算机票号是否一致。如果出现实际票卷号和记账号不一致时,需查明原因,值班员协助处理,否则可能造成账务出错。

(9)补制空白票

①基本概念。当制票机号(票卷号)小于计算机票号(记账票号)时,需要补制空白票,即制票机印出一张空白票。

②操作方法。补制空白票基本流程:通过主菜单进入“补制空白票”主界面→输入白票印刷号(当前票号)→确认,如图 7-17 所示。核对调整后制票机号与计算机票号是否一致。为便于查账,请尽量保留完整的前后碳带。

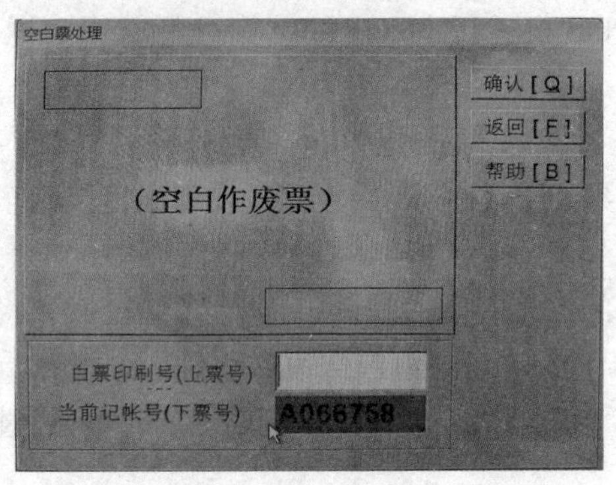

图 7-16 空白票处理界面

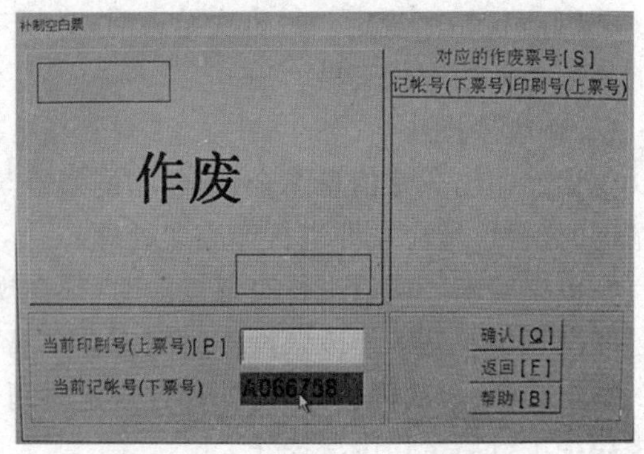

图 7-17 补制空白票界面

二、高速铁路便民托运

为改善旅客出行体验,国铁集团在部分高速铁路车站推出中铁快运与顺丰公司组织的便民托运服务工作。

1. 便民托运服务范围

在车站服务台、进站口安检区设立便民托运服务点,面向旅客个人物品、站内购买的土特产产品和不便进站上车的旅客携带品等提供便捷、高效、安全的“站到门”快运服务。

目前,已在超过 60 个高速铁路车站开通便民托运工作,为我国广大地区超过 300 个城市提供服务,其包括所有地市级以上城市和部分县级城市。后期将逐步扩大办理便民托运服务的车站范围。便民托运服务有两种类型:

(1)标准服务。根据寄件时间及目的地的行政区域,最快次日 18:00 前送达。

(2)特惠服务。根据寄件时间及目的地的行政区域,最快隔日 23:59 前送达。

2. 服务价格

根据产品类型及服务时效区分价格,采用“首重+续重”的计费模式。标准服务价格:首重 23 元+续重 10 元/kg;特惠服务价格:首重 18 元+续重 6 元/kg,具体价格根据收寄城市可在一定范围内浮动。

3. 办理流程

当旅客及所携带物品通过安检仪进站后,旅客本人可将携带物品或站内购买的商品,自愿前往高速铁路便民托运服务台，在服务台工作人员引导下办理便民托运服务。

在办理时，旅客应配合车站收件员进行货件验视，并在收件员的提示下正确填写寄件专用运单，然后扫码运单上的信息，即完成寄件程序。

4. 信息查询

旅客可通过拨打 95572、95338 客服电话，登录中铁快运、顺丰公司官网，下载中铁快运、顺丰公司手机客户端等多种途径查询到托运物品实时运输的位置和状态。

5. 注意事项

(1)旅客应确保填写的收件地址、收件人姓名、手机号码等收件信息正确、完整。

(2)根据国家邮政局《邮件快件实名收寄实施办法》要求在全国范围内的所有快递、物流行业在收寄快件时，必须严格执行实名认证的规定，旅客在交寄快件时提供有效身份证件。同时，收件人要保持手机通信畅通，以免耽误接收快件。

三、客运组织及服务组织

(一)客服设备设施

1. 基础设施设备符合设计规范，定期维护，作用良好，无违规改造和改变用途。

(1)有售票处、公安制证处、候车室、补票处、高铁快件营业场所、天桥或地道、站台、风雨棚、围墙(栅栏)等基础设施。

(2)有通风、照明、广播、供水、排水、防寒、防暑、空调等设备设施。

2. 图形标志符合标准，齐全醒目，位置恰当，安装牢固，内容规范，信息准确。

(1)有位置标志、导向标志、平面示意图、信息板等引导标志，指引准确。站台两端各设有一个站名牌，进出站地道围栏、无障碍电梯、广告牌、垃圾箱(桶)、基本站台栅栏等站台设施设有便于列车内旅客以正常视角快速识别的站名标志。各站台设有出站方向标志。

(2)根据各服务处所和服务设备设施的功能、用途设置揭示揭挂，采取电子显示屏、公告栏等方式公布规章文电摘抄、旅客乘车安全须知、客运杂费收费标准、客运服务质量规范摘要、高铁快件办理范围等服务信息。

(3)电子显示引导系统信息显示及时，每屏信息的显示时间适当，便于旅客阅读。

(4)售票处、候车区(室)、出站检票处和补票处设有儿童优惠票标高线。

(5)售票窗口、自动售(取)票机、自动检票机前设置黄色“一米线”，宽度 10 cm。

(6)采用中、英文；少数民族自治地区车站可按规定增加当地通用的民族语言文字。

3. 旅服系统运行稳定可靠，自动检票、导向、广播、时钟、查询、求助、监控等旅客服务设备设施齐全，状态良好。

(1)有管理平台，采用“铁路局集团公司集中控制、大站集中控制、车站独立控制”模式，有用户管理和安全保密制度。

(2)售票处、候车区、站台有时钟，显示时间准确。

(3)广播覆盖各服务处所，具备无线小区广播和分区广播功能；音箱(喇叭)设备设置合理，音响效果清晰。

(4)有电子显示引导系统，满足温度环境使用要求，室外显示屏具有防雨、防湿、防寒、防晒、防尘等性能。

特大、大型车站进站大厅(集散厅)设置进站显示屏，显示车次、始发站、终到站、开车时刻、候车区(检票口)、状态等发车信息。

候车区内设置候车引导屏,显示车次、始发站、终到站、开车时刻、检票口、状态等信息。

检票口处设置进站检票屏,显示车次、终到站、开车时刻、站台、状态等信息。

天桥、地道内设置进、出站通道屏,显示当前到发列车车次、始发站、终到站、站台、到开时刻、编组前后顺位等信息。

站台设置站台屏,显示当前车次、始发站、终到站、实际开点(终到站为到点)、列车前后顺位编组、引导提示等信息。

出站口外侧设置出站屏,显示到达车次、始发站、到达时刻、站台、状态等信息。

待机状态显示站名、安全提示、欢迎词等信息。

4. 候车区布局合理,方便旅客。

(1)配备适量座椅,摆放整齐,不影响旅客通行。

(2)设有问讯处(服务台、遗失物品招领处),位置适当,标志醒目,配备信息终端和存放服务资料、备品的设备。

(3)设有饮水处,配备电开水器,有加热、保温标志,水质符合国家标准要求。可开启式箱盖的电开水器加锁,箱盖与箱体无间隙。

(4)设有卫生间,厕位适量。有通风换气设备和洗手池、干手器等盥洗设备,正常使用,作用良好。厕位间设置挂钩。

(5)电梯正常启用,作用良好。安全标志醒目,遇故障、维修时有停止使用等提示,操作人员持证上岗(仅操作停止、启动、调整方向的除外)。

(6)省会城市所在地高速铁路大站为商务座旅客设置独立的贵宾候车区,其他车站提供候车区域。

(7)检票口设自动检票通道和人工检票通道,配备自动检票机。已检票区域与候车区有围栏,封闭良好。

5. 实施车站全封闭实名制验证的,设有相对独立的验证口、验证区域、验证通道和复位口,并配备验证设备。

6. 站台设有响铃设备,作用良好;地面标示站台安全线或安装安全门(屏蔽门),内侧铺设提示盲道;安全线内侧或安全门(屏蔽门)左侧设置上下车指示线标志,位置准确,醒目易识;设置的座椅、垃圾箱(桶)、广告灯箱等设施设备安装牢固,不影响旅客通行。

7. 客运人员每人配置手持电台,其他岗位按需配备,作用良好,具备录音功能。站台客运人员手持电台具备与司机通话功能。

8. 有设备管理制度和设备登记台账。有巡视检查、维护保养记录。发生故障立即报告,及时维修,影响旅客使用时设有提示。

(二)文明服务标准

1. 仪容整洁,上岗着装统一,干净平整。

(1)头发干净整齐、颜色自然,不理奇异发型、不剃光头。男性两侧鬓角不得超过耳垂底部,后部不长于衬衣领,不遮盖眉毛、耳朵,不烫发,不留胡须;女性发不过肩,刘海长不遮眉,短发不短于两寸。

(2)面部、双手保持清洁,指甲修剪整齐,长度不超过指尖 2 mm,身体外露部位无文身。女性淡妆上岗,保持妆容美观,不浓妆艳抹,不染彩色指甲。

(3)换装统一,衣扣拉链整齐。着裙装时,丝袜统一,无破损。系领带时,衬衣束在裙子或裤子内。外露的皮带为黑色。佩戴的外露饰物款式简洁,限手表、戒指各一只,女性还可佩戴发夹、发箍或头花及一副直径不超过 3 mm 的耳钉。不歪戴帽子,不挽袖子和卷裤脚,不敞胸露怀,不赤足穿鞋,不穿尖头鞋、拖鞋、露趾鞋,鞋跟高度不超过 3.5 cm,跟径不小于 3.5 cm。

(4)佩戴职务标志(售票员除外),胸章牌(长方形职务标志)戴于左胸口袋上方正中,下边沿距口袋 1 cm 处(无口袋的戴于相应位置),包含单位、姓名、职务、工号等内容。菱形臂章佩戴在上衣左袖肩下四指处。按规定应佩戴制帽的,在执行职务时戴上制帽,帽徽在制帽折沿上方正中。

2. 表情自然,态度和蔼,用语文明,举止得体,庄重大方。

(1)使用普通话,表达准确,口齿清晰。服务语言表达规范、准确,使用“请、您好、谢谢、对不起、再见”等服务用语。对旅客、货主称呼恰当,统称为“旅客们”“各位旅客”“旅客朋友”,单独称呼“先生、女士、小朋友”等。

(2)旅客问讯时,面向旅客站立(售票员、封闭式问询处工作人员办理业务时除外),目视旅客,有问必答,回答准确,解释耐心。遇有失误时,向旅客表示歉意。对旅客的配合与支持,表示感谢。

(3)坐立、行走姿态端正,步伐适中,轻重适宜。在旅客多的地方先示意后通行;与旅客走对面时,主动让路,面向旅客侧身让行,不与旅客抢行。列队出(退)勤时,按规定线路行走,步伐一致。多人行走时,两人成排,三人成列。

(4)立岗姿势规范,精神饱满。站立时,挺胸收腹,两肩平衡,身体自然挺直,双臂自然下垂,手指并拢贴于裤线上,脚跟靠拢,脚尖略向外张呈“V”字形。女性可双手四指并拢,交叉相握,右手叠放在左手之上,自然垂于腹前;左脚靠在右脚内侧,夹角为 45°呈“丁”字形。

(5)迎送列车时,足踏安全线,不侵入安全线外,面向列车方向目迎目送,以列车进入站台开始,开出站台为止。办理交接时行举手礼,右手五指并拢平展,向内上方举手至帽檐右侧边沿,小臂形成 45°角。

(6)清理卫生时,清扫工具不触碰旅客及携带物品。挪动旅客物品时,征得旅客同意。需要踩踏座席时,戴鞋套或使用垫布。占用洗脸间洗漱时,礼让旅客。

(7)不高声喧哗、嬉笑打闹、勾肩搭背,不在旅客面前吃食物、吸烟、剔牙齿和出现其他不文明、不礼貌的动作,不对旅客评头论足,接班前和工作中不食用异味食品。

3. 站容整洁,环境舒适。

(1)卫生干净整洁,窗明地净,物见本色。

地面干净无垃圾;玻璃透明无污渍;墙壁无污渍、涂鸦。电梯、扶手、护栏、座椅、台面、危险品检查仪、危险品处置台等处无积尘、污渍。卫生间通风良好,干净无异味,地面无积水,便池无积便、积垢,洗手池清洁无污垢。饮水处地面无积水,饮水机表面清洁无污渍,沥水槽无残渣。站台、天桥、地道等地面无积水、积冰、积雪,股道无杂物。

各服务处所设置适量的垃圾箱(桶),外皮清洁,内配的垃圾袋材质符合国家标准、厚度不少于 0.025 mm,无破损、渗漏,每日消毒一次。垃圾车外表无明显污垢,垃圾不散落,污水不外溢。垃圾及时清运,储运密闭化,固定通道,日产日清。

保洁工具定点隐蔽存放。设有供保洁作业使用的水、电设施和存放保洁机具、清扫工具的处所,不影响旅客候车、乘降。

由具备资质的专业保洁企业保洁,使用专业保洁机具和清洁工具,清洗剂符合环保要求,不腐蚀、污染设备备品。保洁人员经过保洁专业知识和铁路安全知识培训合格,持证上岗。墙壁、玻璃、隔断、护栏等 2 m 以下的部位每日保洁,2 m 以上的部位及顶、棚等设施定期保洁。车站对保洁作业有检查,有考核。

(2)通风良好,温度适宜,空气质量符合国家规定。室内温度冬季 18～20 ℃、夏季 26～28 ℃。高寒地区站房进出口处有门斗和风幕(防寒挡风门帘)。

(3)照明充足,售票处、问讯处(服务台)、高铁快件营业场所照明照度不低于 150 lux,候车区照明照度不低于 100 lux,站台、天桥及进出站地道照明照度不低于 50 lux。

(4)各服务处所按规定开展“消毒、杀虫、灭鼠”工作,蚊、蝇、蟑螂等病媒昆虫指数及鼠密度符合国家规定。

(5)服务备品齐全完整,质地良好,符合国家环保规定。卫生间配有卫生纸、芳香球、洗手液(皂)、擦手纸(干手器),坐便器配一次性坐便垫圈,及时补充。落客平台、站台设置的垃圾箱(桶)上有烟灰盒。分设照明开关,使用节能灯具,根据自然光照度及时开启或关闭照明。用水处有节水宣传揭示。

4. 广播语音清晰,音量适宜,用语规范,内容准确,播放及时。

(1)通告列车运行情况、检票等信息,有禁止携带危险品进站上车、旅行安全常识、公共卫生和候车区禁止吸烟等宣传。

(2)使用普通话。少数民族自治地区车站可根据需要增加当地通用的民族语言播音。特大、大型车站使用普通话和英语双语播报客运作业信息,中型车站可增加英语播报客运作业信息。

(3)采用自动语音合成方式,日常重点内容播音录音化。

5. 全面服务,重点照顾。

(1)无需求无干扰。配备自动售(取)票机、自动检票机、电子显示屏等服务设备,通过广播、揭示揭挂、电子显示等方式宣传服务设备的使用方法,方便旅客自助服务。

(2)有需求有服务。售票处、候车区公布中国铁路客户服务中心客户服务电话(区号＋电话号码),特大、大型车站设有服务品牌,受理旅客咨询、求助、投诉,专人负责,及时回应。实行首问首诉负责制,旅客问讯时,有问必答,回答准确;对旅客提出的问题不能解决时,指引到相应岗位,并做好耐心解释。接听电话时,先向旅客通报单位和工号。

(3)重点关注,优先照顾,保障重点旅客服务。

按规范设置无障碍设施设备。售票厅设无障碍售票窗口。特大、大型车站候车室设有重点旅客候车区和特殊重点旅客服务点(可与问询处、服务台等合设),位置醒目、便于寻找,并配备轮椅、担架等辅助器具;特大型车站内设相对封闭的哺乳区;在检票口附近等方便的区域设置黄色标志的重点旅客候车专座。卫生间设无障碍厕所。设有无障碍电梯,正常使用。盲道畅通无障碍。

重点旅客优先购票、优先进站、优先检票上车。

根据需求为特殊重点旅客提供帮助,有服务,有交接,有通报。

(4)尊重民族习俗和宗教信仰。少数民族自治地区车站可按规定在图形标志增加当地通用的民族语言文字,可根据需要增加当地通用的民族语言播音。

(5)旅客在站内遗失物品时,帮助(或广播)查找;收到旅客遗失物品及时登记、公告,登记内容完整,保管措施妥当,处置措施合法。

(三)客服组织工作

1. 进站、候车、检票组织

旅客列车接车作业

按规定实行实名制验证,核验车票、有效身份证件原件、旅客的一致性。无法实施全封闭实名制验证的在检票口组织验证。验证与检票分离的车站对热门车次在检票口进行二次验证。

秩序良好,通道畅通,日常旅客排队安检、进站等候不超过 5 min。

候车室(区)旅客可视范围内有客运人员,及时巡视、解答旅客咨询、妥善处置异常情况。特大、大型车站设有值班站长。贵宾候车区按规定配备专职服务员以及验票终端等服务设备,提供免费小食品、饮品、报刊等服务。

旅客列车发车作业

开始、停止检票时间的设置适应客流量和站场条件,进站口有提前停止检票时间的提示。开始检票或列车到站前,通告车次、停靠站台等检票信息。

自动检票机通道和人工检票通道正常启用,通道数量适应客流情况,并设有商务座旅客快速检票通道。设两侧检票口的,对长编组、重联动车组列车同时开启。按照先重点、后团体、再一般的原则,引导旅客通过自动检票机、人工检票通道分别排队等候、检票进站,宣传自动检票机的使用方法,提醒旅客拿好车票或身份证,防止尾随。具备居民身份证自动识读检票条件的自动检票机正常启用。人工检票口核验车票和其他乘车凭证,对车票加剪。

对无票、日期车次不符、减价不符、票证人不一致等人员按规定拒绝进站、乘车。

停止检票前,通告候车室,无漏乘;停止检票时,关闭检票口,通告候车室和站台。

2. 站台组织

站台客运人员提前到岗,检查引导屏状态和显示内容、站台及股道情况。

按站台车厢位置标志在站台安全线或屏蔽门内组织旅客排队等候,有序乘降。铃响时巡视站台,无漏乘。

办理站车交接,原则上应在列车中部交接。普速旅客列车在列车中部的餐车、软卧车厢之处;动车组列车短编组在 4、5 号车厢、长编组在 8、9 号车厢;重联时在列车运行方向前组第 7、8 号车厢之间。

开车时间前 30 s 打响开车铃,铃声时长 10 s。

同一站台有两趟动车组列车同时进行乘降作业时,有宣传,有引导,无误乘。站台一侧邻靠线路有动车组列车通过时,另一侧停止旅客乘降或设防护栏防护。

3. 出站组织

出站检票人员提前到岗,检查自动检票机、出站显示屏状态和内容。

引导旅客通过自动检票机和人工检票通道检票出站,具备居民身份证自动识读检票条件的自动检票机正常启用。人工检票口核对车票及其他乘车凭证,对未加剪的车票补剪,秩序良好,防止尾随。

对违章乘车旅客及违章携带品正确处理,票款收付准确。

列车出站后及时清理,站台、通道无滞留人员。

换乘客流大的车站根据需要设置站内换乘流线,配备相应的设备和引导标志。

(四)高速铁路客运服务系统

为旅客服务是高速铁路企业的根本目的。从购票前的营销策略到订票购票,从旅客到站后的信息揭示引导到有困难时车站的及时救助及车站的旅客快速疏散，从乘车前的自动检票到上车后的服务，全方位运用高科技设备，处处体现了高速铁路在为旅客服务管理方面所下的工夫。

高速铁路客运服务系统是在现在高速铁路管理思想、服务理念和当今最新信息技术基础上建立起来的信息高度共享、资源高效利用、运行安全可靠的综合完整的服务系统。客运服务系统由票务系统、旅客服务系统、呼叫中心系统、互联网服务系统构成。智能化的客服系统如图 7-18 所示。

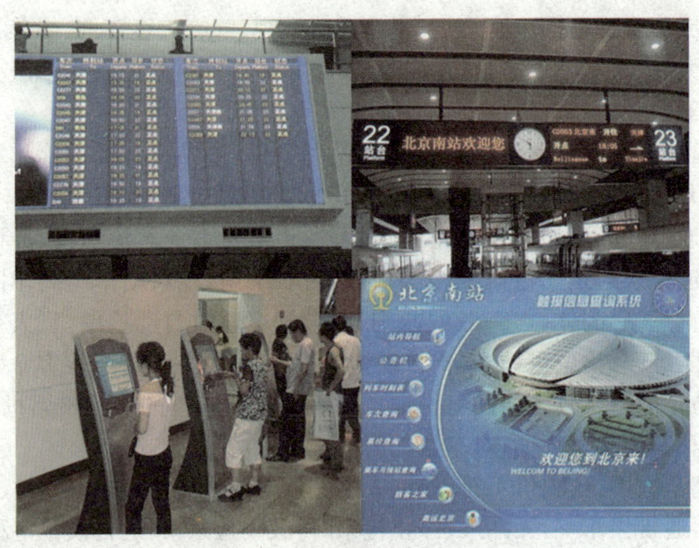

图 7-18　智能化的客服系统

1. 票务系统是以席位管理和交易处理为核心，建立广泛的销售渠道，适应多种售票方式、多种支付方式、灵活的营销策略，包含自助式销售和自动检票的实时交易系统。

2. 旅客服务系统以为旅客提供全方位信息服务为目标，实现车站信息自动广播、导向揭示、信息服务、监控等功能，并提供互联网、呼叫中心、无线局域通信等多种途径的信息服务，运用多样化的服务手段为旅客提供优质的服务，实现旅客服务的信息化。

旅客服务系统的设置旨在体现以人为本的理念，在旅客出行前、进站、候车、乘车、换乘、出站等环节上提供全方位的信息服务，通过引导、揭示、广播、监控、查询、求助、应急、投诉、寄存、站台票发售、残障旅客服务和延伸服务等多种服务手段，形成统一的旅客服务平台。

旅客服务系统主要包括：导向揭示（PIS）、广播（PA）、监控（CCTV）、时钟（CLK）、安检（SI）等子系统。

导向揭示（PIS）子系统，对各类与旅客出行相关的信息资源进行提取、分类、格式化处理，在站区内为旅客出行的全过程提供完整的引导揭示服务。

广播（PA）子系统，通过音频的形式，向旅客或相关工作人员播报服务信息和作业指令，在特定情况下，能够实现紧急情况通报。

监控（CCTV）子系统，运用多媒体技术、计算机网络技术和音视频处理技术实现对铁路客运专线车站整个站区内的服务对象和服务设施进行监控。

时钟（CLK）子系统，为铁路车站信息系统、旅客和车站工作人员提供统一基准时间。

安检（SI）子系统，通过 X 射线安全检查设备，对旅客行包进行安全检查，防止旅客携带容易引起爆炸、燃烧、腐蚀、毒害或有放射性的物品及枪支、管制刀具等可能危害公共安全的物品。

3. 呼叫中心系统以电话接入方式，在旅客旅行的各环节中为其提供全方位的查询、咨询、订票、投诉、建议等服务，成为客户与铁路之间沟通、互动的重要渠道，也可通过该呼叫中心开展宣传、信息发布、市场调查等业务。呼叫中心系统可以为高速铁路票务系统、旅客服务系统等提供对外统一的服务途径。

4. 互联网服务系统以满足旅客的需求为出发点，在高度信息安全保障的基础上，建立客户与铁路服务者之间沟通和互动渠道。以互联网接入方式，在旅客旅行的各环节中为其提供全方位的查询、咨询、订票、投诉等服务。铁路通过互联网开展宣传、信息发布、市场调查等业务。

任务五　旅客列车乘务工作组织

任务描述

了解旅客列车乘务组的组成，熟悉乘降组织工作的基本作业流程，能够在各项制度指导下，开展客运乘务组织工作。

任务导入

Z5/Z6 次列车是南宁与北京西之间开行的普速旅客列车。

1. 该列车的乘务组成有哪些?

2. 该旅客列车采用何种乘务制度?

3. 如何进行站车交接?

知识准备

客运段是铁路客运生产的基层单位，负责根据上级的规定，制订段内乘务管理办法，确定乘务制度，包括乘务交路、交接班、出乘、点名、退乘汇报、考勤、请销假、派班等，根据乘务担当和沿线客流情况制订线路作业过程和作业标准、乘务目标和实施方案，并做好安全运输、事故处理、车容美化、广播宣传等组织工作。车队面向乘务班组，其主要任务是贯彻上级指示，围绕客运段总体目标，认真抓好所辖车次、班组的管理工作。

一、旅客列车乘务组

1. 旅客列车乘务组的组成

旅客列车乘务组由客运、车辆、公安、保洁、餐服等乘务人员组成。但普速旅客列车与动车组列车的乘务人员结构略有不同，普速旅客列车的保洁、餐服若未委外承包的，则归属于客运乘务。列车的乘务工作由列车长统一领导，车辆、公安、保洁、餐服等乘务人员按照各自的职责规定，配合列车长共同搞好旅客和行包运输服务工作。

2. 旅客列车乘务组的乘务形式

旅客列车乘务组的乘务形式，按照既有利保养车辆又合理使用劳力的原则，根据列车种类和运行距离，分别采用包乘制和轮乘制。

包乘制是指按列车行驶区段和车次由固定的列车乘务组包乘。根据车底使用情况不同可分为包车底制和包车次制。

包车底制指乘务组不仅固定区段、车次，而且固定包乘某一车底(长途列车乘务组分成两班轮流服务)。这种形式有利于车辆设备及备品的保养，可以熟悉该列车的运行情况，掌握沿途乘车旅客的性质和乘降规律，以便更好地安排自己的工作，从而有利于提高服务质量。缺点是长途旅客列车需挂宿营车，乘务工时(月乘务工时为 166.7 h)一般难以保证。目前大都执行包车底制，不足工时可采用乘务员套跑短途列车或长途车底套跑短途列车(一车底多车次)。这样可节省车底，也可弥补乘务工时的不足。

包车次制指一个车次(通常叫线路)几个乘务组包干值乘，但不包车底。其优点是便于管理，可保证服务质量。缺点是交接手续复杂，不利于车底保养。

轮乘制是指在旅客列车密度较大，且列车种类和编组又基本相同的区段，为了紧凑地组织乘务交路和班次，采用乘务组互相套用，不固定乘务组服务于某一列车。其优点是乘务员单班作业，一般在管辖范围内值乘，对线路、客流及交通地理等情况熟悉，联系工作方便，乘务中也不需宿营车，从而节省了运能。缺点是增加了交接手续，不利于车辆保养，对服务质量有所影响。

3. 客运乘务组的主要工作

(1)使车内经常保持整齐清洁、设备良好、温度适宜、照明充足。

(2)通告站名，组织旅客安全乘降，及时妥善安排旅客座席、铺位。

(3)对老、弱、病、残、孕等重点旅客做到重点照顾。

(4)维护车内秩序，保证安全正点。

(5)做好饮食供应工作。

4. 乘务作业指导书

乘务担当单位应根据具体情况，制订各次列车的《作业指导书》，《作业指导书》应详细载明自出乘至退乘全过程的作业流程和作业标准。

5. 乘务报告

除动车组列车外，列车长每次出乘前应编制趟计划，趟计划在乘务报告中显示，其主要内容有：

(1)本次乘务工作中的重点工作安排。

(2)对贯彻上级规章、命令、指示、通知的具体措施。

(3)上次乘务工作中的优缺点及改进措施。

(4)针对接车所发现的问题，应采取的措施。

同时，要求列车长逐步推广乘务报告电子化。

6. 出退乘制度

出乘时，乘务人员由列车长带队按规定时间到派班室报到，听取派班员传达有关事项。列车长应记录有关电报、命令、指示。

每次乘务终了，列车长应召开班组会议，总结并向派班室汇报往返乘务工作情况，提出书面乘务报告。

7. 途中验票制度

列车运行途中应查验车票。查验车票由列车长负责组织，乘警、列车员协助。

普速旅客列车查验车票次数原则每运行 6 h 一次，不足 6 h 的列车每单程不得少于 1 次，直达特快列车单程查验 1 次。

8. 列车长汇报制度

旅客列车在运行中遇有国铁集团(含客运部)和铁路局集团公司(含客运部)的领导以及客运系统监察人员乘车时，列车长应提供乘务报告，汇报工作，接受指导；对国铁集团和铁路局集团公司车辆、公安、卫生、收入、路风、安全监察部门领导乘车时，列车长应口头汇报工作，接受指导。动车组列车运行中，列车长无须向添乘领导汇报工作。运行在外局时，应接受所在局的检查指导，服从调度指挥。

9. 看车制度

(1)地面看车

非采暖季节，停留客车可采取“内外锁车，车下巡视”的方式进行看车。客车检修、保洁、整备作业完毕，应关闭车内电源及电器开关，切断外部供电，确认车内无火种、闲杂人员后，由客运看车人员锁闭全列车门、车窗，留作上下车的车门以外锁方式加锁，钥匙由看车人员保管。看车人员定时上车巡视，车厢内不再安排看车人员。实行地面看车的，应设置看车人员专用值班室。

(2)车内看车

燃煤茶炉、采暖炉及餐车炉灶(简称燃煤炉灶，下同)处于点火状态等不具备地面看车条件时，由看车人员车内看守。邮政车有处于点火状态的燃煤炉灶时，由使用单位派人看守。看车人数按照卧车 1 人、座车 1 人、餐车 1 人配备。乘务担当单位应建立健全客车看车交接班登记、防火巡查记录、监督检查记录等。

二、“三乘”一体，分工负责，各司其职

旅客列车乘务组由客运组(含客运、行包、餐营、售货、随车保洁等)、车辆组、乘警组等三乘人员组成，统称××局集团有限公司××次列车第×乘务组，各主管单位应以客运组交路为基础，配备交路相对固定的乘务人员。

1. 列车长是列车乘务组的第一管理者，领导和指挥各工种开展旅客列车日常的乘务工作。各工种人员必须服从列车长的领导。

2. 列车长按照岗位责任制要求，从方便旅客需求出发，领导和指挥乘务组全体人员认真执行各项规章制度，安全、高效地完成旅客和行包运输任务。

3. 列车长对各工种在乘务过程中发生的问题，应积极教育，指导和帮助整改，对不服从指挥、屡教不改，或发生重大问题，严重影响客运安全、路风和服务质量的，应在“客运乘务工作日志”中记录，并及时向上级主管部门汇报。

4. 列车长每趟车开车前应召开“三乘”碰头会，组织分析上趟车主要问题，制订解决办法，布置本趟车重点工作。各工种负责人应及时向本工种人员传达会议内容，提出工作要求，并在乘务中检查落实情况。

5. 乘警长带领乘警组负责旅客列车安全保卫专业管理，按照法定职责开展工作。

6. 车辆乘务长带领车辆乘务组负责列车设备设施专业管理。车辆乘务人员协助列车长

开展乘务管理工作，参与“三乘检查”工作，及时排除分工范围内的设备设施故障，保证客车安全和旅客正常使用，对不能在列车上处理的及时填报交接。

7. 行李员安全、高效地完成旅客列车行包运输工作。主要负责行包监装监卸、安全堆码，规范交接和保管行包、公文及行李车基础管理工作。

8. 客运乘务员安全、高效地完成旅客运送工作。履行岗位职责，向旅客提供乘车过程服务，对重点旅客实施重点照顾，及时解决旅客困难。

9. 餐车人员（含售货员）严格执行《食品安全法》，从满足旅客饮食和旅行需求出发，为旅客提供食品供应，提供旅行生活必需品。

10. 对分工负责制存在的问题，“三乘”单位要及时沟通、协调解决；“三乘”单位无法协调解决的，应及时上报上级主管部门协调处理。

三、站车交接与进出站立岗

1. 办理站车交接，原则上应在列车中部交接（具体位置参阅本单元客运组织工作岗位站台组织）。

2. 站车交接人员应为站台客运值班员和列车长，特殊情况下可指定胜任人员进行交接，指定人员应主动联系对方办理交接。

3. 办理交接时行举手礼，右手五指并拢平展，向内上方举手至帽檐右侧边沿，小臂形成45°角。

4. 列车进出站时，客运乘务人员在车门口立岗，面向站台致注目礼，以列车进入站台开始，开出站台为止。

5. 动车组列车在开车后至列尾越过出站信号机前，列车长应加强瞭望，发现危及旅客人身安全或行李安全时，列车长应立即呼叫司机，紧急叫停列车，此时列车长与司机之间的联控用语为：“××次司机，有紧急情况，立即停车。××次列车长报告。”紧急事件处置完毕后，列车长再向司机报告，联控用语为：“××次司机，紧急情况处理完毕，××次列车长报告。”

普速旅客列车客运乘务人员发现危及行车和人身安全情况时，根据《技规（普速铁路部分）》第 337 条规定，应使用紧急制动阀（紧急制动装置）停车。

6. 始发站和中途站负责确认列车旅客乘降、上水、吸污和高铁快运、行包、餐车物品装卸等客运作业完毕后，列车必须在接到车站客运作业完毕的通知后方可关门。

7. 终到站由列车确认车上旅客下车完毕和高铁快件、餐车物品卸车完毕后，列车将带录音的对讲机转换至 457.725 MHz 频率呼叫车站：“××次××站客运作业完毕。”车站回应：“××次客运作业完毕，车站明白。”

四、动车组列车乘务组的组成及主要工作

1. 组成

动车组列车乘务组由客运乘务员、动车组司机、随车机械师、公安乘警、餐饮服务人员和随车保洁人员组成，简称“六乘人员”，六乘人员必须在列车长的统一领导下，分工负责，各司其职，共同做好旅客服务工作。

客运乘务员由 1 名列车长和 3 名列车员组成。动车组重联时，按两个乘务组安排人员；编组 16 辆的动车组按 1 名列车长和 6 名列车员配备。对运行时间较长的动车组可适当增加客

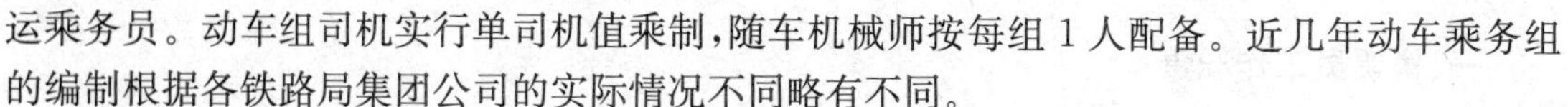

运乘务员。动车组司机实行单司机值乘制，随车机械师按每组 1 人配备。近几年动车乘务组的编制根据各铁路局集团公司的实际情况不同略有不同。

2. 职责

客运乘务员包括列车长、列车员，负责旅客列车的服务工作。

动车组司机负责有关型号的车门集控开关和动车组列车运行工作。

随车机械师负责有关型号的车门集控开关和动车组设备检修工作。

公安乘警负责维护列车的治安工作。

餐饮服务人员包括服务组长和服务员，负责动车组列车餐饮服务和商品销售工作。

随车保洁人员包括保洁组长和保洁员，负责动车组列车的卫生保洁工作。

五、动车组列车的乘务工作

1. 客运业务

动车组列车客运乘务组承担服务旅客、处理票务、检查列车保洁、餐饮质量等客运业务工作。发生影响旅客安全问题时，客运乘务组应当立即采取有效措施，保护旅客安全。

2. 列车广播

运行时间在 3 h 以内的列车，一般只播迎送词、服务设备介绍、安全提示、站名和背景音乐。运行时间超过 3 h 的列车，可在不干扰旅客休息的前提下，适当增加播放内容。列车旅客信息服务及影音播放系统播放的内容应由客运部门提供，由车辆部门录入。

动车组列车采取中英文广播，动车组列车在始发前 5 min 播放安全提示，始发后 5 min 播放欢迎词、安全提示及背景音乐，终到站前 5 min 播放终到告别词。广播内容由客运段提供，铁路局集团公司宣传部、客运部审定，车辆部门录入，始发前由随车机械师按规定操作自动广播装置。自动广播发生故障时，由客运人员人工广播。

3. 车门管理

动车组列车发车前，由列车长确认旅客乘降完毕后，根据不同车型要求通知司机或机械师关闭车门。动车组重联运行时，由两组列车长互相确认旅客乘降情况后，运行前方第一组的列车长负责通知司机或机械师。动车组列车出动车段到达始发站后，应将车门保持关闭状态。司机根据列车长的通知开门。列车工作人员不得擅自开关车门。

4. 资料台账

列车长出乘除携带电报、客运记录、处理票务等必要的设备和处理业务资料外，其他纸质资料台账不携带上车。动车组列车运行中，列车长无须向添乘领导汇报工作。

5. 通信联络

客运乘务员配手持电台。动车组列车始发前，列车长的手持电台均应设置在频道 1 与随车机械师、乘警或司机进行通话联络。运行途中，列车长需与列车员通话时，转为各自的专门频道进行通话。通话完毕，应转回频道 1 进行守候。

实作技能

实作任务一　售票工作组织的技能

车站售票处的工作是合理组织客流，实现计划运输的重要环节。为保证旅客迅速、正确地办理乘车手续，售票处必须有周密的售票计划和良好的工作组织。

一、售票员工作职责

1. 严格执行运价政策和票据管理及营收报解制度，负责票据的领取、登记、发售、保管等工作，遵守售票纪律，严禁无关人员进入售票室。

2. 根据不同旅客的特点，采用多种方式按时保质保量地完成售票任务。

3. 熟记本站营运线路、班次、发车时间、沿途停靠站点、里程、运行时间及中转站换乘的班次时间。

4. 注意观察客流动态，当客流发生变化时，及时向值班站长提供信息，以便调整窗口。

5. 熟练掌握售票工具电脑（售票系统）性能和操作技术，爱护设备、用具，定期保修，保持售票室、设备、工作台和工具的清洁卫生。

6. 熟练掌握非正常情况下应急售票流程，及时处理本岗位的突发情况。

7. 按时填写当班工作记录、原始台账，负责交接好当班工作。

二、售票作业流程

1. 售票员班前要做好以下准备工作：

按规定统一着装，佩戴标识，做到仪容整洁、精神饱满。参加班前会，接受任务指示，了解列车运行情况及重点事项，做到任务清楚、重点掌握。对岗交接，检查本岗位保洁质量、设备设施等情况，做到卫生达标、设备完好、备品定位。

2. 售票员班中作业内容及要求如下：

根据客流情况和发售规律请领现金、票据和碳带，妥善保管，做到请领充足，清点签认盖章；按规定作业时间开窗售票，做到“不晚开，不早关，作业中不无故离岗”；正确操作售票设备，在发生故障时，及时汇报，做到操作熟练、报修及时。

3. 按照“问、输、收、做、核、交”六字售票法和“看、输、核、盖、交”五字退票法进行退票，做到认真核对，不退无效车票和禁退车票。售票窗口作业流程如图 7-19 所示。

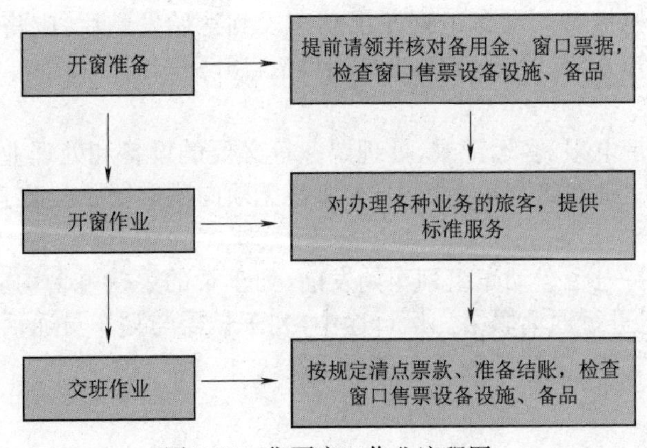

图 7-19 售票窗口作业流程图

三、售票作业位置和内容

1. 开窗准备

作业位置：售票处（封闭式、监控范围内）。

作业内容：开窗前，票务窗口提前请领并核对备用金、窗口票据，应检查窗口售票设备设施、设备备品（桌椅、计算机、制票机、身份证阅读器、POS机、购票信息单打印机、双向对讲器、保险柜、验钞机、对外显示屏、保险确认器、退改印章等）、窗口交接班簿等情况。公安制证窗口应检查设备设施、设备备品（桌椅、计算机、打印机、A5纸、公安制证公章等），确认设备备品使用正常并按规定位置摆放。

2. 开窗作业

作业位置：作业窗口（监控范围内）。

作业内容：作业期间，对办理各种业务的旅客提供标准服务。

3. 交班作业

作业位置：作业窗口（监控范围内）。

作业内容：票务窗口交班结账时，应按规定清点票款、准确结账，应检查窗口售票设备设施、设备备品（桌椅、计算机、制票机、身份证阅读器、POS机、购票信息打印机、双向对讲器、保险柜、验钞机、对外显示屏、保险确认器、退改印章等）等情况。确认设备备品齐全无误交班，规范填写窗口交接班簿。

4. 关窗检查

作业位置：售票处（监控范围内）。

作业内容：营业结束后，应按规定拉下窗口帘幕，台面整洁，复核电源确定关闭。票务窗口应检查售票设备设施、设备备品（桌椅、计算机、制票机、身份证阅读器、POS机、购票信息打印机、双向对讲器、保险柜、验钞机、对外显示屏、保险确认器、退改印章等）。公安制证窗口应检查设备设施、设备备品（桌椅、计算机、打印机、A5纸、公安制证公章等），确认设备备品齐全完好并按规定摆放。

实作任务二　行包运送工作组织的技能

行包运输是旅客运输的一个组成部分。组织好行包运输既方便旅客旅行，又充分发挥行李车的使用效率，完成工农业急需物资的运输任务。客运行包组织工作要做到按计划承运，及时装车，保证运输安全，并方便旅客托运和领取。客运站行包组织工作分为发送作业，到达作业、中转作业和服务工作。

一、行包的发送作业

行包的发送作业包括行包的承运、保管及装车作业。

1. 承运

承运是行包运输的开始，也是铁路承担运输责任的起点。车站必须做好承运工作，为安全、迅速、准确的运输行包创造良好的必要条件。对承运的行李应随旅客所乘列车或提前装运，如承运大批行包时，应事先汇报客运调度预留行李车容积或组织整车运输。节假日、学生、新老兵运输及地区性大型会议等，车站可派人上门办理承运，也可设专口办理团体行包。

承运包裹时应分轻重缓急，按一、二、三、四类包裹的顺序有计划地承运，按指定日期搬入站内，并按下列方法计算包裹的承运件数：

本次列车应承运的包裹件数＝本次列车计划装车的总数－本次列车行李规律数－中转行包件数－库存本次列车待装件数

行包承运作业过程如下：

(1)旅客托运行李应提出有效车票(含电子客票报销凭证)和行李托运单。托运包裹时只提出填写好的包裹托运单，经安全检查将托运物品交过磅处。

(2)车站应认真检查品名、包装是否符合运输包装标准，如适合运输条件，则正确检斤并在托运单内填写重量，在标签上加盖行包票据号码并拴于行包两端，如托运易碎、流质等物品，还应在包装外部粘贴安全标志。

(3)按规定正确、清楚地填制行李和包裹票，计算并核收运费，将行包票(丙、丁页)及剩余款额交还旅客或托运人。

为了提高行包承运工作的服务质量，减轻车站行李员的劳动强度，近几年在较大的客运站行包房开发了微机控制的行包检斤制票系统。该系统由数字显示秤、微型机和打印机组成，具有下列功能：

①将行包秤上检斤的重量通过电缆和接口自行进入微机。

②自动查找全路各营业站里程及判断经由站名。

③根据行包到站判别一切办理限制。

④根据品名自动判明包裹类别。

⑤自动计算运杂费。

⑥自动打印行包票据。

⑦分项目结算行包日、旬、月报。

此外，采用拼音方式检找不常用站名，对常用站名一键输入快速调出。由于该系统从旅客托运行包的检斤、查出里程、计算运费，到最后打印出行包票据等环节由微机自动完成的，可大大提高工作效率。同时，这一系统还可以随时查账，仅用 2s 就可以查找到今天开始至现在要查的账目，用 3～4 min 就可以做完旬、月报表，可以减少行李房的复检、总检工作及铁路局集团公司收入部门对票据的审核工作。

2. 保管与装车

(1)承运后的行包按方向、区段(到站)或车次分别堆放在发送仓库的货位上。货位的划分应以保证容易清点、便于装车及行包不受损坏为原则。一般对行李运量不大的车站，可按区段堆放，包裹按到站堆放。对大批的行李或包裹应按票堆放，便于做装车计划。运输报单必须与行包同行，以免发生票货分离。

(2)车站行李员应掌握各次列车行李车的编挂位置、车型容积、载重及车站计划装车的件数，做好计划运输、均衡运输，并严格按国铁集团制定的“行李、包裹运输方案”作装车计划，消灭不合理中转，提高行李车的利用效率及行包的运输速度。

行包计划装运数量于前一日报铁路局集团公司客运调度。客运调度平衡后，按车次编制与下达各客运站、各区段有关站的行包装运计划，届时各站按计划和列车预报组织装车。

(3)装车作业过程

①编制行包装卸交接证。计划行李员根据“行李、包裹运输方案”，按车次配好待装的行包票(运输报单)，装车行李员按票逐项核对现货，无误后按到站顺序编制行包装卸交接证，一式两份(一份站存，一份交给列车)。

②编制行包装车站顺单。为便利站、车行李员装车点件，提高装车速度，车站行李员装车

前再次进行票货核对，确认无误后按装车顺序，编制行包装车站顺单，统计装车件数。

③装车。站、车行李员先交换票据，先卸后装，票货核对无误后，双方分别在装卸交接证上盖章签收。车站行李员根据列车行李员的预报，及时正确地将卸车件数、剩余容积向前方站转报，必要时向铁路局集团公司客运调度汇报。同时，将装、卸车的行包交接证交计划行李员，以便统计发送、中转、到达的行包件数及流量、流向。

多装巧装是提高行李车装载能力的有效措施，因此必须按轻重配装的原则做好装车计划，实行中转、始发同装，沿站分装，大小套装，分别隔离。装卸员要根据列车行李员指定的货位，分方向、按站顺装车，并做到“大不压小、重不压轻、大件打底、小件放高、堆码整齐、巧装满载、便于清点”。

二、行包的到达作业

行包的到达作业包括卸车、仓库保管和交付。

1. 卸车

(1)车站行李员于列车到达前与行包计划员联系预报情况，确认卸车站台，预先准备好人力和搬运车辆。

(2)列车到达后，车站行李员接收并清点运输报单总数，确认与交接证相符后，按票点件卸车。一般采用“边卸、边点、边装搬运车”的货不落地的方法，以缩短行包进库和搬运时间。在中转量大的车站应根据预报件数组织专人负责分拣行包，根据标签上的到站，分别中转和本站到达，边卸边分方向、分行包，以免发生卸后再挑货件的重复作业。卸车后要对所卸行包清点件数，检查包装，无误后在交接证上盖章签收，严禁信用交接。发现件数不符、行包破损或有其他异状时，经确认后应在交接证上注明现状，由站、车行李员按规定手续处理，并对行包随即按到达、中转分别送入库内，对立即中转的行包应送至装车站台。

2. 仓库保管

为保证到达行包安全和完整，应及时将卸下的行包送到仓库保管，为便于查找对照，应根据作业量的大小和车站设备条件采用不同形式的分区堆放的方法。

(1)按件分区。以票据尾号(0～9)为标准，再按每一尾号分为1件区、2件区、3件区、…、10件区，11件以上的为多件区。这种方法适于仓库面积较大的车站。

(2)按线分区。按线别划分为上行线区、下行线区。有三条线路以上时，分为某线区或某方向区，并分别以票据尾号(0～9)再划分货位。

(3)按票据尾号分区。不分件数、线别和到达日期，只按票据尾号(0～9)划分货位。

各站应根据具体情况进行堆放，不宜强求一致，对于容易破损的货件应单放，零星小件应放在明显处。

行包进入仓库后，接车行李员与仓库行李员应办理交接，将到达日期、车次填记在运输报单相应栏内，再按运输报单填写行包到达登记簿，注明堆放货位。运输报单的整理和保管亦应按上述堆放区域划分，分别整理，并在专用格子里保管以便查找。仓库行李员交接班时，凭交接簿进行票货核对，并严格执行“货动有交接、交接有手续”的安全工作制度。

3. 交付

交付工作是行包运输过程中最后一道工序，是铁路负责运输全过程的结束，也是全部运输过程的一个重要环节，交付后双方不再承担义务和责任。

(1)包裹到达后应用电话、明信片、发短信等方式通知收货人及时领取，防止包裹到达后长期占用仓库。

(2)旅客或收货人领取行包时，凭行李票或包裹票先到行包房换票处换票。换票处将运输报单所记载的到达日期、车次及通知日期、时间填记在行包票有关栏内，并填记交付日期和货位编号。在运输报单上填记交付日期，如超过免费保管期按规定核收保管费。然后将行李票或包裹票交收货人到库房领取行李或包裹。

(3)办理交付的行李员对行包票和行包运输报单、货签所记载的票据号码、件数、发站、到站及托运人、收货人姓名、地址核对无误后，在行包票和运输报单上加盖“交付讫”戳记，将运输报单连同行李或包裹交付旅客或收货人。

三、行包的中转作业

行包的中转作业是指行包在中转站卸下后，再装入其他旅客列车中的行李车内继续运送的作业。作业内容前半部分与到达行包的卸车作业相似，后半部分与始发行包的装车作业相似。

为加速行包的运送，在装车时应注意将包裹和中转的行李以直达列车装运。没有直达列车时，应以中转次数最少的列车装运。途中有几个中转站次数相同时，应首先在有始发列车接运的车站中转。如途中有几个站都有始发列车接运，原则上应在最后一个中转站中转，但其他站应适量分担。途中都没有始发列车时，应在最后一个中转站中转。

为缩短中转时间，站车应加强预报。中转站应按国铁集团规定的“行李、包裹运输方案”做好中转计划，并采用“快速中转”的作业方法，即指定对各站较熟悉的装卸人员根据中转计划对中转的行包按标签上的到站边卸边分中转方向，分别卸在搬运车上。对能立即中转的，逐票进行核对，核对无误后送往列车停靠的站台装车。对不能立即装车中转的，核对票、货相符后，按方向别送中转或始发仓库加以保管。过往列车的行包中转作业应先卸后装，特别注意点件和交接，防止误装误卸。装车后应按中转方向、件数及时向前方站预报。

在中转过程中如发现行包有破损、减量、无货签或有其他异状时，应会同有关人员采取措施进行处理，不给到站或另一中转站造成困难。

四、行包房的服务工作

1. 行包的接取和送达

车站应以“人民铁路为人民”为宗旨，全面开展文明服务，礼貌待客，并扩大服务项目，办理行包的接取送达业务，做到“接货上门，送货到家”。这样可使旅客和收货人节省办理托运或领取手续的时间，免除自找运输工具的麻烦，同时也为铁路实行计划运输提供了有利条件，减少行包房的拥挤，提高了行包仓库的使用效率。

行包的接取和送达根据旅客或托运人、收货人的委托来办理的。车站接到旅客或托运人、收货人的委托后，即组织接取或送达，但行包托运人凭接取证亲自到站办理。送达时应收回行包票，另行填发行包送达票，交旅客或收货人作为送达后领取的凭证，并按规定核收手续费和搬运费。

办理接取、送达所使用的交通工具,有的车站自行配备,有的则由车站和市内运输部门采取联合运输的方式办理。搬运费根据规定的标准核收。

2. 包装服务

为确保行包在运输过程中的安全、完整,方便旅客和托运人,行李房应设立包装组,为旅客或托运人托运行包进行包装服务,真正做到方便旅客托运。

五、高铁快件作业

1. 设置承运、交付办理窗口,提供托运单、高铁快件快递运单和必要的填写用具。

2. 承运高铁快件及时准确,品名相符,实名验证,逐件安检,正确检斤、制票,唱收唱付。"站到站"和"站到门"高铁快件按到站和服务产品正确分拣、装箱。

3. 装卸、搬运高铁快件轻搬轻放,堆码整齐。装车时,合理计划,按方案装载,站、车认真核对,准确交接,做到不逾期、不破损、不丢失。

4. 运输过程中发生高铁快件包装松散、破损时,有记录、有交接。

5. 到站卸车提前到位,立岗接车,准确交接。集装件外包装、施封破损或集装件短少的,凭客运记录或现场检查,核实现状,办理交接。

6. 到达高铁快件核对票据,妥善保管,及时通知,正确交付。"站到站"和"站到门"集装件双人拆箱,一箱一清。对无法交付的高铁快件按规定处理。

7. 认真处理站间运输高铁快件差错,发生高铁快件损失比照行包损失处理有关规定执行,先赔付、后定责。

8. 作业区无闲杂人员出入,无非高铁快件工作人员查找、搬运。发现非工作人员持集装件出站时当场制止。

9. 高铁快件装卸人员应经过装卸作业、实际技能和铁路安全知识培训合格,并持证上岗。

实作任务三　客运服务工作组织的技能

一、安检作业

1. 作业前准备:各岗位安检员应检查通道提示牌显示状态、手持引导牌、X射线安全检查设备、安全门、手持安全检查仪、查没物品柜、反恐防暴用品、台账资料等情况,确认设备备品运行正常,安检通道畅通,揭示标识准确,无障碍物。

2. 作业中:

(1)引导员:维持候检旅客队伍秩序,提示和协助旅客将随身携带物品摆放在安检仪传送带。

(2)手检员:使用手持金属探测器对旅客的身体、衣帽、口袋及随身携带物品进行安全检查(手检员以女性为主,并严格遵守"男不检女"的原则)。

(3)值机员:对进站旅客随身携带的行包过机进行X射线图像判别。

(4)处置员:对查获的禁止携带、限制携带危险物品及需要暂存危险物品的旅客,按照国家相关法律法规和企业制度,依照程序正确处理。

3. 作业结束后:各岗位安检员在安检结束时,应检查并确认设备备品正常、电源关闭。

二、实名制验证作业

1. 营业前或接班前的准备作业：营业前或接班上岗前，应检查自助实名制核验闸机、设备备品（实名制验证一体机、登乘卡识别器、实名制验证章、对讲机、手提喇叭、小蜜蜂、反恐防暴用品等）、台账资料等情况，确认设备备品使用正常。

2. 验票验证作业：作业期间，对人工验证的旅客应利用验证设备核验旅客票、证、人是否相符。

3. 营业后检查作业：营业结束后，应检查自助实名制核验闸机、设备备品（实名制验证一体机、登乘卡识别器、实名制验证章、对讲机、手提喇叭、小蜜蜂、反恐防暴用品等）、台账资料等情况，确认设备备品使用正常。

三、候车室作业

1. 作业准备：作业前，应检查确认自动检票机、广播和导向揭示系统联动状态良好，候车室通往站台电梯使用正常。通告检票车次、开车时间、列车停靠站台、车厢地标颜色，做好安全宣传，组织旅客有序排队，做好重点旅客服务。

2. 检票验票作业：作业期间，应组织旅客有序检票进站，盯控自动检票机旅客检票情况，对尾随闯闸人员予以制止，对无票、日期车次不符、减价不符、票证人不一致等人员按规定拒绝进站、乘车。

3. 完毕确认作业：列车停检后，应及时关闭检票口人工通道门，做好未赶上车旅客的宣传解释工作。

四、站台作业

1. 设备检查作业：作业前，应巡视站台、股道，检查股道、上水设备、接触网、站台显示屏、设备设施以及相邻站台的情况。

2. 巡视防护作业：放客和接送车作业期间，应巡视旅客排队、走行情况，做好安全宣传和防护，确认旅客乘降、给水吸污、高铁快件、网络订餐、餐车物品装卸等客运作业是否进行完毕。

3. 站台清理作业：列车出站后，应清理站台闲杂、滞留人员。

五、出站作业

1. 事前准备作业：作业前，应检查确认自动检票机、出站显示屏、电梯状态，清理出站口闲杂人员及障碍物，做好旅客出站检票准备工作。

2. 检票补票作业：作业期间，应组织旅客有序检票出站，盯控自动检票机旅客检票情况，对尾随闯闸人员予以制止，对无票、减价不符、票证人不一致等人员按规定补票。

3. 完毕确认作业：作业结束后，应及时关闭出站口人工通道门，清理滞留旅客。

实作任务四　乘务工作组织的技能

一、旅客乘降组织原则

1. 旅客列车乘降组织原则：在运输正常情况下，应遵循提前准备、先下后上，扶老携幼、注意防护。但在列车严重超员时,应执行提前准备、加强疏导,分散下车、有序上车,扶老携幼、注意防护。

2. 春运等客流高峰期间,整节预留的硬座车厢在中途站应开双门、立双岗。高站台双开车门组织乘降时,增开的车门可不使用渡板,但列车员必须做好旅客乘降安全防护工作,防止发生旅客踏空跌落事件。

3. 春运期间,应做好相关旅客列车的防跳工作,对不办理客运业务临时停车的列车,列车员要加强巡视,防止旅客跳车。

4. 在其他客流高峰期,当始发列车超员严重时,车站应在检票前与列车联系,通知列车硬座车厢开双门、立双岗,列车应根据出乘人员情况予以配合;对已全部复用的中途整节预留硬座车厢,必须在中途站开双门、立双岗。

5. 对因列车超员严重未能上车的旅客,车站应及时做好解释和安抚,为旅客改签最近的后续列车并做好相关服务工作;来不及改签或无票额改签时,车站可直接组织旅客登乘最近的后续列车,并与列车长做好相关的站车交接工作,列车具备条件的必须予以配合,不得拒绝旅客上车。

6. 对客流量大或乘降组织难度大的列车,列车应加强边门口旅客的疏导,确保乘降有序。

7. 超员严重的列车在到达中途营业站前,列车长要组织乘务员做好硬座车厢连接处旅客的疏散工作,提前引导要下车的旅客到车门处,做好乘降准备。

二、列车服务工作组织

(一)普速旅客列车服务工作

旅客旅行大部分时间是在列车上渡过的,做好列车的服务工作,最大限度地满足旅客在旅行中的物质和文化生活方面的需要是乘务人员的主要任务。服务工作的好坏直接影响到铁路的声誉。因此乘务员必须树立全心全意为人民服务的思想,讲文明、有礼貌地为旅客服务。

列车服务工作包括车厢服务、列车广播和列车饮食供应工作。

1. 车厢服务工作

始发站检票前乘务员应做好各种准备工作,坚守车门扶老携幼,迎接旅客看票上车。开车后,乘务员按作业过程进行工作,服务中态度主动、热情、语言文明,表达得体、准确,行动稳重、大方、作风谦虚谨慎,方法机动灵活,处理问题实事求是。及时通报站名,组织旅客安全乘降。

2. 列车广播工作

列车广播的主要任务是介绍铁路安全、旅行常识及沿线的名胜古迹;正确及时地做好站名及中转换乘通告。按时转播中央人民广播电台的新闻和报纸摘要节目以及宣传党的路线、方针、政策;为活跃旅客的旅行生活适当播放一些文娱节目和录像;为保证旅客身体健康做好列车卫生宣传工作。

列车广播员应根据旅客心理及客流特点对乘务中各区段、各区间的播音内容做出详细安排,经列车长审查批准,按计划执行。

3. 列车饮食供应工作

铁路旅客饮食供应工作的基本任务是保证广大旅客在旅行中的饮食需要,保证饮食卫生,不断提高服务质量,为旅客旅行及国际友人友好往来服务。

为加强饮食供应工作,客运段应成立旅行服务的专业机构,实行专业管理,财务单独核算,并应有一名主要领导负责分管这项工作。

饮食供应工作要认真执行“全面服务、重点照顾”的原则，尊重少数民族和外籍旅客的饮食习惯、禁忌避讳。同时，要认真贯彻执行《食品卫生法》，加强食品采购、保管、加工、销售等环节的管理，严防食物中毒。

餐车应根据列车运行时间，实行一日三餐的供应方法，以具有特色的快餐为主，适当供应单炒菜，有条件可供冷饮、夜宵及兼营其他商品。

总之，列车饮食工作，应面向市场，采取灵活的经营方式，参与市场竞争，以满足不同消费水平旅客的需求，实现良好的社会效益和经济效益。

(二)动车组列车服务工作

1. 始发服务作业

(1)始发前

列车到达前40 min列队由列车长带领到站台接车。在列车中部车厢列车接车，与对班班组办理交接。

做到准时接车，交接程序认真仔细，无遗漏，备品充足存放整齐；设备检查做到知位置、知数量、知状态。

客运乘务人员在车门内迎接旅客上车。引导旅客就座，妥善安放行李，解答旅客问询，妥善安排重点旅客，发现问题及时处理。及时劝告送客人员下车，不能处理时向列车长报告。提示并帮助旅客将大件行李放置在大件行李存放处。向列车长报告分管车厢旅客情况。列车起动时面带微笑面向站台方向，在车门口规定位置立岗，目视前方并行注目礼，向站台领导点头致意。

(2)开车后

列车长检查车门关闭状态，按分工巡视车厢，向旅客致欢迎词，介绍列车设备设施、服务及沿途简况。检查行李摆放情况，提醒并协助旅客将大件行李及铁器、锐器等不适宜放在行李架上的物品放在大件行李存放处。做到行李摆放平稳，通道保持畅通。主动安排重点旅客，做好服务工作。

根据列车长提供的售票信息，对分管车厢从小号车厢起，核对空余座位，发现乘车条件不符的人员，通知列车长处理。做到核对空余座位仔细，执行规章熟练、准确，减少对旅客的干扰。

对车内卫生督促保洁员随时进行清理，及时检查卫生间与盥洗室的洁净程度、消耗品的使用情况，保证列车卫生质量和消耗品的使用，保持良好的旅行环境。

2. 途中服务作业

(1)运行中

巡视车厢，随时解答旅客问询，向旅客介绍设备设施使用方法，适时对旅客进行安全提示、禁烟宣传。做到规范用语，举止得体，耐心、细心、热心做好旅客服务工作。发现违章及时制止，妥善处理，及时向列车长汇报。

用餐时间协助餐服人员做好供应，遇有旅客点餐时应及时通知餐车服务人员，对旅客送餐需求信息反馈及时，并积极配合。

(2)中途停车

列车到站前5 min在车厢两端通告旅客，提醒旅客下车，协助重点旅客做好下车准备。做到通告及时、语言规范、音调适宜、宣传到位，防止旅客坐过站、下错车。

列车停车时，按照始发立岗，及时观察左右车厢旅客下车情况，遇有车门故障时，及时通知列车长并组织旅客在其他车门下车。观察旅客乘降情况，旅客乘降完毕及时告知列车长。

3. 终到服务作业

(1)终到前

列车到达终点站前 5 min 除广播宣传外，客运乘务员还应口头提醒旅客做好下车准备。巡视车厢，唤醒休息旅客，协助重点旅客下车。按照分管车厢的规定位置出场立岗，列车进站面带微笑向站台行注目礼。

(2)终到后

列车到站后，向旅客道别。做到言行规范，主动热情。

旅客下车完毕，按照车厢分工，从上到下，按照行李架、窗台、座位、书报袋、座席下、盥洗室、卫生间的顺序迅速检查有无旅客遗失物品。做到发现问题及时汇报列车长。

三、列车移动补票机的操作

过去列车上的补票均为手工操作，乘车旅客需要穿越数节车厢来到列车长办公席排队补票，不仅补票速度慢，而且人为地造成列车的拥挤和不安全，同时，也加大列车工作人员的工作量。

由中国铁道科学研究院集团有限公司电子所研制开发，具有可以按沿途旅客到站自动显示、计价和打印等近似车站计算机售票一样快捷、准确的多种功能的列车移动补票机，因其重量较轻，列车值班员可手持补票机来到各车厢，乘客在自己的座位上便可很快补好票或办好旅行变更等。免除了穿车厢、排长队之苦，投入使用后，深受旅客好评。现对列车移动补票机的使用分述如下：

(一)准备工作

准备工作由地面工作人员操作，主要包括以下几个方面。

(1)车次下载。

(2)发上岗卡。

(3)电池充电。

(4)装好纸卷。

(5)插入备份卡。

(二)终端系统操作

1. 启动以及身份认证

长按电源开关键，机器将启动，将上岗卡含芯片面朝上插入到上岗卡卡槽，按任意键继续，输入工号，输入密码，按【确认】键，终端显示用户身份信息，再按【确认】键，屏幕右上角显示的是段名称和补票机程序版本号，最下面一行显示的是补票机日期、时间以及存根的数目。

2. 进入系统主菜单

系统主菜单界面共有六项选择：①补票操作；②统计查询；③手机设置；④系统功能；⑤作废客票；⑥退出登录。按选项前数字对应的数字键选择。

(三)补票操作

1. 选择车次，设置票号以及出乘日期

系统显示的当前票号应与实际将要打印的票号一致，这是正确使用的基础，当前票号将打印到票面的条码中,每安装一个新票卷,只允许为第一张票输票号,剩余的票系统将自动往后跳票号,不许人工输入。

按【确认】键继续,显示车次信息,选择车次,进入下一步,显示当前出乘日期。出乘日期为当前车次始发站发车时的日期,中途不用修改,由8位数字组成。例如:2014年8月28日要输入"20140828"月和日都是两位数字,不足用0补齐。

按"F1"键,可输入新的出乘日期,按【确认】键继续,屏幕显示补票类型。

2. 补票类型

系统将列车上的补票情况分为以下类型:

(1)正常票:乘客来不及地面买票直接上车补票。该补票类别包括的事由有客(特快卧)[该项含:客(客卧)、客快(客快卧)、客特快(客特快卧)]、丢失原票、无票加罚、孩免单卧。价格分为全价、半价(残、学、孩)。座别包括新空硬座、新空软座、新空硬卧(上、中、下)、新空软卧(上、下)。

(2)变更座席:常用补票事由有补卧、变座、变卧、变铺、变座变卧、变座补卧等。价格分为全价、半价(残、学、孩)。

(3)越站:旅客延长旅途,所办理的车票。

(4)越站变席:补票事由有越站补卧、越站变座变卧,越站变座补卧。

(5)减价不符:补票事由有超高、减价不符、补差。

(6)越席:旅客占用的座席与票面的座席不符。

(7)空调加快:单补空调、加快票。

(8)非本车票:旅客所持车票不能完全顶替所乘列车的车票时,补收的差价。

(9)公免签证:未办理签证,补收的签证费。

(10)快捷制票:用快捷键打印车票。

注:对于有原票的,根据国铁集团的规定,并考虑到财务的安全性,不收原票,随原票同时使用。

3. 操作流程

(1)补正常票

①选择起始站。屏幕不能完全显示所有站名,只能分屏显示,可使用功能键帮助选择:▲键——向上翻页;▼键——向下翻页,选择起始站,屏幕提示(现起:××现到:____),进入下一步(每进入下一程序均有提示,按提示操作,以下相同)。

②选择终到站。

③选择补票事由。

④选择票种。

⑤选择座位,系指选择席别。

⑥输入车票数目。

⑦输入车厢号和席位号。如果无座票,直接按【确认】键;如果是加挂车,输入"J+车厢号"(输入J的方法是按5再按"*"键);如果是宿营车,输入00,其他情况,输入正常的数字。

⑧显示车票信息。列车值班员仔细核对屏幕显示信息是否正确,若车票正确,按【确认】键或"F2"键,确认购票。若车票信息不正确,按【取消】键,重新修改。

⑨输入实收款,按【确认】键,显示找零信息,补票工作完成。

(2)变更座席

①选择起始站(旅客变更的起始站,而不一定是原票的始发站)。

②选择终到站,选择票种。

③选择原座席,选择欲变更的席别(必须比原座席高的等级)。

④输入车票数目、输入车厢号、座席号以及原票号。

⑤打印车票。

⑥输入实收款,变更办理完毕。

对于其他的旅行变更,操作类似,不再赘述。

复习思考题

1. 客运站有哪些主要设备？其具体配置要求是什么？
2. 客运站流线分哪几种？流线组织原则是什么？流线疏解方式有哪些？
3. 客运站工作组织的主要内容是什么？
4. 为不断满足旅客、行包运输需求,如何做好车站服务工作？
5. 旅客列车乘务组由哪些部门组成？其主要任务是什么？
6. 乘务工作中的趟计划包括哪些内容？
7. 高速铁路客运服务系统由哪几部分构成？

技能训练

1. 安检岗位作业内容有哪些？
2. 实名制验证检票作业内容有哪些？
3. 客运人员站台岗作业内容有哪些？
4. 列车长作业内容有哪些？

参 考 文 献

[1] 国家铁路局．铁路旅客运输规程[S]．北京：中国铁道出版社有限公司，2022.

[2] 中国国家铁路集团有限公司．中国国家铁路集团有限公司铁路旅客运输规程[S].北京：中国铁道出版社有限公司，2023.

[3] 中华人民共和国铁道部．铁路客运运价规则[S]．北京：中国铁道出版社，1997

[4] 中华人民共和国铁道部．铁路旅客运输办理细则[S]．北京：中国铁道出版社，2010.

[5] 国家铁路局．国际旅客联运协定[S]．北京：中国铁道出版社，2016.

[6] 中国铁路总公司国际合作部．国际客运运价规程[S]．北京：中国铁道出版社，2016.

[7] 国家铁路局．国际旅客联运协定办事细则[S]．北京：中国铁道出版社，2016.

[8] 国家铁路局．铁路旅客车票实名制管理办法[S].北京：中国铁道出版社有限公司，2022.

[9] 彭进．铁路客运组织[M].3版.北京：中国铁道出版社，2015.

附录　铁路旅客禁止、限制携带和托运物品目录

一、禁止托运和随身携带的物品

1. 枪支、子弹类(含主要零部件)。

(1)军用枪、公务用枪:手枪、冲锋枪、步枪、机枪、防暴枪等以及各类配用子弹。

(2)民用枪:气枪、猎枪、运动枪、麻醉注射枪等以及各类配用子弹。

(3)道具枪、发令枪、钢珠枪、催泪枪、电击枪等以及各类配用子弹。

(4)上述物品的样品、仿制品。

2. 爆炸物品类。

(1)弹药:炸弹、照明弹、燃烧弹、烟幕弹、信号弹、催泪弹、毒气弹、手雷、地雷、手榴弹等。

(2)爆破器材:炸药、雷管、导火索、导爆索、震源弹、爆破剂等。

(3)烟火制品:礼花弹、烟花(含冷光烟花)、鞭炮、摔炮、拉炮、砸炮等各类烟花爆竹,发令纸、黑火药、烟火药、引火线,以及"钢丝棉烟花"等具有烟花效果的制品等。

(4)上述物品的仿制品。

3. 管制器具。

(1)管制刀具:根据《管制刀具分类与安全要求》(GA 1334—2016),认定为管制刀具的专用刀具(匕首、刺刀、佩刀、三棱刮刀、猎刀、加长弹簧折叠刀等)、特殊厨用刀具(加长砍骨刀、加长西瓜刀、加长分刀、剔骨刀、屠宰刀、多用刀等)、开刃的武术与工艺礼品刀具(武术刀、剑等),以及其他管制刀具(超过GA/T 1335《日用刀具分类与安全要求》规定的尺寸规格限制要求的各种刀具)。

(2)其他器具:警棍、军用或者警用匕首、催泪器、电击器、防卫器、弩、弩箭等。

4. 易燃易爆物品。

(1)压缩气体和液化气体:氢气、甲烷、乙烷、环氧乙烷、二甲醚、丁烷、天然气、乙烯、氯乙烯、丙烯、乙炔(溶于介质的)、一氧化碳、液化石油气、氟利昂、氧气(供病人吸氧的袋装医用氧气除外)、水煤气等。

(2)易燃液体:汽油(包括甲醇汽油、乙醇汽油)、煤油、柴油、苯、酒精、酒精体积百分含量大于70%或者标志不清晰的酒类饮品、1,2—环氧丙烷、二硫化碳、甲醇、丙酮、乙醚、油漆、稀料、松香油等。

(3)易燃固体:红磷、闪光粉、固体酒精、赛璐珞、发泡剂H、偶氮二异庚腈等。

(4)自燃物品:黄磷、白磷、硝化纤维(含胶片)、油纸及其制品等。

(5)遇湿易燃物品:金属钾、钠、锂、碳化钙(电石)、镁铝粉等。

(6)氧化剂和有机过氧化物:高锰酸钾、氯酸钾、过氧化钠、过氧化钾、过氧化铅、过醋酸、双氧水、氯酸钠、硝酸铵等。

5. 毒害品。

氰化物、砒霜、硒粉、苯酚、氯、氨、异氰酸甲酯、硫酸二甲酯等高毒化学品以及灭鼠药、杀虫

剂、除草剂等剧毒农药。

6. 腐蚀性物品。

硫酸、盐酸、硝酸、氢氧化钠、氢氧化钾、有液蓄电池(氢氧化钾固体、注有酸液或碱液的)、汞(水银)等。

7. 放射性物品。

指含有放射性核素,并且其活度和比活度均高于国家规定豁免值的物品,详见《放射性物品分类和名录(试行)》。

8. 感染性物质。

包括可感染人类的高致病性病原微生物菌(毒)种和感染性样本,详见《人间传染的病原微生物名录》中危害程度分类为第一类、第二类的病原微生物。

9. 其他危害列车运行安全的物品。

(1)可能干扰列车信号的强磁化物。

(2)硫化氢及有强烈刺激性气味或者有恶臭等异味的物品。

(3)容易引起旅客恐慌情绪的物品。

(4)不能判明性质但可能具有危险性的物品。

10. 法律、行政法规、规章规定的其他禁止携带、运输的物品。

二、禁止随身携带但可以托运的物品

1. 锐器:菜刀、水果刀、剪刀、美工刀、雕刻刀、裁纸刀等日用刀具(刀刃长度超过 60 毫米);手术刀、刨刀、铣刀等专业刀具;刀、矛、戟等器械。

2. 钝器:棍棒、球棒、桌球杆、曲棍球杆等。

3. 工具农具:钻机、凿、锥、锯、斧头、焊枪、射钉枪、锤、冰镐、耙、铁锹、镢头、锄头、农用叉、镰刀、铡刀等。

4. 其他:反曲弓、复合弓等非机械弓箭类器材,消防灭火枪,飞镖、弹弓,不超过 50 毫升的防身喷剂等。

5. 持有检疫证明、装于专门容器内的小型活动物,铁路运输企业应当向旅客说明运输过程中通风、温度条件。但持工作证明的导盲犬和作为食品且经封闭箱体包装的鱼、虾、蟹、贝、软体类水产动物可以随身携带。

三、限制随身携带的物品

1. 包装密封完好、标志清晰且酒精体积百分含量大于或者等于 24%、小于或者等于 70% 的酒类饮品累计不超过 3 000 毫升。

2. 香水、花露水、喷雾、凝胶等含易燃成分的非自喷压力容器日用品,单体容器容积不超过 100 毫升,每种限带 1 件。

3. 指甲油、去光剂累计不超过 50 毫升。

4. 冷烫精、染发剂、摩丝、发胶、杀虫剂、空气清新剂等自喷压力容器,单体容器容积不超过 150 毫升,每种限带 1 件,累计不超过 600 毫升。

5. 安全火柴不超过 2 小盒,普通打火机不超过 2 个。

6. 标志清晰的充电宝、锂电池,单块额定能量不超过 100 W·h,含有锂电池的电动轮椅除外。

7. 法律、行政法规、规章规定的其他限制携带、运输的物品。